Объединенная редакция
МВД России

Квадрига

С. Г. Нелипович

Союз двуглавых орлов

русско-австрийский военный альянс второй четверти XVIII в.

МОСКВА

Квадрига

Объединенная редакция
МВД России

2010

УДК 94(47) "17"
ББК 63.3(2)512
    Н49

Нелипович С. Г.

Н49   Союз двуглавых орлов: русско-австрийский военный альянс второй четверти XVIII в. / С. Г. Нелипович. – М.: Квадрига; Объединенная редакция МВД России, 2010. – 408 с. – (Забытые войны России).

ISBN 978-5-91791-045-1 (Квадрига)
ISBN 978-5-8129-0100-4 (Объединенная редакция МВД России)

Смерть Петра Великого стала заключительным актом бурной эпохи развития России в первой четверти XVIII в. Во внешней политике наступило время выбора ориентации в Европе: радикально изменилась не только страна, но и ее место в системе европейских государств.

Оказавшись в международной изоляции после Петра, Россия нашла союзника в лице Австрии. Стороны не имели территориальных взаимных претензий и неразрешимых противоречий, их связывала общность внешнеполитических интересов. Для России результатами союза стали международная гарантия результатов Северной войны, органическое вхождение в политическую систему Европы, укрепление ее роли в качестве великой державы. При помощи союза с Австрией были решены польская и восточная проблемы: обеспечена безопасность южных и западных границ. Альянс явился важным фактором европейской стабильности.

Монография С.Г. Нелиповича впервые комплексно освещает сотрудничество двух держав во второй четверти XVIII в. на основе изучения большого массива как опубликованных, так и неопубликованных документов.

УДК 94(47) "17"
ББК 63.3(2)512

ISBN 978-5-91791-045-1
ISBN 978-5-8129-0100-4

Глава I
Оформление русско-австрийского союза 1726 года

1. Особенности отношений Австрии и России
во время Великой Северной войны 1700-1721 гг.

Смерть Петра Великого 28 января 1725 г. стала заключительным актом бурной эпохи развития России в первой четверти XVIII в. Во внешней политике страны наступило время выбора ориентации в Европе: ведь изменилось не только государство Российское, но и его место в системе европейских государств. Выбор был сделан в пользу союза с Австрией. Был ли Венский договор 1726 г. исторической случайностью, результатом действий определенных лиц в своих частных интересах, или имел глубокие корни? Для разрешения этого вопроса надо обратиться к истории взаимоотношений Австрии и России.

Казалось бы, две страны, разделенные целым регионом, государственным устройством, религией, не могли иметь общих интересов. Но в конце XVII в. появился вопрос, в котором интересы Австрии и России совпали: новый всплеск османской агрессии. В ходе первой русско-турецкой войны 1672-1681 гг. России не удалось отстоять Правобережную Украину, но и Оттоманской империи пришлось отказаться от претензий на Киев и Левобережную Украину[1]. Через два года после подписания завершившего русско-турецкую войну Бахчисарайского мира (1681 г.) летом 1683 г. армия визиря Кара-Мустафы осадила Вену. 1 (12) сентября союзные войска государей Священной Римской Империи и Речи Посполитой наголову разгромили турецко-татарские полчища. Начался период вытеснения турецких захватчиков из Юго-Восточной Европы.

Московское государство вступило в союз с державами Священной Лиги – Речью Посполитой, Венецией, Саксонией и Австрией. В ходе совместных действий к 1699 г. русские войска овладели Азовом, а имперская армия освободила от османского владычества Венгрию. Однако спустя два года обе страны решали совсем другие задачи: петровская

Россия боролась за выход в Балтийское море, а Австрия – за раздел «испанского наследства». И хотя главные противники их – Франция и Швеция – вместе выступали на европейской арене, ни Вена, ни Москва не желали связывать себя новыми обязательствами в трудной обстановке затяжных войн.

Вновь интерес к союзу с Австрией в России возник после разгрома Карла XII под Полтавой и особенно после Прутской катастрофы 1711 г. Если в 1702-1711 г. г. стороны обменивались предложениями, не имевшими практического значения, то в 1713 г. в Вену для переговоров о союзе против Франции, Швеции и Турции прибыли А. А. Матвеев и С. Г. На-рышкин. Правда, сам Матвеев полагал, что при мире с Портой блок с императором «едва ли будет полезен России, а сближение с Франциею нам очень полезно»[2]. На конференции 7 (18) декабря 1713 г. ему были предложены следующие условия: союз не должен противоречить имеющимся у сторон обязательствам, татарские набеги не являются поводом к оказанию военной помощи, император становится посредником в примирении со Швецией и способствует вступлению России в Священный союз, направленный против Турции, а Россия субсидирует военные действия против Франции. Но Петр I настаивал на немедленном заключении союза только против шведов и турок, и в марте 1714 г. австрийские представители отказались от продолжения переговоров, заявив, что желают иметь не наступательный, а оборонительный союз[3].

Австрия начала зондаж условий и возможностей союза с Россией в то время, когда дал первую трещину антибурбонский блок (создан в 1703 г.: Священная Римская Империя без Кельна и Баварии, Великобритания, Голландские Штаты, Дания, Савойя, Каталония). 4 (15) февраля 1710 г. президент Придворного Военного Совета (Хофкригсрат) генералиссимус принц Евгений Савойский на конференции министров высказал необходимость ориентации не только на Большой Альянс, но и на союз с Петром I, который может укрепить положение Империи. Принц Евгений считал возможным для привлечения России даже вступление в войну против Карла XII[4]. Вскоре царевич Алексей Петрович женился на своя-ченице императора (с 1711 г.) Карла VI Габсбурга – герцогине Шарлоте

[1] *Флоря Б. Н.* Войны Османской империи с государствами Восточной Европы (1672-1681 гг.) // Османская империя и страны Центральной, Восточной и Юго-Восточной Европы в XVII в. Ч. II. / Отв. ред. *Г. Г. Литаврин.* М., 2001. С. 111-148.

[2] *Соловьев С. М.* Сочинения в восемнадцати книгах. Кн. IX. История России с древнейших времен. Т. 17-18. М., 1991. С. 93.

[3] Там же. С. 95-96.

[4] *Флоровский А. В.* От Полтавы до Прута. Из истории русско-австрийских отношений 1709-1711 гг. Прага, 1971. С. 20-21.

фон Вольфенбюттель. Однако переговоры 1713-1714 г г. окончились безрезультатно, а Петр I, желая установить монополию балтийской торговли, запретил русским купцам транзит в Силезию и обострил отношения с Веной[5].

В то же время переговоры в Утрехте, Раштадте и Баден-Бадене, завершившие войну за испанское наследство 1701-1714 г г., окончились блестящей политической победой принца Евгения. Это был не просто европейский мир, это была новая (после Вестфальской системы международных отношений 1648 г.) политическая система стран континента, в которой действовали молодые великие державы – Англия (с Ганновером), Голландские Соединенные Штаты, Австрия. Идеи габсбургского универсализма, испанской «мировой монархии», французского гегемонизма уступили место принципу европейского равновесия сил в качестве гарантии долгого и прочного мира на континенте[6].

В этой ситуации дипломатам разных стран приходилось действовать по-новому. Для великих держав с этого времени главной задачей стала борьба с очагами войны в Европе. Первый такой очаг возник вскоре на Балканах. 28 февраля (11 марта) 1715 г. Османская Порта напала на Венецию и за 101 день завоевала всю Морею – островные владения республики в Греции[7].

Еще 20 февраля (3 марта) 1715 г. принц Евгений предложил Карлу VI заключить союзы с морскими державами (Англией и Голландией) против Испании и Франции, а с Польшей и Саксонией - против Турции. Главным условием он считал создание альянса с Россией: кайзер будет иметь большие трудности, - убеждал он, - если русский царь не вступит в войну[8]. В июне того же года в рамках создания антитурецкого альянса Петру I через министра Метча был предложен оборонительный союз. Но русский царь сохранил нейтралитет в «восточном вопросе»: в это время все его помыслы были направлены на окончательное решение балтийской проблемы. Петру удалось создать блок северо-европейских государств (Россия, Англия, Ганновер, Дания, Пруссия, Саксония, Польша) для заключительной борьбы за «шведское наследство».

Австрии пришлось в одиночку выступить в защиту Венеции. Армия принца Евгения 25 июля (5 августа) 1716 г. разгромила турецкие войска у Петервардайна, а 8 (19) августа 1717 г. после блестящей победы над вой-

---

[5] *Его же.* Русско-австрийские отношения в эпоху Петра Великого. Прага, 1955. С. 23.

[6] *Durchhardt H.* Cleichgewicht der Kraefte, Convenance, europaisches konzert. Darmstadt, 1976. S. 46.

[7] Feldzuge des Prinzen Eugen von Savoyen. Bd. 16. Wien, 1891. S. 21.

[8] Ibid. S. 17.

сками великого визиря Халил-паши овладела Белградом. Турки лишились и другой важной крепости – Темешвара. Сербия, Банат и Малая Валахия были освобождены от османского ига. В войсках принца Евгения находились русские добровольцы: князья В. Долгоруков, В. А. и Ю. А. Репнины, Ю. Гагарин, И. Толстой[9]. В это же время войска союзников вытеснили шведов из Северной Германии. Российские и прусские войска заняли Голштинию (правильнее Хольштайн) и Мекленбург, англо-ганноверские – Бремен и Ферден, датские – Шлезви г. К императору Карлу VI потекли жалобы на произвол русских солдат в германских землях. Три ноты Петру от 26 июля (6 августа) 1716, от 22 декабря 1716 г. (2 января 1717 г.), и от 6 (17) января 1717 г. остались без ответа.

Конец 1716 г. принес новую неожиданность: 17 (28) ноября был заключен союз между Англией и Францией («Антанта»). 24 декабря 1716 г. (4 января 1717 г.) к нему присоединилась Голландия[10]. Вскоре к новым союзникам обратился разгромленный турецкий султан. Карл VI после высадки в Италии испанских войск был вынужден принять посредничество Франции и морских держав. 10 (21) июля 1718 г. был подписан мир в Пожареваце. Австрия получила право свободной торговли в турецких владениях, Сербию с Белградом, Банат, Малую Валахию и часть Боснии до р. Унна. Порта смогла сохранить владычество на Балканах и земли, захваченные у Венеции, только благодаря вмешательству союзников, обеспокоенных ростом могущества Империи[11].

Высадка испанских войск на Сардинии 7 (18) июля 1717 г. и Сицилии 20 июня (1 июля) 1718 г. заставила европейское сообщество принять экстренные меры против агрессора. На рейде Барселоны 4 (15) июня 1718 г. появилась английская эскадра. 22 июля (2 августа) Карл VI заключил Четверной союз (Квадрупель-Альянс, или Лондонский договор) с Англией, Голландией и Францией. Уже 11 (22) августа у м. Пассаро близ Сиракуз английская эскадра разгромила испанский флот[12]. К середине лета 1719 г. захватчики были выбиты с Сицилии. Платой за помощь союзников стали: подтверждение отказа Карла VI от претензий на испанскую корону, обмен Сардинии на Сицилию у Савойского герцогства, выделение старшему сыну испанской королевы Елизаветы Фарнезе дону Карлосу в наследство Тосканы и Пармы по смерти их владельцев из родов Медичи и Фарнезе[13]. Европейское равновесие вновь было восстановлено.

[9] *Бантыш-Каменский Н. Н.* Обзор внешних сношений России (по 1801 год). Ч. 1. М., 1894. С. 47.

[10] *McKay D., Scott H.M.* The Rise of the Great Powers 1648-1815. L., 1983. P. 110.

[11] Feldzuge des Prinzen Eugen von Savoyen. Bd. 17. Wien, 1891. S. 465-476.

[12] Dasselbe. Bd. 18. Wien, 1891. S. 90-91.

[13] *Braubach M.* Prinz Eugen von Savoyen. Bd. 4. Muenchen, 1965. S. 32.

После «обуздания». Карла XII, султана Ахмед-хана и испанского кардинала Альберони «возмутителем спокойствия» в Европе оставался только Петр Великий. Версаль, Лондон и Гаага не желали дальнейшего усиления России. Для них было довольно того, что Швеция утратила былую силу и влияние. Но отношение имперского двора к России было более сложным. На него влияли и фактор сохраняющейся турецкой опасности, и беспокойство ростом активности Ганновера (английский король Георг I из династии Вельфов был курфюрстом Ганновера) и Пруссии в Германии, и традиционное противостояние Габсбургов и Бурбонов. Решающим обстоятельством стало вмешательство царя в дела Империи и присутствие в Германии российских войск.

Молодой российской дипломатии, направляемой экспансивным характером Петра I, было трудно разобраться в сложной европейской системе. Ее представители продолжали действовать по-старому, заключая договоры на основе временных интересов и симпатий. И когда антишведский блок стал разваливаться, вместо поиска причин такого явления начались рискованные комбинации против бывших союзников. 24 июля (4 августа) 1717 г. Петр заключил союз с Францией и Голландией, направленный против Австрии и вскоре утративший всякое значение, но сильно подорвавший доверие к царю в Европе. Спустя год царские дипломаты на Аландских островах пытаются договориться со шведами не только о мире, но и об объединении против бывших союзников – Англии, Дании, Речи Посполитой и Пруссии. Тягостное впечатление на европейские дворы произвело и «дело» царевича Алексея, и всплеск имперских амбиций Петра I: он не собирался выводить войска из владений деспотичного герцога Мекленбургского Карла-Леопольда. Одновременно российское правительство опубликовало грамоту императора Максимилиана II к Василию III 1514 г., в которой государь и великий князь московский титуловался кайзером (оригинал грамоты хранится ныне в РГАДА). Брошюра была вручена императорскому двору. Однако в Вене попытались отрицать подлинность «неудобной» грамоты, ссылаясь на то, что в венских имперских архивах якобы не нашли подтверждения факта ее отправки[14].

Началась «война послов»: Петр потребовал отзыва имперского посла О. фон Плейера, который подробно информировал Вену о допросах, пытках и смерти царевича Алексея[15]. Имперская комиссия, возглавляемая Евгением Савойским, не нашла вины за Плейером. Император Карл IV ответил Петру I, что никто не вправе указывать ему, где и каких мини-

---

[14] Феодальная Россия во всемирно-историческом процессе. М., 1972. С. 391-392.

[15] *Бантыш-Каменский Н. Н.* Обзор внешних сношений России. Ч. I. С. 48.

стров держать[16]. После убийства в Дерптском уезде австрийского курьера и ареста голландского посла в Москве император 8 (19) октября известил царя о прекращении переписки и задержании российского министра в Вене А. Веселовского, так как в России «самовластно и неприлично поступают с чужестранными министрами при своем дворе»[17]. В ноябре был выслан из России О. фон Плейер, 15 (26) января 1719 г. австрийцы выдворили из Бреслау русского агента Резе, 24 января (4 февраля) из Вены выслали А. Веселовского (он бежал с российской службы и не вернулся в Россию), в мае та же участь постигла агента в Вене Бузи, а 12 (23) августа – австрийского секретаря в Москве О. Фюста и иезуитов[18].

Вслед за политическими демаршами началось бряцание оружием. Воспользовавшись жалобами населения Мекленбурга и Польши на произвол герцога Карла-Леопольда и русских войск, Евгений Савойский, английский министр Сен-Сэфорин и саксонский фельдмаршал Флеминг заключили в Вене 25 декабря 1718 г. (5 января 1719 г.) союз для защиты Европы от агрессии со стороны России, Швеции и Пруссии. Союзный контингент составляли 8000 пехоты и столько же кавалерии от Австрии, 10000 пехоты и 4000 кавалерии от Англии и Ганновера, по 2000 драгун и 4000 пехоты от Саксонии и Речи Посполитой и 4000 польской поместной конницы. Эти войска должны были использоваться при нападении на Венгрию, Польшу или имперские земли, а также в случае, если герцог Мекленбурга призовет иностранные войска. Для восстановления порядка в Мекленбург отправлялся 50-тысячный «штрафной корпус»[19]. В то время в герцогстве находились 44 русских батальона и отряд галер[20]. В конце февраля в Мекленбург вступил 12-тысячный корпус ганноверских и вольфенбюттельских войск генерала фон Бюло. Карл-Леопольд обратился за помощью в Берлин. 23 февраля (6 марта) 1719 г. у Вальсмюлена 8-тысячный русско-прусский отряд генерала К. фон Шверина нанес поражение ганноверцам, но прусский король Фридрих-Вильгельм I все же отказал герцогу в помощи, а Петр отозвал войска, опасаясь войны против почти всей Европы. Мекленбург был занят союзниками, герцог Карл-Леопольд, лишенный императором права управления страной, бежал, к великой радости подданных, в Россию[21].

[16] *Фейгина С. А.* Аландский конгресс. Внешняя политика России в конце Северной войны. М., 1959. С. 246-248.

[17] Там же. С. 250.

[18] *Бантыш-Каменский Н. Н.* Обзор внешних сношений России. Ч. I. С. 49.

[19] *Braubach M.* Prinz Eugen von Savoyen. Bd. 4. S. 39; *Droysen I.G.* Geschichte der preussische Politik. T. 4. Bd. 1. Leipzig,1869. S. 247-248; Abt. 4. Leipzig,1870. S. 376.

[20] *Droysen I.G.* Geschichte der preussische Politik. T. 4. Bd. 1. S. 201.

[21] Ibid. S. 253.

Участники Венского союза 1719 г. составили проект «северного мира», опубликованный 6 (17) февраля во многих европейских газетах: Штеттин отходил Пруссии, Петербург, Нарва и о. Котлин – России; за помощь в принуждении Петра I к миру со шведами Речи Посполитой были обещаны Киев и Смоленск[22]. Положение обострилось после того, как 21 июня (2 июля) в Москве был подвергнут допросам голландский посол Де Би[23]. Союзники начали разработку операции против России. Особенно старался английский министр Дж. Стэноп (Англия и Ганновер уже заключили 11 (22) июля мир со Швецией). Главную роль в походе на Россию должна была сыграть австрийская армия во главе с принцем Евгением.

В Австрии было много противников России: здесь не забыли и закрытие Бреславского тракта, и грубость послов Урбиха и Матвеева, и поддержку Петром I венгерских сепаратистов князя Ежефа II Ракоци. Особенно беспокоило имперский двор военное присутствие России в Германии и Польше, вмешательство в дела имперских князей, поддержка протестантов северных земель. Но было ясно, что даже для лучшей в Европе армии императора и знаменитейшего полководца поход в далекую Московию будет тяжелым. А получит ли Карл VI что-либо от этой операции?

Принц Евгений не принимал силовую политику Петра Великого, но понимал, что Австрия ничего не выиграет от войны с Россией, а вот Саксония, Пруссия, Ганновер и Англия, скрытно соперничающие с императором в Германии, укрепятся еще больше. Георг I уже стал вмешиваться в имперские религиозные споры, явно враждебно была настроена Пруссия, отказался гарантировать акт о неразделенности наследственного австрийского домена – Прагматическую Санкцию (1713 г.) – польской король и саксонский курфюрст Август II Сильный. Военный разгром России лишал австрийцев единственного реального союзника в борьбе с Турцией, так как Венеция и Речь Посполитая были очень ослаблены. Принц Евгений считал, что пока царь обладает клочком земли на Балтике, его не стоит опасаться. Военное воплощение авантюры Стэнопа для него было сомнительным и полным тяжелых жертв. Принца поддерживал сторонник России вице-канцлер Ф. К. фон Шёнборн, видевший в русском православии противовес лютеранам Северной Германии, которых поддерживал Лондон[24].

В начале 1720 г. в Вену прибыл на лечение генерал-лейтенант российской службы И. Б. фон Вейсбах (Вайсбах). Но его фактической задачей

---

[22] Ibid. S. 254.
[23] *Фейгина С. А.* Аландский конгресс. С. 254-255.
[24] *Mediger W.* Moskaus Weg nach Europa. Braunschweig, 1952. S. 50.

11

было восстановление отношений Петра с императором. Царь к этому времени тоже понял, что партнером в сильном военном союзе может быть только Австрия, с которой нет неразрешимых противоречий; более того, примирение с Карлом VI лишит силы Венский блок. 11 (22) января 1720 г. генерала принял Шёнборн, а вскоре он имел аудиенцию у кайзера. «Нам приятно слышать, что наш друг и брат великий царь склонен прежнюю дружбу с нами восстановить; мы с нашей стороны все потребное к тому приложить хотим, о чем Вы Вашему государю донести и в нашей дружбе обнадежить можете», – заявил Карл VI[25]. Вейсбах посетил также принца Евгения, вручив ему письмо от Петра, и канцлера Ф. Л. К. фон Зинцендорфа[26]. В марте на заседании Тайной Придворной Конференции Евгений Савойский вновь подверг критике планы войны против России, заявив, что не желает таскать каштаны из огня. В мае он снова доказывал сторонникам войны, что концентрация австрийских войск в Польше невозможна, и «хоть шведам и желательно помочь, но Австрия не может активно действовать»[27]. Вывод российских войск из Мекленбурга, Голштинии (20 батальонов) и Польши лишил антирусскую партию в Вене последних козырей. Английский флот мог сколько угодно бороздить воды Балтийского моря, но без большой сухопутной армии борьба с Петром I становилась бесполезной.

20 апреля (1 мая) 1720 г. австрийские министры приняли нового российского посла камергера и генерал-майора П. И. Ягужинского; через три дня его уверили в нейтралитете Австрии в русско-английском конфликте[28]. Английский посол Сен-Сэфорин напрасно убеждал императора во враждебности русского царя, расправившегося с наследником[29]. В Вене начались переговоры о союзе с Россией. Первым вопросом, в котором стороны достигли согласия, было участие России в Брауншвейгском конгрессе на условиях нейтралитета Австрии в Северной войне (3 (14) июля 1720 г.). Конгресс должен был примирить Россию и Швецию и решить споры бывших союзников о «шведском наследстве» – Шлезвиге, Бремене, Фердене, Штеттине и Лифляндии[30]. Укреплению завязавшихся связей помогла и передача российскому послу в Варшаве Г. Ф. Долгорукову секретного английского плана войны против Петра I. Эта акция была проведена принцем Евгением через тайных агентов[31].

[25] *Соловьев С. М.* Сочинения. Кн. IX. С. 228.
[26] *Никифоров Л. А.* Внешняя политика России в последние годы Северной войны. М., 1959. С. 214-215.
[27] *Braubach M.* Prinz Eugen von Savoyen. Bd. 4. S. 98-99.
[28] *Никифоров Л. А.* Внешняя политика России ... С. 221.
[29] *Braubach M.* Prinz Eugen von Savoyen. Bd. 4. S. 100.
[30] Ученые записки Института международных отношений. Вып. I. С. 76, 79.
[31] *Никифоров Л. А.* Внешняя политика России... С. 235.

29 мая (9 июня) 1720 г. на переговорах была поднята тема военноПолитического союза. Условия его изложил 25 яентября (6 октября) Ягужинский: взаимодействие послов при европейских дворах, оборонительный характер и наиболее длительный срок договора, военная помощь друг другу силами вспомогательных корпусов по 10-15 тыс. чел., ограничение зоны действия договора прибалтийскими провинциями России, Речью Посполитой, Германией и европейской частью Турции[32]. Граф Г. фон Штаремберг отверг проект целиком, а вице-канцлер Шёнборн 4 (15) ноября предложил распространить действие союза и на наследственные земли императора – Венгрию, Сербию, Богемию, Моравию, Силезию и Италию. Переговоры затянулись. Не получив ответа на очередную промеморию Карлу VI, Ягужинский в марте 1721 г. покинул Вену, оставив в качестве российского резидента своего секретаря Л. К. Ланчинского. В Россию отправился австрийский полномочный министр граф Ш. фон Кински[33].

Такое прекращение переговоров имело несколько причин. Во-первых, главная задача – восстановление дипломатических отношений – Ягужинским была выполнена: 14 (25) октября 1720 г. в Вене открылась русская миссия. Во-вторых, Австрия вышла из антирусского союза, и после смерти 25 января (5 февраля) 1721 г. Стэнопа России не угрожал более поход европейских держав. В-третьих, императору удалось найти аргументы против английского влияния в Империи и добиться вывода российских полков из Голштинии, Мекленбурга и Речи Посполитой. Наконец, российский посол не имел полномочий на заключение союза, а Петр отверг проект коммерческого соглашения, важного для стесненного в финансах кайзера Карла, и отказался восстановить торговый путь через Силезию («Бреславский тракт»)[34].

Переговоры об участии России в Брауншвейгском конгрессе продолжались уже с участием Ланчинского. 14 (25) апреля 1721 г. он сообщил австрийцам о назначении делегации на конгресс, а 1 (12) мая объявил, что Россию будет представлять только министр в Берлине А. Г. Головкин. Австрийская сторона, прежде всего Евгений Савойский, предполагала, что делегацию возглавит посол в Париже князь Б. Куракин, и высказала недовольство тем, что на конгресс отправляется всего один русский представитель[35]. После заключения 19 (30) августа 1721 г. русско-шведского мира в Ништадте (Нюстад) созыв конгресса потерял смысл.

---

[32] *Никифоров Л. А.* Внешняя политика России... С. 237-238; Ученые записки Института международных отношений. Вып. I. С. 107-109.

[33] *Никифоров Л. А.* Внешняя политика России ... С. 245-248.

[34] Там же. С. 239-240, 249-250.

[35] Ученые записки Института международных отношений. Вып. I. С. 86.

В годы Великой Северной войны Австрия и Россия не потеряли точек соприкосновения во внешнеполитических вопросах, но поскольку проблема борьбы с османской угрозой отошла на второй план не только для России в связи с войной на Балтике, но и для Австрии после Пожаревацкого мира 1718 г., нужны были другие причины для общих действий. С 1714 г. Европа получила новое устройство, основанное на принципах коллективной безопасности и равновесия сил, гарантированных союзом четырех великих держав – Австрии, Великобритании, Франции и Соединенных Штатов Нидерландов (Голландии). Смысл этих принципов состоял в том, что бы ни одна из возможных политических группировок европейских стран не могла бы иметь преимущества в силах для начала войны, все споры должны были решаться коллективно на международных конгрессах. Попытки агрессии подлежали пресечению силами всего сообщества европейских государств.

В этих новых условиях российские дипломаты и сам Петр I не смогли переориентироваться. Армия и флот, создавшие уже авторитет стране в Европе, продолжали оставаться главным средством внешней политики. Российское руководство, уповая на военную силу, не придавало значения интересам других стран и новым принципам международных отношений, что и привело к серьезнейшему кризису 1719 г. Эти события стали хорошей школой для молодых петровских дипломатов. Попытки заключения союза России и Австрии в 1720-1721 г.г. не могли увенчаться успехом, так как на севере Европы, который в то время занимал мысли Петра, австрийское правительство не имело никаких интересов. Вражда была прекращена после вывода русских войск из Империи и Речи Посполитой, но дружба пока основывалась на принципе «враг моего врага – не мой враг». Для Карла VI сильная Россия была ценна только как противник Англии и Турции.

2. Сближение Австрии и России после Ништадтского мира 1721 г.

После окончания Великой Северной войны 1700–1721 г г. перед российским правительством стояли две большие задачи обеспечение международного признания условий Ништадтского мира и восстановление наследственно-территориальных прав свойственников дома Романовых – герцогов Мекленбургского и Гольштейн-Готторпского (фон Хольштайн-Готторф). Новое положение России на севере Европы не могло долго поддерживаться только штыками и галерами. Против русского присутствия на Балтике выступали Англия, Голландия, Франция и Дания. Не была довольна результатом переговоров в Ништадте и Речь Посполитая: она так и не получила обещанных Петром I накануне войны Риги и Лифляндии. Сильны были реваншистские настроения в Швеции, где хорошо видели, что Россия осталась в изоляции. Противоречий в Европе в то время у России не было только с Австрией. Но император Карл VI маневрировал между «старым альянсом» с морскими державами и возможностью блока с Францией и Испанией – Балтийское море при условии невмешательства Петра в дела Империи не волновало ни кайзера, ни венский кабинет. Две державы готовы были заключить и союз, но не могли найти общего противника, против которого следовало бы объединить усилия.

События, произошедшие в 1722 г. в Европе и Азии, создали почву для сближения России и Австрии. Еще 21 октября (1 ноября) 1719 г. Карл VI приказал изгнать голландских купцов из Остенде, порта в австрийских Нидерландах, за укрывательство пиратов и «нарушение естественных прав народов». В Остенде образовалось сообщество выходцев из Франции, Англии, Голландии и жителей бельгийских провинции, объединивших усилия для организации плаваний в Бенгалию и Китай (всего 4 судна). В 1720 г. 8 кораблей общества вернулись из дальних путешествий, принеся большие доходы, а в г. Садатпатнам (Коблон) была основана имперская колония. 8 (19) апреля 1721 г. была основана Остендская компания, получившая в июне 1722 г. статус Императорско-королевской Индийской компании с правом монопольной торговли в Индии, Америке и Африке под защитой военного флота Австрии в течение 30 лет. Капитал этого объединения достиг 6 млн. гульденов[36].

Принц Евгений стоял за развитие заморской торговли, но считал, что его страна сможет обеспечить безопасность мореходства только в пределах Адриатического моря и вблизи европейских берегов; морские экспедиции в Ост- и Вест-Индию нуждаются в поддержке со стороны морских держав, а самостоятельные шаги в этой области чреваты конфликтом с ними[37]. Так и случилось: в 1723 г. английское правительство Ч. Таунсэнда заявило протест против деятельности компании, который поддержали в Версале и Гааге. Вскоре остендцы ощутили на себе тяжесть разбоя, развязанного «королевскими» пиратами. Тем не менее, в 1724 г. из успешных экспедиций в Индию и Китай вернулось 4 корабля австрийцев[38].

К противоречиям в заморской торговле прибавилось обострение религиозных споров. Благодаря усилиям принца Евгения в Империи стал

---

[36] *Braubach M.* Prinz Eugen von Savoyen. Meunchen, 1965. Bd. 4. S. 152-160.

[37] Oesterreich und die Osmanen. Prinz Eugen und seine Zeit. Wien, 1988. S. 84; *Braubach M.* Prinz Eugen von Savoyen. Bd. 4. S. 152.

[38] *Braubach M.* Prinz Eugen von Savoyen. Bd. 4. S. 161-162.

проводиться в жизнь принцип терпимости, была ограничена деятельность ордена иезуитов. Но во время Пасхи 1724 г. в Польше произошел инцидент между католиками-поляками и лютеранами-немцами Торна. Вмешательства Речи Посполитой, законы которой не признавали прав представителей религиозных меньшинств страны (лютеран, православных, иудеев), привело к разгрому протестантских церкви и школы в Торне и к казни 10 лютеран, в том числе и бургомистра[39]. Жестокость расправы и рост католического фанатизма в Речи Посполитой, Венгрии и Силезии всколыхнули Европу. Страны-гаранты Оливского мира 1629 г., установившего равенство перед законом независимо от конфессии, потребовали от польского правительства защиты прав диссидентов. Англия, Ганновер и Пруссия, объединившиеся 29 сентября (10 октября) в Шарлоттенбургский союз, оказывали давление на Карла VI[40]. Иезуиты и сторонники так называемой «испанской партии» при дворе в Вене (во главе с архиепископом Валенсии и председателем Испанского Совета - органа, управлявшего бывшими испанскими владениями в составе Австрии, П. А. Р. Фольхом де Кардоной) требовали начать войну против лютеран, поддерживаемых Англией и Пруссией. Принцу Евгению с трудом удалось убедить фанатиков в бессмысленности религиозной войны («никто не может победить духовное состояние человека»)[41].

Незавершенность конфликта с Испанией из-за Сицилии поставила императора в положение дипломатической изоляции, и в конце 1724 г. начались переговоры с Л. Ланчинским о присоединении Австрии (по предложению Петра I) к русско-шведскому Стокгольмскому союзу[42]. Но требования признания императорского титула Петра I, гарантии Шлезвига в пользу Голштинии и помилования опального герцога. Мекленбургского были для венского двора неприемлемой ценой за нейтралитет России в имперских делах. Раздражали императора и сигналы тайных агентов об аналогичных переговорах русского посла в Париже кн. Б. Куракина. Принц Евгений сомневался в искренности российского царя, его беспокоила возможность дальнейшего вмешательства Москвы в религиозные и политические споры в Германии[43].

Если внимание австрийского правительства было приковано к Европе, то для российского двора в начале 20-х гг. XVIII в. основной интерес

[39] *Герье В.* Борьба за польский престол в 1733 году. М., 1862. С. 77.

[40] *Droysen J.G.* Geschichte der preussische Politik. Т. 4. Abt. 2/3. Bd. 1. S. 355.

[41] Ibid. S. 361.

[42] *Некрасов Г. А.* Русско-шведские отношения и политика великих держав в 1721–1726 гг. М., 1965. С. 154.

[43] *Braubach M.* Prinz Eugen von Savoyen. Bd. 4. S. 278-279.

представлял «восточный вопрос». 1722 г. в пределы Персидской державы вторглись орды афганского племени гильзай и в марте взяли Исфахан. Разгромом страны и мятежами в различных ее провинциях поспешили воспользоваться соседи – Российская империя и Оттоманская Порта. Петр I был заинтересован в контроле над восточной торговлей. Ослабление Персии давало шанс овладеть торговыми путями Кавказа и Каспия, в то время как Черное море и среднеазиатские тракты были закрыты для русских купцов. 18 июля 1722 г. российская армия двинулась из Астрахани на р. Терек, вторглась в Дагестан и 23 августа без боя вступила в Дербент. Небольшие силы местных правителей не могли обороняться. Только отсутствие провианта и фуража заставило Петра I вернуться в Россию, оставив в Дербенте и крепости Св. Креста отряд-генерал-майора М. А. Матюшкина. К декабрю он овладел Рештом, а 26 июля 1723 г. занял и Баку. После вторжения турецких войск в Грузию и Армению враждующие стороны поспешили заключить 23 сентября в Санкт-Петербурге договор о передаче России Дербента, Баку, Ширвана, Гиляни, Мазандерана и Астрабада. Оборона новых провинций была поручена Низовому корпусу, полки которого были растянуты от низовьев Дона до р. Яик. Хотя 23 июня 1724 г. в Константинополе был подписан договор о разделе сфер влияния в персидских владениях между Петром I и султаном Ахмедом III (Турции отходили Грузия, Армения, северо-запад Азербайджана, Керманшах и Хамадан), напряженность сохранялась. Необходимость защиты каспийских владений от турок и крымских татар, воюющих с афганцами и иранцами, заставляла российское правительство искать союзника. На этой почве возможно было сближение с Австрией, традиционным противником османской Турции.

22 февраля 1724 г. был, наконец, подписан союзный договор со Швецией. Оборонительный союз заключался на 12 лет; стороны гарантировали владения друг друга, формировали для защиты от агрессии со стороны какой-либо европейской державы вспомогательный корпус (12000 солдат, 4000 драгун и 9 линейных кораблей со стороны России и 8000 пехоты, 2000 кавалерии, 6 линейных кораблей и 2 фрегата со стороны Швеции). Кроме того, были гарантированы неизменность польской конституции, привилегии шведских купцов в России, восстановление суверенитета герцога Голштинского в Шлезвиге. В последнем вопросе Россия и Швеция должны были «с другими державами, и особенно с цесарем римским, советоваться и рассуждать, каким бы образом это дело безопасно могло быть приведено к окончанию»[44].

---

[44] *Соловьев С. М.* Сочинения. Кн. IX. С. 438.

Однако переговоры Л. Ланчинского о присоединении Карла VI к союзу затягивались и русской, и австрийской сторонами: выяснялись позиции, интересы обоих дворов; кроме того, имперцев беспокоили переговоры российских представителей о союзе с Францией и примирении с Англией в Париже[45]. 20 февраля 1725 г. Л. Ланчинский получил известие о смерти Петра Великого. 28 января (8 февраля) 1725 г. В грамоте от 1 (12) февраля 1725 г. говорилось: «Мы при сем Нашем правительстве особливо и наипаче стараться будем Вашего Цесарского Величества дружбу распространять и между обоими государствами до сего времени щастливо бывшее доброе согласие не токмо наиприлежнейшим образом содержать, но и к пользе обоих государств и благоведению оное, сколько от нас зависит, от часу вяще утвердить»[46]. Ланчинский был принят императором Карлом VI в неприёмный день (воскресенье) и встречен с почестями. Выслушав печальное известие и высказав соболезнования, Карл ответил, что желает продолжить и укрепить дружбу российского и австрийского дворов[47]. Вскоре то же подтвердили канцлер Зинцендорф и вице-канцлер Шёнборн. Последний 6 марта 1725 г. заявил Ланчинскому, что австрийское правительство оставляет его «в прежнем достоинстве и кредите», не дожидаясь присылки верительных грамот. Русский посол по этому поводу замечал: «Взаимно в здешней стороне вижу, что хотя своего деликатства по притчинене титулятуры ни в малейшем умерить не хотят, только ж и дружбу с Вашим Величеством (Екатериной I – С. Н.) продолжать и всякия холодности, которыя бы от той же титулятуры произойтить могли, отвращать желают»[48].

8 (19) января 1725 г. в Вену тайно прибыл испанский посол, выходец из Голландии, барон X. Г. де Рипперда. Он сообщил, что имеет полномочия заключить мир и оборонительный союз с Австрией[49]. По данным, собранным Ланчинским, испанский король Филипп V решил примириться с Карлом VI из-за расстройства свадьбы инфанты и Людовика XV и сближения Великобритании и Франции[50]. У Мадрида были и другие основания искать союза с Веной. Конгресс в Камбре не давал возможности удовлетворения интересов в Италии, испанская армия и флот, вытесненные из Сицилии и Сардинии, нуждались в поддержке. Альянс с

[45] *Некрасов Г. А.* Русско-шведские отношения ... С. 93; Архив внешней политики России (далее – АВПР). Ф. 32. Оп. 1. 1725 г. Д. 5. Л. 15-16об.

[46] АВПР. Ф. 32. Оп. 1. 1725 г. Д. 1. Л. 3.

[47] Там же. Д. 5. Л. 57-59.

[48] Там же. Л. 80.

[49] Там же. Л. 92. Донесение Л. Ланчинского от13 марта, полученное в С.-Петербурге 4 апреля 1725 г.; *Braubach M.* Prinz Eugen von Savoyen. Bd. 4. S. 224.

[50] АВПР. Ф. 32. Оп. 1. 1725 г. Д. 5. Л. 107об.-109.

Австрией мог обеспечить мирным путём наследство сыновей Елизаветы Фарнезе (королева Испании) и дать надежду на возвращение потерянных по Утрехтскому миру 1713 г. Гибралтара и Порт-Маона. Австрийский двор, занятый с лета 1724 г. религиозными спорами в Польше и Империи, рассчитывал укрепить союзом с католической Испанией свои позиции в религиозном вопросе и распространить остендскую торговлю на испанскую колониальную империю.

19–20 апреля (30 апреля – 1 мая) 1725 года, когда представители Англии, Франции и России в Вене уже сочли, что Рипперда, чьё инкогнито было открыто, уехал ни с чем, в замке Бельведер у принца Евгения был подписан оборонительный и коммерческий договоры Австрии и Испании. Стороны клялись в вечном мире между государями и их наследниками, провозглашали амнистию и возвращение имущества всем пострадавшим в войне 1717-1720г. г., подтверждали вечное разделение Испании и Франции, гарантировали владения друг друга. Карл VI отказывался от претензий на испанскую корону, Филипп V возвращал о. Сардиния и доходы, полученные там в 1717-1725г. г., отрекался за себя и своих наследников от Сицилии, признавал прагматическую Санкцию; испанский инфант дон Карлос получал в наследство выморочные герцогства Тоскана и Парма на правах вассала Священной Римской империи; имперские купцы получали привилегии во всех испанских владениях, Карл VI обещал поддержку в возвращении Гибралтара и Порт-Маона; вспомогательные корпуса в случае нападения агрессора составлялись из 30000 австрийских и 20000 испанских солдат[51].

Таким образом, стало ясно почему австрийская сторона медлила с переговорами о присоединении к Стокгольмскому трактату: был найден союзник, отражавший интересы страны в Европе, поддерживающий совместную торговлю (российское правительство по-прежнему выступало против открытия транзита через Силезию), не притязающий на императорский титул и не ведущий закулисных переговоров с противниками Вены в Европе.

Напрасно Ланчинский и шведский посол Г. Хёпкен пытались склонить императора присоединиться к Стокгольмскому договору и поддержать возможную военную операцию за отвоевание Шлезвига. 28 апреля принц Евгений вновь сослался на отсутствие у послов полномочий для переговоров, а Зинцендорф прямо заявлял: «Цесарь не один гварант, надобно-де смотреть, каково дела оборотятся»[52]. В другое время, возможно, переговоры были бы прерваны, но России нужен был сильный союзник. Курс

---

[51] АВПР. Ф. 32. Оп. 1. 1725 г. Д. 8. Л. 33об.-48 об.; *Braubach M.* Prinz Eugen von Savoyen. Bd. 4. S. 226-227.

[52] АВПР. Ф. 32. Оп. 1. 1725 г. Д. 5. Л. 171-171об.

П. П. Шафирова на сближение с Францией к этому времени потерпел провал: ни Версаль, ни Лондон, ни Потсдам не собирались поддерживать Россию в мекленбургском, голштинском и балтийском вопросах: правительства Людовика XV и Георга I не собирались жертвовать Швецией и Данией ради русских, ганноверские войска стояли в Мекленбурге, прусский король стремился получить наследные права в Курляндии[53].

В этих условиях наиболее отвечал интересам страны курс вице-канцлера А. И. Остермана на союз с Австрией: «Цесарь в состоянии, почитай, всех иных держав от наступления на Россию удержать». Вице-канцлер полагал также, что блок с Веной может оказать помощь против турок и быть использован для восстановления союзных связей с Польшей. «Дело в том состоит: цесарь Римской склонится ли к тому соединению, и какими способы оного к тому привесть», – замечал Остерман[54]. Анализируя возможную реакцию других стран на союз, он отмечал (это было новым в российской дипломатии)[55]: «А России сверх вышеписанной генеральной пользы будет еще сия партикулярная, что цесарь, яко гварантир Травендальского мира (между Данией и Швецией 1700 г. – С. Н.), к возвращении Шлезвика Его Королевскому Высочеству герцогу Голштинскому вспомогать будет, и яко верховной судья имперской - в делах герцога Мекленбургского. Опасностей от такого союза мало видно, ибо от Франции за такой союз войны не будет, но паче, видя Россию в добром согласии с цесарем, ещё вяще российскую дружбу искать станет. Англия в долгом или кратком времени от теснаго своего сообязательства с Франциею по натуральным своим интересам к Цесарю Римскому возвратитьца имеет. Король Пруской толь наипаче к российской дружбе держатьца принужден будет. Швеция сей союз с цесарем сама желает. Польша от всяких противностей не токмо удержана, но ещё в ближайшее согласие приведена будет. Но понеже не ведомо возможному способов изобресть к получению того союза, а российский интерес однако ж требует, чтоб от явной недружбы с цесарем, пока возможно, удержатьца, то никакой иной дороги не показываетца, кроме чтоб нынешнюю негоциацию о цесарской акцессии в заключённой с Швециею союз продолжать, и ежели цесарь на ту акцессию поступит, оную заключить, и в протчем пристойным политическим обхождением цесаря по возможности менажировать, и между тем з другой стороны для своего безопасения меры и обязательства взять».

Так был в общих чертах решен вопрос об ориентации политики России в Европе. Будущее показало справедливость почти всех оценок

[53] *Некрасов Г. А.* Русско-шведские отношения ... С. 159.
[54] РГАДА. Ф. 176. Оп. 1. 1726 г. Д. 1. Л. 17об.-18.
[55] Там же. Л. 28-29.

Остермана, высказанных в цитированной записке «Генеральное состояние дел и интересов Всероссийских со всеми соседними и другими иностранными государствами». К тому времени Л. Ланчинский смог добиться взаимопонимания в вопросе о титуле: австрийская сторона согласилась на слова «Государыня и самодержица Всероссийская»; одновременно Шёнборн посоветовал, чтобы от Екатерины I была прислана неофициальная («партикулярная») грамота к Карлу VI, которая поможет начать переговоры (в Санкт-Петербурге это донесение Л. Ланчинского было получено 26 мая)[56].

К середине 20-х гг. XVIII в. Австрия и Россия нашли общие точки соприкосновения в европейских делах. Поиск союзников со стороны императора был вызван развитием противоречий с морскими державами из-за Остендской компании, ставшей главным источником доходов австрийского двора, и усилением влияния в Германии выступивших в защиту польских лютеран королей Англии и Пруссии. Россия стала нуждаться в поддержке Австрии из-за политической изоляции, ставшей результатом силового курса Петра I. Кроме того, раздел иранских земель между Россией и Турцией грозил вызвать новую войну на Украине и в Закавказье. В этих условиях российский двор Екатерины I принял внешнеполитический курс вице-канцлера А. И. Остермана, основанный на военном союзе с Австрией.

3. Заключение Венских союзных договоров в 1726 году

В конце июня 1725 г. российский посол в Вене Л. К. Ланчинский предпринял зондаж австрийских условий союзного договора. Вице-канцлер Ф. К. фон Шёнборн высказался в пользу проекта, привезенного в свое время А. А. Матвеевым[57]. 14 августа австрийскому двору была вручена партикулярная грамота Екатерины I. Аудиенция российскому послу была дана Карлом VI в неурочное время (после ужина). Император сам принял грамоту и, выслушав поздравления с успешным заключением австро-испанского союза, заверил Ланчинского, что «приемлет сие за опыт Вашего Величества к себе склонности и дружбы, желая взаимно Вашему Величеству всяких благополучных успехов, о которых слышать и во оных участие принимать охотно рад»[58].

Недовольство правительств Франции и Англии испано-австрийским договором в Вене выразилось не только в сетованиях послов, неприятно

---

[56] АВПР. Ф. 32. Оп. 1. 1725 г. Д. 5. Л. 158.
[57] АВПР. Ф. 32. Оп. 1. 1725 г. Д. 5. Л. 305.
[58] Там же. Л. 394об.-395.

удивленных отказом от посредничества на конгрессе в Камбрэ. Перед дворами Версаля и Лондона вновь показался призрак «универсальной империи» Карла V, в Ганновере и Пруссии были обеспокоены возможностью религиозной войны в Германии. Фридрих-Вильгельм I был буквально шокирован сообщением своего посла в Вене Бранда о том, что к 1726 г. австрийцы собираются подготовить к походу 90000 пехоты и 36500 кавалерии[59]. Начались переговоры с представителями Англии, Ганновера и Франции. 22 июля (2 августа) был составлен проект союза: поддержание религиозного мира и восстановление прав лютеран в Речи Посполитой, гарантия всех владений договаривающихся сторон в Европе и за ее пределами, свободная торговля во владениях партнеров, противодействие возможному вторжению русских в Шлезвиг, формирование вспомогательных корпусов для противодействия агрессору – по 12000 солдат от Франции и Англии и 5000 от Пруссии. 27 июля (7 августа) проект был одобрен, и 23 августа (3 сентября) 1725 г. в замке Херренхаузен англичанин Таунсэнд, ганноверец Валленродт, француз де Брольо и пруссак Ильген подписали союзный договор, ставший известным под названием Ганноверского альянса[60].

Этот акт серьезно обеспокоил Карла VI: его страна вновь оказалась на грани войны с группировкой сильных держав Европы. В середине сентября император направил принцу Евгению короткую записку: «Не теряя времени начать переговоры с Москвой»[61]. Серьезная побудительная причина к союзу появилась и у российской стороны: турецкие войска, нарушив Константинопольский договор 1724 г., захватили Багдад и Тебриз и развернули наступление на столицу Ирана - Исфахан. Стало ясно, что если османам удастся образовать сверхдержаву от Дуная до Инда, то вскоре турецко-татарские орды вновь хлынут в Европу. Ланчинский активизировал действия в Вене. «Был я, – докладывал он в Петербург 15 сентября, – у здешних министров и представлял им необходимая злыя следования Его Римско-Цесарскому Величеству и всему христианству от толь ужасного турецких сил умножения, естли они всею Персиею завладеют и дастся им время войной основаться, и того ради предлагал, дабы здешней двор принимал против того меры»[62]. 19 (30) сентября российский посол получил сведения об условиях союза: взаимное присоединение сторон к Стокгольмскому 1724 г. и Венскому 1725 г. договорам, взаимная гарантия владении и наследований, распространение рамок

---

[59] *Droysen I.G.* Geschichte der preussische Politik. Т. 4. Abt. 2/3. Bd. 1. S. 374.
[60] Ibid. S. 379-380.
[61] *Braubach M.* Prinz Eugen von Savoyen. Bd. 4. S. 279.
[62] АВПР. Ф. 32. Оп. 1. 1725 г. Д. 5. Л. 424.

оборонительного соглашения не только на Европу, но и на Турцию[63]. 20 (31) октября вице-канцлер Шёнборн посоветовал Ланчинскому скорее требовать от российского двора присылки верительных грамот о полномочиях для заключения союзного договора[64].

Переговоры велись и в Петербурге. Секретарь австрийского посольства Н. С. фон Хоэнхольц (в русских источниках того времени – Гохгольцер, Гогенгольц – *С. Н.*) 1 ноября 1725 г. представил условия союза канцлеру графу Г. И. Головкину, вице-канцлеру А. И. Остерману и действительному тайному советнику П. А. Толстому. К пунктам, объявленным Ланчинскому, были прибавлены артикулы о приглашении к союзу польского короля и Речи Посполитой и об обещании помощи в возвращении Шлезвига герцогу Голштинскому[65]. Хоэнхольц просил передать эти предложения на обсуждение Верховного Тайного Совета как можно скорее, прибавив, что «Его Цесарское Величество уповает, что сии представленные пункты Ея Российскому Величеству толь наиприятнее будут, ибо она сама лехко разсудить может, что сия знатная и сильная аллианция Российскому государству извне честь и почтение, внутри же самого государства пользу и благоповедение по себе принесет. И понеже натуральная ситуация обоих государств такого состояния есть, что особливо для Востока друг другу много служить и пользовать, а никогда вредить не могут, то из того само от себя явствует, что чрез сию знатную и сильную аллианцию общему неприятелю христианства знатное обуздание наложить и со всех сторон свободный тыл иметь можно. А для тех, которыя о опровержении общей тишины стараютца, сей сильной союз без сумнения всем довольственную безопасность, честь и почтение исходатайствует»[66].

12 ноября Хоэнхольцу на конференции было объявлено, что Екатерина Алексеевна благосклонно приняла предложение союза и согласна присоединиться к австро-испанскому договору. Она уполномочила на ведение переговоров о союзе в Вене Л. К. Ланчинского и велела сообщить австрийские условия шведам[67].

1 (12) декабря Ланчинский получил полномочную грамоту от 18 ноября 1725 г., а 19-го был приглашен на конференцию в дом принца Евгения. Там были канцлер граф Ф. Л. К. фон Зинцендорф, вице-канцлер граф Ф. К. фон Шёнборн, президент Придворной Палаты (Хофкаммер – финансовый орган Австрии – *С. Н.*) граф Г. фон Штаремберг, президент Имперского Придворного Совета граф Э. Ф. фон Виндишгрец и сам

---

[63] Там же. Л. 478.
[64] Там же. Д. 5а. Л. 29-29об.
[65] Там же. Д. 8. Л. 6-7.
[66] Там же. Л. 90-90об.
[67] Там же. Л. 81-82.

хозяин, президент Придворного Военного Совета. Он сообщил послу о времени нового заседания[68].

12 (23) декабря состоялось следующее заседание конференции. Л. К. Ланчинский так описывает ритуал встречи: «Принц встретил меня в дверях каморы и, правую руку дав, показал место, где сесть за столом, которое было напротив его, принца, а он сидел при камине к дверям плечами в средине стола; по моей правой руке сидели помянутые министры, а по левой - референдари. При входе моем стояли все, а потом вдруг со мной садились на стулах равных»[69].

Принц Евгений дал слово Ланчинскому, который изложил указ от 18 ноября и подал верительную грамоту. Затем, сообщал он, – «подал я принцу проект, в предложении бывший при министерии господина графа Матвеева, который он паки вице-канцлеру отдал»[70]. Однако внезапно возникло осложнение: Виндишгрец, Зинцендорф и Штаремберг обратили внимание на то, что верительная грамота не дает полномочий на заключение союза, речь в ней идет только о переговорах. Они предложили начать диалог об условиях союза и ждать присылки другой грамоты. Ланчинский, со своей стороны, предложил им составить собственный проект трактата и связаться со шведским посланником для совместного обсуждения вопросов о присоединении к австро-испанскому договору и о вовлечении в союз Речи Посполитой, которая формально находилась в состоянии войны со Швецией. «После всего того он, принц, конференцию окончал сими словами: начало-де зделано, впредь-де вяще будем сноситься, - и от стола встал, чему и иныя министры последовали»[71], – доносил Екатерине российский посол. Условия, изложенные в рескрипте от 18 ноября 1725 г., были следующие:

- дружба и согласие монархов и их наследников;
- договор о союзе заключается на 30 лет, стороны не собираются ни на кого нападать, но помогают друг другу в случае агрессии против одной из них;
- при нападении на одну из сторон союзник в 4-месячный срок пытается уладить конфликт миром, а если это не удастся, то выставляет 15-20 тысячный корпус (в том числе 1/3 конницы); корпус по желанию одной из сторон может быть увеличен до 30 тыс. человек;
- помощь оказывается до тех пор, пока идёт воина; войска содержатся на деньги того, кто их прислал, и имеют собственную артилле-

---

[68] Там же. Д. 5а. Л. 91-91об.
[69] Там же. Л. 103-103об.
[70] Там же. Л. 104-104об.
[71] Там же. Л. 105об., 109.

24

рию; тот, кому оказывается помощь, предоставляет провиант, фураж и квартиры[72].

Официальные переговоры прекратились, однако по близким вопросам консультации продолжались. Так, 31 декабря 1725 г. Л. Ланчинский предложил Шёнборну посредничество России в торнском деле, поскольку следует избегать вмешательства французов; вице-канцлер благосклонно отнёсся к этой идее, заметив, что Россия в данном вопросе сторона нейтральная, а конфликт надо разрешить миром, дав гарантии диссидентам[73]. 4 января 1726 г. российский посол говорил с принцем Евгением о войне турок с персами. Последний сообщил, что имперский посол в Константинополе получил указ о том, чтобы с российскими послами «иметь откровенное сообщение и обхождение, також-де чтоб им при всяком случае чинить вспоможение»[74]. Вскоре подобную инструкцию о совместных действиях и «вовсе откровенном обхождении» с российским министром в Варшаве князем В. Л. Долгоруковым получил и граф Ф. К. фон Вратислав[75].

Но в вопросе о продолжении переговоров австрийская сторона заняла жесткую позицию, не желая возобновлять их до получения Ланчинским полномочных грамот; вёлся лишь зондаж способности шведской стороны присоединиться к Венскому трактату от 20 апреля (1 мая) 1725 г.[76] Недовольство российского двора промедлениями отразили ремарки А. И. Остермана на реляциях Ланчинского: «Надлежит дать знать, что таким образом негоциация никогда к совершенству не прийдёт, ежели со всех сторон с такой скрытностию поступать хотим. Себя от цесарского двора и союза отвесть не допустим, однако ж против того потребно, чтоб и цесарский двор без отлагательства прямо с нами вступил в дело, ибо подлинно не без основания, что с другой стороны всякими понятными представлениями нас в союз свой тянут»[77]. Раздражение сквозило и в рескрипте Ланчинскому от 8 февраля 1726 г.: «Усмотрели, что впроизшедшей с тобою конференции (23 декабря 1725 г. С. Н.) в главном деле никаких прогрессов не учинено, что цесарския министры ни о чём явственно себя не открыли, что их учиненный к тебе вопросы, так и твои ответы, больше к продолжению негоциации, нежели к скорейшему щастливому окончанию касаются»[78].

[72] Там же. Д. 10. Л. 148об.
[73] Там же. 1726 г. Д. 5. Ч. 1. Л. 7-8.
[74] Там же. Л. 18об.
[75] Там же. 69об.
[76] Там же. ЛЛ. 19-19об., 30об., 31об.
[77] Там же. Л. 75-76.
[78] Там же. 1726 г. Д. 12. Л. 32.

Безусловно, все эти задержки отражали борьбу в австрийском правительстве между старыми сторонниками союза с Россией (принц Евгений и Шёнборн) и приверженцами восстановления союза с Францией (Зинцендорф и Штаремберг)[79]. Повлиял на позицию Венского двора и тот факт, что новый шведский посол граф Тессин не имел полномочий и инструкций на ведение переговоров о союзе[80].

18 февраля 1726 г. собрался Верховный Тайный Совет (высший орган государственной власти России): генерал-фельдмаршал князь А. Д. Меншиков (президент Военной коллегии), генерал-адмирал граф Ф. Апраксин (президент Адмиралтейства), великий канцлер и президент Коллегии Иностранных дел граф Г. И. Головкин, действительные тайные советники граф П. Толстой и князь Д. Голицын, вице-канцлер тайный советник барон А. И. Остерман. Последний доложил о разговоре с имперским резидентом Н. С. Хоэнхольцем «о несклонности цесарского двора ко откровенности, на чем начатая негоциация заключена быть имеет». Хоэнхольц вновь поднял вопрос об императорском титуле, обозначенном в шведской полномочной грамоте. Решено было дать новый образец шведскому послу в России барону Сёдерхьёльму, «чтоб инако за тем начатой с цесарем негоциации остоновки не было»[81]. 21 февраля Верховный Тайный Совет в присутствии нового члена, герцога Карла Фридриха фон Хольштайн-Готторф, дал окончательное согласие на вступление в союз с императором[82].

23 февраля 1726 г. Ланчинскому были отправлены две полномочные грамоты (от 11 и 20 февраля) с курьером лейб-гвардии фенриком П. Голенищевым-Кутузовым: «все то, что тако именем Нашим заключено будет, подписывать, экземплярами размениватьца и всё протчее, что потребно, сочинять и исполнять таким пространным и свободным образом, якобы мы сами то присудственно сочинять и исполнять могли. И обнадеживаем и обещаем словом Нашим, что Мы все и каждое, что помянутой Наш камергер по силе сего трактовать, сочинять и заключать будет, всяким наилутчим образом ратификоватъ, за приятно и твердо иметь и все свято и ненарушимо содержать и исполнять будем»[83]. В посланном тогда же рескрипте от 22 февраля излагались условия соглашения:

1) союз против всех «нападателей, и, следовательно, такожде против турков»;

<hr />

[79] Schriften des Instituts fuer Oesterreichkunde. H. 51/52. Wien, 1988. S. 85.
[80] АВПР. Ф. 32. Оп. 1. 1726 г. Д. 5. Ч. 1. Л. 22.
[81] РГАДА. Ф. 176. 1726 г. Д. 16. Л. 35 об.
[82] Там же. Л. 42.
[83] АВПР. Ф. 32. Оп. 1. 1726 г. Д. I. Л. 1-2, 4об.

2) император должен оказать помощь герцогу Голштинскому в возвращении Шлезвига;

3) Россия дает помощь против Франции и готова гарантировать все имперские земли в обмен на такую же гарантию своих владений. Ланчинский в случае затруднений имел право не распространять гарантию на границы с Персией и Китаем, требуя также исключения с имперской стороны Сицилии[84].

5 (16) марта 1726 г. Л. Ланчинский был принят графом Шёнборном. Австрийский вице-канцлер сообщил, что Карл VI готов вступить в Стокгольмский союз, а затем уже вести переговоры о присоединении России и Швеции к австро-испанскому договору; император согласен поддержать все секретные пункты, касающиеся возвращения Шлезвига герцогу Голштинскому (эта реляция была получена в Санкт-Петербурге 5 апреля)[85]. 19 марта российский посол получил полномочные грамоты и инструкцию от 22 февраля и в тот же день был на конференции у Евгения Савойского, Штаремберга, Виндишгреца, Шёнборна и Зинцендорфа. 11 (22) марта вновь было заседание конференции[86].

Начались переговоры и консультации австрийских министров, связанные прежде всего с недостатком полномочий шведского посла графа Тессина. «Здешния министры, – рапортовал Екатерине Ланчинский, – беспрестанно находятся в совете естли не в замке в присудствии самого Его Цесарского Величества, то в доме принца Евгения; а сколько усмотреть мочно, то здешнего двора есть намерение с Вашим Императорским Величеством оной трактат алианции заключить»[87]. Принц Евгений интересовался у Ланчинского, «много ли Вашего Императорского Величества войск имеется в близости к немецким границам, и есть ли довольная при том кавалерия, для того-де, что датчане оною сильны, такожде и о числе линейных карадлей и об екипаже оных, еже значит, что о произведении реституции Слезвика намерение имеют»[88].

22 марта (2 апреля) Ланчинский был у Шёнборна: австрийская сторона, опасаясь происков в Швеции англичан и французов, решила обсудить проект соглашения в Вене, не отсылая в Стокгольм; вечером того же дня русский посол согласовал проект с Тессином[89]. На следующий день была конференция в доме Евгения Савойского. На ней было завершено обсуждение условий договора. Стороны упомянули все гарантируемые

---

[84] Там же. Д. 12. Л. 39-39об.
[85] Там же. Д. 5. Ч. 1. Л. 168-169об.
[86] Там же. Л. 188, 189.
[87] Там же. Л. 193об.
[88] Там же. Л. 195об.
[89] Там же. ЛЛ. 208-209, 211об.-212.

владения, договорились об условиях и размерах военной помощи: 12000 пехоты и 4000 драгун, 9 линейных кораблей и 3 фрегата от России, столько же пехоты и кавалерии и компенсация за флот от Австрии, 8000 пехоты и 2000 кавалерии от Швеции[90].

Однако австрийская сторона воспротивилась упоминанию в договоре Карла VI в качестве гаранта Шлезвига, поскольку и шведская сторона не была так названа в трактате 1724 г. Также австрийцы категорически потребовали изъять из текста договора упоминание о возможной войне с турками из-за Ирана, так как в договоре уже есть упоминание о борьбе со всеми агрессорами, а специально называть Порту и провоцировать войну незачем. «Желаете-де действительной помощи в деле Его Королевского Высочества (Голштинского – С. Н.) во втором пункте, а по первому хотите и нас, и вас вне состояния привести сие намерение изследовать, почто-де турков такою кляузулею на нас и на вас вызвать к воине?» - спрашивал Ланчинского принц Евгений[91]. Затем послу были переданы условия вступления России в союз с Австрией и Испанией:

1) установление, дружбы и сотрудничества между государями сторон и их наследниками, ведение общих советов, «дабы мир во Европе щастливо установлен и впреди сохранен и содержан был»;

2) присоединение Австрии к Стокгольмскому союзу и Ништадтскому миру, а России - к Венскому договору от 20 апреля (1 мая) 1725 г., поддержка Россией императора в коммерческих спорах, объявление войны агрессору, гарантия имперских владений и обязательство не заключать с противником сепаратного мира;

3) гарантия императором всех российских владений, помощь против агрессора вплоть до войны с ним, такое же обязательство о сепаратном мире, прекращение партнерами торговли с противником какой-либо из союзных держав (!);

4) сотрудничество послов союзников при иностранных дворах;

5) отказ от укрывательства и помощи мятежникам;

6) формирование вспомогательных корпусов по 30000 человек, в том числе треть кавалерии (для России возможна замена кавалерии 15 кораблями), которым даются зимние квартиры, провиант и фураж за умеренную плату;

7) создание в случае войны общего военного совета для координации совместных действии;

8) размещение российского флота во всех гаванях Австрии и Испании;

---

[90] Там же. Д. 5. 4. 2. Л. 222-223.
[91] Там же. Л. 224.

28

9) приглашение к союзу польского короля;

10) при сопротивлении этому Речи Посполитой приглашение короля как курфюрста Саксонии;

11) посредничество союзников в примирении Швеции и Речи Посполитой;

12) помощь Австрии герцогу Голштинскому в случае его обращения в шлезвигском деле;

13) открытие договора для присоединения всех желающих в течение года[92].

17 (28) апреля 1726 г. во дворце принца Евгения был подписан им, Зинцендорфом, Шёнборном, Штарембергом и Ланчинским трактат о присоединении Австрии к русско-шведскому союзу 1724 г.[93]

Проект русско-австрийского союза, переданный Ланчинскому 3/14 апреля, 5 мая обсуждался в Петергофе на заседании Верховного Тайного Совета в присутствие Екатерины I. Императрица повелела подать ей мнения каждого члена Совета[94]. На конференции 16 (27) мая вместе с ратификацией договора 17 (28) апреля она рассмотрела австрийский проект и «все то опробовать соизволила и повелела по тому с цесарским посланником, з графом Рабутиным, в конференции немедленно вступать»[95]. Новый посол императора Карла VI граф А. фон Рабутин-Бусси находился в Петербурге с 16 апреля. В дальнейшем он сделал многое для оформления и укрепления русско-австрийского союза.

Весть о союзе двух держав всколыхнула Европу: 11 (22) мая Зинцендорф объявил, что архиепископы Майнца, Кёльна и Трира, курфюрсты Пфальца и Баварии согласились поддержать австро-испанский альянс, 18 (29) мая были получены известия о переговорах посла в Мадриде генерала от кавалерии Л. фон Кёнигсэгга о союзе с Португалией. Наконец, 11/22 июня в Вене стало известно об отставке регента и первого министра Франции герцога Де Бурбона. На аудиенции 18 (29) июня французский посланник Ришельё заверял императора, что все неприятности и угрозы для Австрии исходили не от Людовика XV, а от бывшего регента. Даже английская эскадра, имеющая приказ топить суда Остендской компании, беспрепятственно дала им вернуться из Китая и Америки в бельгийские гавани[96].

В Петербурге Рабутин 25 мая обсудил с вице-канцлером Остерманом текст трактата о присоединении России к австро-испанскому союзу.

[92] Там же. Л. 235об. -240об.

[93] Там же. Л. 265-265об.

[94] РГАДА. Ф. 176. 1726 г. Д. 16. Л. 62.

[95] Там же. Л. 64об.-65.

[96] АВПР. Ф. 32. Оп. 1. 1726 г. Д. 5. Ч. 2. Л. 301, 312-312об., 331, 343--344, 354.

Основная часть прошла без особого труда, хотя российская сторона отказалась от статей, касающихся коммерции, и вынесла вопрос о Шлезвиге в отдельный (сепаратный) артикул[97]. Обсуждение секретных статей затянулось, стороны выдвинули несколько несхожих проектов. Проекты артикула о действиях против Турции рассматривались на конференции Верховного Тайного Совета 10 (21) июня. Рабутин был против такого пункта, превращавшего, по его мнению, оборонительный союз в наступательный: «Оного цесарь ево, конечно, принять не может, дабы тем не подать туркам прежде времяни подозрения». Но австрийский вариант не удовлетворил Екатерину I, обеспокоенную военной активностью Порты близ прикаспийских провинций: «Ея Императорское Величество изволила разсуждать, что оной в лехких терминах и обязательствах состоит, и на сей пункт соизволить не может, а повелела, чтоб держатьца того пункта, которой прежде сего опробовать извелила, разсуждая, что, почитай, только ради турков и во обязательства такие с цесарем вступать изволит»[98]. Она отклонила и все компромиссные варианты.

В Вену 17 (28) июня были отправлены рескрипт и инструкция Л. К. Ланчинскому с замечаниями на австрийский проект. Российский двор требовал исправления титула на «Всероссийское Величество» (в крайнем случае – «Царское Величество»), отклонения артикула о торговле, отмены платы за квартиры и снабжение вспомогательных войск, провозглашения гарантии азиатских владений России (или внесение особого пункта о Турции), посредничества в заключении шведско-польского мира на основе Ништадтского трактата, вынесения вопроса о Шлезвиге в сепаратную статью и прибавления секретнейшего артикула о гарантии каспийских провинций и об обязательстве императора помочь России в конфликте с Портой из-за раздела Персии[99].

7 июля Ланчинский получил рескрипт, инструкцию и ратификационную грамоту. На следующий день привезли ратификацию шведы[100]. И хотя шведский текст, в котором отсутствовала гарантия владений в Италии и упоминался религиозный вопрос в редакции Вестфальского и Оливского договоров, возмутил австрийских министров, 17 (28) июля в загородном доме Евгения Савойского ратификации были разменены[101]. В тот же день началось и обсуждение русского ответа на проект союза. Ланчинскому удалось убедить партнеров по переговорам, что Россия не может принять

[97] Там же. 1726 г. Д. 10. Л. 42-46об.
[98] РГАДА. Ф. 176. 1726. г. Д. 16. Л. 62.
[99] АВПР. Ф. 32. Оп. 1. 1726. г. Д. 12. Л. 103-110об.
[100] Там же. 1726 г. Д. 5. Ч. 2. Л. 371об., 373.
[101] Там же. Л. 398об.

пункт о коммерции, ибо это подорвет ее торговлю с Голландией, а плыть с помощью испанцев «в Ост-Индию торговать – есть дальное дело, от чего российская нация так скоро пользы иметь не может»[102].

Другим поводом для разногласий стала статья об объявлении войны агрессору, против которой выступал российские посол. «Как-де за тягость себе ставите объявить нападателя за неприятеля, – возмущался принц Евгений, – и оному войну декл827ировать, к чему либо и не дойдет, а нас-де в явныя и необходимыя две войны вводите». Но Ланчинский отвечал, что споры с Турцией еще не означают войны, а в шлезвигском деле Карл VI является гарантом, и Россия употребит все силы для его поддержки; Франция уже объявила, что не желает войны, а одна Англия не посмеет напасть[103]. Продолжались споры и по шестому артикулу – о содержании вспомогательных войск. Обсуждая секретные пункты, принц Евгений требовал ограничить прецедент оказания помощи (casus foederis) европейскими границами и обязать Швецию поддержать возможные военные усилия для возвращения Шлезвига: «Шлезвиг доставливать только сухим путем весьма трудно, и Швецию от обязательства гварантии освобождать не по что». Ланчинский согласился внести такой пункт в договор, обусловив присоединение шведов к союзникам сроком в 1 год[104].

25 июля (5 августа) дискуссия о 6-м и секретных артикулах продолжилась. Принц Евгений убедил Ланчинского договориться о содержании вспомогательных войск отдельно, через посла в России А. фон Рабутина. Casus foederis был все-таки ограничен Европой, Казанью и Астраханью. В секретный пункт по настоянию Евгения Савойского было внесено обязательство императора о войне против Турции при нападении ее на Россию: «Надобно-де российскому двору засвидетельствовать, что цесарь прямо в интересе его приемлет участие»[105]. На другой день, 26 июля (6 августа), Л. К. Ланчинский, принц Евгений Савойский, графы Ф. Л. К. фон Зинцендорф, Ф. К. фон Шёнборн и Г. фон Штаремберг подписали союзный трактат.

Первый артикул договора провозглашал вечную дружбу двух стран и их совместные усилия по поддержанию мира в Европе. По 2-му артикулу Россия присоединялась к австро-испанскому союзу 1725 г. и обязывалась оказывать помощь Австрии против агрессора не только вспомогательными войсками, но и объявлением войны: «наступательную войну объявить и против оного с общего согласия оружием выступить, и с ним

---

[102] Там же. Д. 6. Л. 5об.-6.
[103] Там же. Л. 6об.
[104] Там же. Л. 7об.-8.
[105] Там же. Л. 3,8об.-10.

мира не учинить и не заключить, разве по поправлению обид и вреда и с совершенного соизволения Его Цесарского Католического Величества». Третий артикул возлагал такие же обязательства в отношении России на Австрию; кроме того, император брал на себя «гарантию всех государств, провинций и областей, от Ея Величества Всероссийской в Европе владеемых». 4-й артикул устанавливал взаимные консультации австрийских и российских послов при иностранных дворах, что было новым в международной дипломатической практике. 5-м пунктом стороны обещали не принимать, не укрывать и не поддерживать «подданных и вассалов—бунтовщиков» и противодействовать «тайным умыслам и махинациям, которые ко вреду другого сочинялися». 6-я статья определяла размеры вспомогательных корпусов – по 20000 пехоты и 10000 драгун с каждой стороны, 8-я давала убежище российскому флоту в портах Империи и Испании. Остальные артикулы (9-й - 12-й) касались приглашения к союзу Речи Посполитой или Саксонии, примирения Речи Посполитой и Швеции, поддержки прав герцога Голштинского (кроме того, сепаратный артикул гарантировал ему военную помощь союзников). Секретный артикул предусматривал совместную войну против Турции в случае ее нападения на каспийские владения России[106].

3 сентября Екатерина I собрала Верховный Тайный Совет: «Вначале изволила слушать трактат, учиненной между Ея Императорским Величеством и цесарем, и секретной артикул, и конвенцию о реституции княжества Шлезвицкого, и по некотором разсуждении о внесенных некоторых прибавках Ея Величество указала на оные ратификации готовить и немедленно оные отпускать в Вену ради размены на цесарскую ратификацию»[107]. 29 октября 1726 г. ратификации были разменены в Вене[108].

Так был заключен союз двух сильнейших держав Европы. Он был направлен не только против османской Турции. Этот трактат должен был стать политической программой Австрии и России в международных отношениях, инструментом проведения в жизнь планов поддержания мира в Европе и защиты всей сферы внешних интересов союзников. Правда, сторонам пришлось взять на себя обязательства, сковывавшие международную инициативу их правительств. В первую очередь речь идет об Австрии, которая косвенно ввязывалась в голштинские и персидские дела российского двора, но эти уступки компенсировались привлечением России к гарантии Прагматической Санкции.

[106] *Мартенс Ф.* Собрание трактатов и конвенций, заключенных Россиею с иностранными державами. Ч. 1. СПб., 1876. С. 36-44.

[107] РГАДА. Ф. 176. 1726 г. Д. 16. Л. 121.

[108] АВПР. Ф. 32. Оп. 1. 1726 г. Д. 6. Л. 141-141об.

Долго шли две страны к этому договору. Объединенные общими интересами гарантии европейских границ и борьбы с турецкой угрозой, не имеющие территориальных споров, они заключили союз только перед лицом угрозы утраты независимости внешнеполитического курса. События 1725-1726 г г. показали ошибочность силовой политики Петра I и коммерческих увлечений Карла VI.

Долгое время подчеркивалась выгода Венского союза 1726 г. для Австрии. Но для России этот договор имел гораздо большее значение, не ограничивающееся гарантией Ништадтского мира одной из сильнейших держав Европы и созданием антитурецкого блока. Смысл политического курса А. И. Остермана, главным звеном которого был союз с Австрией, заключался в том, что трактат 26 июля (6 августа) 1726 г. вводил Россию в число ведущих стран Европы, в ту самую европейскую систему, в которую столь безуспешно пытался «прорваться» с помощью штыков и галер Петр Великий. Россия заняла место в европейском сообществе, позволившее ей вести самостоятельную внешнюю политику и не поступаться национальными интересами. Хотя отказ от торговых статей проекта закрыл перспективный путь развития трансконтинентальному российскому мореплаванию и заморской колониальной торговле, условия союза лишний раз подтверждают, что ни о каком «случайном» стечении обстоятельств или о подчинении российской политики интересам Австрии речи не может быть. Это был самостоятельный, обусловленный историческим развитием и глубоко продуманный политиками того времени шаг двух народов.

Глава вторая
Между миром и войной. Русско-австрийский союз в 1727-1732 годах

1. Формирование союзных структур российской армии в 1726-1727 гг. И попытки расширения Венского союза.

В середине 20-х годов XVIII века Австрийская монархия, несмотря на сложное международное положение, представляла собой одну из сильнейших военных держав Европы. Площадь наследных владений Карла VI составляла 1075 тыс. кв. км; в них проживало 14 млн. человек. В подчинении Придворного Военного Совета (Хофкригсрат, президент - генералиссимус, генерал-лейтенант Империи принц Евгений Савойский), разделенного в 1720 г. на 5 центральных управлений и полевые штабы в Италии и Бельгии, находилось 47 пехотных, 21 кирасирский, 3 гусарских и 11 драгунских полков и 23 «вольные» роты (всего до 94000 пехоты и свыше 32000 кавалерии, около 10000 поселенных и пограничных войск)[1]. Военный бюджет в 1726 г. составил 5,94 млн. флоринов[2].

Эта мощная сила была сосредоточена в основном в наследных землях: королевстве Богемия, маркграфстве Моравия, герцогстве Силезия, королевстве Венгрия, княжестве Трансильвания, эрцгерцогстве Австрия. Более слабые группировки находились в Бельгии (австрийских Нидерландах), в Италии и на Рейне. Но в случае войны в Германии Австрию могли поддержать имперские князья, в том числе король Пруссии, связанный в 1726 г. новым союзным договором с Россией. К 1727 г. у императора уже были отдельные союзные договоры с курфюрстами Баварии, Пфальца, Трира, Кёльна и Майнца, обеспечивавшие оборону реки Рейн в случае нападения французов до подхода имперской армии.

---

[1] Oesterreich und die Osmanen. Prinz Eugen und seine Zeit. Wien. 1988. S. 92, 108; АВПР. Ф. 32. Оп. 1. 1726 г. Д. 6. Л. 268-268об.

[2] Oesterreichische Erbfolge-Krieg. Bd. 1. T. 1. S. 295.

Однако короли Ганновера (Георг I Английский) и Пруссии находились в 1726 г. в составе враждебного императору Ганноверского союза. Их поддерживали войска Вольфенбюттеля, Гессен-Касселя и Гессен-Дармштадта; полки Георга I находились и во владениях опального герцога Мекленбургского. Не объявил своей позиции и курфюрст Саксонии, король Польский Август II. Таким образом, в Северной Германии у императора было лишь два союзника: шведский король Фредрик I (как князь Померании) и герцог Голштейн-Готторпский. Но поддержка претензий на Шлезвиг, выдвигаемых герцогом при помощи России, ставила императора в сложное положение: в этом случае он лишался датского вспомогательного корпуса. Кроме того, враждебность Дании могла парализовать шведский флот на Балтийском море. Поэтому, когда весной 1726 г. для экспедиции в Шлезвиг в Остенде было собрано 24 тыс. австрийских войск (согласно требованиям России), ни Карл VI, ни принц Евгений не хотели пускать их в дело, не желая провоцировать европейскую войну. Ведь против Австрии были готовы выступить: во Фландрии – 50 тыс. французов, в Ганновере – 20 тыс. англичан, в самом Шлезвиге – 9 тыс. датчан, 10 тыс. англичан и 20 тыс. французов (решение совещания союзников 16 (27) мая 1726 г.)[3].

Главной задачей австрийских дипломатов в это время стало расширение Венского союза за счет Португалии, Сардинии (Пьемонта) и, главным образом, Пруссии. Поэтому, когда в мае 1726 г. российское правительство пригласило к Стокгольмскому союзу Фридриха-Вильгельма I, в Потсдам был срочно направлен генерал-фельдмаршал-лейтенант Ф. Г. фон Зеккендроф, тайный агент принца Евгения[4]. На принца «работал» и военный министр Пруссии Ф. В. фон Грумбко, сторонник союза с Австрией и укрепления Священной Римской империи.

В самой Пруссии существовали две «партии»: одна, возглавляемая Ф. В. фон Грумбко и Подевильсом, выступала за союз с Австрией, другая (Ильген, Кнюпхаузен, Борке) – за верность договору в Херренхаузене[5]. С одной стороны, Фридрих-Вильгельм I претендовал на выморочное княжество Юлих-Берг, Восточную Фрисландию и часть Мекленбурга, которые ему предлагали гарантировать Георг I и Людовик XV. Кроме того, за участие в обороне Шлезвига ему предлагали 300 тыс. талеров в месяц[6].

Но хотя прусская армия имела в то время 50 батальонов пехоты и 81 эскадрон кавалерии (5 жандармских, 1 гусарский, 55 кирасирских, 20

---

[3] *Droysen. I.G.* Geschichte der preussische Politik. T. 4. Abt. 2/3. Bd. 1. S. 401, 407.

[4] *Droysen. I.G.* Geschichte der preussische Politik. S. 402; *Braubach M.* Prinz Eugen von Savoyen. Bd. 4. S. 241.

[5] *Герье В.* Борьба за польский престол в 1733 году. С. 42-43.

[6] *Droysen. I.G.* Geschichte der preussische Politik. T. 4. Abt. 2/3. Bd. 1. S. 407.

драгунских), один артиллерийский батальон (всего до 89 тыс. человек)[7], король опасался войны. Его беспокоили военные приготовления России в Прибалтике, подготовка флота и десанта для операции (совместно со шведами) в Шлезвиге. Военные силы братьев – герцога Голштинского и епископа Любекского – были незначительны и не могли грозить Пруссии, но совместное нападение российских полков, поддержанных саксонцами и австрийской кавалерией (10 тыс.) из Силезии могли создать большие трудности. Пруссия, по мнению военного министра Грумбко, была бы разгромлена и оккупирована до того, как французы смогли бы перейти Рейн или занять австрийские Нидерланды. Кроме того, 14 (25) июня 1726 г. ганноверский канцлер Валленродт сообщил из Лондона, что англичане и французы надеются на мирное соглашение с Испанией и императором[8].

Прусский министр барон А. фон Мардефельд в этих условиях 10 (21) августа подписал договор о союзе с Россией. С русской стороны соглашение подписали канцлер граф Г. И. Головкин и вице-канцлер барон А. И. Остерман. Союз заключался на 18 лет; основные положения трактата были очень похожи на Венский договор от 6 августа: взаимные обязательства ненападения, вечной дружбы, обоюдной информации о чужеземных дворах, военной помощи (по 3000 пехоты и 2000 кавалерии). Кроме того, декларировалась всеобщая свобода торговли, гарантия автономии Курляндии, свободы польского сейма, поддержка претензий герцога Голштинского на Шлезвиг[9]. Российская сторона заверила, что Стокгольский договор 1724 г. не будет использован против Пруссии.

Под влиянием угроз ганноверских союзников в адрес Пруссии в Вустерхаузене 1 (12) октября был заключен прусско-австрийский союз: в обмен на обещание рассмотреть вопрос о Юлих-Берге король признавал Прагматическую Санкцию и должен был выставить вспомогательный корпус[10]. Но если договор с Россией был ратифицирован 3 октября 1726 г., то договор в Вустерхаузене не был утвержден вплоть до 1728 г. И все-таки это было началом новой политической системы. Советский историк Г. А. Некрасов считает, что прусско-русский и прусско-австрийский договоры явились свидетельством кризисом Ганноверского блока[11]. Однако, на наш взгляд, об этом говорить еще преждевременно: скорое

[7] Ibid. S. 441.

[8] Ibid. S. 409.

[9] *Мартенс Ф.* Собрание трактатов и конвенций, заключенных Россиею с иностранными державами. Ч. 5. СПб., 1880. С. 237-249.

[10] *Droysen. I.G.* Geschichte der preussische Politik. T. 4. Abt. 2/3. Bd. 1. S. 423-424.

[11] *Некрасов Г. А.* Роль России в европейской международной политике 1725-1739 гг. М., 1976. С. 183.

присоединение к «ганноверцам» Дании, Швеции и Голландии свидетельствует не о кризисе, а о продолжении военно-политического размежевания европейских стран.

Российская армия в середине 20-х годов продолжала оставаться одной из самых сильных в мире. На 15 января 1726 г. 26 драгунских полевых полков имели 30328 солдат, 40 полевых пехотных полков – 52436 человек. Кроме того, в 9 драгунских и 9 пехотных полках Низового корпуса (Каспийское побережье) было 9624 драгуна и 13402 пехотинца, в гарнизонах – до 78 тыс. человек, в артиллерии – 4000 человек, иррегулярных войск – до 35 тысяч; на содержание армии ежегодно уходило 4 млн. рублей[12]. Однако когда планировалась операция против Дании, выяснилось, что налицо в полевых полках пехоты 41483 человека, а в Прибалтике, Санкт-Петербурге, Новгороде и Пскове стоит всего 15 полков[13]. В этих условиях выделение для десанта Гвардии и 20 тыс. пехоты (решение Верховного Тайного Совета от 10 февраля 1726 г.), а тем более сбор 40-тысячного корпуса к весне[14] были нереальными задачами.

Балтийский флот смог выделить для операции 15 линейных кораблей, 4 фрегата, 80 галер и 1064 орудия, но соединенная датско-английская эскадра в Балтийском море насчитывала в мае 33 линейных корабля, 10 фрегатов и 2 брандера, а в датских гаванях находилось еще 7 кораблей, 4 фрегата, 5 прамов (плавучие батареи) и 9 галер[15]. Кроме того, 2 (13) июня шведское правительство фактически отказалось от выполнения союзнических обязательств перед Россией[16].

«Появление английской эскадры в 1726 г. вблизи гаваней России смешало авантюрные планы Екатерины I и голштинцев и спасло Данию от вооруженного вмешательства России в «шлезвигские дела», – считает Г. А. Некрасов[17]. Однако тот факт, что российский флот был заперт в Кронштадте, заставил российский двор не только поспешить с заключением союза с Австрией, но и искать случая увеличить войска в Прибалтике, не вызывая ответных демонстраций держав ганноверского блока.

Вскоре такой случай представился. 28 декабря (8 января) австрийский посол граф А. фон Рабутин-Бусси, будучи в Коллегии иностранных дел, объявил: «Понеже противная партия по всему виду всеконечно к войне готовитца, и что их намерение есть в Нижнем Саксонском округе армию в

---

[12] РГВИА. Ф. 20. Оп. 1. Д. 18. ЛЛ. 223, 285об.-289.

[13] Там же. Л. 288.

[14] *Некрасов Г. А.* Роль России в европейской международной политике 1725-1739 г. С. 48-49.

[15] Там же. С. 51, 61.

[16] Там же. С. 56-57.

[17] Там же. С. 73.

60 тыс. поставить, того ради цесарь не токмо против того с своей стороны сильно готовитца, но и просит, дабы обещанныя по трактату помощные войска з здешней стороны в готовности и в пристойных местах на границах таким образом поставлены были, дабы они благовремянно, когда потребно будет, маршировать могли. А намерение цесарское есть, чтобы оныя з 25-ю тысяч его войск, тако ж и с теми, которыя у короля Прусского получены будут, соединитьця и против вышеписанной армеи действовать могли»[18].

Российский двор желал не только увеличить свои силы в Прибалтике, но и закончить дебаты с австрийцами о содержании вспомогательных войск. 11 (22) января 1727 г. Верховный Тайный Совет (А. Д. Меншиков, Г. И. Головкин, П. А. Толстой, А. И. Остерман и секретарь В. Степанов) выработал условия такого соглашения и через 3 дня передал их в качестве ультиматума (последнего предложения) Рабутину. Предлагалось давать солдатам по 60 фунтов муки на человека в месяц, или 3 гульдена на четырех человек, а лошадям порции овса на 3 гульдена, не считая сечки и соломы; проход через союзнические и нейтральные земли должна была обеспечить просящая помощь сторона[19].

Того же 11 января 1727 г. Екатерина I одобрила решение Верховного Тайного Совета о предоставлении Карлу VI вспомогательных войск: «Для лутчаго обнадеживания цесаря содержанием крепким заключенного с ним союза объявить, что Ея Императорское Величество по силе того союза не оставит к Его Цесарскому Величеству обещанные помощьные войска в потребное время отправить, и для того повелит Ея Император-ское Величество ныне к тому немедленно надлежащее учреждение учи-нить, дабы тот корпус, как скоро возможно, в приличных пограничных местах собран и в готовность приведен был туды маршировать, куды случай позовет. Сие объявить графу Рабутину, а между тем велеть действи-тельно оной корпус собрать и поставить при границах, начав от Смолен-ска, до Риги (или где пристойно будет, снесшись с Военною коллегиею). В тех местах поставка войск за способна быть разсуждается для следующих причин: (1) ежели иногда с противной стороны наступление учинитца на городы и места российские, то оной корпус в близости будет против тех неприятелей, где потребно, действовать; (2) когда же оные неприятели на земли Его Цесарского Величества нападут, и на земли российские насту-пления не будет, то помянутой корпус в таком случае к Его Цесарскому Величеству в помощь марш восприmet»[20] Следует обратить внимание на то, что на первом месте в данном случае для российского двора была

[18] АВПР. Ф. 32. Оп. 1. 1726 г. Д. 10. Л. 158.
[19] Там же. Л. 159-159об.
[20] РГАДА. Ф. 176. Оп. 1. 1726 г. Д. 16. Л. 154-155.

необходимость увеличения войск на северо-западных границах, которые были недостаточно прикрыты в 1726 г.

20 (30) января 1727 г. указ Верховного Тайного Совета был получен в Военной коллегии. Через три дня секретное присутствие коллегии в составе президента генерал-фельдмаршала князя А. Д. Меншикова, генерал-аншефа П. П. Ласи (Лейси), генерал-фельдцейхмейстера князя И. Ю. Трубецкого, генерал-майоров К. Гохмута (Хохмут), А. Гиссена (Гюйсен), советника коллегии бригадира С. Л. Игнатьева, обер-секретаря полковника П. Ижорина и секретаря В. Козлова постановило: «Приготовить с российской стороны помощных войск драгунских десять, да пехотных шеснатцать полков, а имянно: Украинского корпуса драгунские Кропотов, Хлопов, Троицкой, Ямбурской, Олонецкой, Ново-троицкой, Киевской, Тобольской, Нарвской, Нижегородцкой; пехотные из обретающихся при Остезее Лесиев, Ярославской, Вяцкой, Пермской, Киевской, Белогородской, Шлютельбурской, Псковской, Тобольской, Архангелогороцкой; из обретающихся около Москвы пехотные же Воронежской, Сибирской, Смоленской, Великолуцкой, Нарвской, и Капенгаузинов полки». Войска корпуса надлежало пополнить личным составом, лошадьми, вооружением, амуницией и обмундированием, привести в боевую готовность («к тому маршированию быть во всякой готовности»). Коллегия приказала офицерам и солдатам вернуться из отпусков в полки к 1 мая, а команде генерал-майора П. Б. Лефорта из Москвы передислоцироваться в Смоленск и прибалтийские владения (6 пехотных полков); организация снабжения войск возлагалась на генерал-лейтенанта А. Я. Волкова[21]. В Киеве и Смоленске до марта следовало заготовить 3-месячный запас провианта на 30000 человек, снабжение оружием и амуницией должно было осуществляться из Москвы и Петербурга[22]. Согласно ведомости, поданной 25 января 1727 г. из Военной коллегии в Верховный Тайный Совет, в полках вспомогательного корпуса находилось в строю 20322 пехотинца и 10836 драгун, включая 3104 солдат, командированных ранее в Низовой корпус[23].

В Европе все отчетливее пахло порохом. 26 января в Петербург пришло известие из Вены от Л. Ланчинского: «Король Гишпанской, не могучи более снести неприятельских двора аглинского поступков, особливо же в Индии (Вест-Индии – С. Н.) предпринятых, велел атаковать Гибралтар, к чему уже потребное войско, артиллерия и амуниция туды отправлена»[24].

[21] РГВИА. Ф. 20. Оп. 2. Д. 28. Л. 3-4.
[22] Там же. Л. 3-3об.
[23] РГАДА. Ф. 176. Оп. 1. 1727. г. Д. 8. Л. 4. – В ведомости не учтены офицеры.
[24] АВПР. Ф. 32. Оп. 1. 1727. г. Д. 5. Л. 3об. – Реляция от 4 января.

Это грозило императору, как союзнику Испании, войной европейского масштаба. Франция могла выставить в поле до 170 тыс. чел., в том числе 70 тыс. – на Рейне и Мозеле, а Англия – 20 тыс. британских, 50 тыс. ганноверских, гессенских и датских войск в Германии.

Австрийская армия в условиях военной угрозы увеличивалась на 40 тыс. чел. Как заявил А. фон Рабутин, в кавалерийских полках формировалось по 3, а в пехотных – по 4 новых роты[25]. 28 тыс. имперских солдат выступили на Рейн, принимались меры по обороне Бельгии. Ганноверские союзники испытывали большие финансовые затруднения, в то время как испанский флот успешно преодолел блокаду американских владений, привез в метрополию на 13 млн. пиастров серебра, а также захватил английские суда с грузом на 3 млн. фунтов стерлингов[26].

В Лондоне понимали, что если вызвать войну в Империи, то Ганноверскому блоку «не поздоровится»: три лучшие армии Европы (австрийская, российская и прусская) и войска рейнских округов и южногерманских князей смогли бы разгромить и Ганновер, и Гессен-Кассель, и Францию, которой с юга могла угрожать Испания. Поэтому был выдвинут проект операции только против наследных земель императора, что было очень затруднительно реализовать[27].

После выздоровления принца Евгения крупные военные приготовления в Австрии продолжились. Хофкригсрат повелел в случае войны сформировать национальную венгерскую армию из 30000 солдат и призвать на службу 10000 сербов, составив из них конную милицию. В Кёльне, Кобленце, Майнце и Франкфурте-на-Майне заготавливался провиант и фураж: 130 тыс. центнеров муки (австрийский центнер = 56 кг – С. Н.) и 250 тыс. меценов овса (мецен, или метц = 61,5 л – С. Н.). Эти запасы могли обеспечить боевую деятельность 100-тысячной армии во время летней кампании[28]. Л. К. Ланчинский отмечал: «Таковаго скорого и охотного набору не помнят. Многия люди, которыя, освободя себя от салдатства, домами жить стали, паки в службу пошли, наипаче ж в кавалерию, и генерально в народе великая охота к войне является»[29].

Однако уже в январе-феврале наметилось стремление Австрии и Франции, которым пришлось бы нести основную тяжесть войны, разрешить конфликт мирным путем. 11 (22) февраля на конференции Евгений Савойский объявил Ланчинскому, что кайзер благодарит Екатерину I за

---

[25] Там же. Д. 10. Л. 158.

[26] *Droysen. I.G.* Geschichte der preussische Politik. Т. 4. Abt. 2/3. Bd. 1. S. 437.

[27] АВПР. Ф. 32. Оп. 1. 1727 г. Д. 5. Л. 24. реляция Л. Ланчинского от 11 января.

[28] Там же. Л. 74, 79. – Реляции от 4 и 8 февраля 1727 г.

[29] Там же. Л. 73об.

приведение в боевую готовность вспомогательного корпуса, но союз с Испанией носит оборонительный характер, и потому Карл VI не собирается воевать с Англией за Гибралтар и Порт-Маон, а будет добиваться возвращения этих земель мирным путем[30]. Австрийское правительство убеждало Мадрид не начинать осаду Гибралтара, но 11 (22) февраля осада все-таки началась. Вооруженный конфликт между Испанией и Великобританией и напряженность в Европе между державами Венского и ганноверского блока получили название «холодная война».

Правительства обеих противостоящих группировок понимали, что война в Европе будет затяжной и тяжелой для обеих сторон, и начали поиски мирного урегулирования споров. 29 марта Ланчинский сообщил о начале переговоров в Вене между послами ганноверской лиги и австрийскими министрами. Послы морских держав предложили созвать в течение полугода конгресс, на котором стороны могли бы рассмотреть все спорные вопросы, в том числе и о Шлезвиге[31]. Такая постановка вопроса о конгрессе свидетельствовала о том, что главную роль в переходе «ганноверцев» к мирным аргументам сыграла готовность России поддержать императора вспомогательными войсками.

В начале апреля стали известны предложения ганноверских союзников Карлу VI: прекращение деятельности Остендской компании на 10 лет, восстановление коммерческих прав Франции и морских держав, которыми они обладали до 20 апреля (1 мая) 1725 г., гарантия всех владений на основе Утрехтского, Баденского и Лондонского четверного договоров, отказ от военных действий в Северной Европе, включая протестантские германские княжества, беспрепятственный пропуск австрийских и испанских судов из Америки и Индии и отказ от вражды между членами союзов[32]. 1 (12) мая в Петербурге были получены через Ланчинского ответы Карла VI на прелиминарный проект «ганноверцев». Император требовал 6-месячного перемирия на время конгресса, который надо было созвать в течение двух месяцев, прекращения всех враждебных действий, ограничения церемоний делегатов для ускорения работы конгресса (его намечалось созвать в Аахене), участия в переговорах России и северных стран, возвращения в свои территориальные воды всех военных эскадр сторон[33]. Дело примирения сошло с мертвой точки.

В России же продолжалась подготовка к походу полков вспомогательного корпуса. А. Д. Меншиков приказал создать запасы пороха в

[30] Там же. Л. 85об., 94. – Реляции от 11 и 18 февраля 1727 г.

[31] Там же. Л. 236об. – Реляция от 29 марта 1727 г.

[32] Там же. Л. 251-255. – Приложение к реляции от 5 апреля 1727 г.

[33] Там же. Л. 270 и далее. – Приложение к реляции от 12 апреля.

Риге и Ревеле, доставляя их из Смоленска и Петербурга. Было велено собрать сведения о запасах пороха «во всем государстве налицо, и в том числе сколько доброго и что плохова»[34]. Конторе Главной артиллерии коллегия приказала подать ведомости об оружии и боеприпасах во вспомогательном корпусе – «во всякой ли исправности, и что надлежит дослать пушек, ружья, пороху и свинцу, то все отправлено ль»[35]. 20 февраля Военная коллегия велела заменить в полках вспомогательного корпуса пики и рогаточные копия у пикинеров ружьями со штыками; вся излишняя амуниция поступала в цейхгаузы Москвы, Риги и Смоленска под ответственность конторы Главной артиллерии[36]. Последняя в лице обер-директора генерал-фельдцейхместера И.Я Гюнтера, полковников Г. Скорнякова-Лаврова и И. Унковского, секретаря И. Лаврецкого запрашивала коллегию, сколько патронов брать в поход, и рекомендовала «для лутчаго присмотру артиллерии и артиллерийских служителей» послать в корпус офицеров-артиллеристов, что и было утверждено коллегией 24 февраля[37]. Всего в полках корпуса должно было быть 32 трехфунтовых полковых пушки, а к ним 3 офицера, 7 унтер-офицеров, 192 солдата и фурлейта (извозчика) артиллерийского ведомства[38].

Подробные ведомости, присылаемые в Военную коллегию из Главной артиллерии, не только дают представление о наличии вооружения и военного имущества во вспомогательном корпусе, но и позволяют выявить группировку этих войск. Других подобных документов о приготовлениях к походу 1727 г. в отечественных архивах не найдено. В окрестностях Петербурга, Новгорода и Пскова собирались Псковский, Тобольский, Шлютельбургский и Архангелогородский пехотные полки генерал-аншефа П. П. Ласи, имевшего штаб в Санкт-Петербурге, около Риги и Ревеля – Лесиев, Ярославский, Пермский, Киевский, Белогородский и Вятский пехотные полки генерал-аншефа Х.Й. фон Бона (штаб в Ревеле), от Москвы до Смоленска – Воронежский, Сибирский, Смоленский, Великолуцкий, Нарвский и Кампенгаузенов пехотные полки генерал-майора П. Б. Лефорта (штаб в Смоленске). Команда Лефорта по решению коллегии от 7 (18) марта должна была отправиться в Ригу «наступающею весною по вскрытии льду на судах ис Порецкой и других смоленских пристаней». Все 10 драгунских полков располагались от Чернигова и Киева

---

[34] РГВИА. Ф. 410. Оп. 1. Д. 102. Л. 16, 35.

[35] Там же. Л. 67об.

[36] Там же. Ф. 5. Оп. 1. Кн. 14 (1727 г.). Д. 57. Л. 20.

[37] Там же. Л. 22-24. – Мемориал Главной артиллерии от 16-го и указ Военной коллегии от 24 февраля 1727 г.

[38] Там же. Л. 22об.-23.

до Полтавы и Сум под командованием находящегося в Харькове генерал-фельдмаршала князя М. М. Голицына[39].

Уже первые ведомости, поданные из Главной артиллерии, показали, что полки вспомогательного корпуса ощущают недостаток в порохе (до 50% от штата), ручных гранатах, фитиле, свинце для литья пуль, пушках и другом вооружении и амуниции[40]. 28 февраля последовал указ из Государственной военной коллегии:

«1) В назначенных от Артиллерии местах надлежащие в полки артиллерийские припасы принимать без всякого отлагательства, а откуда сколько в которой полк тех припасов по определению Главной артиллерии отпустить, велено о том с поданной ведомости сообщить копии.

2) Прислать от драгунских и пехотных полков в Артиллерию ведомости немедленно, в которых полках ружье однокалиберное, или в коих имеется разных калибров, и сколько какого порознь, а из Главной артиллерии прислать в Военную коллегию ведомость, от которых полков такие ведомости присланы и от которых не прислано, и в Артиллерии о том ведать и учинить по Ея Императорскаго Величества указу, а к вышеписанным командам и к генералу-майору и воинскому действительному советнику Волкову при указе с помянутой ведомости копии послать»[41].

23 июня 1727 г. от кн. М. М. Голицина пришла в Санкт-Петербург оружейная ведомость от 31 мая. В 10 драгунских полках было 5 образцов фузейных и 4 образца пистолетных пуль, 4 вида пистолетов (в том числе шведских – 412 штук).

Во многих полках был некомплект огнестрельного оружия, в двух полках совсем не было пистолетов, а в двух других – фузей. Но особенно плохо было дело с холодным оружием: из десяти полков только три имели достаточное число палашей, в двух полках было соответственно 15 и 35 палашей, а остальные их вовсе не имели[42]. К 29 августа 1727 г. Главная Артиллерия имела ведомости от 75 пехотных и драгунских полков (армейских и гарнизонных); 55 полков и 4 батальона не дали сведений. Общее состояние было неутешительным: многие полки имели оружия не только меньше штатного количества, но и из имевшегося было много негодного и подлежащего ремонту (так, негодными фузеями были вооружены два драгунских и шесть пехотных полков из вспомогательного корпуса)[43].

---

[39] Там же. Л. 30об. -31, 33-40об., 54-64об.; Ф. 410. Оп. 1. Д. 102. Л. 101об.

[40] Там же. Ф. 5. Оп. 1. Кн. 14 (1727 г.). Д. 57. Л. 33-40об. Ведомость Главной артиллерии от 15 февраля.

[41] Там же. Л. 44-44об.

[42] Там же. Л. 48-50.

[43] Там же. 54-64об.

Военная коллегия указом от 19 сентября велела во всех полках оставить только однокалиберное вооружение[44], но эта работа затянулась надолго, тем более что к осени военная активность в Европе начала снижаться.

Австрийское правительство и посол в Санкт-Петербурге А. фон Рабутин внимательно следили за подготовкой и сбором вспомогательных войск. 1 февраля 1727 г. посол запросил Верховный Тайный Совет о численности корпуса, месте его дислокации, о командующем и о сроке выступления в поход[45].

Верховный Тайных совет 8 февраля получил указание Екатерины I: о войсках «согласиться с светлейшим князем» (Меншиков тут же доложил, что все меры о корпусе приняты), а о командующем – «хорошо б российской был, только естьли невозможно, то уже быть кому из иноземцев»[46]. На следующий день это решение было передано Рабутину, а 3 марта он получил информацию о том, что 6 пехотных полков стоят у Смоленска, рядом еще 10, а кавалерия пойдет к Смоленску с Украины по свежей траве[47].

Неопределенность в вопросе о командующем обеспокоила принца Евгения: он 22 февраля и 29 марта (5 марта и 9 апреля) 1727 г. писал А. Рабутину о необходимости помешать передаче командования вспомогательным корпусом в руки «причудливого и тяжело управляемого генерала»[48]. Судя по всему, речь шла о А. Д. Меншикове. В конце концов главнокомандующим к большому удовольствию Евгения Савойского был назначен приверженец династии Стюартов ирландец генерал-аншеф П. П. Ласи[49]; дивизиями корпуса командовали: тот же Ласи и сын пастора с о. Рюген Х. Й. фон Бон (оба – кавалеры ордена Св. Александра Невского) и швейцарец П. Л. Лефорт. На Рабутина же были возложены переговоры о пропуске российских войск через Польшу и об их пропитании (рескриптом от 3 (14) мая Карл VI велел послу не торопиться с этими делами, так как ведутся мирные переговоры с Францией, Англией и Голландией)[50].

Подготовка корпуса заставила австрийскую сторону активизировать переговоры о содержании вспомогательных войск. Принц Евгений 11 (22) февраля и 15 (26) марта дал официальный ответ на русский «ульти-

[44] Там же. Л. 67.
[45] АВПР. Ф. 32. Оп. 1. 1727 г. Д. 10. Л. 4.
[46] Там же. Л. 8-8об.
[47] Там же. Л. 27-27об.
[48] *Braubach M.* Prinz Eugen von Savoyen. Bd. 4. S. 282.
[49] *Arneth A. von.* Prinz Eugen von Savoyen. Bd. 3. S. 245.
[50] АВПР. Ф. 32. Оп. 1. 1727 г. Д. 10. Л. 103.
[51] Там же. Д. 5. Л. 85-85об., 184.

матум» о провианте и фураже для вспомогательного корпуса, предлагая увеличить цену хлебных и фуражных порций из-за дороговизны хлеба и муки[51]. 6 июня 1727 г. в Ораниенбауме А. Рабутин объявил о готовности подписать конвенцию о содержании вспомогательных войск; одновременно он просил не распускать корпус Ласи и объявить «с стороны российской при других дворах о готовности тех ауксилиарных войск, ежели цесарь атакован будет»[52]. Австрийские поправки к проекту были обсуждены и одобрены 23 июня 1727 г. Верховным Тайным Советом; 30 июля 1727 г. А. И. Остерман, Г. И. Головкин и А. Рабутин подписали конвенцию:

«Войскам, которыя от Его Священнаго Величества (Петра II, поскольку Екатерина I умерла 6 (17) мая 1727 г. – *С.Н.*) Священному Его Цесарскому и Королевскому Католическому Величеству авксилиарныя присланы быть имеют, всякому солдату на месяц по 75 фунтов ржаной муки весом российским, цесарским же по 60 фунтов, из магазейнов цесарских не токмо выдавать, но и в назначенное время привозить за благо постановлено, и то, что на всякаго солдата по полуефимку, то есть по три гульдена рейнских, определено на 4-х солдат, помесячно плачено будет.

Конные же порции российскому войску во всем равномерныя противо собственной Его Цесарскаго Величества кавалерии – всякая порция три гульдена рейнских в себе содержащая – давана будет, а сверх того овса и сено, и резаная солома или нерезаная не в зачет даваны имеют быти. Не меньше авксилиарныя войска в неприятельской стороне во всем теми же добычами пользоваться будут, какия требующей стороны солдатам позволяются.

Что же касается к прехождению через дружественныя государства, и оное требующая сторона купно с потребною провизиею вышеписанным образом с означенным иждивением исходатайствует»[53].

Этот документ был ратифицирован 7 (18) августа 1727 г. При этом А. Рабутин сказал: «Цесарь признавает, что тишина в Европе приписана быть имеет сему российскому сукурсу (помощи – С. Н.), за которой сукурс от двора своего имеет благодарствовать». Имперский посол отметил, что войска могут быть отпущены на зимние квартиры, но «цесарь и впредь на те войска, когда случай настанет, надежду свою иметь будет»[54].

Российский вспомогательный корпус не только помог преодолеть враждебность старых и новых (Дания и Швеция) членов ганноверского

---

[52] Там же. Д. 14. Л. 19-19об.
[53] *Мартенс Ф.* Собрание трактатов и конвенций… Ч. 1. С. 46-47.
[54] АВПР. Ф. 32. Оп. 1. 1727 г. Д. 10. Л. 219-219об.

союза (о чем речь пойдет ниже). Была реализована возможность укрепить оборону страны на северо-западном направлении. Это был смотр боевого состояния лучших полков российской армии, выявивший серьезные недостатки в подготовке, оснащении и снабжении войск, позволивший принять продуманные долговременные меры по укреплению обороноспособности страны. Сборы корпуса в 1727 г. ускорили оформление конвенции о снабжении вспомогательных войск, которая стала основой для действий российской армии в походе на Рейн летом 1735 г.

2. Мирное разрешение европейского кризиса и локальных конфликтов в 1727 г.

Для российского двора общеевропейский конфликт имел особое значение в том смысле, что державы ганноверского блока противодействовали решению проблем в регионе Балтийского моря, унаследованных от петровского времени. В конфликте между Данией и Гольштейном за обладание Шлезвигом российское правительство обязалось поддерживать герцога Карла-Фридриха, мужа царевны Анны Петровны и члена Верховного Тайного Совета. Покровительством Петербурга пользовался изгнанный из Мекленбурга императором за нарушение законов Империи и кровавые расправы над подданными герцог Карл-Леопольд, женатый на царевне Елизавете Ивановне. Кроме того, усилились попытки польской шляхты ликвидировать автономию герцогства Курляндии и тем самым лишить владений вдову рано умершего герцога Фридриха-Вильгельма фон Кетлера – царевну Анну Ивановну. Наконец, основной проблемой для России оставалось признание великими державами Европы результатов Великой Северной войны 1700-1721 гг.; гарантом Ништадтского мира в то время был только император Карл VI (по Венскому договору 1726 г.).

Ганноверские союзники не желали дальнейшего усиления России в Прибалтике. Особенно беспокоило присутствие династии Романовых в Северной Германии Англию и Францию, которые еще в 1723 г. гарантировали Шлезвиг датскому королю. Не были похоронены и планы Версаля восстановить былую мощь Швеции и вернуть ей остзейские провинции. И Георг I, и Людовик XV (в лице руководителя французской политики кардинала и герцога Фрежюсского А. Э. Де Флёри) были заинтересованы в дружбе с голштинским герцогом, но не за счет короля Дании Фредрика IV фон Ольденбурга, верного поставщика солдат и обладателя Зундского пролива. Поэтому «ганноверцы» предполагали удовлетворить

Карла-Фридриха за счет его тёщи Екатерины I: пусть получит в управление на правах автономии Лифляндию и Эстляндию, а там, обладая правами на трон в Стокгольме, воссоединит эти земли под шведской короной.

Сам же герцог, живущий в России с 1725 г., лично и через своего советника Х. Ф. фон Бассевица добивался открытия военных действий против Дании. Его не смутил провал приготовлений к десанту в 1726 г., принесший России большие убытки в торговле из-за блокады англичанами балтийских портов. Живущий в Данциге герцог Карл-Леопольд цу Мекленбург-Шверин продолжал рассылать оскорбительные письма по всей Германии и не собирался приносить покаяние кайзеру, надеясь на вооруженную поддержку России. В Курляндии появился граф Мориц Саксонский, внебрачный сын короля Августа II Сильного от графини фон Кёнигсмарк, претендующий на герцогский венец и уже выбранный сеймом курляндского рыцарства в 1726 г., но изгнанный оттуда Меншиковым.

В таких условиях российскому правительству приходилось не только искать выход из международного кризиса, но и формировать новый курс европейской политики. Крупнейшие исследователи этого периода В. Медигер и Г. А. Некрасов связывают новый курс с деятельностью вице-канцлера и члена верховного Тайного Совета, действительного тайного советника и кавалера ордена Св. Александра Невского Х. Й. Ф. Остермана (барон Андрей Иванович)[55]. Сын пастора из Боккума (Вестфалия), он с 1708 г. служил в Посольском приказе, был тайным секретарем Петра I в Прутском походе, послом в Берлине, представителем России на Аландском конгрессе и в Ништадте (Нюстаде)[56]. Он находился в гуще «северных событий» во время конфликта с Австрией 1719-1720 г., вместе с российскими дипломатами изучал опыт новых взаимоотношений в Европе. Его имя не было связано с петровскими авантюрами в Мекленбурге и Амстердаме.

В записке «Генеральное состояние дел и интересов Всероссийских...» Остерман предлагал восстановить отношения с Англией, но не вступать с нею в союз, так как это противоречит русским интересам в Швеции, Мекленбурге и Голштинии, но заключить оборонительный договор с Данией, обеспокоенной «шлезвигским делом»[57]. Записка была заслушана Екатериной Алексеевной 5 ноября 1725 г. и, вероятно, служила осно-

---

[55] *Некрасов Г. А.* Роль России в европейской международной политике 1725-1739 гг. С. 154; *Mediger W.* Moskaus Weg nach Europa. S. 208.

[56] *Бантыш-Каменский Н. Н.* Деяния знаменитых полководцев и министров, служивших в царствование государя императора Петра Великого. Ч. 2. М., 1821. С. 144, 145, 153.

[57] РГАДА. Ф. 176. Оп. 1. 1726 г. Д. 1. Л. 1об.-2об., 22-24.

вой для ответа на грамоту Георга I, привезенную адмиралом Уоджером летом 1726 г., и указа от 21 июня «О торгу в России великобританскому народу без опасения»[58]. Для Остермана в данном вопросе была чрезвычайно важна именно охрана торговых интересов российского купечества, запертого после запрещения Петром Великим бреславльской и архангелогородской торговли в остзейских портах. Нельзя было не заметить, что действия английских эскадр Ч. Уоджера на Балтике и Х. Озье в Вест-Индии прежде всего были направлены на недопущение торговли. Правда, Георг I немного от этого выиграл: испанцы ответили осадой Гибралтара, а российский двор – восстановлением торговли в Архангельске[59].

В Верховный Тайный Совет, учрежденный 8 февраля 1726 г., вошли (кроме Остермана) также А. Д. Меншиков, генерал-адмирал граф Ф. М. Апраксин, сенатор князь Д. М. Голицын, тайный советник граф П. А. Толстой, великий канцлер граф Г. И. Головкин и герцог Голштинский Карл-Фридрих. Большинство из них поддерживали претензии на Шлезвиг, рассматривая их как способ утверждения если не в Северной Германии, то хотя бы в зоне проливов (Зунде). Это было продолжением петровской политики, однако она приняла в это время ярко выраженную династическую окраску. Сильная демонстрация английского флота и горький опыт военной тревоги в Кронштадте и Ревеле, видимо, окончательно склонил и самого А. И. Остермана, и остальных «верховников» к принятию новой политической программы.

Российское правительство было озабочено присоединением Голландии к Ганноверскому блоку и стремилось противодействовать включению в этот союз Дании и Швеции. Велись совместные действия с австрийскими дипломатами (так, на подкуп знатных шведов было получено от австрийского посла в Стокгольме Б. Ф. фон Фрайтага 4500 рублей золотом)[60]. Но англо-французские посулы, стремление шведского правительства А. Хорна быть более обезопасенным от вмешательства во внутренние дела со стороны России и рост реваншистских настроений привели к вступлению Швеции в Ганноверский блок. 14 (25) марта был

[58] Указы блаженныя и вечнодостойныя памяти великой государыни императрицы Екатерины Алексеевны и государя императора Петра Втораго, состоявшиеся с 1725 генваря с 28 числа по 1730 год. СПб., 1743. С. 18: «А мы с нашей стороны истинно намерены, несмотря на сии Его Королевского Величества Великобританского к побуждению новых безпокойств в севере и нам чинимые поступки, оныя добрую дружбу и корреспонденцию со всяким тщанием содержать и торгующим в империи нашем великобританским купцам свободное отправление их купечества без всякого повреждения и помешательства не токмо позволить, но и еще ко умножению онаго всякие милостивые склонности и способности подать».

[59] *Некрасов Г. А.* Роль России в европейской международной политике 1725-1739 гг. С. 73.

[60] РГАДА. Ф. 176. Оп. 1. 1726 г. Д. 1. Л. 6.

подписан союзный договор в Стокгольме, по которому шведское правительство гарантировало европейские границы, выставляло вспомогательные войска (всего 5 тыс. человек) или флот, но не отказывалось от ранее заключенных договоров и предлагало «добрые официи» голштинскому герцогу в конфликте с Данией; при этом шведские войска не должны были воевать в Испании или с Россией. Франция и Англия (Пруссия отказалась подписать договор) выплачивали в течение трех лет шведам по 150 тыс. фунтов стерлингов, содержали на свои средства шведский корпус в 7 тыс. пехоты и 3 тыс. кавалерии и выставляли в случае войны по 12 тыс. солдат[61].

Верховный Тайный Совет был обеспокоен таким поворотом «северных дел» и присоединением к Ганноверской лиге еще и Дании 5 (16) апреля 1727 г. Еще осенью 1726 г. кн. Б. И. Куракин, посол в Париже, сообщил об английском плане войны против России: 40 тыс. шведских, 12 тыс. гессен-кассельских, 6 тыс. ганноверских и 6 тыс. датских войск при поддержке англо-датско-голландской эскадры в 50 линейных кораблей должны были весной 1727 г. атаковать Выборг и Ливонию[62]. Первым шагом стали консультации Л. Ланчинского в Вене, имевшие важное значение для принятия нового курса А. И. Остермана, и представления А. фон Рабутину в Санкт-Петербурге. 13 апреля вице-канцлер объявил Рабутину о вступлении Швеции в Ганноверский союз. От лица Екатерины I он требовал принятия общих мер и присылки «откровенного мнения» о действиях Карла VI[63]. Присутствовавший при этом Х. Ф. фон Бассевиц предложил авантюристический план войны со шведами России и Австрии при поддержке Голштинии и Дании. Он заверил, что если в результате этой войны его герцог получит шведский трон, он откажется от Шлезвига[64]. Кроме того, Бассевиц требовал выплаты субсидий от Вены, Мадрида и Санкт-Петербурга по 100 тыс. талеров в год, а в случае оккупации Голштинии – еще по 200 тыс. Рабутин обещал сообщить об этом императору[65].

Но когда Л. Ланчинский обратился к канцлеру фон Зинцендорфу, то получил довольно неожиданный ответ: «Дело-де уже зделано, и здешняго двора мнение есть, что сие так оставить надобно, пока совершенно окажется, в которую сторону дела с Франциею, Англиею и Голандиею

---

[61] *Некрасов Г. А.* Роль России в европейской международной политике 1725-1739 гг. С. 133.

[62] Там же. С. 124.

[63] АВПР. Ф. 32. Оп. 1. 1727 г. Д. 14. Л. 1об.

[64] Там же. Л. 3об.

[65] Там же. Л. 5об.-6.

[66] Там же. Д. 6. Ч. 1. Л. 12.

преклонятся совершенно: к дальностям ли или к примирению»[66]. Одновременно канцлер на встрече в замке Лаксенбург 2 мая 1727 г. сообщил условия ганноверских союзников на перемирие и ответ на них от императора[67]. На следующий день Ланчинского принял принц Евгений, заверивший его в верности Карла VI условиям союза. Генералиссимус выражал надежду на мирное разрешение конфликта путем созыва конгреса[68]. Известия эти пришли в Санкт-Петербург 21 мая. Здесь уже был новый монарх. Екатерина Алексеевна умерла 6 (17) мая, и с ее смертью герцог Карл-Фридрих лишался всякой поддержки[69].

А. Д. Меншиков еще в феврале 1727 г. известил датский двор через посланника Х. Г. фон Вестафалена (получив 5 тыс. дукатов – примерно 12-13 тыс. рублей золотом), что пока он командует армией, Россия не нападет на Данию[70]. Остерман также выступал за мирное разрешение конфликта, хотя и в пользу герцога. Выступавшие в 1726 г. за войну Г. И. Головкин, П. А. Толстой, Ф. М. Апраксин и Д. М. Голицын после английской демонстрации на Балтике были, судя по всему, не склонны поддерживать амбициозного герцога и не в меру агрессивного (за русский счет) Бассевица. К тому же их, выдвиженцев Петра I, более занимал другой вопрос: не ждут ли их преследования со стороны нового монарха, Петра II, сына когда-то обманом вывезенного в Россию из Неаполя и умерщвленного здесь царевича Алексея. 13 мая Меншиков был пожалован генералиссимусом. Теперь уже не оставалось вопросов о том, кто будет управлять страной от лица 11-летнего мальчика в императорском венце. Меншикова поддерживал и вице-канцлер Остерман[71]. В этих условиях он мог проводить в жизнь тот политический курс, который в общих чертах был представлен им еще осенью 1725 г.

Случай проверить на деле верность новой политики вскоре представился: 9 (20) мая 1727 г. А. фон Рабутин подал вице-канцлеру имперский контр-проект (ответ Карла VI на французский ультиматум от 2 (13) мая) прелиминарных условий перемирия между Венским и Ганноверским союзами[72].

Российская военная машина могла оказать сильное сопротивление. Но флот и количественно, и качественно уступал английскому. Англичане же

---

[67] Там же. Л. 9об.-10об.

[68] Там же. Л. 16-17об.

[69] *Некрасов Г. А.* Роль России в европейской международной политике 1725-1739 гг. Л. 148.

[70] Там же. С. 126-127, 140.

[71] *Соловьев С. М.* Сочинения. Кн. Х. С. 84-85; *Курукин И. В.* Эпоха «дворских бурь»: Очерки политической истории послепетровской России 1725-1762 гг. Рязань, 2003. С. 130-131 и др.

[72] АВПР. Ф. 32. Оп. 1. 1727 г. Д. 14. Л. 11.

могли рассчитывать на поддержку французской, голландской, датской и шведской эскадр (см. таблицу).

Таблица 1[73].

Состав флотов Англии и «северных держав» в 1727 г.

	Россия	Англия	Дания	Швеция
Линейные корабли	52 (15)	60 (21)	25 (5)	20
Фрегаты	18 (4)	91 (4)	13	(12)
Посыльные суда /авизо/	-	27	(11)	-
Брандеры	-	- (2)	-	-
Галеры большие	82 (80)	-	-	-
Галеры малые /скампавеи/	194	-	9	30
Прамы /артиллерийские	-	-	-	(20)
баржи/			5 (3)	-

Примечание: в скобках – число боеготовых кораблей; для английского флота – силы Балтийской эскадры.

1 (12) мая 1727 г. эскадра адмирала Д. Норриса (21 линейный корабль, 4 фрегата и 2 брандера) бросила якорь в Копенгагене. На рейд было выведено 5 датских линейных кораблей. Но шведы и датчане заявили, что не поддерживают военных акций Лондона[74]. Здесь сыграли роль два фактора: заявления А. Д. Меншикова о нежелании вести войну за Шлезвиг и против Швеции и ускоренное формирование вспомогательного корпуса (вспомним, что срок готовности этих войск по секретному указу Военной коллегии – 1 мая 1727 г.). Новый курс принес гораздо большие плоды, нежели обанкротившаяся политика силы. На практике Лондон лишился военной поддержки со стороны своих новообретенных союзников – королей Швеции и Дании.

Теперь приходилось думать об обороне германских владений Георга I. И его ганноврские советники лучше других понимали, что соединенные австро-прусско-русские войска (по самой скромной оценке – до 200 тыс. человек) оккупируют Мекленбург, Вольфенбюттель, Гессен-Кассель и

[73] Составлено по: *Некрасов Г. А.* Роль России в европейской международной политике 1725-1730 гг. С. 60, 124, 140, 145; *Foerster F.W.* Lebensbeschreibung der Durchlauchtigsten Catharina Alexiewna,Czarin und Kayserin von Russland. Frankfurt, 1728. S. 297.

[74] *Некрасов Г. А.* Роль России в европейской международной политике 1725-1739 гг. С. 145-146.

Ганновер раньше, чем французы перейдут Рейн или вторгнутся в Бельгию. Английское правительство повернуло в сторону мира. Для кардинала А. Э. де Флёри также было ясно, что Франция будет втянута в длительную войну во Фландрии, на Рейне, в Пиренеях и в Италии. Главной целью французской дипломатии был развал Венского союза, но Дания и Швеция не собирались воевать с Россией за интересы Версаля. На позицию кардинала влияли большие экономические трудности: кризис промышленности, инфляция и безработица[75]. Кроме того, становилось ясно, что не удастся добиться выступления курфюрстов Баварии и Саксонии против императора. Подписание прелиминарий в Париже (20 (31) мая 1727 г.) совпало с заключением оборонительного союза пяти имперских округов: Верхне-Рейнского, Кур-Рейнского (Палатинат), Франконского, Швабского и Австрийского[76].

Казалось бы, Австрия могла собрать силы, достаточные для разгрома всех противников в Европе. Но преспектива затяжной и дорогостоящей войны не прельщала ни принца Евгения, ни Шёнборна, ни Зинцендорфа. Испанское правительство втягивало императора во всеобщую европейскую войну за Гибралтар, но не выплачивало положенных по договору 1725 г. субсидий. Узаконенное Версалем, Гаагой и Лондоном пиратство в южных морях мешало деятельности Остендской компании. Поэтому в Вене с воодушевлением узнали не только о подготовке российского вспомогательного корпуса, но и о мирных предложениях ганноверской стороны, сообщенных Зинцендорфом Ланчинскому 5 (16) апреля 1727 г.: предполагались остановка деятельности Остендской компании на 10 лет, восстановление торговых прав Франции, Голландии и Англии в масштабах 1725 г., гарантия владений по Утрехтскому, Баденскому и Лондонскому (1718 г.) трактатам, перемирие на севере Европы, беспрепятственный пропуск австрийских и испанских судов из Америки и Индии[77].

1 мая 1727 г. в Санкт-Петербурге была получена реляция Л. Ланчинского с ответными пунктами от Карла VI. Предлагалось заключить перемирие, отвести все флоты из чужих вод, обсудить спорные вопросы на конгрессе (в том числе и «остендское дело») в Аахене в течение 6 месяцев на основе договоров 1713-1714 гг. и 1718 г., соединять усилия против нарушителя перемирия, избегать всего, что могло бы затянуть переговоры (в том числе опустить вопросы церемониала); обязательно пригласить на конгресс Россию, Данию и Швецию для решения «северных дел»[78].

[75] *Droysen I.G.* Geschichte der preussische Politik. T. 4. Abt. 2/3. Bd. 1. S. 429.
[76] Ibid. S. 437.
[77] АВПР. Ф. 32. Оп. 1. 1727 г. Д. 5. Л. 251-255.
[78] Там же. Л. 270 и далее. – Приложение к реляции от 12 апреля.

Вскоре английский посол в Париже X. Уолпол и кардинал Де Флёри дали ответ на «12 пунктов императора». Три пункта были приняты, а вместо остальных – выдвинуты новые, которые были обсуждены на конференции у Евгения Савойского и приняты с незначительными поправками[79]. Это окончательный проект был передан российскому двору 20 (31) мая Рабутиным и 4 (15) июня через Ланчинского:

1) деятельность Остендской компании в Индии приостанавливается на 7 лет;

2) возобновляются утраченные в 1725 г. торговые права Англии, Франции и Голландии в Европе, испанских колониях и в Индии;

3) все владения в Европе сохраняются по силе «трактатов Утрехтского, Баденского и Квадрупель-алианции, или по силе трактатов и конвенций, заключенных прежде 1725-го году» (последнее положение, подразумевающее гарантию Ништадтского мира и Стокгольмского союза 1724 г., было внесено австрийцами);

4) все стороны воздерживаются от враждебных действий до открытия конгресса и совместно пресекают их, если такие будут (французский проект предусматривал приостановку враждебных действий только в Северной Европе);

5) после подписания договора прекращается пиратство на морях, английская эскадра отводится из Карибского моря, австрийские корабли возвращаются из Индии, возвращаются владельцам все захваченные суда и товары;

6) перемирие заключается сроком на 7 лет;

7) враждебные действия во время перемирия пресекаются совместными усилиями (французский проект предусматривал мирное разрешение всех споров);

8) конгресс в Аахене для разрешения всех конфликтов соберется в течение 4-х месяцев после подписания прелиминарий (французский проект: «как можно скорее»)[80]

23 мая в Верховном Тайном Совете были заслушаны прелиминарные пункты и мнение о них Остермана. Вице-канцлер считал, что Карл VI хочет избежать войны, пожервовав Остендской компанией. России, как отмечал он, «мир тоже не безпотребен, и что особливо никто не посоветует, чтоб России без добрых и сильных воспомощников в какие дальние дела или в войну входить, толь наипаче, понеже и персицкие дела еще не окончаны»[81]. Но Остермана не устраивало то, что решение вопроса о

---

[79] Там же. Д. 6. Ч. 1. Л. 8-9. – Реляция от 3 мая 1727 г.
[80] Там же. Д. 6. Ч. 1. Л. 48-49; Д. 14. 11-14об.
[81] Там же. Д. 14. Л. 16-16об.

Шлезвиге откладывалось еще на 7 лет: это связывало руки и российской, и австрийской стороне. При Петре I можно было бы забыть об обязательствах перед голштинским герцогом. Вице-канцлер, однако, справедливо считал, что такой шаг подорвет доверие к России. Поэтому он предложил согласиться на участие в конгрессе затем, чтобы решить на нем в течение года вопрос о гарантии европейскими державами Ништадтского мира, а также конфликты из-за Шлезвига и Мекленбурга[82].

6 (17) июня Меншиков и Остерман дали окончательный ответ на про-меморию Рабутина о прелиминариях. Отметив, что «о северных делах позволенной артикул со интересами российскими не весьма сходен и вид подает, что будто и окончание слезвицкаго дела на семь лет оставляется, еже б российским интересам не токмо предосудительно, но и весьма тягостно было б», они рекомендовали Верховному Тайному Совету принять имперский проект, если на конгресс будут вынесены и поддержаны Австрией вопросы о гарантии российских владений и о возвращении датчанами Шлезвига. На этом основании Россия останется верной союзу, и ее войска всегда будут готовы выйти в поход по приказу кайзера, о чем предполагалось известить иностранные дворы[83]. Одобренное «верховни-ками» решение 8/19 июня было передано Рабутину. При этом вновь был поднят вопрос о прощении мекленбургского герцога, чтобы русские войска могли проходить через его земли, «ибо оные как для ретирады, так и для устроения магазинов и плац-дармес необходимо потребны»[84].

20 (31) мая в Париже имперский посол барон Фонсека и представители Франции, Англии и Голландии подписали прелиминарный договор о перемирии. 2 (13) июня в Вене эти пункты подписали приглашенные в дом Евгения Савойского послы Испании и Франции Де Бурнонвиль и Де Ришелье[85]. 13 (24) июня принц передал Ланчинскому, что Карл VI приглашает на Аахенский конгресс представителей Петра II[86].

Ратификация прелиминарий Испанией и Англией затянулась из-за споров по поводу прекращения осадных работ у стен Гибралтара и размена захваченных судов. Осада была снята только в сентябре, а споры о кораблях затянулись до декабря[87]. Но путь к миру был открыт, подписание прелиминарий фактически означало признание Лондоном, Версалем и Гаагой результатов Великой Северной войны 1700-1721 гг. для России. Наметилось «потепление» между Россией и Англией. После смерти 11 (22)

---

[82] Там же. Л. 17.
[83] Там же. Д. 10. Л. 155-155об.
[84] Там же. Д. 14. Л. 21.
[85] Там же. Д. 6. Ч. 1. Л. 79, 86об.
[86] Там же. Л. 108.
[87] Там же. Д. 6. Ч. 1. Л. 184об.-185; Ч. 2. Л. 264, 427.

июня в Оснабрюкке Георга I власть перешла к Георгу II и правительству Р. Уолпола, отозвавшему 10 (21) июля эскадру Норриса из Дании. Смирившись с провалом планов развязывания войны в северной Европе, 25 июля (5 августа) удалился из России в Киль «возмутитель спокойствия» герцог Голштинский Карл-Фридрих[88]. Правда, строптивость герцога Карла-Леопольда и его нежелание повиниться перед императором откладывало решение мекленбургского вопроса на неопределенный срок.

Решение курляндского вопроса не обошлось без применения силы. На выборах герцога большинство голосов получил один из 254-х внебрачных детей короля Августа Сильного – граф Мориц. Для России это означало появление на лифляндских границах очень подозрительного соседа, могущего усилить как Саксонию, так и позиции короля Августа II в Речи Посполитой. К тому же это автономное герцогство при симпатиях молодого графа к Франции могло легко попасть в сферу интересов Версаля. 18 июня 1726 г. Сенат направил в Митаву А. Д. Меншикова. Он пробыл в Курляндии до 16 июля, грозил курляндским депутатам ссылкой в Сибирь и оккупацией герцогства, но не смог добиться ни собственного избрания, ни возведения на трон «альтернативного» принца Петера фон Хольштайн-Бека. Однако Речь Посполитая признала выборы Морица Саксонского незаконными[89]. Пылкий граф не смирился с неудачей и домогался наместничества в Курляндии, если ее разделят на воеводства[90]. Это никак не входило в интересы российского двора. Для «защиты прав вольного курляндского рыцарства и вдовствующей герцогини Анны Ивановны» через Двину переправился отряд генерал-аншефа П. П. Ласи (Киевский, Смоленский, Нарвский, Тобольский пехотные полки из состава вспомогательного корпуса и Каргопольский драгунский полк), который выбил незадачливого искателя приключений и его наемников с о. Османтен. Граф Мориц, бросив людей и пушки, бежал во Францию, где позже стал маршалом и крупнейшим полководцем. По указам Верховного Тайного Совета полки вспомогательного корпуса, кроме находящихся в Курляндии, 16 и 29 сентября (27 сентября и 10 октября) 1727 г. были отправлены из лагерей на зимние квартиры[91]. Зинцендорф, Шёнборн и принц Евгений заявили о поддержке императором действий России в Курляндии, так как сохранение ее автономии могло обеспечить проход в Германию вспомогательный войск[92].

---

[88] Там же. Д. 6. Ч. 2. Л. 427.

[89] *Некрасов Г. А.* Роль России в европейской международной политике 1725-1739 гг. С. 149-150.

[90] *Порозовская Б. Д.* А. Д. Меншиков: его жизнь и государственная деятельность. СПб., 1895. С. 73.

[91] РГАДА. Ф. 176. Оп. 1. 1727 г. Д. 8. Л. 12-13.

[92] АВПР. Ф. 32. Оп. 1. 1727 г. Д. 6. Ч. 2. Л. 349-350.

1727 год принес смягчение многих конфликтов, которые остались российской дипломатии в наследство от стремления Петра Великого быть правителем Северной Европы. Главное было в том, что великие державы сумели избежать всеобщей войны и перешли к решению споров двух коалиций мирным путем. Переход российского правительства к новому внешнему курсу, направленному на разрешение конфликтов ненасильственным путем, фактически парализовал попытки изолировать Россию и Австрию, а формирование вспомогательного корпуса удержало Лондон от агрессии в Прибалтике. И хотя шлезвигский и мекленбургский вопросы не были еще решены, они уже приобрели характер тяжелых обязательств, а не попыток укрепиться в Северной Германии и влиять на дела Священной Римской Империи. Россия заняла куда более значимое место в Европе, став неотъемлемой и могучей частью системы военноПолитического равновесия на континенте.

3. Роль русско-австрийского союза в мирном разрешении европейского конфликта 1728-1732 гг.: От Суассона до Севильи

Созыв мирного конгресса в Суассоне должен был положить начало новому этапу развития политической системы Европы. Провозглашенный мирный путь решения конфликтов призван был принести успех в прекращение споров об Остенде, Гибралтаре, Шлезвиге и Фрисландии. Российский двор прежде всего стремился освободиться от обязательств в отношении Голштинии и Мекленбурга и восстановить союз с Данией и Великобританией, который стал бы противовесом французскому влиянию в Швеции, а также поддержать Пруссию и Австрию[93]. Необходимо было добиться и юридической гарантии российских владений со стороны великих держав. Для достижения этих целей надо было договориться об общей программе действий на конгрессе с австрийской стороной.

10 (21) января 1728 г. Л. К. Ланчинский был принят принцем Евгением Савойским, графами Ф. Л. К. фон Зинцендорфом, Ф. К. фон Шёнборном и Г. фон Штарембергом. Российского министра интересовало, какие вопросы выносятся на будущий конгресс и какие переговоры велись Австрией после подписания прелиминарных пунктов «о делах, которыя на конгрессе до окончания приведены быть имеют»[94]. Австрийские министры отвечали, что пока соглашение не ратифицировано Англией и Испанией,

---

[93] *Некрасов Г. А.* Роль России в европейской международной политике 1725–1739 гг. С. 155.

[94] АВПР. Ф. 32. Оп. 1. 1728 г. Д. 5а. Л. 13об.-14об.

для совместных действий «время не есть способное». Евгений Савойский указал также, что Франция ведет себя переменчиво, но император будет до конца защищать интересы Петра II и герцога Голштинского; переговоров же никаких не ведется, так как испанцы до сих пор не возвратили захваченный ими английский корабль[95]. О «повестке дня» будущих переговоров в Аахене «всех пространнее ответствовал принц Евгений, что они иных дел, до конгресса надлежащих, не ведают, окроме следующих: о Гибралтаре, об Остендской коммерции, о генеральной гварантии российских провинцей и о деле слезвицком; может-де быть, иныя державы похотят о некоторых материях, до конгресса не надлежащих, на оном предлагать, но здешней двор до того не допустит и прелиминарей держаться будет»[96].

21 января и 10 февраля (1 и 21 февраля) Ланчинский пытался говорить с принцем Евгением и канцлером Зинцендорфом о совместных действиях на конгрессе. Однако ему было заявлено, что пока неизвестно время созыва конгресса, а обстановка в Европе быстро изменяется, надобности в таком соглашении («концерте») нет. «А как скоро о формальном заключении об отдаче английского корабля отпишут из Мадрита, и х конгрессу термин (срок – *С. Н.*) назначен будет, о чем ведомость поныне не бывала, то со мною и с здешним голштинским посланником говорить будут, и еще скорее»[97], – писал из Вены в Москву российский посол.

10 (21) марта, после подписания англо-испанского мира в Прадо (23 февраля (6 марта) 1728 г.), Ланчинский был приглашен на конференцию в дом Евгения Савойского. На конференции вместе с Зинцендорфом и Штарембергом впервые присутствовал тайный референт Й.К. фон Бартенштайн[98]. Вскоре он стал крупным политическим деятелем Австрии и тайным врагом принца Евгения. Министры разменяли ратификации конвенции о содержании вспомогательных войск 1727 г., а также предложили российскому послу, чтобы он «некоторыя вопросы, но подробныя, учинил, или пункты подал, в чем концерт, до дел конгреских касающийся, состоять имеет». Они интересовались также, имеет ли Россия договоры с Англией и Францией о гарантии наследственных владений этих держав[99]. Все это свидетельствовало о желании австрийского двора составить план или программу совместных действий союзников на переговорах с Ганноверским блоком. Наконец, 23 марта (3 апреля) имперский канцлер сообщил Ланчинскому, что конгресс будет созван в Суассоне (Франция) 9 (20) мая 1728 г.[100]

---

[95] Там же. Л. 18-18об.
[96] Там же. Л. 19-19об.
[97] Там же. Л. 57об.-59об., 95об.
[98] Там же. Л. 132.
[99] Там же. Л. 126-127об.
[100] Там же. Л. 151об.

Вновь вопрос о едином плане действий союзников был поднят на конференции 2 (13) апреля, в которой участвовали также представители Гольштейна – посланник в Вене Кеттенбург и первый министр герцога Х. Ф. фон Бассевиц. Последний прибыл в Австрию с проектом мирного урегулирования спора о Шлезвиге: герцог должен был получить Пленскую область и графство Рантцау, а за остальную часть княжества, остающуюся у Дании, - денежную компенсацию для покрытия долгов и покупки новых земель; Фредрику IV обещались некоторые преимущества в Гольштейне. Проект был поддержан австрийскими министрами, обещавшими склонить на сторону герцога Францию, как датского гаранта[101]. Но заключение «концерта» о действиях на конгрессе было отложено до возвращения ведущего переговоры с кардиналом Де Флёри канцлера Зинцендорфа. Суть задачи, которую ставил перед собой венский двор в отношениях с Россией, так выразил в реляции Ланчинский: «Мы-де имеем максиму с аглицкою весьма разную: они-де Россию от европских дел изключить ищут, а мы (то есть Австрия – С. Н.) оную во общество от времяни более приводить желаем; паче всего принц Евгений торжественно декляровал, что цесарь от обязательств своих отнюдь не уклонится»[102].

7 апреля в Москве была получена реляция Ланчинского, сообщавшая о ходе переговоров о единой программе действий на конгрессе. На следующий день российскому министру в Вене бы послан секретный рескрипт. Ему надлежало еще до начала конгресса договориться о единстве действий[103]. «Что надлежит до государственных дел, - инструктировали посла Г. И. Головкин и А. И. Остерман, - то наиглавнейшее есть дело шлезвихское; весьма б было потребно между собою наперед согласиться о плане, как в том деле поступать и каким образом оное на том конгрессе к щасливому и удовольствительному окончанию привесть». Для этого Ланчинскому нужно было заручиться поддержкой не только Австрии, но Франции и Швеции[104]. Он должен был настоять на участии представителей России в «генеральных негоциациях» вплоть до подписания общеевропейского договора, ведь «цесарскому двору сие не безпотребно»[105]. Таким образом, конгресс рассматривался российской дипломатией как средство избавления от наиболее сложных и тяжелых обязательств перед герцогом Карлом-Фридрихом.

[101] Там же. Л. 170-170об.

[102] Там же. Л. 178об.–179.

[103] Там же Д. 3. Л. 7 об.: «О необходимой нужде сего согласия ревностныя представлении учинить и объявить, что не без всякого удивления нам быть может, для чего учинение сего согласия откладывается».

[104] Там же. Л. 9об.-10.

[105] Там же. Л. 11-12.

13 (24) апреля российскому послу в Гааге графу А. Г. Головкину, сыну канцлера, была дана от имени Петра II полномочная грамота для участия в конгрессе, предусматривающая право заключать мирные договоры между участниками Венского и Ганноверского союза и «самой примирительной трактат», а также способствовать разрешению локальных «северных» конфликтов[106].

В Вене наметился прогресс в разрешении мекленбургского дела, но не в пользу свойственника династии Романовых. Герцог Карл-Леопольд был отрешен от управления Мекленбургом за репрессии против подданных, но не лишен прав на герцогство (он мог вернуться после принесения покаяния Карлу VI и имперскому суду). Его брат Кристиан-Людвиг был назначен администратором герцогства; ликвидация штрафной комиссии и военная поддержка мер, принятых императором, поручались прусскому королю[107].

10 (21) мая Ланчинский был приглашен на последнюю консультацию союзников перед отъездом делегаций великих держав в Суассон. «Министры цесарские, - объявил ему принц Евгений, - имеют полныя инструкции с министром Вашего Императорского Величества обходиться весьма откровенно и те дела производить прилежно, а каким образом, и то на месте изобретать и усмотревать надобно, ведая, куды клонится обоих государей намерение»[108]. Принц заверил, что Карл VI не возражает против участия России в подписании главного протокола конгресса и поддерживает требование гарантии российских границ. Было достигнуто согласие и в вопросе о титуловании Петра II императором со стороны тех держав, которые признали этот титул[109]. Генералиссимус благодарил Ланчинского за поддержку интересов Карла VI, но отметил, «что они своего собственного дела или интереса на конгрессе никакова не имеют, поступяся в остендской коммерции, и единыя только дела у них будут об интересах Вашего Императорского Величества, особливо о Шлезвике»[110]. Однако австрийская сторона отказалась обсуждать вопрос о герцоге

---

[106] Там же. Д. 1. Л. 1об.-2: «Оному полную власть и совершенную мочь даем и позволяем, дабы с полномочными и чреззвычайными Вашего Цесарского Величества послами и протчих принцов к делам приступили или х конгрессу приглашены бы были, мирные договоры постановлял и самой примирительной трактат имянем нашим заключал, договаривался и постановлял, и сверх того, дабы все, что в деле всеконечного означенных ссор и несогласий успокоении благопотребно покажется быти, в действо производил так, как бы от нас самих присутствующих то отправляемо быть могло».

[107] Там же. Д. 5б. Л. 21-21об. – Реляция Л. Ланчинского от 8 мая 1729 г.

[108] Там же. Л. 43.

[109] Там же. Л. 45-45об., 47: «Они в том никому не запрещают, а что естьли еще иныя державы тот же титул дать похотят, то и до того допустить могут».

[110] Там же. Л. 43об.-44.

Мекленбургском. Появились и скептические ноты в оценке европейской ситуации. Принц Евгений говорил Ланчинскому, что не надеется на успех конгресса и будет готовить войска к весенней кампании 1729 г.[111] Тем не менее 5 (16) мая Карл VI подписал инструкции имперским послам в Суассоне, а 20 (31) мая имперский канцлер Зинцендорф прибыл во Францию и в течение шести дней вел переговоры с кардиналом Де Флёри[112].

Австро-русский союз дал первые плоды: Россия впервые становилась участником конгресса великих держав Европы. В Суассоне мог выступать блок Австрии, России, Испании и Голштинии против Ганноверского союза – Англии, Голландии, Франции, Дании, и Швеции. Правда, единой программы действий союзники так и не выработали. Но основные приоритеты были намечены: общее соглашение о мире и гарантии наследственных владений сторон, решение шлезвигского вопроса на основе проекта Бассевица и возвращение Испании Гибралтара. Каких-либо планов урегулирования последнего вопроса из-за нежелания испанского двора идти на компромисс с Лондоном выработано союзниками не было. В скором времени это упущение серьезно повлияло на развитие ситуации в Европе и на ход Суассонского конгресса[113].

После соглашения об общих интересах союзников на конгрессе указами Коллегии иностранных дел от 15 августа и 28 октября камергеру Л. К. Ланчинскому было велено добиваться отмены решения по делу мекленбургского герцога Карла-Леопольда. Но среди австрийских министров он не нашел поддержки. От герцога-палача требовали покаяния, он же отвечал дерзостями в адрес императора. Вице-канцлер Шёнборн отвечал российскому послу, что только из уважения к России Карл VI не принял более жестких мер, но герцог этого не ценит: «Кто-де может пособить, когда он, герцог, свое благо признать не хочет, но тому напротив от времени до времени до вящих доходит крайностей, так что о париции (покаянии – *С. Н.*) его никакая надежда не остается»[114]. В том же духе высказывался и принц Евгений: «Цесарь желает дело сие окончать его светлости в пользу, но что-де поможет, хотя б тысячу раз желать, когда-де он, герцог, сам своей пользы не хочет»[115].

Между тем, 20 (31) августа 1728 г. в Суассоне начались заседания конгресса. Австрию представляли имперский канцлер Ф. Л. К. фон Зинцендорф и послы в Париже и Гааге бароны Фонсека и Бенденридер;

---

[111] Там же. Л. 46, 49.
[112] Там же. Л. 55, 81-81об.
[113] Там же. Д. 3. Л. 32-33об., 41.
[114] Там же. Д. 5б. Л. 158.
[115] Там же. Л. 228.

60

Францию – кардинал А. Э. де Флёри, маркиз де Фенелон, граф Л. де Брансе-Сарет; Великобританию – У. Стэноп и Г. Уолпоул; Голландские Соединенные Штаты – К. Хоп, С. Гугронье, С. де Госслинг; Испанию – маркиз М. Ж. де Бурнонвиль, Дон Альваро де Навиа Озорио; Россию – граф А. Г. Головкин, Данию – К. Сегестед, Швецию – Н. П. Гедда и К. Г. Спарре, Голштинию – граф Х. Ф. Бассевиц[116]. На переговорах 20-22 августа (31 августа – 2 сентября) представители Англии и Франции опротестовали полномочия А. Г. Головкина принимать участие в подписании основного договора. Вместе с министрами «северных держав» он должен был вести переговоры только о вопросах, касающихся Балтики.

Так имперская делегация лишилась одного из главнейших союзников. С испанской же делегацией отношения не складывались: король Филипп V требовал возвращения Гибралтара. Вторая фаза переговоров (13-21 ноября (29 ноября – 2 декабря) 1728 г.) завершилась составлением проекта мирного соглашения: перемирие на 12 лет продолжение полномочий Остендской компании на тот же срок, гарантия владений всех держав, единство действий против возможного агрессора и предоставление голштинскому герцогу эквивалента за Шлезвиг[117]. Русское правительство требовало от Л. Ланчинского, чтобы он добился от имперских министров признания морскими державами и Францией полномочий А. Г. Головкина и выражало недовольство проектом, выработанным в Суассоне[118].

Вскоре (15 декабря) Головкин сообщил Ланчинскому, что его полномочные грамоты приняты конгрессом[119]. 5-8 января 1729 г. российский министр в Вене побывал попеременно у Евгения Савойского, вице-канцлера Шёнборна, канцлера Зинцендорфа и конференц-министра Штаремберга. Он узнал, что вопрос об остендской торговле практически решен – компания будет закрыта. Принц Евгений пояснил, что «цесарь учинит сие для того, дабы не было слова, что Его Цесарское Величество той одной коммерции ради причиною есть войны в Европе»[120]. Зинцендорф информировал о согласии делегатов Англии и Франции предоставить герцогу Голштинскому «эквивалент» за Шлезвиг[121]. Но идея Ланчинского о внесении в повестку дня конгресса вопроса о роспуске Ганноверского союза была отвергнута. Генералиссимус и имперский канцлер отвечали, что едва ли такое возможно, а союзникам следует «искусно изыскивать спо-

---

[116] *Некрасов Г. А.* Роль России в европейской международной политике 1725–1739 гг. С. 170.
[117] Там же. С. 175-176.
[118] АВПР. Ф. 32. Оп. 1. 1728 г. Д. 3. Л. 38об.-40, 56об.-57.
[119] Там же. 1729 г. Д. 5. Л. 18об.
[120] Там же. Л. 12-12об.
[121] Там же. Л. 13.

собы и подавать им (членам Ганноверского союза) поводы, дабы они от себя разошлись»[122]. Эти беседы выявили изменение позиции российского двора в Суассоне: от попыток примирения с враждебным блоком российские дипломаты перешли к поиску возможностей его ликвидации. В то же время Венский союз усилился после заключения прусско-саксонского от 30 декабря 1727 г. (10 января 1728 г.) и австро-прусского от 12 (23) декабря 1728 г. союзных договоров. По последнему (трактат в Вустерхаузене) Фридрих-Вильгельм I гарантировал Прагматическую Санкцию и обещал выставить 10000 солдат для защиты императора за право на выморочное княжество Юлих-Берг (без Дюссельдорфа)[123].

Переговоры и консультации союзников продолжались и в Петербурге. Сменивший умершего в августе 1727 г. Рабутина новый имперский посол в России граф Ф. Г. фон Вратислав-Дмитрович 3 (14) марта 1729 г. сообщил об австрийском проекте договора умиротворения Европы. Он предусматривал гарантию условий Утрехтского, Раштадского и Баденского договоров 1713-1714 гг., Гаагской конвенции 1717 г. о содержании в бельгийских городах голландских «барьерных» гарнизонов, Лондонского «квадрупель-альянса» 1718 г., других трактатов, заключенных не позднее 1721 г. и мира в Прадо 6 марта 1728 г. Австрийская сторона предлагала сохранить право остендцев посылать в Индию ежегодно 2 корабля при условии субсидии голландцам 500 тыс. талеров в год, или же отказаться от заморской торговли в обмен на отказ Голландии от претензий по барьерному трактату 1717 г. Решить вопрос об эквиваленте за Шлезвиг предполагалось путем созыва в 3-месячный срок после подписания мирного договора нейтральной комиссии в Гамбурге (этот пункт подлежал утверждению со стороны Петра II и герцога Карла-Фридриха; российская и голштинская сторона должны были согласовать действия в случае отказа Дании предоставить эквивалент). Кроме того, проект включал статьи о пересмотре ввозных тарифов в австрийских Нидерландах, об уравнении в правах торгующих в испанских владениях подданных императора и морских держав (с согласия Испании) и об объединении сил европейского сообщества против нарушителей мира. Договор должны были подписать «все державы, союзные или призванные»[124].

Российское правительство довольно скептически отнеслось к австрийскому мирному проекту; оно согласилось с оценкой, данной этому акту Л. К. Ланчинским в беседе с Зинцендорфом 20 (31) января 1729 г.: «Чрез

[122] Там же. Л. 15.
[123] *Droysen I.G.* Geschichte der preussische Politik. T. 4. Abt. 3. Bd. 2. Leipzig, 1869. S. 23, 35.
[124] АВПР. Ф. 32. Оп. 1. 1729 г. Д. 8. Л. 40-46об.
38. Там же. Д. 8. Л. 143-156.

помянутой проект тишина во Европе не довольно утвержена будет; особливо видитца: герцог Голстинской причины не имеет четвертым артикулом, как он ныне сочинен находитца, довольным быть, когда его дело еще через зело вдаль продолжимую коммисию и негоциацию вершено быть имеет»[125]. Беспокойство об интересах герцога Голштинского вызывалось у российского двора необходимостью избавиться от тягостных обязательств по возвращению Шлезвига. Зная авантюристический характер Карла-Фридриха, Головкин и Остерман опасались, что он может втянуть Россию в новую войну на Балтике или заручиться поддержкой держав Ганноверского блока.

Однако угроза новой войны в Европе исходила не севера, а с юга. Испанская сторона, убедившись, что Карл VI не собирается воевать за Гибралтар, стала требовать введения своих гарнизонов в города Пармского и Тосканского герцогств[126], которые после пресечения правящих в них династий Гонзаго и Фарнезе переходили инфанту принцу Астурийскому дону Карлосу[127]. Кроме того, была прекращена выплата ежегодной субсидии императору, составлявшей 3 млн. гульденов[128]. Кардинал Де Флёри на переговорах в Суассоне отверг пункт об остендской торговле, вынеся на обсуждение в качестве ультиматума статью о позволении австрийцам в 1729 г. в последний раз послать суда в Индию, а голландская делегация предлагала императору «отступные» за отказ от поддержки Остендской компании. Имперские делегаты на это не согласились[129]. Как выяснил Ланчинский у принца Евгения 11 (22) июля, испанские домогательства о гарнизонах также были отвергнуты, а в Италию были посланы указы о приведении имперских войск в боевую готовность[130].

Добиться поставленных целей (решение шлезвигского дела, гарантия Прагматической Санкции и российских границ) союзникам на конгрессе не удалось. Причины коренятся прежде всего в неготовности правительств Австрии и России к мирному развитию европейского кризиса в 1727–1729 гг. Не было выработано (прежде всего по вине австрийского

39. Там же. Д. 6. Л. 138-139об.
40. *McKay D., Scott H.M.* The Rise of the Great Powers 1648-1815. L., 1983. P. 135.
[125] Там же. Л. 54.
[126] Там же. Д. 5. Л. 269. – Реляция Л. Ланчинского от 3 мая 1729 г.
[127] Карл (Карлос) – старший сын испанского короля Филиппа V от 2-го брака с Елизаветой Фарнезе, род. 20 января (по нов. ст.) 1716 г. в Мадриде; до 1733 г. – инфант дон Карлос, принц Астурийский, великий герцог Тосканский, Пармский и Пьяченский; 1734-59 гг. – король Обеих Сицилий; 1759-88 гг. – король Испании Карл III; ум. 14 декабря (по нов. ст.) 1788 г. в Мадриде.
[128] Там же. Л. 54об.
[129] Там же. Л. 315об.-316. – Реляция Л. Ланчинского от 11 июня 1729 г.
[130] Там же. Д. 6. Л. 27об.

двора, уклонявшегося от предварительных переговоров с российским министром Л. К. Ланчинским) общей программы действий на Суассонском конгрессе. В то же время поддержка императора дала возможность российскому представителю А. Г. Головкину преодолеть противодействие Лондона и Версаля и принять участие в переговорах по «генеральному трактату».

4. Роль русско-австрийского союза в мирном разрешении конфликтов 1728-1731 г г.: «Военная гроза» 1730 г. И развал ганноверского союза в 1731 г.

После известия о Севильском трактате Л. Ланчинский 7 (18) декабря 1729 г. был у принца Евгения. Имперский генералиссимус объявил, что 15-16 полков, преимущественно кавалерия, будут посланы в Италию. Кроме этого 30-тыс. корпуса, в Неаполе и Милане собиралось еще до 40 тыс. солдат. «Его Цесарское Величество потребное время полагается на помощь Вашего Императорского Величества», - заявил Евгений Савойский[131].

К рождеству через Альпы должны были перейти первые 8 батальонов и 16 эскадронов имперских войск (всего 9056 человек во главе с новым командующим – фельдмаршалом графом К. Ф. Мерси)[132]. Можно было положиться и на Пруссию, особенно после конфликта ее с Ганновером, благополучно разрешившегося 21-25 августа (1-5 сентября) 1729 г. благодаря поддержке Вены и Москвы. 9 (20) декабря 1729 г. принц Евгений на конференции в присутствие Карла VI высказался за укрепление обороны в Италии. Против него выступили канцлер Ф. Л. К. фон Зинцендроф и Г. фон Штаремберг, а также вице-президент Хофкригсрата Л. Кёнигсэгг. Возражая последнему, принц заявил, что речь идет не о 6 тысячах испанцев, а о тех последствиях, к которым приведет их присутствие – о боязливости и ослаблении сил Империи. Его поддержал вице-канцлер Ф. К. фон Шёнборн. Главная надежда в Вене возлагалась на Россию и ее вспомогательный корпус, который помог бы выстоять Австрии, Пруссии и Саксонии в борьбе с объединенными силами Испании и Ганноверского (Херренхаузенского) союза[133].

Позиция России в Европе волновала Австрийское правительство. И хотя принц Евгений запретил послу в Москве Ф. Г. фон Вратиславу

---

[131] АВПР. Ф. 32. Оп. 1. 1729 г. Д. 6. Л. 229об.-230.
[132] *Braubach M.* Prinz Eugen von Savoyen. Bd. 4. S. 318.
[133] Ibid.

вмешиваться в борьбу при дворе и создавать (после ссылки А. Д. Меншикова) партию, направленную против Долгоруковых, он рекомендовал поддерживать усилия А. И. Остермана по переезду двора обратно в Санкт-Петербург[134]. Австрийские дипломаты справедливо полагали, что олигархическое правление «боярских родов» лишит Россию всякого значения в Европе[135]. Последующие события подтвердили то плачевное состояние, в котором оказались вооруженные силу России к 1730 году. Власть в стране находилась под контролем клана Долгоруковых: в состав Верховного Тайного Совета входили князья Д. М. и М. М. Голицыны, А. Г., В. В., В. Л. и М. В. Долгоруковы. Единственными представителями «петровской эпохи» в Совете остались Г. И. Головкин и А. И. Остерман. Но именно в их руках находиласть внешняя политика.

5 января 1730 г. Остерман и Головкин рескриптом приказали Ланчинскому удержать австрийское правительство от войны и способствовать примирению, «понеже не видно, какие б особливые авантажи (выгоды – *С. Н.*) через войну получены быть могли, но паче через оную Ганноверская алианция не токмо в своей силе останется, но и еще вящее утвердится, а напротив того, ежели ныне желаемое генеральное примирение возпоследует, то оной союз разрушится, дела в натуральную прежнюю свою ситуацию возвратятся, и весьма нетрудно будет морских держав к таким обязательствам новым привесть, каковы цесарскому двору потребны и полезны»[136].

А. И. Остерман еще в феврале 1729 г. уверял послов испанского - герцога Я. де Лириа и имперского – графа Вратислава что «30 тыс. человек, приготовленные к отправке в Германию, стоят, как два года тому назад, в тех же казармах и, если понадобится, готовы к походу»[137]. Но руководство делами со стороны президента Военной коллегии фельдмаршала князя В. В. Долгорукова уже стало пагубно сказываться на войсках. За 1728-1729 г. было призвано на службу всего 5172 рекрута и 807 недорослей, хотя безвозвратные потери армии (в основном в персидских провинциях) составили, включая дезертиров и отставленных от службы, 16389 человек[138]. В корпусе генерал-аншефа П. П. Ласи (2 драгунских и 6 пехотных полков) недоставало 1111 фузей со штыками, 19536 фузейных патронов, до 40 пудов пороха; в команде генерал-фельдцейхмейстера Б. К. Миниха (Мюнних) нехватало 692 фузей (на 3 драгунских и 7 пехотных полков)

[134] *Arneth A. von.* Prinz Eugen von Savoyen. Bd. 3. Wien,1864. S. 247-248.
[135] *Филиппов А. Н.* К вопросу о Верховном Тайном Совете. М., 1896. С. 7.
[136] АВПР. Ф. 32. Оп. 1. 1730 г. Д. 3. Л. 1об.-2.
[137] Осмнадцатый век. Кн. 2. М., 1869. С. 159-160.
[138] Подсчитано по: РГАДА. Ф. 177. Оп. 1. 1729 г. Д. 55. Л. 71.

и большого количества боеприпасов[139]. Бедственное положение полков Московского гарнизона так описывал в инспекторском докладе генерал-майор Кампенгаузен[140]: «Афицеры ныне во всех полках большее число не в указанном строевом мундире, а в оправдание себе предъявляют, что жалованья, такожде и фуражных денег им заблаговременно не даетца, но принуждены занимать, чем жить, и дорогою ценою фураж лошадей своих покупать, от чего из долгов выйти не могут.

А в мундире солдацком ныне во оных полках великая пестрота, а именно в епанчах, в кафтанах, в камзолах, в штанах и шляпах. В некоторых полках во всех оных вещах имеетца по 5, по 14 и 16 сроков разных приемов. А особливо великую нужду от того претерпевают, что ундер-мундир заблаговремянно не даетца, а имянно Каргопольскому на 723, на 727 и 728 годы, итого на три года, - сапогов, башмаков, чюлков и рубах с порты не давано. Белозерского полку мундиру большему числу срок минул в 726-м году октября 20-го числа, а некоторому уже и два срока минула, и оной полк весь наг и бос, и не без страху в утрате людей, ибо без штанов, в одних портках и в старых мужичьих кафтанах, которые себе покупая, ходят, и за неимением мундира в марше, такожде на караул и в работы оному полку итти невозможно. И все вышеписанные полки в великое оскудение от того пришли, что они принуждены из жалованья своего, которое им даетца на пропитание, дорогою ценою одежду себе покупать...». Эти обстоятельства осложняли предоставление военной помощи австрийцам.

3 (14) января 1730 г. к Евгению Савойскому явились послы: Англии – Уолгрейв, Испании – Эгелюс, Франции – Бюсси. Они требовали согласия на введение испанских гарнизонов в Тоскану и Парму. Принц ответил, что без согласия имперского сейма (рейхстага) Карл VI не может на это пойти[141]. Неожиданную поддержку обрел император в лице великого герцога Тосканского: он согласился «принять войско цесарское в гарнизоны своих городов и к даче знатного числа денег для свободы своей земле от гишпанского влияния»[142]. В конце января в Вене состоялась придворная конференция, вызванная угрозой войны в Италии. В доме президента Хофкригсрата принца Евгения собрались имперский канцлер Ф. Л. К. фон Зинцендорф, вице-канцлер Ф. К. фон Шёнборн, конференц-министр Г. фон Штаремберг, президент Имперского Надворного совета граф фон Вурмбранд, вице-президент Имперского Надворного Совета

[139] РГВИА. Ф. 5. Оп. 1. Кн. 14. 1727 г. Д. 57. Л. 176-176об., 177об.-178.
[140] Там же. Л. 169.
[141] АВПР. Ф. 32. Оп. 1. 1730 г. Д. 5. Ч. 1. Л. 3-3об.
[142] Там же. Л. 20-20об. – Реляция Л. Ланчинского от 14 января 1730 г.

граф фон Меч, австрийский канцлер граф Кински, камер-президент граф Дитрихштайн. Главная надежда возлагалась на положительный ответ о военной помощи из Москвы[143].

В Москве же было неспокойно. 19 (30) января 1730 г. умер император Петр II. Родовая аристократия готовила «конституцию», которая бы установила правление олигархии при формальном монархе. Однако 30 января (10 февраля) в Верховном Тайном Совете собрались канцлер Г. И. Головкин, фельдмаршалы князья М. М. Голицын и В. В. Долгоруков, действительные тайные советники князья Д. М. Голицын и А. Г. Долгоруков. Головкин объявил, «что был у него цесарской полномочной министр граф Вратислав и при том требовал, что может ли Его Цесарское Величество по силе учененного прежде сего между Его Цесарским Величеством и Россиею алиансу на помощь в потребном случае обнадежен быть. И дабы гановерския союзники от дальних предвосприятей предупрежаны быть могли, того б ради в войске российском, стоящем на рубежах, указом объявлено, и о них разглашено и эхо пущено было, что они указ получили к походу быть во всякой готовности»[144]. Верховники согласились послать указы к «командующим генералам-фельдмаршалам» и «из Военной коллегии взять известие, какое учреждение учинено было, когда корпус армии наряжен был в помощь Его Цесарского Величества, и сколько полков было наряжено инфантерии и кавалерии, и где те полки ныне на квартерах обретаютца; також писать и к министрам российским, обращающимся при чюжестранных дворех, чтоб они иногда при разговорех с чюжестранными министры, при тех дворех обретающимся, о помощи российской цесарю, что оное в готовности, пристойным образом давали знать»[145]. Протокол этого заседания был вручен Ф. К. фон Вратиславу 18 февраля 1730 г.[146]

Однако в Военную коллегию указ был послан только 24 февраля, после повторного требования австрийского посла: «чтоб обретающиеся на границах войски, так кавалерии, как и инфантерии, которые уже прежде сего по содержанию учиненного с Его Цесарским Величеством союза к нему в помощь назначены были, и ныне во всякой готовности к походу содержались»[147]. На следующий день, 25 февраля, новая императрица Анна Ивановна «разодрала» кондиции верховников. Правление аристократии кончилось. Еще через день Ланчинскому было послано уве-

---

[143] Там же. Л. 30об. -31. – Реляция Л. Ланчинского от 28 января.

[144] РГАДА. Ф. 176. Оп. 1. 1730 г. Д. 1. Л. 1-1об.

[145] Там же. Л. 2.

[146] Там же. Д. 1. Л. 2об.; Д. 2. Л. 7.

[147] АВПР. Ф. 32. Оп. 11. 1730 г. Д. 7. Л. 39-39об.

домление «о приуготовлении помощных российских войск Цесарскому Величеству Римскому»[148].

Избрание Анны Ивановны российской императрицей было одинаково тепло встречено представителями враждующих блоков. Испанский посол в Москве Я. де Лириа отмечал, что «русская нация не могла выбрать лучшей государыни. Герцогиня Курляндская отличается большим умом и поистине достойна трона»[149]. «Толь щастливо окончавшееся на престол возвышение нынешней государыни его Цесарскому Величеству толь приятнее было, понеже тем внутренняя тишина тамошней монархии достаточно снабдена, и оная в такия руки досталась, которыя по всем ведомостям такое великое правительство надлежащим образом содержать будут», - писал принц Евгений Вратиславу[150].

Анализ документов из фондов РГАДА и РГВИА позволяет установить, что какого-либо действия для подготовки войск к походу в Италию или Германию в России не производилось. Военное руководство России было более озабочено положением на украинских и прикаспийских границах. Правда, войска, собранные в 1727 г. в Прибалтике и возле Смоленска, продолжали там оставаться. Хранящееся в РГАДА «Черное сообщение о вспомогательных цесарю войсках» – не что иное, как точная копия с расписания войск вспомогательного корпуса, посланного из Военной коллегии в Верховный Тайный Совет в 1727 г. Отсутствуют документы о приведении войск корпуса в боевую готовность зимой-весной 1730 г. и в фондах структурных подразделений Военной коллегии (РГВИА). Судя по всему, правительство Анны Ивановны хорошо понимало, какова была ценность этих войск. О критической оценке свидетельствует и то, что военная тревога 1730-1731 гг. в Европе побудила начать серию крупномасштабных реформ российской армии под руководством Б. К. фон Миниха. Не располагая мощной военной силой для помощи Австрии, российский двор сделал ставку на дипломатическую игру, блеф.

И эта игра удалась! Правительства великих держав не ожидали, что Россия в такое «смутное» время междуцарствия сможет откликнуться на австрийский призыв о помощи. Депеши испанского посла Де Лириа наиболее ярко свидетельствуют о растерянности представителей Севильского блока. Герцог полагал, что со смертью Петра II «совершенно прекратился авторитет, который мог иметь при этом дворе государь импера-

---

[148] Там же. Д. 3. Л. 10.

[149] Осмнадцатый век. Кн. 3. С. 28. – Реляция Я. Де Лира от 30 января 1730 г.

[150] АВПР. Ф. 32. Оп. 1. 1730 г. Д. 7. Л. 45об. – Евгений Савойский – Ф. В. фон Вратиславу, 22 февраля 1730 г.

тор» (Карл VI – *С. Н.*)[151]. Он пытался влиять на командование российской армии и вице-канцлера, к которому прибыл сразу же после окончания аудиенции графа Вратислава. «Я нашел, – отмечал Де Лириа в депеше от 6 февраля, – что речь моя не осталась без влияния на многих, и особенно на фельдмаршалов Долгорукого и Голицина (президент Военной коллегии и командующий Украинским корпусом – *С. Н.*), и я стараюсь усилить это доброе расположение, чтобы государю императору не удалось получить желаемой им помощи, на которую он так рассчитывает»[152]. Узнав 27 февраля о решении Верховного Тайного Совета оказать военную помощь Австрии, он пытался подать мемориал о вреде такого шага, запугивал Остермана и турками, и французами, и грядущими большими потерями («в Россию не возвратятся и две тысячи»), но успеха не достиг[153]. 26 февраля (9 марта) посол сообщил в Мадрид, что приказ о подготовке к походу 19 пехотных и 10 драгунских полков уже отдан[154]. Правда, он отмечал, что «сами русские, когда им говорят об этом, смеются над этим, и ни один из них не может даже вообразить, чтобы они выступили в поход. Если бы в состоянии был сделать это барон Остерман, они выступили бы в поход тотчас же, но в сенате, который будет составлен из 21 члена, он будет иметь только один голос, а к венскому двору из других членов немногие, или даже никто, не имеют такой склонности, как он»[155].

В мае Де Лириа действовал уже вместе с секретарями посольств Англии и Франции в Москве. «Я уже начал склонять на свою сторону некоторых, и именно тех, которые управляют царицей и через посредство которых можно добиться всего, что нам угодно; я уверял их, что они будут вознаграждены»[156], – сообщал герцог ко двору 15 мая. Французский секретарь Маньян получил инструкцию о совместном противодействии посылке войск императору только 25 мая. 16 июня он имел свидание с Остерманом, на котором заверил, что члены Севильского союза не собираются нападать на Россию и Австрию, а конфликт с Карлом VI касается только введения испанских гарнизонов в Тоскану и Парму, «что совершенно безразлично для русского двора». Маньян пригрозил, что «Его

---

[151] Осмнадцатый век. Кн. 3. С. 31. – Депеша Я. Де Лириа от 31 января 1730 г.

[152] Там же. Л. 34.

[153] Там же. С. 43, 50.

[154] Там же. Кн. 4. С. 52. По данным Де Лириа, в корпус вошли Ярославский, Шлютельбургский, Белгородский, Псковский, Архангелогородский, Невский, Киевский, Тобольский, Белозерский, Пермский, Воронежский, Рыбинский (?), Великолуцкий, Муромский, Смоленский, Вятский, Санкт-Петербургский. Галицкий и Кексгольмский пехотные полки, всего 20 тыс. чел. под командованием генерал-аншефа Ласи и генерал-лейтенанта Лефорта. Названий драгунских полков испанский посол не установил.

[155] Там же. С. 54-55. – Депеша Я. Де Лириа от 15 марта 1730 г.

[156] АВПР. Ф. 32. Оп. 1. 1730 г. Д. 5. Ч. 1. Л. 51.

Христианское Величество (официальный титул короля Франции – С. Н.) будет не в состоянии скрыть своего неудовольства», если царица примет участие в войне. Российский вице-канцлер с достоинством ответил, что императрица Анна Ивановна всегда желала сохранять дружбу с Францией, «но знает свои обязательства и до каких пределов оные простираются, и никогда не потерпит, чтобы какой-нибудь монарх предписывал им законы»[157].

Хотя подготовки к походу не велось, в прибалтийских провинциях находились значительные силы российской армии. В Риге и Ревеле находилась команда генерал-аншефа П. П. Ласи в составе Санкт-Петербургского и Пермского драгунских, Киевского, Смоленского, Великолуцкого, Тобольского, Нарвского, Архангелогородского пехотных полков. Петербург, Нарву, Ладогу и Старую Руссу прикрывала команда генерал-фельдцейхмейстера Б. К. фон Миниха в составе Ярославского драгунского, Белгородского, Галицкаго, Ладожского, Углицкого, Вологодского, Ингерманландского, Псковского, Владимирского, Новгородского и СанктПетербургского пехотных полков. Всего «войска в Остезее» насчитывали по табели Военной коллегии от 4 сентября 1730 г. 3415 драгун и 21553 пехотинца полевых полков и 22701 солдата в двадцати гарнизонных полках[158]. Эти силы могли быть поддержаны полками из Москвы, Смоленска и Украинским корпусом.

Речь о возможном нападении «севильцев» на Россию впервые зашла в Вене в феврале 1730 г. Вице-канцлер Ф. К. фон Шёнборн, касаясь в беседе с Л. К. Ланчинским политики Лондона и Версаля, которые «с некоторого времяни повелительно и расположительно поступать во всем хотят», замели: «Естьли-де на введение гишпанских гарнизонов в Италию позволить, то и вы берегитеся, чтоб и до вас по очереди не дошли и располагательным же лихом не требовали б назад ваших над Швециею конкетов». Российский посол отвечал: «Ничего не зделают, но пусть сами придут и возмут, только же, по содержанию одной француской пословицы, конечно найдут, с кем побеседовать»[159]. Решимость российской стороны силой противостоять гегемонистским проискам севильского блока, несомненно, вскоре стала известна по всей Европе. В Империи продолжались военные приготовления. 23 февраля Ланчинский сообщал, что все крепости по французской границе получают продовольствие и фураж «второе против ординарного»[160]. Австрийский двор был готов к активному сопро-

[157] АВПР. Ф. 32. Оп. 1. 1730 г. Д. 5. Ч. 1. Л. 51об.
[158] РГАДА. Ф. 177. Оп. 1. 1739 г. Д. 55. Л. 23-23об., 29-29об.
[159] АВПР. Ф. 32. Оп. 1. 1730 г. Д. 5. Ч. 1. Л. 51-51об.
[160] Там же. Л. 87об.

тивлению, хотя, как выяснил Ланчинский 11 марта у принца Евгения, не исключал возможности мирного урегулирования кризиса[161].

К началу лета расстановка военных сил в Европе прояснилась. В Италии, где уже были сосредоточены войска генерал-фельдмаршалов Мерси, фон Дауна, фон Караффы и генерал-фельдцейхмейстера У. фон Валлиса (36 батальонов, 112 эскадронов, 53 гренадерские роты), император имел перевес над испано-французскими силами. В Германии превосходство Венского союза также было подавляющим. Но на Рейне и в Нидерландах три французские армии и голландский корпус сильно превосходили австрийские войска, не поддержанные ополчениями Франконии, Тюрингии и Пфальца (см. таблицы).

Таблица 2[162].

Соотношение сил Севильского и Восточного блоков в 1730 г.

Вооруженные силы	Италия	Нидерланды и Рейн	Германия
Севильский союз:	69000	125000	18000
Франция	27000	75000	-
Испания	42000	-	-
Англия	-	25000	-
Голландия	-	25000	-
Ганновер и Гессен	-	-	18000
Флот союзников	12 лин. пор.	64 лин. пор.	-
Восточный блок:	83036	66000	118000
Австрия	83036	30000	-
Россия	-	-	30. 000
Пруссия	-	16. 000	60. 000
Саксония и Польша	-	20. 000	28. 000

Г. И. Головкин и А. И. Остерман пытались использовать для помощи Австрии не столько военные, сколько дипломатические средства. Кроме того, продолжающиеся в Суассоне переговоры давали надежду на достижение внешнеполитических целей России. Рескриптом от 21 мая 1730 г. Ланчинскому было велено стараться, «чтобы цесарской двор обязался о нашей гваранции интересоваться, ибо поныне с их стороны в том мало старания, изъяв голштинские дела, которые, как известно, ото всех неко-

---

[161] Там же. Л. 110об.-111: «Не есть вина здешняго двора в потерянии времяни, а намерение противной стороны к действам или нет, окажется вскоре, и такожде по тогдашнему меры принимать будем».

[162] Составлено по: АВПР. Ф. 32. О. 1. 1730 г. Д. 5. Ч. 1. Л. 179-179об., 225-226об.; *Droysen I.G.* Geschichte der preussische Politik. T. 4. Abt. 3. Bd. 2. S. 81-82, 84, 92-93.

торым образом уже соглашенось на коммисию отослать, чтоб цесарским министрам имянно повелено было с нашими со всякою откровенностию поступать, особливо же полномочным на Соесонском конгрессе»[163]. 8 июня Ланчинскому было указано на необходимость склонить Австрию к миру с морскими державами и заручиться поддержкой Сардинии в Италии[164]. Эти шаги могли бы привести к отходу от Севильского союза Англии и Голландии и к прикрытию горных проходов в Ломбардию со стороны французской границы.

3 (14) июня английский и французский послы в Вене предъявили Евгению Савойскому ультиматум: принятие испанских гарнизонов, запрет деятельности Остендской компании, вынесение на конгресс вопросов о Мекленбурге и Восточной Фрисландии (за право управлять этими княжествами спорили Пруссия и Ганновер). 6 июля принц от лица императора отклонил ультиматум[165], но заявил о готовности венского двора вести переговоры на основе Лондонского трактата 1718 г., предусматривавшего введение в Парму и Тоскану нейтральных гарнизонов (и только в случае смерти их государей), а также уважения прав России и герцога Голштинского[166]. 9 (19) и 11 (22) июля Ланчинский информировал принца Евгения о солидарности российского двора с позицией Австрии (о чем приказано объявить в Суассоне Головкину), а также о ведении Речью Посполитой тайных переговоров с Францией[167]. Последнее обстоятельство могло сорвать соглашение о пропуске вспомогательных российских войск в Германию. В таких условиях и австрийская сторона была вынуждена отдать приоритет дипломатическим средствам борьбы с Севильским союзом.

Решимость, с которой российские и австрийские политики отвергали домогательства представителей Севильского блока, вызвала разлад в стане последних. В беседе с Ланчинским тайный референт Й. К. фон Бартенштайн отмечал: «Гишпании война надобна в Италии, но Франции паки в равную меру тамо оная непотребна; тому наступротив Франция лутче б против Цесарства и цесарских Нидерляндов действовала, а з другой стороны Англии и Галандии в тех сторонах война нежелательна и их интересам противна»[168]. Действительно, Англии и Франции не удалось привлечь на свою сторону Швецию и Данию, не поддержали военных приготовлений Севильского союза и голланд-

---

[163] АВПР. Ф. 32. Оп. 1. 1730 г. Д. 3. Л. 11об.

[164] Там же. Л. 15об.-16об.

[165] *Braubach M.* Prinz Eugen von Savoyen. Bd. 4. S. 341.

[166] АВПР. Ф. 32. Оп. 1. 1730 г. Д. 5. Ч. 2. Л. 340об.-341.

[167] Там же. Л. 361-362, 371об.

[168] Там же. Л. 423.

цы. Владения короля Георга II в Германии были после сбора лагерей Фридриха-Вильгельма I в Гарце, Клеве и Мекленбурге и Августа II в Мюльберге окружены прусско-саксонскими войсками, которые и без помощи русских могли в считанные дни покончить с Ганновером и Брауншвейгом. Английский парламент упрекал короля в пренебрежении интересами метрополии ради наследных владений и союза с Францией и обвинял его в том, что внешняя политика страны направляется кардиналом Де Флёри, до сих пор не выполнившим договора о разоружении крепости Дюнкерк[169]. Эта критика побудила правительство Р. Уолпола выдвинуть новый проект примирения, который, впрочем, не учитывал интересов Австрии и был отвергнут Карлом VI на придворной конференции 12 августа[170].

Однако французская дипломатия предприняла решительные шаги для разрушения союза Австрии и Саксонии. Начавшиеся летом переговоры с польско-саксонскими представителями завершились подтверждением тайного договора в Версале от 2 (13) октября 1728 г. о нейтралитете Саксонии в случае франко-австрийского конфликта и падением королевского кабинета графа Э. К. фон Мантойфеля (тайного агента принца Евгения в Дрездене)[171]. Рескриптом Ланчинскому от 17 (18) августа Остерман извещал Вену о решении Августа II не пропускать русские войска через польские земли без ведома Речи Посполитой и предлагал послать в Гродно, где собирался польский сейм, русско-австрийскую делегацию для защиты союзных интересов[172].

В Империи поддержка Карлом VI претензий Пруссии на княжество Берг вызвала негативную реакцию в Пфальце и Баварии. Да и в самой Пруссии назрел конфликт: 24 июля (4 августа) 1730 г. кронпринц Фридрих предпринял неудачную попытку бежать из страны[173]. Вмешательство европейских дворов спасло ему жизнь: Фридрих-Вильгельм заменил смертный приговор, вынесенный сыну военным судом, годовым заключением в Кюстрине. В дальнейшем он стал королем под именем Фридриха II Великого. Однако придворный кружок проавстрийского направления «Общество пьяниц» был разгромлен. Многие из арестованных были тайными агентами принца Евгения в Берлине и Потсдаме, и это могло неприятно сказаться на союзных отношениях Австрии и Пруссии.

[169] *Braubach M.* Prinz Eugen von Savoyen. Bd. 4. S. 116.

[170] Ibid. S. 342.

[171] *Pretsch H.I.* Graf Manteuffels Beitrag zur oesterreichische Geheimdiplomatie von 1728 bis 1736. Bonn, 1970. S. 27.

[172] АВПР. Ф. 32. Оп. 1. 1730 г. Д. 3. Л. 24-25.

[173] *Droysen I.G.* Geschichte der preussische Politik. T. 4. Abt. 3. Bd. 2. S. 107.

7 (18) октября 1730 г. тайный референт Бартенштайн сообщил Ланчинскому о приготовлениях Франции и Испании к войне. Кампания, целью которой была передача Нидерландов, Миланского, Тосканского и Пармского герцогства испанским инфантам Луису Антонио[174], Филиппу и Карлосу соответственно, должна была начаться весной 1731 г.[175] 5000 французских войск должны были действовать в Италии, а 100-тысячная франко-голландская армия – в Нидерландах и на Рейне, против Пруссии и Силезии направлялось 60000 ганноверцев, гессенцев и датчан. Кроме того, в тылу имперских войск должен был выступить баварский курфюрст, а саксонско-польским войскам ставилась задача не пропустить на соединение с пруссаками и австрийцами российский вспомогательный корпус[176].

Однако планы возрождения господства Испании и династии Бурбонов в Европе не разделяло правительство «Туманного Альбиона». Находящийся в Вене с лета 1730 г. глава сторонников курса на сближение с Австрией сэр Т. Робинсон, лорд Грэнтэм, начал активные попытки заключения мира на условии присоединения императора к Севильскому договору. В августе для переговоров в австрийскую столицу прибыл фон Диден, доверенное лицо короля Георга II[177]. «Естьли до окончания сего месяца, - говорил Бартенштайн Ланчинскому 7 (18) октября, - не воспоследуют от тех двух держав (Англии и Ганновера – С. Н.) какия увертуры, то здесь определеный набор пятидесять тысяч человек войска начнется немедленно, и все возможныя военныя приуготовления чиниться будут с прилежанием»[178]. Уже через три дня российский посол узнал о том, что Робинсон предложил мир на условии пропуска в Италию испанских гарнизонов, а голландские купцы одолжили императору крупную сумму денег и заверили его, что Генеральные Штаты не выступят против Австрии; поддержал Австрию и сардинский король Карло-Эммануэле[179].

Проект Робинсона вызвал бурные дебаты среди членов придворной конференции. Кроме требования о присутствии в Парме и Тоскане испанских войск, он предусматривал ликвидацию Остендской компании и запрет эрцгерцогине Марии Терезии, наследнице императора, выходить замуж за принцев наиболее могущественных германских государств[180]. Серьезной критике со стороны императорского канцлера Зинцендорфа

---

[174] Луис Антонио – сын испанского короля Филиппа V от 2-го брака с Елизаветой Фарнезе, род. в 1727 г.; 1735-46 гг. – кардинал и архиепископ Толедский; ум. в 1785 г.

[175] АВПР. Ф. 32. Оп. 1. 1730 г. Д. 6. Л. 4-4об.

[176] *Droysen I.G.* Geschichte der preussische Politik. T. 4. Abt. 3. Bd. 2. S. 119.

[177] *Arneth A. von.* Prinz Eugen von Savoyen. Bd. 3. S. 28-284.

[178] АВПР. Ф. 32. Оп. 1. 1730 г. Д. 6. Л. 5об.-6.

[179] Там же. Л. 10об.-12.

[180] *Braubach M.* Prinz Eugen von Savoyen. Bd. 4. S. 343.

подвергся и русско-австрийский союзный договор. Граф утверждал, что союз с Россией и Пруссией имеет для Австрии весьма ограниченную пользу: первая не может, а вторая не хочет финансировать военные приготовления императора; Россия так далеко находится, что «пока ее войска дойдут до театра военных действий, вся компания уже будет проиграна», а прусская армия хотя и многочисленна, но более подходит для показухи (Schaustueck), а не для войны. Поэтому канцлер высказался за союз с Францией и морскими державами[181]. Однако доверие к нему Карла VI было подорвано после тяжелых последствий союза с Испанией 1725 г. Канцлеру резко возражали принц Евгений и Штаремберг, считавшие необходимым возрождение «старой системы» - союза с Англией и Голландией против династии Бурбонов[182].

7 (18) ноября Ланчинский вновь встретился с Бартенштайном. Барон сообщил о предложенном голландской стороной компромиссе: в Тоскану, имеющую выход к морю, ввести нейтральные гарнизоны, а в Парме и Пьяченце разместить 3000 испанцев; тогда Мадрид не сможет быстро доставить по морю подкрепления, а в случае несоблюдения Филиппом V договора эти войска можно будет легко разоружить[183]. 24 ноября (5 декабря) Фридрих-Вильгельм получил сведения о достигнутом взаимопонимании на переговорах в Вене. В письме Карлу VI от 28 ноября (9 декабря) он, беспокоясь за судьбу спорных с Ганновером территорий, заявил, что Англия стремится навязать императору свою волю и оторвать его от Пруссии и России. Прусский король уверял, что не пожалеет «ни денег, ни крови», чтобы Австрия не подпала под влияние Лондона. 19 (30) декабря при Берлинском дворе была распространена декларация о том, что Пруссия выставит для защиты Империи 52 батальона и 106 эскадронов[184]. Такие шаги союзника свидетельствовали о том, что только русская сторона была посвящена в дело мирного урегулирования.

Гораздо большее влияние на Карла VI и принца Евгения оказала деятельность лидера европейских пацифистов аббата Сен-Пьера, автора изданных в Амстердаме «Заметок на проект вечного мира» («Abrege du Projet de Paix perpetuelle»). После договора в Севилье Сен-Пьер высказался за присоединение к этому акту всех держав Европы. Аббат полагал, что такое соглашение обеспечит мир в Европе, объединит усилия для помощи находящимся под властью султана христианам, гарантирует развитие торговли и наследные права имперских земель, станет основой для ограничения

[181] *Arneth A. von.* Prinz Eugen von Savoyen. Bd. 3. S. 286.
[182] Ibid. S. 287-288.
[183] АВПР. Ф. 32. Оп. 1. 1730 г. Д. 6. Л. 105-105об.
[184] *Droysen I.G.* Geschichte der preussische Politik. T. 4. Abt. 3. Bd. 2. S. 120.

применения силы и для разрешения споров мирными средствами[185]. Видя рост противоречий в Севильском союзе, кардинал де Флёри прекратил преследования пацифистов и попытался использовать Сен-Пьера для передачи условий примирения Карлу VI 11 и 13 (22 и 24) января 1731 г. французский посол Бюсси изложил в Вене проект «примирения ради равновесия и католической веры» императора с Францией и Испанией[186]. Однако время было упущено: французским предложениям приходилось «соревноваться» в выгодности с английскими и голландскими.

1 (14) января 1731 г. Л. К. Ланчинский получил письменный протокол конференции фон Дидена и Т. Робинсона у Евгения Савойского. Послы Георга II требовали инвеституры императора на захваченные у шведов Бремен, Ферден и Заксен-Люнебург, оставления англо-ганноверских войск в Мекленбурге, снятия имперского секвестра с графства Гельдерн и передачи его Ганноверу, уплаты долгов по войне за испанское наследство и долга Карла II Испанского в Нидерландах, решения религиозного конфликта во владении курфюрста Кёльнского (в г. Хильдесхайм) и о наследовании Восточной Фрисландии. Австрийский двор согласился на инвеституру при условии свободы торговли в Бремене и по р. Везер, но отверг все требования, касающиеся долгов и прав третьей стороны. В свою очередь имперские министры потребовали гарантии Прагматической Санкции[187].

9 (20) января Бартенштайн сообщил Ланчинскому, что английские послы, «увидят здесь твердость», приняли имперский ответ и продолжили переговоры. На другой день канцлер Зинцендорф вручил ему проект договора, в котором два пункта касались России: морские державы должны были гарантировать европейские владения царицы и мирным путем «удовольствовать» герцога Голштинского[188]. В разгар переговоров в Вену пришла весть о смерти герцога Пармского Антонио Фарнезе, который завещал трон тому, кто родится у его беременной жены, а уже после него – дону Карлосу. Поскольку в Мадриде намеревались захватить герцогство, на защиту Пармы двинулись 10 австрийских батальонов принца Людвига фон Вюртемберга[189].

9 (20) февраля 1731 г. граф Ф. К. фон Вратислав сообщил проект пунктов, касающихся России, барону А. И. Остерману[190]. Однако в ходе венских переговоров обсуждение «русского вопроса» не велось: стороны

[185] *Braubach M.* Geschichte und Abenteuer. Munchen, 1950. S. 393.
[186] *Braubach M.* Prinz Eugen von Savoyen. Bd. 4. S. 344-345.
[187] АВПР. Ф. 32. Оп. 1. 1731 г. Д. 5. Л. 11-15об.
[188] Там же. Л. 28-31об., 36-37.
[189] Там же. Л. 45, 52.
[190] Там же. Д. 12. Л. 18-19.

стремились как можно быстрее решить собственные споры в Европе. 11 (22) февраля Т. Робинсон представил окончательный вариант договора, и через 4 дня Карл VI согласился с необходимостью восстановления союзных отношений с морскими державами, а не с Бурбонами[191]. Определенная информация о секретных англо-австрийских переговорах стала известна и в Испании. Прибывший из Москвы в Вену герцог Я. Де Лириа подал верительные грамоты, составленные, по словам Бартенштайна, «ко удивлению в толь любительских и приятельских терминах, яко бы оная писана была в 1725-м году после заключения Венского трактата». Испанский король уверял императора в дружбе и готовности отказаться от введения гарнизонов, обещал выплатить субсидии по союзу 1725 г.[192] «Они же министры, – отмечал Ланчинский в реляции, – со удовольством рассуждали, что через сие однако ж как Ганноверская, так и Севильская алианция не только не остались в силе, но паче розорваны вовсе, и в великой авантаж (выгода – *С. Н.*) общему делу ставили, что морские державы сицево от других отлучены, и через сие прежний систем есть возстановлен»[193].

30 марта реляция из Вены, доставленная прапорщиком Тобольского пехотного полка, была заслушана царицей. А 8 (17) апреля граф Вратислав сообщил об условиях договора от 5 (16) марта 1731 г.[194] Трактат предусматривал восстановление мира и союза между Георгом II и Карлом VI, введение в Тоскану, Парму и Пьяченцу 6-тыс. испанского гарнизона и вывод его после воцарения там Дона Карлоса, гарантию Прагматической Санкции, запрет деятельности Остендской компании, но разрешение на отправку в Индию из австрийских владений двух судов ежегодно, отказ морских держав от всех долговых претензий, подтверждение ранее заключенных сторонами договоров и возможность расширения союза[195]. При подписании мира Робинсон отказался от внесения статей о России и Шлезвиге, но объявил о склонности короля заключить с Анной Ивановной отдельный договор о дружбе и торговле, а датско-голштинский спор решить на конгрессе[196]. Императорский указ от 9 (20) марта выражал благодарность и признательность России «за толь усердное намерение

[191] *Braubach M.* Prinz Eugen von Savoyen. Bd. 4. S. 347-348.

[192] АВПР. Ф. 32. Оп. 1. 1731 г. Д. 5. Л. 123об.-124.

[193] Там же. Л. 118: «Вашему Императорскому Величеству радостно донести долженствую, коим образом трактат, перед некоторым времянем здесь секретно между Его Цесарским Величеством и королем Аглицким с согласия республики Галанской начавшийся, благополучно заключен и вчерась в доме принца Евгения между цесарскими министрами и аглинским уполномоченным же министром Робинсоном обыкновенно подписан».

[194] Там же. Л. 121.

[195] Там же. Д. 12. Л. 87-99об.

[196] Там же. Д. 5. Л. 120.

исполнить по трактату чрез имение в готовности ауксилиарного войска, еже к повращению цесарских дел в доброе состояние немало способствовало»[197]. Следует заметить, что успехи австрийских дипломатов могли бы быть большими, если бы использование союзных структур не ограничивалось бы только взаимными консультациями. В то же время успешное завершение переговоров с Англией создало надежную основу для международного признания европейских границ Российской империи.

11 (22) июля 1731 г. в Вене был подписан акт о присоединении к австро-английскому миру Испании, которым восстанавливалась сила Лондонского 1718 г. и Венского 1725 г. договоров, подтверждались права испанского инфанта дона Карлоса на Парму, Пьяченцу и Тоскану в качестве вассала императора, присоединиться к союзникам приглашался как гарант великий герцог Тосканский[198]. 10 (21) сентября представители итальянских княжеств подписали соответствующий договор о гарантии прав дона Карлоса, и 15 (26) октября 20 судов Англии и Испании перевезли из Барселоны в Ливорно 6-тысячный испанский корпус[199]. Опасный европейский кризис – третий со времени австро-русского союза 1726 г. – был счастливо разрешен мирным путем. Но события 1729-1731 гг. показали призрачность идей «вечного мира»: великие державы вновь повернули от политики европейского равновесия и «общего дома» к блоковому противостоянию, в любой момент чреватому войной.

5. Взаимодействие российской и австрийской дипломатии при восстановлении отношений России с Великобританией и Данией в 1731-1732 гг.

Европейский кризис 1729-1731 гг. дал много материала для размышления новому российскому руководству. Позиции вице-канцлера А. И. Остермана значительно усилились после неудачной попытки аристократии ограничить самодержавие «на шведский манер» (то есть установить олигархическое правление) и роспуска 4 марта 1730 г. Верховного Тайного Совета. Новый внешний курс, проводимый вице-канцлером с 1726 года, оправдал себя во время двух европейских кризисов. Важнейшим достижением дипломатов России и Австрии стал развал Херренхаузенского (Ганноверского) альянса, трансформированного в 1729 г. в Севильский союз. Теперь на повестке дня были вопросы восстановления русско-английских

---

[197] Там же. Л. 134об.
[198] Там же. Д. 5а. Л. 10-17.
[199] Там же. Л. 62, 171.

отношений и разрешения конфликтов в Северной Германии вокруг Шлез-вига и Мекленбурга.

Кризис 1730-1731 г г. показал, что российская армия утратила мобильность и боеспособность. Необходимость военных реформ осознавалась и российскими политиками, и зарубежными представителями. В первую очередь было сменено замешанное в «заговоре верховников» руководство Военной коллегии. Испанский посол Я. де Лириа сообщал, что президент коллегии генерал-фельдмаршал кн. В. В. Долгоруков незадолго до смерти Петра II пытался убедить членов Верховного Тайного Совета не предоставлять союзной помощи Австрии и «избавиться от этого обязательства, столь вредного русской нации»[200]. В 1731 г. он был арестован и заключен в Ивангородскую крепость. Новым президентом Военной коллегии стал генерал-фельдцейхмейстер (с 1732 г. фельдмаршал) граф Б. К. фон Миних. Он стал инициатором и активным проводником военной реформы.

В 1730 г. Россия имела 2 гвардейских, 40 полевых, 17 Низового корпуса (в прикаспийских провинциях), 49 гарнизонных пехотных полков и 2 отдельных батальона, 33 полевых, 4 гарнизонных драгунских полка и 2 отдельных эскадрона, 10 полков Украинской ландмилиции (пограничная стража из местного населения на полурегулярной основе)[201]. После расформирования полков, почти не имевших личного состава, и создания новых частей в Гвардии стало 4 полка – 3 пехотных и Конный, в армии – 50 пехотных, 3 кирасирских и 29 драгунских полков, в гарнизонах – 49 пехотных, 7 драгунских полков, 4 отдельных батальона и 2 эскадрона, а также 19 конных и 5 пеших полков Украинской и Закамской ландмилиции. Увеличился состав и возросла огневая мощь артиллерии: в полк полевой артиллерии вошло 10 рот, а в три осадных полка – 15 рот[202]. Были укреплены иррегулярные формирования гусар и казаков. Всего к середине 30-х гг. XVIII в. Россия могла в случае войны выставить: 6996 пехотинцев и 1080 кирасир в гвардии, в полевой армии – 69350 пехоты, 29908 кавалерии и 4287 артиллеристов при 463 орудиях, в гарнизонах – 60202 пехоты и 6674 драгуна, 22394 ландмилиции, 459 гусар. Иррегулярные войска состояли из 55000 малороссийских, 15500 донских, 4000 слободских и нескольких тысяч запорожских казаков (последние перешли в подданство России в 1734 г.), 500 чугуевских служилых и несколько тысяч кочевых калмыков. Реальную боевую силу иррегулярных частей

---

[200] Осмнадцатый век. Кн. 3. С. 31.

[201] *Баиов А.* Русская армия в царствование императрицы Анны Иоанновны. Война России с Турцией в 1736-1739 гг. СПб., 1906, Т. 1. С. 1, 3, 15, 17-18.

[202] Там же. С. 2, 4-5, 8-12, 16.

представляли только донские казаки и Чугуевский калмыцкий полк[203]. По численности регулярных вооруженных сил Россия занимала третье место в Европе, уступая только Франции и Австрии.

Учрежденная под руководством Миниха 1 июня 1730 г. Комиссия для рассмотрения и исправления армии должна была обратить внимание на особенно слабые места вооруженных сил: комплектование, подготовку личного состава и состояние конницы. Миних уравнял в жалованье и в правах иноземных и русских офицеров (до 1731 г. иностранец-полковник получал 600 руб. в год, сын иностранца – 400, а русский – всего 200 руб.) и заменил беспорядочные рекрутские наборы набором по жребию; при этом освобождались от службы единственные сыновья или кормильцы семей[204]. На 4 сентября 1730 г. некомплект в войсках составлял 34 тыс. чел., поэтому в 1730-1732 гг. армия была пополнена 46470 рекрутами и 980 недорослями[205]. Кадровый вопрос был решен путем введения экзаменов для призванных в армию дворянских детей, устройством полковых школ, запрета назначать на командные должности неграмотных, увольнения в отставку солдат, не выслуживших чина в течение 10 лет. Кроме того, подготовка офицеров осуществлялась в основанном Минихом в 1731 г. Шляхетном сухопутном кадетском корпусе. Ежегодно для обучения в первом в России высшем военно-учебном заведении набиралось 150 российских и 50 остзейских дворянских детей, способных к наукам[206]. Драгунские полки российской армии из-за низкого качества конского состава сражались преимущественно в пешем строю[207]. Первые три кирасирских полка и полк Конной Гвардии стали ядром тяжелой российской кавалерии и самой сильной ее частью. Это детище Миниха сперва снабжалось тяжелыми немецкими лошадьми, а затем – и отечественными с конных заводов, основанных фельдмаршалом совместно с обер-шталмейстером двора Э. И. фон Бироном (правильнее Бюрен).

Императрица Анна Ивановна, подтвердив верность союзу с Австрией, запросила имперского посла Ф. К. фон Вратислава 17 августа 1730 г., можно ли найти для командования вспомогательным корпусом австрий-

[203] Подсчитано по: *Баиов А.* Русская армия в царствование императрицы Анны Иоанновны. Т. 1. С. 2, 5, 8-9, 12, 16-18, 77-83.

[204] *Vischer M.* Muennich: Ingenieur,Feldherr,Hochverraeter. Fr.-a.-M., 1938. S. 327-328.

[205] РГАДА. Ф. 20. Оп. 2. Д. 91. Л. 23-23об.; Ф. 177. Оп. 1. 1739 г. Д. 55. Л. 71.

[206] *Бантыш-Каменский Д. Н.* Биографии российских генералиссимусов и генерал-фельдмаршалов. СПб., 1840. Ч. 1. С. 182.

[207] Записки графа Миниха, сына фельдмаршала, писанные им для детей своих. СПб., 1817. С. 53: «Российская конница состояла токмо из одних весьма неисправных драгунов, с которыми против тяжелой конницы совсем никакого или весьма малого успеха ожидать было можно».

ских генералов. Принц Евгений считал, что трудно будет сыскать охотников перейти в русскую службу, но все-таки настоял на посылке на определенный срок в Россию генерал-фельдцойгмайстера графа О. фон Трауна. 6 ноября российский двор выделил ему жалование – 4000 рублей в год. Но Траун, опасаясь интриг «старорусской партии», соглашался поехать в Россию только по указу Карла VI. Евгению Савойскому пришлось успокаивать генерала: никто не сможет командировать его в Москву против собственной воли. Другого кандидата найти не удалось, и вопрос отпал к апрелю 1731 г.[208]

С конца 1730 г. были возобновлены попытки решения шлезвигского дела. 27 ноября 1730 г. канцлер Зинцендорф напомнил Л. Ланчинскому, что в следующем году истекает срок гарантии, данной датчанам на Шлезвиг со стороны Англии и Франции. Имперский посол выяснил позицию нового короля, Кристиана VI: тот был согласен лишь на уплату «отступной» суммы[209]. 3 января 1731 г. граф фон Вратислав сообщил российскому двору о зондаже почвы для примирения с Данией и решения шлезвигского вопроса. Карл VI рекомендовал Анне Ивановне рассмотреть мирные способы выхода из сложившейся здесь ситуации, в том числе и гарантию прав голштинских принцев на шведский престол[210].

12 марта 1731 г. был подписан рескрипт Л. Ланчинскому, которым русский посол в Вене извещался о назначении в Данию действительного тайного советника К. Х. фон Бракеля для переговоров о союзе и о шлезвигском деле[211]. 7 апреля Ланчинский был у Бартенштайна, который советовал связаться с австрийским послом в Берлине генерал-фельдмаршал-лейтенантом Ф. Г. фон Зеккендорфом, наиболее информированным лицом в «голштинском деле»[212]. Предлагали австрийские министры и помощь в заключении отдельного русско-английского договора о дружбе и гарантии владений[213].

Вскоре Зеккендорф был направлен в Копенгаген. 12 (24) июля начались совместные русско-австро-датские конференции: проект предусматривал гарантию Шлезвига Дании и выплату герцогу Голштинскому 1 млн. талеров отступных и 100 тыс. рублей ежегодных субсидий, а также признание его прав на шведский престол[214].

---

[208] *Arneth A. von.* Prinz Eugen von Savoyen. Bd. 3. S. 249-250.

[209] АВПР. Ф. 32. Оп. 1. 1730 г. Д. 6. Л. 140об.-141.

[210] Там же. 1731 г. Д. 12. Л. 4-6.

[211] Там же. Д. 3. Л. 6.

[212] Там же. Д. 5. Л. 170-180.

[213] Там же. Л. 155-157об. – Реляция Л. Ланчинского от 12 июня 1731 г.

[214] *Некрасов Г. А.* Роль России в европейской международной политике 1725-1739 гг. С. 210.

5 августа 1731 г. Анне Ивановне были доложены сообщенные 6 июля Вратиславом пункты от имперского двора, касающиеся совместных акций в Европе:

1) австрийская сторона продолжает настаивать на включении в договор от 5 (16) марта России, Пруссии и Голштинии; на эти переговоры надо уполномочить Ланчинского;

2) особый русско-английский договор о гарантии российских владений может быть заключен в Санкт-Петербурге, Лондоне или Вене; император предлагает свое посредничество;

3) если есть смысл заключить новый договор о союзе, то император хочет знать русские условия;

4) направленный в Данию имперский посол инструктирован для совместных действий с Бракелем;

5) декларация о Мекленбурге дана ганноверскому министру фон Дизену;

6) Регенсбургский сейм одобрил Прагматическую Санкцию;

7) в турецких делах необходимо продолжать совместные действия[215].

Через два дня Вратислав получил ответ, написанный Остерманом и утвержденный Анной. Императрица благодарила за информацию о действиях австрийской стороны и принимала посредничество Карла VI в русско-английских переговорах в СанктПетербурге; ожидала условий нового союза с Веной и текста акта о присоединении к договору от 5 (16) марта (после чего будет дана инструкция Ланчинскому), направляла в Вену для обсуждения турецких дел чрезвычайного посла Ф. К. фон Левенвольде. Вновь была направлена просьба «оказать милость и вспоможение» мекленбургскому герцогу[216]. О переговорах в Дании сообщалось, что «Шлезвик или прямой эквивалент за одной герцогу доставить трудно и весьма невозможно, того ради потребно в том другие средства изыскать и довольствоваться тем, что по крайней возможности получить возможно»[217]. Но в вопросе о судьбе герцога Карла-Леопольда Мекленбургского Вена оставалась непреклонной[218]: «Его же Цесарское Величество имеет от того дела двоякое прискорбье: первое – что Вашему Императорскому Величеству угодность показать не может, будучи цесарственными конституциями обязан; второе – что самому Его Величеству при продолжении в Цесарстве непорядку разные противности происходят от необходимого исполнения по

---

[215] АВПР. Ф. 32. Оп. 1. 1731 г. Д. 12. Л. 148-150об.
[216] Там же. Л. 152-157.
[217] Там же. Л. 154об.-155.
[218] Там же. Д. 10. Л. 23.

цесарскому ауторитету»[219]. Ранее, 14 июня 1731 г. мекленбургскому эмиссару в Москве фон Тиндеману было отказано в просьбе помочь герцогу войсками и оружием[220], теперь и Левенвольде предлагал Анне Ивановне склонить своего зятя к покаянию[221].

Зато в отношениях с Великобританией благодаря австрийским требованиям в Лондоне произошел серьезный сдвиг. Уже в июле 1731 г. Н. Ф. Головину, министру в Стокгольме, было указано поддерживать «дружеское обхождение» с английским послом Э. Финчем. 31 августа были подписаны верительные грамоты в ранге резидента английскому секретарю в Москве К. Рондо. 11 ноября он был принят Анной, 24 декабря министром в Лондон назначен князь А. Д. Кантемир, прибывший в Лондон 30 марта 1732 г. и принятый Георгом II 7 апреля[222].

Консультации по шлезвигскому и мекленбургскому вопросам были продолжены в СанктПетербурге 6 февраля 1732 г. Ф. К. фон Вратислав передал мнение Карла VI о привлечении на сторону Венского союза других европейских стран и о зависимости в этом деле от решения вопроса о Шлезвиге: «К полезному в том успеху толь наивящая надежда будет, ежели в шлезвигском деле всем угодное средство изыскано быть может». Трудность же этого дела «токмо состоит в изыскании справедливого эквивалента утесненному чрез так долгое время герцогу Голштинскому, который так мало одними деньгами доволен будет, как мало Дания какие великие земли уступить или третьи какой своего собственного отдать хочет»[223]. Предлагалось склонить к покаянию герцога Карла-Леопольда Мекленбургского: это единственный способ, как сказал Вратислав, «к поправлению его дел». Австрийский посол надеялся, что через увещевание Анны «часто упомянутой герцог на прямой путь приведен быть мог»[224].

24 февраля 1732 г. Вратислав информировал российский двор о намерении Карла VI добиться заключения русско-австро-датского союза, пользуясь благоприятным моментом. Карл VI предлагал дать герцогу Голштинскому 2 млн. талеров, так как Россия не желала бы видеть его в Курляндии, а Австрия в Ольденбурге, «понеже при дацком дворе довольное известие имеется, что Россия для герцога не зело много делать наме-

---

[219] Там же. Л. 24.

[220] *Бантыш-Каменский Н. Н.* Обзор внешних сношений России (по 1800 год). М., 1896. Ч. 2. С. 118.

[221] АВПР. Ф. 32. Оп. 1. 1731 г. Д. 10. Л. 25.

[222] *Некрасов Г. А.* Роль России в европейской международной политике 1725-1739 гг. С. 206-207.

[223] АВПР. Ф. 32. Оп. 1. 1732 г. Д. 7. Л. 17, 23.

[224] Там же. Л. 23-23об.

рена». Император интересовался тем, как поступить союзникам в случае отказа Карла-Фридриха от денежной компенсации, и предлагал во всяком случае заявить, что Австрия и Россия не будут воевать из-за Шлезвига[225]. 6 марта А. И. Остерман ответил Вратиславу, что Анна Ивановна согласилась с австрийскими предложениями. Он рекомендовал заручиться поддержкой Англии и Пруссии и спешить с переговорами в Копенгагене, соблюдая условия взаимной гарантии датчанами австрийских и русских владений[226]. 25 марта (5 апреля) 1732 г. Ф. Г. фон Зеккендорф получил инструкцию от Карла VI на решение шлезвигского дела и заключение союза с Данией при соблюдении интересов России[227].

В Лондоне зондировал почву для решения датско-голштинского спора австрийский посол Ф. фон Кински. А. Д. Кантемир сообщал: «У здешнего двора от цесарского представлено, чтоб король Дацкой в награждение герцогу дал два мильона талеров, и думает он, милорд (лорд Харрингтон, глава английского правительства – *С. Н.*), что оный король Дацкой на уплату одного мильёна склонится, а другой складывает на Ваше Императорское Величество и на цесаря, присовокупив к тому, что то-де и нетрудно быть имеет, понеже они повседневно дают субсидии сему герцогу, на что я ему ничего не отвечал, понеже в моей инструкции в оное дело вступать не велено»[228].

19 апреля (10 мая) 1732 г. датский посол в Вене заявил, что его король готов гарантировать европейские земли России в обмен на гарантию Шлезвига и возьмет на себя часть отступной суммы в 2 млн. талеров[229]. 15/26 мая в Копенгагене Бракель и Зеккендорф подписали с датскими министрами договор о дружбе и гарантии. Все стороны (Австрия, Россия и Дания) обязались гарантировать владения друг друга и Прагматическую Санкцию; датский король Кристиан VI сохранял за собой Шлезвиг, уплачивая герцогу Карлу-Фридриху в течение двух лет миллион талеров; если герцог не соглашался на эти деньги, то он лишался помощи своих союзников; договаривающиеся стороны обещали оказывать взаимную помощь при агрессии против России, Дании или Австрии[230]. Герцог Голштинский отказался признать этот акт и потерял все права на Шлезвиг.

Мекленбургский вопрос также разрешился сам собою. А. Д. Кантемир не смог найти понимания и в Лондоне: англичане считали, что надобно

---

[225] Там же. Л. 26-28, 42-42об.

[226] Там же. Л. 43-44об.

[227] Там же. Л. 96об.-97об.

[228] Реляции князя А. Д. Кантемира из Лондона. М., 1892. Т. 1. С. 14.

[229] АВПР. Ф. 32. Оп. 1. 1732 г. Д. 4. Л. 126-126об.

[230] *Некрасов Г. А.* Роль России в европейской международной политике 1725-1739 гг. С. 211

прежде немного герцога (Карла-Леопольда) «поусмирить, чтоб Его Высочество цесарю повиновение принес по статутам имперским», требовали уплаты военных расходов по штрафным комиссиям и гарантии прав мекленбургского дворянства и бюргерства[231]. После смерти в июне 1733 г. Екатерины Ивановны, жены герцога Мекленбургского, и перехода власти к жившей в России с 1722 г. его дочери Анны (Елизаветы) Леопольдовны при дворе не упоминали имени герцога-палача, изгнанного подданными и отрешенного императором.

Благополучно завершился и небольшой конфликт, возникший в феврале 1732 г. в Парме, когда австрийский генерал Стампа перед выводом имперского гарнизона вынудил испанского министра Монталеоне согласиться на вывод сверхштатных 1300 испанских солдат и на возвращение в Испанию 3-тысячного гарнизона для Пармы, так как там уже утвердился дон Карлос. Испанское правительство согласилось на первое требование, но сохранило пармский гарнизон[232]. 9 (20) февраля к Венскому договору от 5 (16) марта 1731 г. присоединились, наконец, Голландские Соединенные Штаты[233].

Сотрудничество Австрии и России в 1727-1732 г г. дало ощутимые плоды каждой из сторон. Священная Римская империя сохранила единство перед угрозой со стороны Франции. Благодаря поддержке Москвы удалось избежать всеобщей европейской войны и разрушить Ганноверско-севильский блок.

В России в это время окончательно формируется внешнеполитический курс, в центре которого – ориентация на Австрию, Пруссию, восстановление отношений с морскими державами (были прерваны в 1719 г.), мирный путь разрешения международных споров. Используя этот курс, опираясь на помощь и поддержку дипломатов Вены, российскому правительству при внутренней нестабильности удалось добиться признания результатов Великой Северной войны 1700-1721 гг. великими державами (кроме Франции) и избавиться от отягощавших внешнеполитические акции государства обязательства перед свойственниками Романовых в Мекленбурге и Голштинии. Кроме того, военная угроза была отведена от России: всю тяжесть ее приняла на себя Австрия.

Возрос международный престиж России и ее авторитет среди великих держав Европы, особенно после решающей роли в кризисе 1729-1731 гг., когда влияние России склонило Карла VI к примирению, а заяв-

---

[231] Реляции князя А. Д. Кантемира из Лондона. Т. 1. С. 13-14.

[232] АВПР. Ф. 32. Оп. 1. 1732. г. Д. 4. Л. 28-31. – Реляция Л. Ланчинского от 9 февраля 1732 г.

[233] *Braubach M.* Prinz Eugen von Savoyen. Bd. 3. S. 349.

ления о подготовке 30-тысячного корпуса в помощь Австрии удержали от войны «севильских союзников». Если в 1725 году Россия имела лишь ничего не давший ей союз со Швецией и противостояла блоку враждебных государств (Франция, Англия, Голландия, Речь Посполитая, Дания, Пруссия), то в 1733 год страна вступала, имея союз с Австрией, Данией, Швецией, Пруссией и дружественные отношения с Англией, Голландией, Саксонией и Испанией.

Положительным моментом в развитии союзных связей было наладившееся единство действий России и Австрии на европейской арене, уважение интересов друг друга, почти полное отсутствие влияния на проведение внешней политики со стороны придворных партий (на протяжении этого времени внешние дела продолжали находиться в руках Г. И. Головкина и А. И. Остермана – в России, принца Евгения, Ф. Л. К. фон Зинцендорфа и Ф. К. фон Шёнборна – Австрии), умение идти на разумный компромисс. Союз с Австрией способствовал реформе и повышению боеспособности российской армии.

Самым главным же результатом союза в условиях противостояния в Европе двух военных блоков была мирная передышка, столь необходимая как Австрии, так и России. На первом этапе европейского кризиса (до подписания парижских прелиминарий 20 (31) мая 1727 г.) военное сотрудничество двух стран и особенно решительная подготовка к походу российского вспомогательного корпуса (одновременно с заявлениями о мирных намерениях в отношении Дании и Швеции) вынудило Херренхаузенский (Ганноверский) блок перейти к мирному урегулированию споров на континенте.

В период работы Суассонского конгресса (1728-1729 гг.) дипломатам Венского союза не удалось выработать единую программу действий. Прежде всего, это связано со слабой разработкой вопроса о дипломатическом взаимодействии в самом тексте Венского договора 26 июля (6 августа) 1726 г. Кроме того, каждая из сторон не собиралась что-либо уступать в своих требованиях, за исключением ограничения деятельности Остендской компании. Если имперская и российская стороны были за отказ от войны на Севере Европы, но за полное удовлетворение претензий Голштинии, то Мадрид стремился во что бы то ни стало овладеть Гибралтаром или вернуть другие потери, понесенные во время войны за испанское наследство. Позиции Вены, кроме того, ослаблялись расколом в Империи.

[234] *Некрасов Г. А.* Роль России в европейской международной политике 1725-1739 гг. С. 189.

[235] *Durchhardt H.* Gleichgewicht der Kraefte, Convenance, europaeisches Konzert. Darmstadt, 1976. S. 87-88.

Суассонский конгресс не способствовал, как утверждает Г. А. Некрасов, распаду Ганноверского блока[234]. скорее, надо принять точку зрения Х. Дурххардта: «тайной дипломатии удалось сделать фактически бессильными и конгресс, и австро-испанский союз 1725 г.»[235] Ганноверская лига, воспользовавшись расколом у «венцев», усилилась за счет Испании, пообещав «испоместить» в итальянских княжествах сына Елизаветы Фарнезе. Новый кризис (1729-1731 гг.) показал решимость России и Австрии силой противостоять новой попытке развязать войну в Европе. При этом именно внешнеполитическое ведомство России в лице А. И. Остермана (из-за неготовности вооруженных сил вести большую войну и из-за внутренней нестабильности) добилось дипломатическими демаршами и внушениями мирного исхода конфликта («севильцы» были устрашены возможностью войны с Россией, а австрийцы – убеждены доводами в пользу мира). В результате уступки «севильцам» со стороны Вены Севильско-Ганноверский блок распался; была восстановлена нарушенная в 1719-1725 гг. «старая политическая система» и отношения России с Англией, Голландией и Данией.

Глава третья
Польский вопрос в союзных отношениях России и Австрии

1. Русско-австрийское взаимодействие в польском вопросе в 1726-1733 годах

Речь Посполитая, ближайший западный сосед России, переживала и периоды подъема и расцвета, и времена упадка. Страна. Пытавшаяся вплоть до середины XVII в. в условиях ослабления Священной Римской империи германской нации и Московского государства играть роль великой державы, после неудач в войнах со Швецией и Турцией она вновь была исключена из большой европейской политики[1]. Однако для региона восточной Европы это государство, занимавшее огромную территорию от Балтийского моря до Днепра и Карпат, продолжало оставаться важным фактором международной политики. Срединное положение Речи Посполитой между владениями Швеции, России, Турции и Священной Римской империи придавали вес той позиции, которую занимали во внешней политике ее правители.

Однако «силой местоположения» выгоды Речи Посполитой и ограничивались. Страна отличалась чрезвычайно низким уровнем жизни населения. После реформ Стефана Батория в 1570-х гг. на протяжении последующих полутора веков военная организация Речи Посполитой практически не претерпела существенных изменений, и уже к нач. XVIII в. не соответствовала европейскому уровню развития военного дела. Во время Великой Северной войны полякам удалось сохранить независимость государства только благодаря победам российских войск над армией Карла XII.

Причинами такого упадка были упорная консервация правящими кругами феодальных порядков и господство аристократии в стране[2].

---

[1] Oesterreich und die Osmanen. Prinz Eugen und seine Zeit. Wien, 1988. S. 66.
[2] *Маркс К., Энгельс Ф.* Сочинения. Т. 16. С. 164.

Официально Польско-литовское государство именовалось Республикой (Речь Посполита) обоих народов, но главой государства был единогласно выбираемый депутатами дворянства король Польский и великий князь Литовский, которому принадлежала номинальная власть. Носителем верховной законодательной и судебной власти являлся собираемый раз в два года Сейм. Реальная власть была сосредоточена в руках крупных аристократических кланов, деливших воеводства и места при дворе. Фактически каждый воевода был полным хозяином на врученной ему территории и вел свою внешнюю политику, если воеводство граничило с другим государством.

Недворянское население Речи Посполитой было лишено каких-либо гражданских прав. Сохранялось крепостничество, принимавшее во многих воеводствах формы рабства или раннефеодальной эксплуатации (кормления, приставства). Социальный гнет усугублялся национальным и религиозным неравенством. Государственной религией был католицизм, а исповедующие другие христианские конфессии «диссиденты» (лютеране немецкоязычных областей, православные Литвы, Белоруссии и Украины) не имели гражданских прав, что подтверждалось кровавой расправой 1724 г. в Торне и гонениями в Гродно и Минске.

Всевластие родовитого и произвол мелкого дворянства, слабость и продажность государственных институтов сделали Речь Посполитую беспокойным соседом для всех окружающих ее стран. Особенно это касается русско-польских отношений. Разбойничьи отряды шляхты нападали на приграничные русские деревни, уводили крестьян, угоняли скот, жгли поля и дома. Продолжались территориальные споры в Белоруссии и по берегам Днепра. Там польские власти заселяли и застраивали земли, признанные по Вечному миру между Россией и Речью Посполитой 1686 г. нейтральным барьером. Староста Яблоновский не только восстановил разоренный по Бахчисарайскому русско-турецкому мирному договору 1681 г. Чигирин, но и захватил несколько хуторов в Миргородском и Переяславском полках (административные единицы Малороссии), построил в барьерных землях 14203 двора, устроил на дорогах заставы и стал собирать пошлины с русских подданных[3]. Польское правительство продолжало претендовать на «защиту русских интересов»: польский король имел титулы великого князя Русского, Смоленского и Киевского, существовала должность воеводы Киевского. Варшава требовала передачи обещанной ей Петром I в начале войны против Швеции Лифляндии[4]. После того, как Анна Ивановна Романова стала герцогиней Курляндской,

---

[3] *Герье В.* Борьба за польский престол в 1733 году. М., 1862. С. 84-85.
[4] Там же. С. 88.

российская сторона с большим беспокойством следила за тем, как под предлогом пресечения династии герцогов Кетлеров «завидущие очи и загребущие руки» польских панов устремились и к этой области, еще обладавшей автономией.

Таким образом, для российских дипломатов польский вопрос сводился к урегулированию пограничных споров, гарантии свободы вероисповедания православным населением Речи Посполитой, пресечению набегов шляхетских шаек и сохранению автономии и целостности Курляндии. Все эти задачи по существу упирались в главную: в Варшаве российский двор желал видеть короля, который был бы другом России и мог бы ограничить произвол шляхты и воевод на русских рубежах. В то же время сохранение «вольностей и конституций Республики Польской», охранявших дворянскую анархию в стране, было самой надежной гарантией безопасности России от польского вторжения. В Москве еще не забыли интервенцию начала XVII в. Переплетение всех этих факторов создало парадоксальную ситуацию, при которой России в одно и то же время были выгодны и сильная королевская власть, способная сдерживать «вольности» шляхты и крупных феодалов-магнатов, и сохранение дворянской анархии, которая делала центральное правительство бессильным и порождала проблемы на русско-польской границе.

По данным В. Г. Герье, Петр I предлагал польскому королю и саксонскому курфюрсту Августу II Сильному превратить Речь Посполитую в наследное польское королевство, уступив часть западных воеводств Пруссии (тем более, что эти земли уже были заложены Фридриху-Вильгельму I), а Белоруссию – России[5]. Однако это не привело к какому-либо результату. Видимо, и сам Петр не проявил настойчивости, а лишь зондировал почву, так как документов о подготовке такого шага не сохранилось. С 1725 г. курс российского двора в отношении Речи Посполитой приобретает характер поддержания дружественных отношений и влияния при королевском дворе и на Сейме. В известном мнении вице-канцлера А. И. Остермана были поставлены две задачи: не допустить превращения Речи Посполитой в домен Саксонии и при помощи Австрии и Пруссии «Польшу от всяких противностей не токмо удержать, но еще в ближайшее согласие привести». Последнее было необходимо для обеспечения единого фронта против турецко-татарской угрозы. Такое направление было утверждено Екатериной I 5 ноября 1725 г.[6] Поэтому для 20-30-х гг. XVIII в. совершенно лишены основания утверждения о стремлении

---

[5] Там же. С. 72.
[6] РГАДА. Ф. 176. Оп. 1. 1726 г. Д. 1. Л. 11об.-12, 28об.

России превратить Польшу в свою провинцию и о «русской узурпации власти» в Речи Посполитой[7].

Для Австрии польский вопрос с конца XVIII в. увязывался с проблемой поддержания единства Империи, так как в 1697 г. королем Польским был избран саксонский курфюрст из рода Веттинов Фридрих-Август I (под именем Августа II Сильного). Его наследники от эрцгерцогини Марии-Йозефы, сестры умершего в 1711 г. императора Йозефа I, старшего брата Карла VI, могли претендовать на долю в наследстве австрийского дома[8]. Вену беспокоило стремление Августа II превратить Речь Посполитую в польско-саксонское королевство. Но до тех пор, пока существовали дворянские «конституции», такое политическое образование в Европе было невозможно. На границе с Силезией также было неспокойно: здесь шляхта вела себя так же, как и на российских рубежах. Кроме того, Карла VI заботило положение «диссидентов», особенно лютеран. Император был гарантом прав религиозных меньшинств во всей Европе, а всплески католического фанатизма на Висле и Буге вызывали как оживление деятельности иезуитов в австрийских владениях (прежде всего в Силезии и Венгрии, где жило много лютеран), так и демарши протестантских князей Империи, пользующихся поддержкой Англии и Швеции.

Россия и Австрия сходились в оценках ситуации в Речи Посполитой и в задачах, преследуемых в отношениях с этой страной. Защита прав диссидентов, прекращение разбоя на границах, поддержание дружбы с королевской властью и сохранение всех ограничений этой власти – таковы были интересы обеих держав. Кроме того, австрийский и российский дворы не желали видеть Речь Посполитую в союзе с Турцией, Францией и Швецией. Поэтому российская дипломатия настаивала на посредничестве в заключении шведско-польского мира, который должен был завершить войну 1700-1721 гг., а император был обеспокоен секретными переговорами министров Августа Сильного с французскими эмиссарами. Речь Посполитая разделяла союзников, и вопрос о дружбе с этой страной (именно дружбы, а не расчленения или поглощения), через которую в случае войны в Европе должны были бы проходить австрийские или российские вспомогательный войска, был вопросом эффективности условий трактата от 6 августа 1726 г. По проблеме Курляндии имперский двор разделял позицию России, лишь бы герцогство не утратило автономию, будучи в составе Речи Посполитой или России, а избираемый герцог не был бы крупным имперским князем.

[7] Маркс К., Энгельс Ф. Сочинения. Т. 16. С. 164; Архив Маркса и Энгельса. Т. XIV. С. 45-49.

[8] Герье В. Борьба за польский престол в 1733 году. С. 46.

В этих условиях именно австрийская сторона стала инициатором обсуждения проблемы наследия польского престола, на который могли претендовать род Веттинов или Станислав Лещинский, тесть Людовика XV. О позиции императора заявил посол в Санкт-Петербурге А. фон Рабутин на конференции Верховного тайного Совета 1 февраля 1727 г. Карл VI, отметил он, не желает избрания наследного принца Саксонии Фридриха Августа или Лещинского, но поддерживает возведение на престол представителя польской знати («природных Пястов»), не зависящих от иностранных держав, особенно от Франции, и одобряет борьбу против Морица Саксонского в Курляндии[9]. 9 февраля графу фон Рабутину был дан ответ Екатерины I: она полагается на выбор кандидата императором Австрии[10]. 3 марта Верховный Тайный Совет (герцог Карл-Фридрих, генерал-адмирал Ф. М. Апраксин, канцлер Г. И. Головкин, П. А. Толстой и секретарь В. П. Степанов) подтвердил, что царица не имеет кандидата на польский престол, но будет сотрудничать в этом вопросе с Веной[11]. Австрийская инициатива была вызвана, как гласит рескрипт Карла VI Рабутину от 4 (15) мая 1727 г., необходимостью обеспечить проход через Речь Посполитую российского корпуса в случае войны с Ганноверским блоком[12].

1728 год доставил российской стороне немалое беспокойство: 2 мая в рескрипте Л. Ланчинскому члены Верховного Тайного Совета требовали узнать у Евгения Савойского и Зинцендорфа цель визита в Вену саксонского фельдмаршала фон Флеминга, опасаясь, что ведутся переговоры о наследовании саксонского наследного принца в Речи Посполитой[13]. Но никаких переговоров не было: еще 19 (30) апреля Флеминг умер в австрийской столице от водянки[14]. Некоторое сближение Саксонии и Австрии не повлияло на польский вопрос: 2 (13) октября был заключен тайный Версальский пакт: Август II обещал за французские субсидии сохранять нейтралитет и не пропускать русские войска в случае войны Людовика XV с Империей[15]. 15 (26) ноября принц Евгений подтвердил Ланчинскому, что Вена желает свободных выборов короля, поддержит кандидата из Пястов, дружественного России и Австрии, и не допустит воцарения Лещинского[16].

[9] АВПР. Ф. 32. Оп. 1. 1727 г. Д. 10. Л. 4об.-5об.
[10] Там же. Л. 8-8об.
[11] Там же. Л. 27-27об.
[12] Там же. Л. 103.
[13] Там же. 1728 г. Д. 3. Л. 15.
[14] Там же. Д. 5а. Л. 223.
[15] *Pretsch H.I.* Graf Manteuffels Beitrag zur oesterreichische Geheimdiplomatie von 1728 bis 1736. -Bonn,1970. S. 27.
[16] АВПР. Ф. 32. Оп. 1. 1728 г. Д. 5б. Л. 226.

Бурные события 1729-1730 гг. несколько отвлекли внимание российских и австрийских дипломатов от польского вопроса. Хотя 3 марта 1729 г. Верховный Тайный совет велел Л. Ланчинскому общими усилиями «отвращать» заключение шведско-польского и шведско-саксонского мира без посредничества России[17], последнее соглашение было подписано (через обмен письмами) 25 июня 1729 г. на основе условий Ништадтского договора 1721 г.[18] Но вопрос о кандидате в короли так и остался нерешенным: обе стороны делали дипломатические реверансы, предлагая друг другу право выбора. Особенно в этом усердствовал принц Евгений, многократно спрашивавший Ланчинского о магнатах, которых поддерживает Россия[19].

Военная тревога 1730 года и необходимость обеспечения прохода российского корпуса в Италию или Германию вновь вызвали активность союзников в определении позиций друг друга по польскому вопросу. В июле-августе 1730 г. российские дипломаты предупреждали Вену о ведущихся в Дрездене и Варшаве переговорах Августа II с французами: «Когда же я ему (принцу Евгению – *С. Н.*) объявил, что ведомости о секретной саксонской с Франциею негоциации продолжаются, то, искусно вынявь платок из кармана, завязал узел и сказал коротко: ”Помню-де”», – доносил 11 июля Л. Ланчинский[20].

7 ноября 1730 г. имперский посол граф Ф. К. фон Вратислав объявил А. И. Остерману положения указа Карла VI по польскому вопросу. Предлагалось заключить договор Австрии, России и Пруссии на следующих условиях:

1) свобода избрания короля Польского и исключение С. Лещинского;

2) иметь отдельное соглашение по кандидатуре наследного принца Саксонии;

3) выдвинуть общего кандидата из Пястов;

4) иностранных принцев поддерживать только в том случае, когда это не будет способствовать избранию Станислава и «к произведению того основательная надежда явитца»[21].

14 декабря на основе положений указа Вратислав представил проект договора, предусматривающего гарантию польской «республики», образование общего австро-русско-прусского совета по польскому наследному делу, выдвижение такого кандидата, который бы «содержал все

[17] Там же. 1729 г. Д. 3. Л. 19-20.
[18] *Некрасов Г. А.* Роль России в европейской международной политике 1725-1739 гг. С. 215.
[19] АВПР. Ф. 32. Оп. 1. 1729 г. Д. 5. Л. 176.
[20] Там же 1720 г. Д. 5. Ч. 2. Л. 371об.
[21] Там же. Д. 7. Л. 322-323.

польские свободы и со всеми странами пограничными жил бы в дружбе». 2 января 1731 г. Анна Ивановна одобрила проект[22].

В 1731 году с польской стороны усилились провокации на русских границах и гонения на православных. На сейме в Гродно в 1730-1731 гг. рассматривался вопрос о ликвидации автономии Курляндии и о разделе ее на воеводства и поветы. Эти предполагаемые акты Речи Посполитой противоречили не только польским законам, но и международному праву, так как статус герцогства гарантировали многие европейские державы. Это заставило российское правительство усилить деятельность по заключению тройственного договора о Речи Посполитой. В Берлин были направлены генерал-лейтенант граф К. Г. фон Левенвольде, генерал-адъютант императрицы Анны Ивановны, и ее фаворит Э. И. фон Бирон. Они должны были склонить к соглашению короля Фридриха-Вильгельма I, используя напряженность в отношениях Речи Посполитой и Пруссии. При этом короля заверили, что его сын, маркграф Карл, сможет стать герцогом Курляндии[23]. Одновременно австрийский посол в Варшаве граф Х. В. фон Вильчек начал агитацию за португальского инфанта дона Эммануэля[24], жившего в Бреслау[25]. Еще ранее, 30 сентября 1730 г. российский чрезвычайный посол князь С. Голицын заключил договор в Берлине, секретный пункт которого устранял от выборов Лещинского и саксонского принца Фридриха Августа и не допускал отречения Августа II или новых выборов при его жизни[26].

12 августа 1731 года Г. И. Головкин и А. И. Остерман направили рескрипт Л. Ланчинскому: ему было приказано помогать в делах генерал-лейтенанту, подполковнику Лейб-гвардии Измайловского полка К. Г. фон Левенвольде, прибывающему в Вену в качестве чрезвычайного посла[27]. Н. Н. Бантыш-Каменский полагал, что Левенвольде должен был обсудить вопросы о помощи австрийцев против турок, о позиции союзников в возможной прусско-польской войне, о поддержке императором претензий православных «диссидентов» в Речи Посполитой[28]. Но с точностью

---

[22] Там же. Л. 337-341.

[23] *Герье В.* Борьба за польский престол в 1733 году. С. 51-52.

[24] Эммануэль – сын португальского короля Педро II от 2-го брака с Марией Софией; род. 3 августа (нов ст.) 1697 г.; португальский инфант, брат португальского короля Жоана V Браганцо, титула не имел; с 1715 г. жил в Силезии и командовал кирасирским полком; награжден орденом Золотого Руна за войну с турками 1716-1718 гг.; в 1731 г. неудачно сватался к Анна Ивановне; женат не был, умер бездетным в 1746 г.

[25] Там же. С. 48.

[26] Там же. С. 50.

[27] АВПР. Ф. 32. Оп. 1. 1731 г. Д. 3. Л. 21-21об.

[28] *Бантыш-Каменский Н. Н.* Обзор внешних сношений России (по 1800год). М., 1894. Ч. 1. С. 55.

судить о задачах миссии генерал-адъютанта Анны Ивановны сложно: хранящиеся в АВПР инструкции и рескрипты ему на немецком языке зашифрованы. Отсутствие ключа заставляет использовать косвенные данные, содержащиеся в реляциях Левенвольде и Ланчинского, а также в представлениях в Москве Ф. К. фон Вратислава.

Первые визиты Левенвольде нанес Евгению Савойскому и канцлеру графу Ф. Л. К. фон Зинцендорфу 1 (12) ноября 1731 г., что подчеркивало военно-политическую направленность визита. Затем российский чрезвычайный посол был принят Карлом VI и императрицей Елизаветой[29]. 10 (21) ноября на конференции генерал-адъютант вручил российские предложения, касавшиеся, судя по всему, вопросов о Персии, примирении в Европе, о мекленбургском, голштинском и польском делах (насколько это можно установить из ответов австрийских министров от 24 ноября (5 декабря)). О Курляндии Карл VI отвечал, что поддержит Россию в борьбе за сохранение автономии герцогства. Имперский надворный канцлер прибавил также, что для совместных представлений Речи Посполитой надо иметь «свободный тыл» и «все начинать по времени, а не перед временем»[30] (явный намек на «плановые» домогательства российской стороны перед Суассонским конгрессом). Большего в реляциях Левенвольде и Ланчинского не содержится. Судя по всему, речь шла об организации решительных действий союзников против Польши и на Востоке (о чем речь пойдет ниже). Дальнейшие события могут подтвердить это предположение.

7 (18) декабря 1731 г. имперский сейм (райхстаг) в Регенсбурге гарантировал Прагматическую Санкцию Карла VI. Воздержались только курфюрсты Баварии, Пфальца и Саксонии из династий Виттельсбахов и Веттинов, претендующие на часть «австрийского наследства». Новый демарш Саксонии, безусловно, подтолкнул венский двор к решительным действиям. В начале января 1732 г. Левенвольде уехал в Москву, «оставя по себе немалую славу о своем целумудрии и ласковом обхождении»[31]. 6 (17) февраля Вратислав вручил при российском дворе ответ на промеморию чрезвычайного посла, столь тщательно скрываемый в Вене от посторонних глаз. 13 (24) февраля Анна Ивановна узнала, что император приказал послу в Варшаве графу фон Вильчеку совместно с российским министром Ф. К. фон Левенвольде «всякие удобные и сильные домогательства, где надлежит, употреблять» для защиты православных диссидентов и русского населения на польской границе. В случае, если

[29] АВПР. Ф. 32. Оп. 1. 1731 г. Д. 3. Л. 21-21об.

[30] Там же. Л. 30-31.

[31] Там же. 1732 г. Д. 4. Л. 3. – Реляция Л. Ланчинского от 5 января.

польская сторона не пожелает решить конфликт миром и прекратить провокации, Австрия готова была оружием поддержать Россию, считая случаем агрессии ситуацию, «когда одна или другая сторона в покойном владении своих под помянутым союзным трактатом содержанных земель обезпокоена бывает»[32].

Австрийский монарх не ограничился обнадеживанием союзника. 13 (24) июля он приехал инкогнито в Прагу и остановился в доме графа Ностица, где тайно встретился с прусским королем[33]. Только 13 (24) августа Л. К. Ланчинский узнал о содержании переговоров: Карл VI и Фридрих-Вильгельм I подтвердили союз 1728 г. и права Пруссии на выморочное княжество Берг, а также согласились вместе действовать против польских гонений на диссидентов и нарушений конституции Августом II[34]. Рескрипт императора Вратиславу, сообщенный российскому двору 24 июля (4 августа), не оставлял сомнений и в том, что в Праге были согласованы совместные акции в случае выборов нового польского короля со стороны Австрии, Пруссии и России: состояние здоровья Августа Сильного не оставляло сомнений в его скорой кончине[35].

Обострение обстановки на русско-польской границе и дипломатические акции союзников не могли не быть замечены в Версале. В сентябре 1732 г. французский двор предпринял попытку расколоть Венский союз и привлечь на свою сторону Россию для возведения на польский престол Станислава Лещинского. Кардинал Де Флёри уже мог убедиться, что блок Австрии и России делает войну за восстановление гегемонии Бурбонов в Европе невозможной. Секретарь французской миссии в Санкт-Петербурге М. Маньян начал переговоры о союзе, который должен был дать Франции свободу действий в Европе, и прежде всего в Речи Посполитой[36]. Однако этот шаг не свидетельствовал об изменении позиции Версаля в отношениях с Россией. Французские политики по-прежнему стремились изолировать ее от Европы при помощи «восточного барьера» - блока трех традиционных союзников Бурбонов: Турции, Швеции и Речи Посполитой[37]. Последней отводилась роль ключевого связующего звена в антирусской цепи.

---

[32] Там же. Д. 7. Л. 26-26об.

[33] Там же. Д. 4. Л. 194-194об.

[34] Там же. Л. 200-201об

[35] Там же. Д. 7. Л. 131-134: «Оной республики свободное право избрания не нарушать, однако ж бы при том все удобные и служащия способы с стороны трех союзных держав употребить, дабы впредь такого наследника на польской престол поспешествовать и произвесть, от которого бы помянутыя три главнейшее в том участие имеющия соседа (то есть Австрия, Россия и Пруссия – *С. Н.*) что-либо противное так лехко чаять не могли».

[34] *Вандаль А.* Императрица Елизавета и Людовик XV. М., 1911. С. 102-103.

[36] Там же. С. 5.

[37] РГАДА. Ф. 45. Оп. 1. Д. 52. Л. 1-5об.

23 сентября 1732 г. Маньян объявил генерал-фельдмаршалу Б. К. фон Миниху, президенту Военной коллегии, и вице-канцлеру А. И. Остерману условия союза. Версальский двор готов был признать императорский титул царицы Анны, выплачивать субсидии назначаемому ею герцогу Курляндии, гарантировать все русские владения, включая Лифляндию, посредничать в русско-турецких спорах, а также в конфликте с Речью Посполитой, присоединиться к Копенгагенскому трактату от 15 (26) мая 1732 г. и выплачивать России субсидии во время совместных войн. За это Анна Ивановна должна была поддержать французскую кандидатуру на польский престол, предоставить французским купцам равные привилегии с англичанами и голландцами, не требовать от Людовика XV разрыва с Турцией, отказаться от гарантии Прагматической Санкции и от ратификации Копенгагенского договора, не вступать в союзы без ведома версальского двора[38]. Убеждая российских министров принять эти условия, Маньян уверял, что Австрия никогда не окажет военной помощи России, и от Венского союза надлежит отказаться[39]. Нетрудно заметить, что французские предложения ставили Россию в подчиненное положение и были направлены на установление контроля над ее внешней политикой. Не погнушался версальский двор и «распорядиться» судьбой Речи Посполитой и Курляндии, чья автономия была гарантирована европейским сообществом, в том числе и Францией.

В приватной беседе Миних заявил Маньяну, что не даст согласия на посылку в Австрию вспомогательного корпуса, а царица считает себя свободной от такого обязательства[40]. Как утверждал В. Герье, фельдмаршал руководствовался «лучшим пониманием выгод России». С таким утверждением едва ли можно согласиться: самоизоляция и отказ от самостоятельной политики не соответствовали интересам страны и статусу великой державы. Да и сам Миних, как и Остерман, понимал, что Версаль не пожертвует Лещинским и, главное, Турцией ради дружбы с Россией. Совместный ответ Остермана, Миниха и князя А. Черкасского (подписи трех кабинет-министров равнялись решению царицы) гласил: «Что Римской цесарь туркам против России никогда вспомогать не будет, то натурально есть. Но чтоб он такожде, как в сей пропозиции постановляется, России при случающейся войне обещанном образом против турков вспомогать не похотел, и

<hr />

[38] Там же. Л. 2об.: «удивляются, что с российской стороны на трактат с римским цесарем о обещанном вспоможении тритцатью тысячьми войска надеются, понеже надежно ведают, что сие цесарское намерение никогда не было, и что он (Карл VI – *С. Н.*) сие вспоможение никогда не учинил бы».

[39] *Vischer M.* Muennich. S. 333–334.

[40] *Герье В.* Борьба за польский престол в 1733 году. С. 68.

тако от своих трактатов отходил, о том, яко о предбудущем, так подлинно узнать невозможно. А по человеческому разсуждению и по натуральным цесарским интересам чаять надлежит, что он вспомогать будет, ибо цесарь, ежели он от имеющих с Россиею трактатов отступит, никому больше, как себе самому вред учинил бы, поневоле Россия довольно тогда в состоянии будет за оное неисполнение союза чювствительное отмщение учинить»[41]. Российские министры усмотрели в предложениях Маньяна и нарушение «польских конституций» (назначение, а не избрание герцога Курляндии), и прямую защиту Лещинского и Турции, и обязательство вести войну ради Франции. Они заключили, что эти условия «в самом деле ни что иное, как разлучение с прежними алианциями в себе содерживают, и сверх того у России руки связаны быть имеют, – без соизволения французского з другими державами ни в какое обязательство не вступать, – которое требование весьма предосудительно есть»[42].

В России с лета 1732 г. начались военные приготовления[43]. В армию призывалось 18654 рекрута[44], а на 1733 г. планировалось призвать еще 50569 человек[45]. 29 августа 1732 г. отряд генерал-квартирмейстер-лейтенанта фон Штофельна (150 драгун и 120 казаков) перешел Днепр и занял деревни, построенные польским правительством в нейтральной зоне[46]. 1 сентября 1732 г. была утверждена диспозиция войскам: 11 пехотных полков было оставлено в прежних местах «для того, что недалеко от границы», а 15 драгунских – выдвинуты к польским рубежам из Эстляндии и с Украины, – всего 13039 пехоты и 16006 драгун[47].

Начались приготовления к войне и с австрийской стороны. Хотя военные расходы 1732-1733 гг. сократились (6,36 и 6,243 млн. флоринов против 6,98 млн. в 1731 г.)[48], Вена была готова к решительным действиям. 25 октября

---

[41] РГАДА. Ф. 45. Оп. 1. Д. 52. Л. 2об.

[42] Там же. Л. 5об.

[43] *Некрасов Г. А.* Роль России в международной европейской политике 1725-1739 гг. С. 215.

[44] АВПР. Ф. 32. Оп. 1. 1732 г. Д. 4. Л. 329-329об., 341-341об.

[45] РГАДА. Ф. 20. Оп. 1. Д. 91. Л. 23-23об.

[46] *Герье В.* Борьба за польский престол в 1733 г. С. 85.

[47] РГВИА. Ф. 20. Оп. 1. Д. 33. Л. 23-25об. Пехотные полки находились: Санкт-Петербургский во Пскове, Сибирский в Брянске, Троицкий и Невский в Киеве, Копорский в Твери, Воронежский в Торжке, Киевский, Нарвский, Великолуцкий, Тобольский и Белозерский в Рижской губернии. Драгунские полки дислоцировались: Санкт-Петербургский и Пермский вдоль курляндской границы, Каргопольский, расположенный на форпостах от Великих Лук до Смоленска, переводился во Псков, Тверской в Великих Луках, Рижский у Смоленска, Ингерманландский у Стародуба, Владимирский у Чернигова, по половине Новотроицкого, Азовского, Нарвского, Тобольского, Вятского, Ярославского, Олонецкого и Невского — от Чернигова до Переяславля и Лубен.

[48] Oesterreichische Erbgolge-Krieg 1740-1748. Wien, 1891.Bd. 1. T. 1. S. 295.

1737 г. Вратислав сообщил русскому двору желание Карла VI согласовать кандидатуру будущего герцога Курляндии и взаимные действия в случае польских провокаций или французских подстрекательств[49]. Графу Вильчеку было приказано противодействовать агитации за Лещинского и за саксонского принца Фридриха Августа, пресекать происки французского посла в Варшаве маркиза де Монти, не допускать раздела Курляндии и франко-саксонского союза. Все действия должны были согласовываться с российским послом в Варшаве Ф. К. фон Левенвольде, а также с австрийскими послами в Берлине Зеккендорфом и в Санкт-Петербурге Вратиславом[50]. В Силезии к весне 1733 г. собирался крупный военный лагерь, «смотря на армамент короля Польского в Саксонии и на нестройства в Польше, дабы в ту или другую сторону по обращениям принять было можно». Доверенное лицо сообщило Л. Ланчинскому, что в лагере будет 12 тыс. человек, но возможно – «и до 14 полков, и хотя некоторый сосед (знатно, мнил короля Польского) от того придет в сумнение, то-де и сие не безполезно будет»[51].

4 (15) ноября 1732 г. Карл VI направил рескрипты Вратиславу и Вильчеку. Первый должен был проконсультироваться о кандидатуре португальского инфанта дона Эммануэля, а второй – добиться от Августа II прекращения сотрудничества с Францией и провокаций против России путем запрета прохода саксонских войск через Силезию и Пруссию в Речь Посполитую и увеличения числа австрийских войск в Силезии, но не мешать более агитации за саксонского принца[52].

14 декабря А. И. Остерман и кн. А. М. Черкасский апробовали у Анны меморандум на австрийский запрос о Речи Посполитой и 28 декабря сообщили его Вратиславу: «От Польши дружеским образом ничего ожидать не можно, и так силу употреблять надобно будет, особливо понеже весьма малая аппаренция имеется, чтоб через способ негоциации, ежели оная со всею Республикою отправлена быть имеет, хотя б и великие деньги на то трачены были, успеху получить»[53]. Суть предложений сводилась к следующему:

1) если на сейме в Гродно будет создана конфедерация, ввести войска в Речь Посполитую, и «то дело сатисфакции (за нападения на границы – С. Н.), также и курляндское, лехко ко окончанию приведено быть может, и от конфедерации не токмо в том всякую надежду безопасность

[49] АВПР. Ф. 32. Оп. 1. 1732 г. Д. 7. Л. 149-154об.

[50] Там же. Л. 155-158, 160-162.

[51] Там же. Д. 4. Л. 357об., 367. В России эти сведения были получены 9 и 15 января 1733 г.

[52] Там же. Д. 4. Л. 177-179об., 187-187об., 190.

[53] Там же. Л. 206об.

себе выговорить, но и в Речи Посполитой с войсками так долго остаться возможно, покамест все по желанию окончено будет»;

2) если конфедерации не будет, то ввести войска в поддержку той партии (короля, магнатов или прорусской), которая «наиполезнейшая будет»;

3) избрать подходящего для союзников курляндского герцога, не ожидая смерти Фердинанда Кетлера; в случае сопротивления – ввести войска;

4) выдвинуть на королевских выборах кандидатуру магната из рода Пястов или инфанта Португальского[54].

В Берлине же 2 (13) декабря 1732 г. К. Г. фон Левенвольде и Ф. фон Зеккендорф подписали с Фридрихом-Вильгельмом I тройственный договор о действиях в Речи Посполитой против любого профранцузского кандидата. Для противодействия Лещинскому на границах решено было выставить 4000 кавалерии от Австрии, 6000 драгун и 14000 пехоты от России и 12 батальонов и 20 эскадронов от Пруссии, в случае сопротивления – вести войну против него и страны, которая нападет на союзников; курляндский герцог не должен будет иметь владений вне Курляндии и останется вассалом Речи Посполитой; стороны выделяют на подкуп магнатов по 36 тыс. червонных (около 90 тыс. рублей золотом) каждая, соглашаются добиваться избрания польским королем португальского инфанта дона Эммануэля, а герцогом Курляндии – принца Августа Вильгельма Прусского[55].

Саксонский курфюрст остался в изоляции. Против него было настроено большинство польских магнатов. Последним шагом Августа Сильного было предложение о разделе Речи Посполитой между ним и Пруссией (уступались Польская Пруссия, Курляндия, часть Великой Польши; остальное становилось наследным королевством), но Фридрих-Вильгельм не дал ответа, не зная позиции своих союзников и Османской Порты. 31 декабря 1732 г. (11 января 1733 г.) прусский министр Грумбко был принят в Кросне польским королем. Переговоры были прерваны обострением болезни Августа II: через 4 дня уже в Варшаве он слег, 18 (29) января началась лихорадка, и утром 21 января (1 февраля) 1733 г. курфюрст Саксонии и король Польши умер[56].

Австрия и Россия, граничившие с Польшей, были заинтересованы в сотрудничестве и мирных отношениях с ней. Союзники в конце 20-х-начале 30-х гг. XVIII в. проводили совместные консультации по «поль-

---

[54] Там же. Л. 207-212.
[55] *Герье В.* Борьба за польский престол в 1733 г. С. 55-58.
[56] Там же. С. 95-97, 112.

скому вопросу», связанные с конфликтной ситуацией на русско-польской границе, преследованиями правительством Речи Посполитой диссидентов (православных и лютеран) и стремлением французского двора вовлечь Речь Посполитую в направленный против России и Австрии блок. Обе державы желали решить вопрос о преемнике Августа Сильного так, чтобы новый король обеспечил мир внутри страны и на ее границах и не создал на польской земле очаг агрессии. Император, кроме того, был заинтересован в ослаблении рода Веттинов, могущих претендовать на имперскую корону, в Германии. Поэтому союзники, пользуются поддержкой Пруссии, в декабре 1732 г. заключили Берлинский договор о противодействии избранию французских кандидатов и о выдвижении на королевских выборах в Польше инфанта дона Эммануэля Португальского. Ни Россия, ни Австрия не требовали раздела Речи Посполитой или каких-либо территориальных приращений. В то же время и Франция, и сам Август Сильный не стеснялись предлагать третьим странам проекты раздела Речи Посполитой и изменения ее границ. Инициатива вопроса о новом короле Польши принадлежала имперскому двору, однако идея введения войск в эту страну во время выборов принадлежала А. И. Остерману и кн. А. М. Черкасскому, озабоченным поведением магнатов на русских границах. Моральная поддержка Веной российских требований не дала пограничному конфликту развиться в войну, а Берлинский трактат ограничил использование войск только демонстрацией и противодействием возможному агрессору.

2. Дипломатическая подготовка вооруженного вмешательства великих держав в выборы польского короля в 1733 году

27 января (7 февраля) 1733 г. российский посол Л. К. Ланчинский писал в Петербург из Вены: «По отпуске последней моей реляции под № 6-м прибыл сюды курьер от цесарского посла графа Вилчека из Варшавы, а имянно третьяго дня в исходе 9-го часа поутру, с ведомостью о смерти короля Польского, и тот час Его Цесарское Величество призвал к себе главнейших министров, с которыми о том прилучае говорить изволил. А вчерашняго дня была у принца Евгения конференция, в которой, как мне с здешней стороны сообщено, положили на мере ко двору Вашего Императорского Величества на Берлин отправить курьера с депешем в той силе, чтоб все три двора старались Станислава Лещинского от польского престола отлучить, да в короли произвести всем трем державам

угодного, чего ради определяется здесь некоторая сумма денег к склонению польских вельмож»[57].

Вряд ли кто-нибудь полагал тогда, что смерть Августа Сильного и выборы нового польского короля станут поводом к войне, охватившей почти всю Европу, и завершат мирный период развития континента. Однако такая развязка была закономерной. Российская сторона уже в 1732 г. была готова ввести в Речь Посполитую войска, но не имела достаточного повода для этого. 25 января (5 февраля) Анна Ивановна ратифицировала Берлинский договор, предусматривающий ввод в Речь Посполитую войск союзников для противодействия французскому ставленнику С. Лещинскому. Российский двор не стремился к разделу или завоеванию Речи Посполитой и подчеркивал, что будет и впредь гарантировать и защищать все права польского народа. Переход к военным методам был вынужденным: все мирные инициативы, направленные на прекращение набегов польских панов и нарушений мирного договора 1686 г., на защиту прав православного населения правительство Речи Посполитой оставило без ответа. Польское руководство сознательно шло на конфронтацию с Россией, получая субсидии и посулы военной помощи от Франции и Швеции. Петербургский двор был извещен Л. Ланчинским о наличии тайного франко-польского-баварского союза для «возбуждения в Европе беспокойства»[58].

Позиция австрийского двора была несколько иной. Карл VI и принц Евгений понимали опасность войны, которая перешагнет границы Речи Посполитой. Еще не были улажены споры вокруг «испомещения» испанского инфанта дона Карлоса в Парме и Пьяченце, сардинский король Карло Эммануэле не признавал Прагматической Санкции, у императора имелась оппозиция в Германии, продолжались тяжбы между союзниками Австрии – Пруссией и Ганновером. В Польше имперское правительство беспокоила в большей мере возможность усиления как противников Карла VI в Европе, так и соперников в борьбе за влияние в Германии (Саксонии и Пруссии). Поэтому венский двор предпочел бы ограничиться финансированием противников Станислава и саксонского курПринца, но не доводить дело до применения оружия.

Предусмотренное Берлинским договором усиление Пруссии путем передачи Курляндии принцу дома Гогенцоллернов явно не могло устроить императора. В рескрипте от 4 (15) января 1733 г. резиденту в Петербурге Н. С. фон Хоэнхольцу он высказывал недовольство поспешными дей-

---

[57] АВПР. Ф. 32. Оп. 1. 1733 г. Д. 5. Л. 72-72об.
[58] Там же. Л. 73.

ствиями министра в Берлине Ф. Г. фон Зеккендорфа и призывал царицу не признавать тройственный договор от 2 (13) декабря 1732 г. Карл VI не мог согласиться на возведение португальского инфанта силой войск и на оккупацию Речи Посполитой до тех пор, пока новый король не оплатит их содержание за время выборов, и высказывался в защиту польских вольностей, включая и право курляндского дворянства на выборы герцога[59]. Хоэнхольцу было поручено примирить Пруссию с Ганновером через посредничество России и стараться, «дабы доброе и тесное обязательство с Россией не от прусской бы дружбы зависело, но чтоб доброе согласие между России и Пруссии на имеющемся между Нами и Царицыною Любовию обязательстве основание имело»[60]. Однако уже 31 января 1733 г. Ланчинский сообщал, что австрийский двор «для отлучения Станислава Лещинского от польского престола не только деньги, но и есть ли необходимо будет, и ружье употребить резолюцию принял»[61]. Заинтересованность в поддержке кандидата России и Австрии высказал А. Д. Кантемиру и собирающийся в Петербург английский посол лорд Форбес[62].

По ведомостям, поданным президенту Военной коллеги графу Б. К. фон Миниху, вооруженные силы России на 12 ноября 1732 г. насчитывали 330854 человека, в том числе регулярная армия – 238422 человека. Для военных действий предназначались кирасирский, 31 драгунский и 58 пехотных полевых полков – всего 60501 пехотинец и 31754 кавалериста[63]. Можно было рассчитывать и на помощь австрийской армии, хотя ее состав сократился. Под командованием генералиссимуса принца Евгения Савойского находилось 47 пехотных, 3 гусарских, 12 драгунских и 20 кирасирских полков[64], часть которых собиралась на силезской границе. Союзники могли рассчитывать и на 80-тыс. прусскую армию.

Главный противник императора – Франция – имела под ружьем 262.881 пехотинца, 45000 кавалеристов, 3593 артиллериста и минера. Армия Людовика XV состояла из 10 батальонов гвардии, 116 пехотных, 1 гусарского, 15 драгунских и 60 кирасирских полков, 123 батальонов милиции и 135 пограничных инвалидных рот[65]. Эти силы могли действовать против Австрии в Италии, на Рейне и в Нидерландах. Однако

---

[59] Там же. Д. 7. Л. 16-18об.

[60] Там же. Л. 32об.

[61] Там же. Д. 5. Л. 79.

[62] Реляции князя А. Д. Кантемира из Лондона. Т. 1. С. 81. – Реляция от 13 февраля 1733 г.: «Хотя-де Англия никакого интересу в польских делах не имеет, однако ж по союзу с императором Римским принуждена свои меры принять, чтоб избрание новаго короля не было противно Его Цесарскому Величеству».

[63] РГВИА. Ф. 20. Оп. 1. Д. 33. Л. 95-99об., 102, 103.

[64] Oesterreichische Erbfolge-Krieg 1740-1748. Bd. 1. T. 1. S. 357-358.

[65] Feldzuege des Prinzen Eugen von Savoyen. Wien, 1891. Bd. 19. S. 31-34.

переброска крупных французских контингентов в Речь Посполитую была затруднительна. Небольшая саксонская армия, состоящая из 33 батальонов и 52 эскадронов (всего 8606 конницы и 26414 пехоты), могла быть легко заперта во владениях молодого курфюрста Фридриха-Августа II и не принималась союзниками в расчет.

В Речи Посполитой после смерти короля исполнительная власть перешла в руки примаса республики епископа Гнезенского Феодора Потоцкого. В первую очередь он выслал из страны 1200 саксонцев, распустил два полка Коронной Гвардии (самые боеспособные польские части) и принял на польскую службу любимый полк покойного короля – «Гран Мускетер»[66]. Российский посол в Варшаве граф Ф. К. фон Левенвольде в одной из первых бесед с примасом выяснил, что тот является активным сторонником Лещинского. Это стало сигналом для начала решительных действий союзников: Левенвольде направился в Литву, а имперский посол генерал-фельдмаршал граф Х. В. фон Вильчек в Краков, чтобы с помощью 40 тыс. гульденов организовать сильную конфедерацию[67].

Для России поддержка Лещинского родом Потоцких была особенно болезненна. Староста Варшавский граф Иов Потоцкий был также воеводой Киевским (это воеводство граничило с Россией по Днепру), Антоний Потоцкий – воеводой Бельским; их родственниками были воевода Русский Август Чарторижский, староста Чигиринский Яблоновский, великий подскарбий (министр финансов) граф Оссолинский, коронный региментарь (командующий регулярными войсками) граф Станислав Понятовский[68].

Но союзники могли опереться на настроенное против Лещинского литовское дворянство во главе с великим гетманом Литовским Казимиром Сапегой, региментарем Литовским князем Михаилом Вышневецким, великим маршалом Литовским князем Михаилом-Казимиром Радзивиллом. Сторонником императора был воевода Краковский князь Феодор Любомирский и каштелян (комендант) Краковский князь Ян Вышневецкий. Они к 12 (23) февраля 1733 г. организовали конфедерацию и захватили соляные копи. Однако вскоре конфедераты Кракова, не получив военной поддержки из Австрии, подчинились примасу[69].

22 февраля (5 марта), после получения известий от Левенвольде, Кабинет Министров собрался на чрезвычайный совет. Были представлены канцлер граф Г. И. Головкин, вице-канцлер А. И. Остерман, гене-

[66] *Герье В.* Борьба за польский престол в 1733 году. С. 147.
[67] Там же. С. 151-153.
[68] Там же. С. 133.
[69] Там же. С. 159-160.

рал-фельдмаршал граф Б. К. фон Миних, генерал-аншеф А. И. Ушаков, вице-адмирал граф И. М. Головин, действительные тайные советники князь А. М. Черкасский, князь Ю. Ю. Трубецкой, барон Х. В. фон Миних, тайный советник М. Г. Головкин. Кабинет-министры Остерман и Черкасский высказались за ввод войск в Речь Посполитую; их мнение разделяли не присутствующие на совете Э. И. фон Бирон и Р. фон Левенвольде[70]. Президент Военной коллегии Миних выступал против такого шага, доказывая, что Польша настолько слаба, что не будет представлять опасности даже при Лещинском, а Австрия не сможет поддержать Россию: «Один лишь принц Евгений поддерживает могущество Габсбургов, но он уже стар; союз с Австрией принесет только несчастье». «Австрия сейчас сильнее, чем кто бы то ни было» - со смехом возразил ему Остерман[71]. Дискуссия завершилась следующим решением:

1. «По российским интересам весьма Лещинского и других, которые зависят от корон Французской и Шведской, и, следовательно, от Турецкой, до короны Польской допускать не надлежит».

2. Отправляемые в Польшу министры должны действовать вместе с австрийскими и прусскими дипломатами и, не жалея денег, «поляков от избрания Лещинского и вышеписанных других, подробных ему, весьма отвратить», для чего требуется выделить крупные суммы.

3. Если эти меры не достигнут цели «и потребно будет силу оружия употребить», то необходимо заранее поставить на границах с Речью Посполитой два-три корпуса из 18 пехотных и 10 драгунских полков, «в таком разстоянии, чтоб в случае нужды немедленно собраться и маршировать могли», а весной вывести их в лагеря.

4. При корпусах собрать сербских гусар, 3150 калмыков, 1000 слободских, 2000 донских и 10000 малороссийских казаков.

5. Назначить главнокомандующего, который бы начал действия «по первому о том письму и требованию от главного Ея Императорскаго Величества министра, обретающегося в Польше». Сбор и подготовка войск к боевым действиям, а также прикрытие рубежей другими полками «как для охранения границ, так и для резервы» возлагались на Военную коллегию. Российский посол в Варшаве Ф. К. фон Левенвольде получал полномочия на заключение конвенций с союзниками по организации совместных боевых действий. Решение Кабинета было утверждено царицей 26 февраля[72]. Таким образом, решающее слово в оценке ситуации в Польше и в принятии решения о применении войск принадлежало внешнеполитическому

---

[70] *Vischer M.* Muennich. S. 241.
[71] Ibid. S. 342.
[72] РГАДА. Ф. 177. Оп. 1. 1733 г. Д. 1. Л. 2-3об.

ведомству России. Военные операции также должны были проходить под контролем дипломатических представителей России в Польше.

28 февраля в Военной коллегии была составлена «Диспозиция о полках и нерегулярном войске, которые имеют быть особливым корпусом в походе при польской границе», а 1 марта ее утвердила Анна Ивановна. Для похода в Речь Посполитую было выделено 11 драгунских полков, расположенных от Курляндии до Переяславля и Лубен, 18 полевых пехотных полков, в том числе 6 из Лифляндии, 2 из Киева, 4 с польской границы от Пскова до Брянска и 6 из Эстляндии, Новгорода и Выборга. При этих полках находился Мекленбургский корпус (войска герцога Мекленбургского на русском содержании), 11 военных чиновников, 10 инженеров, 114 артиллеристов при 48 полковых и 10-15 полевых орудиях, «сколько есть» сербских гусар, 16150 казаков и калмыков. Их сменяли 36 гарнизонных полков и эскадрон (5 в Киеве, 2 полка и эскадрон в Смоленске, по полку в Великих Луках и Глухове, 6 в Риге), 20 пехотных, 1 кирасирский и 15 драгунских полевых полков (из них на польской границе 7 пехотных и по половине четырех драгунских)[73]. Командование войсками должны были осуществлять генерал-аншеф П. П. Ласи, генерал-лейтенанты барон фон Шверин и К. Гохмут (Хохмут) или князь А. Шаховской, генерал-майоры К. фон Бирон, А. Загряжский, А. Волынский и князь Г. Урусов[74].

14 марта Военная коллегия представила в Кабинет Министров боевое расписание подготовленных к походу в Речь Посполитую войск, сведенных в три корпуса:

1-й Рижский корпус: генерал-аншеф П. П. Ласи, генерал-майоры А. П. Волынский и К. М. фон Бирон; Санкт-Петербургский, Пермский, Каргопольский драгунские, Киевский, Нарвский, Великолуцкий, Тобольский, Белозерский, Архангелогородский, 2-ой Московский, Ладожский, Углицкий, Новгородский, Псковский пехотные полки; 150 чугуевских калмыков и 280 сербских гусар;

2-й Смоленский корпус: генерал-лейтенант К. Гохмут (если будет болен, то князь А. Шаховской), генерал-майор князь Г. Урусов; драгунские Тверской, Рижский, Ингерманландский, пехотные Санкт-Петербургский, Воронежский, Копорский Смоленский полки и 2000 донских казаков;

3-й Стародубский корпус: генерал-лейтенант фон Шверин и генерал-майор А. Загряжский; драгунские Владимирский, Олонецкий, Нарвский и два сводных (по половине Новотроицкого, Азовского, Тобольского и

---

[73] Там же. Ф. 20. Оп. 1. Д. 24. Л. 216-217об.
[74] Там же. Л. 218.

Вятского), пехотные Троцкий, Невский, Сибирский полки; Мекленбург-ский «корпус» (664 человека), 3000 калмыков, 10000 малороссийских и 1000 слободских казаков. При штабе главного Польского корпуса были: генерал-квартирмейстер-лейтенант фон Штофельн, генерал-провиант-мейстер-лейтенант Кисловский, 10 инженеров и 238 артиллеристов, 48 трехфунтовых полковых и 10-15 шести-, восьми- и двенадцатифунтовых полевых орудий[75].

Необходимо заметить, что разногласия в оценках возможного развития конфликта не были столь велики, как считал, например, немецкий историк М. Фишер. Еще в 1732 г. в беседах с секретарем французского посольства М. Маньоном фельдмаршал Миних высказывался за возведение русского кандидата на польский престол[76]. В международном плане выдвижение Станислава Лещинского, признанного польским Сеймом «врагом нации», противоречило положениям Ништадского мира 1721 г.[77], так что почвы для разногласий в Кабинете Министров и Сенате России не было. Активная работа Военной Коллегии по формированию Польского корпуса также доказывает, что ее президент фон Миних не стал саботировать решений правительства. Для военных приготовлений на польской границе использовались структуры вспомогательного корпуса 1727-1730 гг.: из 29 полков, готовящихся к походу в 1733 г., 15 были назначены ранее в «цесарскую помощь»; из корпуса, стоящего в 1732 г. по польской границе, были использованы все пехотные и 13 драгунских полков[78].

В «партикулярной» (частной) грамоте от 27 февраля 1733 г. Анна Ивановна известила Карла VI, что будет действовать «вооруженной рукой» и «все те учреждении учинит, которые к благовременному препятствованию помянутых (то есть примаса, Понятовских и Чарторижских – С. Н.) в пользу Станислава в Речи Посполитой произходящих интриг потребны и способны быть могут». В грамоте говорилось и о подготовке 30-тысячного корпуса, и о направлении в Варшаву для взаимных консультаций графа К. Г. фон Левенвольде[79]. «Ваше Цесарское Величество из вышеписанного сами признаете, что я с моей стороны ничего не оставляю, что к поспешествованию щастливаго получения имеющагося намерения и возведения королевского португальского инфанта Дона Емануеля, Его Высочества, на польский престол служить может», - заключала российская монархиня[80].

[75] Там же. Ф. 177. Оп. 1. 1733 г. Д. 2. Л. 10-11об.
[76] *Некрасов Г. А.* Роль России в европейской международной политике 1725-1739 гг. С. 205.
[77] РГАДА. Ф. 177. Оп. 1. 1733 г. Д. 1. Л. 4об.
[78] Сравните: РГВИА. Ф. 20. Оп. 1. Д. 24. Л. 216-217об.; Д. 33. Л. 23-24; Оп. 2. Д. 28. Л. 3.
[79] АВПР. Ф. 32. Оп. 1. 1733 г. Д. 1. Л. 5-5об.
[80] Там же. Л. 6.

В конце февраля Л. Ланчинский получил известие от российского резидента в Константинополе И. Неплюева, что имперский резидент Л. фон Тальман представил великому визирю ноту «об обидах, учиненных поляками России, которым резидента Тальмана поступком он, господин Неплюев, был весьма доволен»[81]. Но в новых условиях, когда готовилось вступление российских войск в Речь Посполитую, надо было нейтрализовать Турцию: по Прутскому договору 1711 г. такая акция считалась нарушением мира России с Портой, если Речи Посполитой не угрожают войска другой державы. 3 марта Л. Ланчинский был у принца Евгения и требовал нового указа к Тальману. Принц тотчас приказал внести изменения в отправляемую для имперского резидента в Константинополе инструкцию[82].

Хотя австрийский император не ратифицировал Берлинский договор 1732 г., в Вене велись военные приготовления. Ко дню польской конвокации (утверждения претендентов) 16 (27) апреля в имперском лагере у Гославице (Силезия) собирался корпус генерал-майора барона фон Вутгенау: 8 батальонов, 6 гренадерских рот, 6 кирасирских и 35 драгунских эскадронов и 6 конногренадерских и карабинерных рот (всего 6340 пехоты и 4060 кавалерии)[83]. Для сторонников дона Эммануэля было отправлено в Речь Посполитую еще 80 тыс. гульденов[84]. Австрийское правительство стремилось также к тому, чтобы переложить часть денежных расходов на Португалию. Когда ожидался ответ от португальского короля Жоана V, в Вену прибыли саксонские послы граф Люцельбург и барон фон Цех. Переговоры с саксонцами сознательно затягивались до получения ответа из Лиссабона. Курфюрст Фридрих-Август II был нежелателен для императора, поскольку он уже успел подтвердить договор о дружбе с Францией[85]. Одновременно были направлены в Варшаву из Дрездена камер-президент Бриль, советник Бюло, министры курфюрского двора граф Э. К. фон Мантойфель (сторонник австрийской ориентации) и граф Вакербарт[86]. Все это свидетельствовало о росте активности Саксонии в «польском наследстве».

Но активность проявляла и Франция. Посол в Варшаве маркиз Де Монти получил для подкупа польских вельмож 3 млн. ливров (примерно 130 тыс. гульденов)[87]. Посол Франции в Лондоне Шовиньи, как сообщал А. Д. Кантемир, подал Георгу II ноту об «угрозе польской вольной респу-

[81] Там же. Д. 5. Л. 133-134. – Реляция Л. Ланчинского от 28 февраля.
[82] Там же. Л. 141-141об.
[83] Там же. Л. 142-142об.; Feldzuege des Prinzen Eugen von Savoyen. Bd. 19. S. 14.
[84] АВПР. Ф. 32. Оп. 1. 1733 г. Д. 5. Л. 115об.
[85] Там же. Л. 147об.-148.
[86] Там же. Л. 156об.
[87] Там же. Л. 158.

блике» от приблизившихся к границам австрийских и российских войск[88]. 3 (14) марта в Вену пришло известие о подготовке транспортов в Испании для 45 батальонов и 40 эскадронов. Как доносил Ланчинский, войска предназначались для атаки Гибралтара или Тосканы, так как пехоты больше, чем конницы[89]. Появилась угроза расширения конфликта.

17 марта Ланчинский был с визитом у саксонских послов в Вене. В разговоре они пытались выяснить позицию России в отношении Фридриха-Августа II, но российский министр ничего не открыл. Саксонцы полагали, что будут выставлены только две кандидатуры – Лещинского и курфюрста, и в этом случае «здешний двор хотя по нужде и курфиршта сутенировать (поддерживать – С. Н.) станет»[90] Настойчивость саксонцев проявилась и в Санкт-Петербурге. 31 марта А. И. Остерман сообщил австрийскому резиденту Н. С. фон Хоэнхольцу (Вратислав по болезни уехал в Вену в начале января): «Здесь саксонским посланником Лефортом именем курфюрста, государя его, предложено было. Курфюрст объявляет, что он всемерно желает вступить на польский престол и что ни временем, ни в случае к тому получению онаго не упустит. Желает же он получить его по вольному выбору и поступить в таком случае с согласия Ея Императорского Величества Всероссийской и всех Ея союзников, надеется на помощь их тем наипаче, что он с своей стороны обязуется все то учинить, что к сохранению добраго и теснаго с ними всеми согласия служить может»[91]. Для ведения переговоров к русскому двору был прислан граф Люнар. Остерман сообщил также, что английский посол К. Рондо готов «предпочесть всем прочим кандидатам» Фридриха-Августа II, если он даст гарантии сохранения польских вольностей и автономии Курляндии всем союзникам, а французский секретарь М. Маньян заявил, что «Франция во что бы то ни стало Станислава на польский престол возвести намерена, и всем тому противящимся, а особливо его Римско-Императорскому Величеству окажет и даст возчувствовать силу свою так, что конечно пропадет у них охота Станиславу сопротивление оказывать; напротив того обещает Франция Ея Императорскому Величеству Всероссийской доставить всякое желаемое и полное удовлетворение во всех притязаниях Ея как на Курляндию, так и на Польшу (sic! – С. Н.), естли только Ея Величество Станиславу противною не окажется и при всем деле нейтральною останется»[92].

[88] Реляции князя А. Д. Кантемира из Лондона. Ч. 1. С. 90-92. – Реляция от 13 марта 1733 г.

[89] АВПР. Ф. 32. Оп. 1. 1733 г. Д. 5. Л. 164-164об.

[90] Там же. Л. 168-169.

[91] Там же. Д. 7. Л. 86.

[92] Там же. Л. 87-87об.

Далее вице-канцлер изложил свое «мнение не в указ». Он предложил поддержать сторонников курфюрста, так как партия Лещинского уже самая сильная в Польше, и «надобно неминуемо, чтоб сей француской партии могла противуборствовать курфюрсту преданная». Безусловно, можно сомневаться во Фридрихе-Августе, ведь его отец ориентировался на Францию и был опасен для «польских вольностей». По мнению Остермана, с помощью Англии можно заставить курфюрста подписать конвенцию о безопасности Австрии, удовлетворении требований России в Речи Посполитой и Курляндии, об оборонительном союзе и гарантии польской конституции[93]. Возвести его на престол можно тремя путями: «чтоб курфюрст сам о себе открыто старался», «сколько можно скрытно помощь подавать», «по выборе его королем защищать его, естли надобно будет, и силой оружия». В крайнем случае, заключал Остерман, – поляки, увидев борьбу двух партий, «не согласясь нимало на выбор курфюрста и оставя Станислава и других французских кандидатов, наконец принужденными найдутся допустить до престола третьяго из своих природных, то есть Пиаста»[94].

В Вене же продолжали ждать ответа из Португалии. Л. Ланчинский считал даже, что ответ получен, но скрывается, поскольку король Жоан V имеет большую склонность поддержать другого своего брата, португальского инфанта дона Антонио. Поэтому две конференции с саксонскими послами, просящими помощи для возведения на польский престол Фридриха-Августа II, прошли безрезультатно[95]. Отношение Австрии к саксонскому дому определялось прежде всего позицией его внутри Империи и отказом покойного Августа II Сильного гарантировать Прагматическую Санкцию.

В Польше продолжалась агитация за Лещинского и других кандидатов. Но к маю стало видно, что у инфанта Португальского нет шансов на победу. Не было выдвинуто и независимого польского кандидата: слишком сильна была вражда аристократических кланов. Все-таки русским эмиссарам в Литве полковнику Даревскому, Ламсдорфу, Бринкену, фон Тройдену и, особенно, подполковнику кирасирского Минихова полка Г. фон Ливену удалось расположить к России князей Радзивиллов и мелкое литовское шляхетство. Усилия русских эмиссаров находили отклик и поддержку у большей части населения – православных и лютеран, видевших в России свою защитницу[96].

---

[93] Там же. Л. 88-89об.

[94] Там же. Л. 90-90об.

[95] Там же. Д. 5. Л. 198об.-199об.

[96] *Герье В.* Борьба за польский престол в 1733 г. С. 182, 229.

3 (14) мая И. С. Хоэнхольц обнародовал в Санкт-Петербурге деклара-цию Карла VI о Польше: «Цесарь не допустит, чтоб какия способы, правам вольной элекции (избрания – *С. Н.*), на уставах основанной, противныя к тому употреблены были, хотя бы такого кандидата, которой ему приятен, на польской престол произвесть хотели»[97]. Такая же декларация в тот же день была вручена примасу графом фон Вильчеком, а также прусскими послами Брандтом и Хофманом и русскими – К. Г. и Ф. К. фон Левенвольде и рези-дентом Голембиовским[98]. Беседа вышла напряженной. На предложение примаса о поддержке Станислава К. Г. Левенвольде заметил, что польская конституция и французские интриги делают такое избрание невозможным, и «если все разумные представления останутся бесплодными, то Ее Импе-раторское Величество найдет средство наказать своих врагов и предпри-нять действительные меры к содержанию общей тишины»[99].

К 5 (16) мая окончательно решился вопрос о кандидатуре португаль-ского инфанта дона Эммануэля. «Что же надлежит до прочения его, инфанта, в короли Польские, то от двора португальского объявлено, правда, что на сие иждивение король миллион или два гульденов мог бы определить, только ж не весьма прилежно писано и без назначения вре-мяни к платежу, чего ради и провождение его пресеклося»[100], – доносил Л. Ланчинский. Это известие было получено в Санкт-Петербурге 24 мая.

Можно заключить, что к лету 1733 г. кончился первый этап дипломати-ческой подготовки союзников к выборам польского короля. Это время (фев-раль-май) характерно тем, что и Австрия, и Россия поддерживали кандидату-ру Дона Эммануэля. Обе стороны были готовы поддержать оружием своего избранника, но только в том случае, когда он будет выбран поляками и ему что-либо будет угрожать (русское мнение было: введение войск еще до выбо-ров). Российский двор еще надеялся на избрание кого-либо из Пястов. Выяс-нилось, что Пруссия требует за свое участие в союзе некоторые польские земли, и это домогательство было отклонено в Вене и встречено молчанием в Санкт-Петербурге. Проявилась заинтересованность союзников в поддержке Саксонии, причем инициатива принадлежала России. «Польский вопрос» к маю вверг в свою орбиту также Англию и Францию. Отказ австрийского правительства от поддержки португальского инфанта и начало переговоров с саксонскими послами завершает первую фазу взаимоотношений союзников в деле «польского наследства»: Берлинский договор 2 (13) декабря 1732 г. был окончательно похоронен не только юридически, но и фактически.

---

[97] АВПР. Ф. 32. Оп. 1. 1733 г. Д. 7. Л. 98-99об.
[98] *Герье В.* Борьба за польский престол в 1733 г. С. 254-255.
[99] Там же. С. 258-260.
[100] АВПР. Ф. 32. Оп. 1. 1733 г. Д. 5. Л. 241.

8 (19) мая польский Сейм постановил, что из числа кандидатов исключаются все неполяки, кроме саксонского курфюрста, а для обеспечения свободы выборов иностранные послы должны выехать из Варшавы на 6 миль (около 45 км). Однако братья Левенвольде отказались покинуть польскую столицу, сославшись на международное право и указ царицы, а Вильчек заявил, что уедет из города только после указа Карла VI, а в случае провокаций и покушений на его безопасность в Речь Посполитую войдут 30 тыс. австрийских солдат[101]. Однако примас и Чарторижские распространяли слухи о том, что Пруссия не поддерживает союзников, Россия не доведет дело до войны, а император не выступит в одиночку. Они уверяли народ, что Лещинского поддерживает Людовик XV, и на помощь могут прийти 12000 шведов и 200000 татар[102]. Таким образом, сторонники Станислава сознательно толкали народ к гражданской войне и были готовы пожертвовать населением Украины и Южной Польши.

24-25 и 29 мая (4-5 и 9 июня) в доме Евгения Савойского и в загородном дворце императора Ляксенбург проходил тайные конференции о польских делах[103], а 6 (15) июня в Россию был послан курьер с проектом австро-саксонского союза, одно из положений которого предусматривало введение в Польшу 12000 саксонцев и 6 имперских батальонов, а также корпуса из Силезии «для защиты вольной элекции, потому что к учрежденной недавно конфедерации многие сенаторы и послы угрозами принуждены»[104].

Сообщения Хоэнхольца ждали в Петербурге. Имперский двор предлагал Анне Ивановне поддержать проект соглашения с Саксонией о помощи в возведении на польский престол Фридриха Августа II и о защите его после выборов. Курфюрст, как сообщил австрийский резидент, готов признать права императора и царицы согласно меморандуму от 31 марта (11 апреля), обеспечить автономию Курляндии, вольности дворян, свободу вероисповедания диссидентов и разрешить пограничные споры. Таким образом, Саксония «отвлеклась» от Франции, уступала требованиям союзников, а российский двор «ни к чему себя не обязывал»[105]. Проект австро-саксонского союза был одобрен, братьям Левенвольде было велено начать агитацию за курфюрста и подготовить проект русско-саксонского договора о поддержке Фридриха Августа II[106].

[101] *Герье В.* Борьба за польский престол в 1733 г. С. 260-261.
[102] Там же. Л. 263-264.
[103] АВПР. Ф. 32. Оп. 1. 1733 г. Д. 5. Л. 261-261об., 267: «О резолюции, в помянутых конференциях принятой, проведать ныне было невозможно», – отмечал Л. Ланчинский.
[104] Там же. Л. 273об.
[105] Там же. Д. 7. Л. 114об.-115.
[106] Там же. Л. 117.

В Австрии продолжались интенсивные военные приготовления. Три кавалерийских полка собирались в Венгрии у Ципса, а Силезский корпус 1 июля начал переход к новому лагерю из Оппельна в Гросс-Глогау для соединения с прусскими войсками. Новым командующим этим корпусом стал принц Людвиг фон Вюртемберг; кроме того, к корпусу были назначены 2 генерал-фельдмаршал-лейтенанта и 4 генерал-фельдвахтмайстера. При собранных в Силезии полках находилось 12 орудий[107].

К 20 (31) июня и на русско-польской границе была собрана мощная группировка войск. В 1-м Рижском корпусе было 17675 человек (3 драгунских и 11 пехотных полков), в во 2-м Смоленском (куда вошли и части третьего корпуса) – 17500 человек (8 драгунских и 7 пехотных полков). Всего к походу было подготовлено 35175 солдат и офицеров, в том числе 11388 драгун. В полках до штатной численности недоставало 2136 человек[108]. 30 июня Анна Ивановна направила указы командующим корпусами Ласи и Загряжскому об окончательной подготовке войск к походу и о начале марша в Речь Посполитую с 31 и 25 июля соответственно. Оба корпуса должны были соединиться в Гродне[109]. К 1 июля окончательно был решен вопрос о генералитете: в Рижский корпус были назначены генерал-лейтенант князь И. Ф. Барятинский и генерал-майор К. М. фон Бирон, а в Смоленский – генерал-майоры А. П. Волынский и князь Г. А. Урусов[110].

Инициатором соглашения союзников с Саксонией выступил российский двор, но именно австрийская, а не русская сторона проявила в июле большую активность в переговорах о союзе с курфюрстом в польских делах. К этому времени стало ясно, что перевес сторонников Лещинского, щедро одаренных французскими субсидиями, слишком велик, и отказ от поддержки Веттина может привести к передаче голосов саксонской партии ставленникам Бурбонов. Кроме того, такой отказ мог вызвать новые конфликты в Империи. То обстоятельство, что во время царствования Лещинского Речь Посполитая являлась плацдармом для действий шведских войск против России и Саксонии и для давления Карла XII на германских князей и Австрию, исключало возможность мирного разрешения пограничных и религиозных конфликтов при его новом воцарении. Поэтому император первым пошел на союз с курфюрстом, тем более что саксонские послы в Петербурге не имели полномочий для таких же переговоров. К поддержке Веттина толкала и неясная позиция прусского

[107] Там же. Д. 5. Л. 282об., 300.
[108] РГАДА. Ф. 177. Оп. 1. 1733 г. Д. 2. Л. 14-14об.
[109] Там же. Л. 46-49.
[110] Там же. Л. 65-65об.

двора: Фридрих-Вильгельм I фактически отказался от совместных действий в Речи Посполитой, убедившись в нежелании союзников усиливать его за счет Республики.

5/16 июля на конференции в Вене был подписан оборонительный трактат между Австрией и Саксонией. Договор предусматривал предоставление взаимной военной помощи в случае нападения противника (6000 саксонских и 12000 австрийских войск), помощь императора в получении Фридрихом Августом II польской короны, гарантию последним польских вольностей и Прагматической Санкции[111]. В тот же день в Варшаву выехал австрийский курьер. Карл VI требовал от примаса, чтобы «он от провождения Станислава Лещинского отстал и Речь бы Посполитую в разорение не приводил»[112].

Хотя такое послание явно выходило за рамки дружеских отношений, но вопрос о применении силы не решался в Австрии столь однозначно, как в России. Карл VI не желал дать повод Версалю к развязыванию войны в Европе. Против применения силы в Речи Посполитой выступали Генеральные Штаты Голландии и Англия. Еще 15 (26) июня Георг II предупреждал французского посла Шовиньи, что Австрия не ищет повода к войне и не нарушает свободы польских выборов, а Польша «имеет трактаты с Россией, куда Франция не входила», и если Людовик XV начнет войну с Империей, то все ее союзники окажут помощь Карлу VI[113]. Однако и на требование венского двора о приведении в готовность вспомогательных корпусов послы Англии, Голландии, Дании и Пруссии заявили на конференции 1 июля, что пока на императора никто на напал, нет и «случая оборонительного союза»[114]. 7 (18) июля Ланчинский доносил о новом шаге морских держав по предотвращению вооруженного конфликта в Европе: голландский и английский послы в Вене получили инструкции удерживать Австрию от ввода войск в Речь Посполитую и подтвердили, что император получит помощь союзников только в случае неспровоцированной агрессии французов[115].

Тем временем на Рейне была собрана 60-тыс. французская армия. 3 (14) июля Силезский корпус генерал-фельдцейхмейстера принца Людвига фон Вюртемберга был остановлен в лагере у Вартенберга, на варшавской дороге, в ожидании дальнейших приказов и ведомостей о

[111] АВПР. Ф. 32. Оп. 1. 1733 г. Д. 5. Л. 315-315об.
[112] Там же. Л. 317.
[113] Реляции князя А. Д. Кантемира из Лондона. Т. 1. С. 135-136.
[114] АВПР. Ф. 32. Оп. 1. 1733 г. Д. 5. Л. 307об.
[115] Там же. Л. 316-316об.

действиях российских войск[116]. Всего в корпусе было 2116 кавалеристов и 3801 пехотинец при 8 пушках (6 батальонов и 12 эскадронов)[117]. На Рейн было приказано отправить 20-тысячное войско, «дабы соединя оное с помощными о разных имперских князей, быть в состоянии (сперва и пока сильная армея соберется) учинить возможный отпор и остоновки французам, естьли под каким ни есть претекстом цесарственные земли атакуют»[118]. К концу июля – началу августа возле Эгера и Пильзена был собран Богемский корпус генерал-фельдмаршала герцога Фердинанда Альбрехта фон Брауншвайг-Беверна из полков, расположенных в наследных землях императора и саксонских князей. В корпусе было 14200 пехоты, 3828 кирасир, 1914 драгун, 857 гусар, а всего с саксонцами – 23342 человека при 12 орудиях (1 гусарский, 2 кирасирских, 4 драгунских и 11 пехотных полков)[119].

Принц Евгений и вице-канцлер Ф. К. фон Шёнборн, епископ Бамбергский, продолжали выступать против введения австрийских войск в Речь Посполитую и предлагали предоставить карт-бланш русским[120]. Под их влиянием Карл VI направил 6 (17) июля резиденту Хоэнхольцу новый рескрипт. Австрийские войска, как объяснил император, не могут вступить в Речь Посполитую, так как тогда Австрия будет нападающей стороной и не сможет рассчитывать на помощь против Франции со стороны Пруссии и морских держав. Резидент должен был выяснить, как при русском дворе воспринято предложение о необходимости введения войск до выборов короля для обеспечения прав польских депутатов, сделанное Вильчеком и братьями Левенвольде 6 (17) июня, и сможет ли Россия направить в Германию вспомогательный корпус в случае французской агрессии[121].

Российский двор также стремился заключить договор с Саксонией для решения пограничных и религиозных споров в Речи Посполитой. 10 (21) июля Анна Ивановна получила письмо от курфюрста, извещавшее о принятии им российских условий. Фридрих Август II отрекался от претензий на Лифляндию, гарантировал автономию Курляндии, польские законы и европейские владения России, признавал императорский титул россий-

[116] Там же. Л. 328об.-329: «А под рукой разсуждается, – отмечал Л. К. Ланчинский, – что здесь ожидать будут прежде ведомости о вступлении Вашего Императорскаго Величества войск в литовские границы для доказательства Франции, что Его Цесарское Величество только яко союзник Вашего Императорскаго Величества сей корпус по должности союза в Польшу отправляет».

[117] Feldzuege des Prinzen Eugen von Savoyen. Bd. 19. S. 15.

[118] АВПР. Ф. 32. Оп. 1. 1733 г. Д. 5. Л. 329.

[119] Там же. Л. 340об., 351-351об., 357-357об., 369.

[120] Feldzuege des Prinzen Eugen von Savoyen. Bd. 19. S. 238.

[121] АВПР. Ф. 32. Оп. 1. 1733 г. Д. 7. Л. 189-190.

ских монархов, а взамен требовал военной помощи для занятия польского престола[122]. 12 (23) июля к К. Г. фон Левенвольде был направлен указ о поддержке кандидатуры саксонского курфюрста. Это было кстати: 20 июля А. Д. Кантемир получил известие об отправлении в Балтийское море 13 французских кораблей со Станиславом Лещинским[123]. В тот же день находящийся в Кенигсберге Левенвольде начал распространение декларации союзников о польских выборах (2500 экземпляров на латыни, русском и немецком языках) и потребовал от Кабинета Министров ввести войска в Речь Посполитую для защиты прав дворян, не желающих избрания Лещинского[124]. 27 июля он прибыл в Варшаву и договорился о посылке 12000 саксонцев в Речь Посполитую и 6000 – Рейн[125]. Через четыре дня войска П. Ласи пересекли границу Литвы. Началась война за польское наследство.

Основой для действий российских войск в Речь Посполитую стал заключенный в Варшаве Левенвольде и Вильчеком с саксонскими послами 19 (30) августа 1733 г. договор о совместных действиях для возведения на польский престол Фридриха Августа II и защиты населения Речи Посполитой от произвола сторонников Лещинского и примаса Потоцкого. Договор предусматривал уступки, оговоренные в письме курфюрста к царице и соглашением от 16 (27) июля.

После смерти Августа II Сильного российская и австрийская стороны начали действия, направленные на поддержку кандидатуры инфанта Португальского. Союзники ограничивались финансовой поддержкой своих сторонников в Польше, политическими заявлениями, направленными против французского ставленника Станислава Лещинского, и военными приготовлениями на границе. При этом российская сторона была готова к введению войск в Речь Посполитую еще до королевских выборов, а венский двор стремился избежать конфликта, понимая, что главный удар Франции, поддерживающей Лещинского, придется по Империи.

Откровенная слабость позиций сторонников инфанта дона Эммануэля и стремление создать сильную оппозицию правительству примаса Ф. Потоцкого, навязывавшего польскому народу Станислава, заставили союзников поддержать вторую по величине силу в Речи Посполитой – партию саксонского курфюрста Фридриха Августа II. С ним в июле-августе 1733 г. были подписаны договоры о союзе и помощи в приобретении

[122] *Герье В.* Борьба за польский престол в 1733 г. С. 300; *Некрасов Г. А.* Роль России в европейской международной политике 1725-1739 гг. С. 219.
[123] Реляции князя А. Д. Кантемира из Лондона. Т. 1. С. 141.
[124] *Герье В.* Борьба за польский престол в 1733 г. С. 366-367.
[125] Там же. С. 379-380.

польской короны, по которым спорные вопросы о правах диссидентов, о мире на границах и о гарантии владений были решены в пользу союзников. Сложился военно-политический союз Австрии и России с Саксонией, не угрожавший ни одному из сопредельных государств и не стеснявший права польского населения.

Однако поддержка Веттинов вызвала отход от союза Пруссии. Споры по наследственным делам в Империи не позволили Фридриху-Вильгельму I оказать помощь союзникам в Речи Посполитой. Не устраивал короля и отказ России и Австрии удовлетворить его территориальные претензии к Речи Постолитой. Позицию невмешательства в польские дела заняли дворы Лондона и Гааги, надеявшиеся сохранить мир в Европе. Но версальский двор, видя противодействие Лещинскому со стороны Австрии и России, уже взял курс на развязывание вооруженного конфликта с Империей, используя Речь Посполитую для отвлечения России от помощи Карлу VI. Польское правительство примаса Потоцкого также проявило готовность пожертвовать страной и народом ради интересов Бурбонов и Лещинского. Речь Посполитая приносилась в жертву политике территориальных претензий к сопредельным странам и неравноправного положения протестантов и православных, а также политике потакания террору католических фанатиков в отношении национально-религиозных меньшинств. Поэтому последние с воодушевлением ожидали вступления в Речь Посполитую российских войск и обратились к Анне Ивановне с призывами о помощи и защите.

3. Решение вопроса о «польском наследстве»: изгнание Станислава Лещинского из Польши

Генерал-аншеф П. П. Ласи во главе Рижского отряда (корпуса), состоявшего из 3 драгунских и 11 пехотных полков (всего 14.917 солдат и офицеров при 22-х трехфунтовых пушках) вступил в пределы Речи Посполитой 31 июля 1733 г. и 3 августа занял Янышки (ныне Ионишкис) в Литве. Войска имели запас провианта до 1 сентября[126]. Это было началом войны за польское наследство. Официальным предлогом для вторжения «защитников польских вольностей и конституций» было обращение к российскому правительству глав «августовской конфедерации» (объединение дворян-сторонников саксонского курфюрста Фридриха-Августа II) – великого канцлера Литовского князя М. К. Рад-

---

126 РГВИА. Ф. 20. Оп. 1. Д. 49. Ч. 1. Л. 6-7, 11.

зивилла, великого гетмана Литовского К. Сапеги, епископов Краковского и Познанского. Они жаловались на нарушения конституции Речи Посполитой примасом Ф. Потоцким и другими «станиславовыми адгерентами» (сторонниками – С. Н.) и требовали защиты со стороны России как гаранта польской свободы[127]. Одновременно такие же призывы были направлены и императору Священной Римской империи. Действительно, на местных «сеймиках», при выборе делегатов на польский и литовский Сейм, в агитационной борьбе сторонники Лещинского допускали насилие и шантаж. Само выдвижение «врага польской нации» С. Лещинского было нарушением воли Сейма, Ништадтского мира 1721 г., шведско-саксонского и польско-шведского договоров 1728 и 1732 гг. Но решение российского правительства о вооруженном вмешательстве в «польское наследственное дело» было принято ещё в начале 1733 г. Вопрос о мирном разрешении конфликта ни разу за это время не был поднят. Мирный период развития международных отношений в Европе кончился.

19 августа, в день подписания русско-австро-саксонского договора в Варшаве, российские войска вступили в Ковно, а 27-го авангард Ласи (6 тыс. пехоты и три драгунских полка) вступил: в Гродно, захватив в городе запасы провианта для дальнейшего похода[128]. Смоленский отряд (корпус) генерал-лейтенанта А. Загряжского из-за недостатка в припасах и дождей вышел в поход только 14 августа, достигнув через 10 дней лишь Орши[129]. В корпусе было 8 драгунских и 7 пехотных полков при 23 орудиях[130].

Пока российские войска шли по Литве и Белоруссии, они не встречали сопротивления. Первые партии конных поляков (до 2 тыс. человек) были обнаружены только в 14 немецких милях (1 миля = 7,5км) от Гродны по р. Нарев, но Ласи был обеспокоен отсутствием сведений о Смоленском корпусе[131]. 2 сентября российские полки вошли в Сидру, 6-го разогнали полк татарских улан у Тыкоцына на р. Нарев, 13-го у г. Нур-на-Буге авангард генерал-майора К. М. фон Бирона обратил в бегство 20 хоругвей польской конницы, а через два дня весь корпус Ласи перешел Буг и продолжил марш на Варшаву[132]. Корпус Загряжского занял 12 сентября Жодино в Белоруссии[133].

---

[127] *Бутурлин Д. М.* Военная история походов россиян в XVIII столетий. СПб., 1823. Ч. III. С. 16.
[128] РГВИА. Ф. 20. Оп. 1. Д. 49. Ч. 1. Л. 14, 18.
[129] РГАДА. Ф. 177. Оп. 1. 1733 г. Д. 6. Л. 3, 4.
[130] *Бутурлин Д. М.* Военная. история походов россиян... Ч. III. С. 18-19.
[131] РГВИА. Ф. 20. Оп. 1. Д. 49. Ч. 1. Л. 18об.-19.
[132] Там же. Л. 23-25.
[133] РГАДА. Ф. 177. Оп. 1. 1733 г. Д. 6. Л. 12.

Всепольский Сейм начался под Варшавой в условиях русского вторжения. С 18 (29) августа в городе находился, скрываясь у французского посла маркиза Де Монти, сам Станислав Лещинский[134]. Его сторонникам удалось собрать большинство голосов Сейма, тем более что часть делегатов (15 сенаторов и до 600 дворян) бежала в Прагу от преследований «станиславцев», и 21 августа (1 сентября) на Вольском поле Станислав был вновь после 1706 г. провозглашен королем Польши. Новое правительство быстро показало сущность своей будущей внешней политики, организовав нападения на дворы саксонского и российского послов. Резиденция Левенвольде была разграблена, Саксонский дворец взят штурмом при поддержке 6 пушек. Поляки при этом нападении получили действенный отпор и, потеряв 40 убитыми, разрешили свободный выезд послов из Варшавы. Они укрылись в резиденции австрийского посла графа фон Вильчека[135].

Вооруженные силы конфедератов (полк Литовских драгун и 6 хоругвей ополчения) под командованием воеводы Полянского отступили 5 (16) сентября к Венгруву, а полк Гвардии Литовской смог задержать Коронную Гвардию Станислава. Последний объявил созыв «посполитого рушения» и набор коронной армии из 100 хоругвей[136]. В стране началась гражданская война. 20 сентября 1733 г. к Праге, пригороду Варшавы на правом берегу Вислы, подошли авангарды генерала П. Ласи, и, поставив на берегу реки 5-пушечную батарею, отразили атаки коронных войск[137].

11 (22) сентября 1733 г. (по данным дневника П. Ласи – 13 (24) сентября в 5 часов вечера) в деревне Комис близ Грохува конфедератский Сейм избрал королем под именем Августа III саксонского курфюрста Фридриха Августа II[138]. В тот же день Станислав Лещинский, потерпев неудачу под Прагой, бежал в Данциг (ныне Гданьск), бросив польский народ на произвол судьбы. 26-28 сентября отряд К. М. фон Бирона (Нарвский пехотный, Каргопольский, Пермский, Санкт-Петербургские драгунские полки) спустился к Сухотину, построил там батарею и под ее прикрытием форсировал Вислу; одновременно отряд генерал-майора фон Любераса (2000 человек) навел мосты из Праги и занял Варшаву. 6 октября к городу подошел авангард (2500 драгун) генерал-лейтенанта Загряжского. Потери российских войск у Варшавы и Праги составили 2 убитыми и 6 ранеными при перестрелке, сама столица была оставлена без боя[139]. Вскоре рос-

---

[134] *Бутурлин Д. М.* Военная история походов россиян... Ч. III. С. 21.

[135] Там же. С. 22.

[136] *Герье В.* Борьба за польский престол в 1733 году. С. 465.

[137] РГВИА. Ф. 20. Оп. 1. Д. 49. Ч. 1. Л. 27-28.

[138] Там же. Ф. 846. Оп. 16. Д. 16128. С. 64; *Бутурлин Д. М.* Военная история походов россиян...Ч. III. С. 24.

[139] РГВИА. Ф. 846. Оп. 16. Д. 16128. С. 65.

сийские войска заняли Пултуск, Плоцк (корпус Ласи), Раву Мазовецку, Лович (корпус Загряжского)[140]. 10 (21) октября 1733 г. в Польшу вступил 12-тысячный саксонский корпус герцога Йоханна Адольфа фон Заксен-Вайсенфельса[141].

Главное значение имел вопрос о том, перерастет ли польский конфликт в общеевропейскую войну. 2 (13) августа Ф.Й. фон Кински, имперский посол в Лондоне, получил заверения короля Георга II, что он поможет Австрии в случае войны через 15 дней после начала военных действий. Но А. Д. Кантемир сомневался в возможности реализовать это обещание из-за противоречий в парламенте[142]. В сентябре российские послы при всех дворах Европы стали требовать от Австрии вступления в Польшу. 12 сентября Ф.Й. фон Кински объяснял Кантемиру, что «для склонения здешнего (английского – *С. Н.*) двора в интерес его государя более всего служить может одно оное войск цесарских вшествия в Польшу удержание, понеже если за вступление король французский атакует цесаря, то король аглинской может дерзновенно в парламенте объявить, что Англия должна цесарю помогать, а вшествие цесарских войск в Польшу его самого чинит агрессором»[143]. Тем не менее А. Д. Кантемир настоял на предоставлении России австрийской помощи в случае нападения на нее французов или турок[144].

12 (23) сентября австрийский корпус, собранный у Пильзена и Эгера, получил приказ идти на Рейн и занять зимние квартиры в Шварцвальде, Брайзахе и Фрайбурге[145]. Это было вызвано усилением военной угрозы со стороны Франции. После вступления в Польшу российских войск и бегства Лещинского из Варшавы кардинал Де Флёри не оставил попыток передела Европы в пользу Франции. 27 января (7 февраля) был заключен Парижский договор о союзе Франции, Испании и Сардинии, по которому сардинский король пропускал французские войска, снабжал их артиллерией и предоставлял 12-тысячный корпус за субсидию в 2 млн. ливров. Из будущих завоеваний Карло Эммануэле получал Новарру, Тортону, Павию, Миланскую область до р. Тичино и титул короля Ломбардии, а испанский инфант дон Карлос – Сицилию, Неаполь и Мантую[146]. Еще 9 (20) мая Людовик XV заявил претензии императору как союзнику России по пово-

---

[140] Там же. Ф. 20. Оп. 1. Д. 49. Ч. 1. Л. 42.

[141] Там же. Ф. 846. Оп. 16. Д. 16128. С. 65.

[142] Реляции князя А. Д. Кантемира из Лондона Т. 1. С. 152. – Реляция от 14 августа 1733 г.

[143] Там же. С. 173. – Реляция от 14 сентября 1733 г.

[144] Там же. С. 177. – Реляция от 18 сентября 1733 г.

[145] АВПР. Ф. 32. Оп. 1. 1733 г. Д. 5. Л. 478-478об.

[146] Там же. Л. 510об.

ду позиции последней в отношении Лещинского[147]. К осени же вопрос о войне был давно решен: для ликвидации России как европейской державы Версалю надо было нанести удар по её наиболее мощному союзнику. 2 (13) октября 1733 г. французские войска маршала герцога Дж.Ф. Бервика оккупировали Лотарингию, перешли Рейн у Ауэнхама и Форт Луи и осадили крепость Кель. Агрессор имел 49 батальонов и 71 эскадрон (25 тыс. пехоты и 8 тыс. кавалерии), в то время как имперский корпус в Ульме фельдмаршала принца Фердинанда Альбрехта фон Брауншвейг-Беверна насчитывал 17 батальонов, 13 гренадерских рот и 47 эскадронов (13200 пехотинцев и 6642 кавалериста при 38 орудиях), а в гарнизоне Келя было всего 1450 швабских и австрийских солдат[148].

26 сентября (7 октября) курьер из Турина объявил о вступлении в войну с императором короля Сардинии. На итальянском театре военных действии были сосредоточены 38-тысячная армия маршала Л. Виллара и 12 тысяч сардинцев (всего 62 батальона, 84 эскадрона, 40 полевых и 60 осадных орудий), в то время как имперцы фельдмаршала графа фон Дауна имели всего 11802 пехотинца и 1680 кавалеристов в поле и 21 батальон и 10 гренадерских рот в гарнизонах[149].

Объявление нейтралитета со стороны Швеции и Турции было для Карла VI небольшим утешением. Голландские Штаты также вместо помощи объявили о нейтралитете до тех пор, пока французы не нарушат границу в Бельгии или Люксембурга, что, впрочем, давало больше возможности использовать войска на Рейне[150].

Война за польское наследство приняла, таким образом, общеевропейский характер. Австрийская сторона до самого последнего момента старалась не допустить вооруженной борьбы в Европе, но это ей не удалось. Французское правительство взяло курс на развязывание войны для завоевания Лотарингии, Рейнской области и Италии и добилась своего. Первые же дни войны показали, что система европейской коллективной безопасности, сложившаяся в 1713-1718 гг. и проверенная во время кризисов 1718-1721, 1727-1728 и 1730-1731 гг. более не существует: Англия не оказала помощи Священной Римской империи против агрессии Бурбонов.

Для России положение тоже становилось опасным: можно было ожидать вторжения крымских татар на юге и вступления в войну Швеции. Хотя Август III был провозглашен польским королём, сторонники Ста-

---

[147] *Braubach M.* Prinz Eugen von Savoyen. Wien, 1965. Bd. 5. S. 237.
[148] Feldzuege des Prinzen Eugen von Savoyen. Wien, 1891. Bd. 19 S. 33, 43, 46.
[149] Ibid. S. 54-57.
[150] АВПР. Ф. 32. Оп. 1. 1733 г. Д. 5. Л. 491об.-492.

нислава Лещинского продолжали сопротивление. Из Варшавы часть сил во главе с воеводой Киевским графом И. Потоцким (3 тыс. регулярных и 8 тыс. иррегулярных войск) отступила к Сандомиру а регитарь Соколь-ницкий увел свои 35 хоругвей к Торну; в Литве нападения на русских начал 5-тыс. отряд генерала Поцея[151].

К 7 ноября 1733 г. командующий Польским корпусом генерал-аншеф П. П. Ласи так расположил войска:

1) команда генерал-лейтенантов А. Г. Загряжского и И. Ф. Барятинско-го (Санкт-Петербургский, Олонецкий, Тобольский, Ингерманландский, Владимирский, Тверской, Рижский драгунские и 2-й Московский, Киев-ский, Ладожский, Углицкий, Новгородский, Нарвский пехотные полки, 1150 сербских гусар, 100 чугуевских калмыков, 600 донских казаков) в Ловиче, Скерневицах, Сохачеве;

2) команда генерал-майора И. Л. фон Любераса (Новотроицкий драгунский, Псковский, Троицкий, Копорский, Воронежский пехотные полки, 50 калмыков, 100 казаков, полевая артиллерия) в Варшаве, Перм-ский драгунский полк на прусской границе, Великолуцкий пехотный полк в Пултуске, Смоленский пехотный полк и 300 казаков - в Тыкоцине.

3) команда генерал-майора К. М. фон Бирона (Каргопольский драгун-ский, Тобольский, Белозерский, Архангелогородский пехотные полки) – в Плоцке;

4) команда генерал-майора П. И. Измайлова: Киевский пехотный полк и 400 казаков в Гродне, отряд полковника кн. В. А. Репнина (Сибирский пехотный полк, батальон Санкт-Петербургского пехотного полка) – в Бре-сте-Литовском, там же 491 слободской, 1829 малороссийских, 2807 дон-ских казаков; еще 400 донских и 500 слободских казаков идут на Пултуск;

5) при графе Огинском и князе Радзивилле – Нарвский драгунский полк и 3000 донских казаков[152]. В Познани находились саксонцы герцога Адольфа фон Заксен-Вайсенфельса[153].

Вскоре начались первые серьезные столкновения с польскими вой-сками. Под Скерневицами 2 (13) ноября партия противника напала на русский обоз, но была отбита; в полутора милях от Плоцка (ок. 12 км) 180 драгун генерал-майора К. М. фон Бирона, шедшие из Путулска, столкну-лись с полутысячным отрядом поляков и обратили его в бегство (в бою было ранено 3 русских, убито 13 и пленено 4 поляка, захвачено 2 штан-дарта, к русским перебежало 6 человек)[154]. Наиболее крупное поражение

[151] *Бутурлин Д. М.* Военная история походов россиян... Ч. III. С. 26.
[152] РГВИА. Ф. 20. Оп. 1. Д. 49. Ч. 1. Л. 62-62об.
[153] *Бутурлин Д. М.* Военная история походов россиян... Ч. III. С. 30.
[154] РГВИА. Ф. 846. Оп. 16. Д. 16128. С. 66-67.

потерпел отряд стражника Поцея у Ракува 6 (17) декабря 1733 г.: отряд майора Виттена уничтожил 300 и пленил 8 солдат противника, потеряв 8 убитыми, 5 ранеными и 2 пленными[155]. Пермский драгунский полк подполковника Крефта 10 декабря отразил поляков у Карели, уничтожив 60 воинов из отряда пана Зеленского[156].

Тем не менее отряды «станиславчиков» беспокоили не только русские войска и сторонников Августа III, но и западные рубежи России. 4 октября Военная коллегия приказала Бевернскому и Лейб-кирасирскому полкам, а также Ярославскому драгунскому полку и частям рижского гарнизона вступить в Курляндию и занять Митаву, Бауск, Либаву и Гольдинген. На рижского вице-губернатора генерал-лейтенанта Ф. Н. Балка было возложено ведение разведки на балтийском побережье[157]. Охрана жителей на западной границе от набегов польских банд еще 11 сентября была поручена генерал-лейтенанту А. И. Шаховскому[158].

Российские войска, нуждавшиеся в отдыхе и пополнении, продвигались к Данцигу и Кракову. 5 (16) октября Ласи, ссылаясь на трудности похода и нехватку драгунских лошадей, предложил Военной коллегии расположить полки Польского корпуса на зимние квартиры[159]. Российские войска в целом выполнили первую задачу: саксонский курфюрст был избран польским королем, Лещинскому пришлось оставить столицу и укрыться за стенами Данцига в надежде на помощь из Франции[160].

Для Австрии военные действия протекали неудачно. На Рейне французы после 8-дневной бомбардировки взяли крепость Кель, а затем отошли за реку и заняли зимние квартиры. В Италии упорное сопротивление оказал гарнизон Пиццигетоне (3696 человек при 48 орудиях). Эта небольшая крепости 22 дня сдерживала франко-сардинский корпус Де Коньи (10 батальонов, 17 эскадронов и 58 орудий)[161]. 100 австрийских солдат 20 дней обороняли Кремону от 4000 французов[162]. Упорное сопротивление небольших гарнизонов не остановило войска Бурбонского блока: 11 (22)

---

[155] Там же. С. 67-68.

[156] Там же. С. 68: Русские потеряли 2 убитыми и 3 ранеными.

[157] Там же. Ф. 20. Оп. 2. Д. 34. Л. 61-62.

[158] Там же. Л. 44.

[159] Там же. Ф. 20. Оп. 1. Д. 49. Ч. 1. Л. 33об.: «Команды моей в полках драгуны и солдаты от дальнего похода весьма обносились, а здесь хотя бы и достать можно, токмо против стату свыше ценою».

[160] Feldzuege des Prinzen Eugen von Savoyen. Bd. 19. S. 48-51. Потери гарнизона (1200 солдат) составили 40 человек и 16 орудий.

[161] АВПР. Ф. 32. Оп. 1. 1733 г. Д. 5а. Л. 142. Гарнизон потерял во время осады 41 человека и был выпущен в Мантую с 9 пушками. Потери французов составили 600 убитыми и 77 пленными.

[162] Feldzuege des Prinzen Eugen von Savoyen. Bd. 19. S. 73-74.

ноября 25-тысячная испанская армия высадилась в Ливорно, а 3 (14) декабря франкоСардинский корпус маркиза Д'Эфеля (30 батальонов, 16 эскадронов и 140 орудий) осадил столицу Ломбардии Милан. По городу за две недели было выпущено 14.000 ядер и 3000 бомб, и 18 (29) декабря гарнизон (1389 человек) сдался на капитуляцию и был выпущен с 8 орудиями[163]. 27 декабря 1733 г. (7 января 1734 г.) та же участь постигла защитников Новарры[164].

Вступление российских войск в Речь Посполитую не только помогло доставить престол Августу III Веттину, но и дало повод французскому двору развязать войну против Австрии. Бурбонский блок стремился взять реванш за поражение в воине за испанское наследство и восстановить в Речи Посполитой антирусское правительство. Занятие Литвы, Белоруссии и Великой Польши российскими войсками не могло решить исход гражданской войны до тех пор, пока С. Лещинский находился в Данциге, первоклассной крепости Европы, и оттуда мог руководить действиями своих сторонников. Нападение Франции на владения императора на Рейне и в Италии лишило саксонцев и русских военной помощи со стороны Австрии. В условиях затяжного конфликта в Речи Посполитой российский двор с тревогой ожидал провокаций крымских татар и Османской Турции. России и Австрии было необходимо согласовать действия в условиях длительной европейской войны. При этом петербургский двор волновала проблема безопасности южных и прибалтийских границ от вторжений турок, татар и шведов, то есть вопрос о стратегическом прикрытии операций в Речи Посполитой, а Вена нуждалась в немедленной военной помощи со стороны всех своих союзников, и прежде всего - от России, Англии и Пруссии.

Инициатива совместных консультаций принадлежала России. Поводом послужило нападение татар на донских казаков. 22 сентября Кабинет Министров велел Л. К. Ланчинскому узнать, поможет ли Австрия в возможной войне с турками, если сама будет воевать с Францией, «и заранее о том согласиться»[165]. Одновременно и имперскому резиденту И. С. фон Хоэнхольцу было заявлено о необходимости готовиться к отпору турецкому нападению[166].

13 октября Ланчинский изложил содержание рескрипта от 22 сентября принцу Евгению, Ф. Л. К. фон Зинцендорфу, епископу Бамбергскому

[163] Ibid. S. 76, 80-83.
[164] Ibid. S. 84.
[165] АВПР. Ф. 32. Оп. 1. 1733 г. Д. 3. Л. 16-18.
[166] Там же. Л. 21: «Быть в состоянии турецкие инсоленции силой отвращать, и мы бы в том на цесарскую помощь вовсе благонадежны таким образом быть могли, что оная действительно возпоследует, и француское войною или под иными какими, случаями во оной отказано не будет».

Ф. К. фон Шёнборну, Г. фон Штарембергу и Л. фон Кёнигсэггу, но понимания не достиг. Принц Евгений заявил, что пока не окончены польские дела, надо избегать войны с Портой и поддерживать борьбу персидского шаха с османами в Месопотамии и Закавказье. «Конечно, скорее цесарские, нежели Вашего Императорскаго Величества земли атаковать будут» – заключил он, ссылаясь на то, что Австрия вынуждена держать войска на Рейне, в Италии и в Венгрии[167]. Ланчинскому оставалось лишь констатировать, что австрийская сторона готова заключить соглашение о совместных действиях, направленных на избежание конфликта с султаном[168]. 14 (25) октября канцлер Зинцендорф объявил, что «цесарской резидент Тальман в Константинополе о сю пору имеет уже указ декларовать, что естьли которая держава по причине введения войска в Польшу Ваше Императорское Величество атаковать будет, то цесарь не преминет Вашему Величеству помощь дать по союзу»[169].

Тем не менее 26 октября (6 ноября) австрийские министры были шокированы содержанием нового указа Ланчинскому от 13 октября: «По сим ведомостям и поступкам турецким, довольно видно, что войны с ними убежать будет невозможно, и что больше с нашей стороны от оной уклоняемся, то турки свои предерзости далее производят, и наши умеренные и нисходительные поступки только к вящему их побуждению на всякие неприятельские предвосприятия и неправедные гордые претензии им служат»[170]. В смущении они ответили послу, что Карл VI готов помочь России во всем, и официальный ответ уже находится у него на апробации[171]. Но Австрия была не в состоянии бороться на три фронта. Вместо помощи против Франции её втягивали в тяжелейшую войну с Османской империей!

Имперское правительство все-таки сумело «увязать» выявившийся вдруг вопрос о возможной турецкой войне с польским наследством. 8 (19) ноября Л. К. Ланчинскому был дан следующий ответ:

1) турки и французы преследуют одни интересы, поэтому отпор, данный Франции, заставит Турцию отказаться от агрессивных действий;

2) имперской дипломатии удалось вывести из Балтийского моря французскую эскадру, удержать шведов от поддержки Лещинского, обеспечить помощь русским со стороны Саксонии;

---

[167] Там же. Л. 5. Л. 518-519.

[168] Там же. Л. 522: «От сочинения оного [концерта] здесь вовсе не уклоняются, хотя, правда, во внезапной себе конъюнктуре прежде всего упражняются в собственные дела».

[169] Там же. Д. 5а. Л. 4.

[170] Там же. Д. 3. Л. 26об.

[171] Там же. Д. 5а. Л. 41-42.

3) император должен был получить 98300 вспомогательных войск, в том числе и от прусского короля, но по разным причинам их не имеет;

4) император готов помогать России, но для этого надо, чтобы посол в Гааге граф А. Г. Головкин содействовал отвращению Голландских Штатов от Франции, чтобы Август III был склонен русским правительством к посылке войск на Рейн, а Фридрих Вильгельм I – к соблюдению договора 1728 г.;

5) император сможет оказать помощь России тогда, когда «бурбонский дом крепчайшее супротивление в своих неприятельских препятствиях усмотрит», и когда выступят все австрийские союзники; в настоящее же время «войны с турками всевозможным образом убегать» надо и «уступать в малом», чтобы выиграть в большом.

В заключении ответа предлагалось, раз Россия ещё не дошла до разрыва с турками, а Карл VI уже подвергнулся нападению, чтобы «Его Цесарскому Величеству, уже как от Франции, так и от других неприятелей в нападении сущему, российская помощь подана была». Когда мир в Европе будет восстановлен, то и у Турции «купно с претекстом (поводом – *С. Н.*) охота изчезнет, руки в польския дела за изтребленную уже партию вмешивать»[172].

Ланчинский остался недоволен ответом, но 10 ноября принц Евгений отказался обсуждать указ от 13 октября: «По последним-де из Константинополя письмам присмотревается, что Порта к войне противу Вашего Императорского Величества или противу цесаря не имеет намерения, и по обстоятельствам то нимало не есть оказательно». Российский посол заметил, что «дела у Порты нечаянно якобы день в ночь переменяются, особливо же при французских наущениях», но в конце концов признал, что Анна «намерения не имеет тотчас войну начать»[173]. Разгром турецких войск у Вавилона армией Тахмас-Кулы-Хана и получение Л. Тальманом новых инструкций (как писал русский резидент в Турции И. И. Неплюев, «по нынешним конъюнктурам сего довольно») сгладили остроту вопроса о новой войне[174].

Почти одновременно, 6 (17) ноября, в Санкт-Петербурге резидент Н. фон Хоэнхольц объявил кабинет-министрам рескрипт Карла VI от 10 (21) октября 1733 г.:

1) император 18 октября атакован «как в Италии, так и на Рейне, чему со стороны французской никакого иного претекста, кроме обязательства с Ея любовью царицею и курфюрстом Саксонским, не предъявляется»;

---

[172] Там же. Л. 75об.-86об.
[173] Там же. Л. 90об.-91об.
[174] Там же. Л. 122-127.

2) необходимо добиться вывода прусских войск из Мекленбурга и Шверина и предоставления императору 6 тыс. саксонских, 10 тыс. прусских и 10 тыс. брауншвейгских войск;

3) «что же до российской помощи касается, и мы не сумневаемся, что Россие понятно будет, сколько в том нужды обстоит, дабы знатную армею будущей весны против Франции поставить, чтоб чреззвычайною силою возгоревшийся огнь, пока турки еще в то не вмешались, угасить, и тако к расположению потребных диспозицей, как скоро возможно, ведать потребно, сколько войск и в которое время мы оных оттуда ожидать, такожде где и когда оные в наши наследные земли прибыть могут»[175].

В следующем рескрипте от 20 (31) октября император Карл предлагал увеличить российские войска в Польше до 50 тыс. человек, окончить «польские дела» зимой 1734 г. (то есть взять Данциг), а в отношении Турции - избегать войны, но держаться твердо[176].

Главной целью российских войск в Польше стал Данциг. 29 ноября 1733 г. П. Ласи двинулся к Данцигу и 3 января 1734 г. прибыл со штабом в Нешаву. На следующий день у Острово 800 драгун Рижского полка разбили 36 хоругвей регментаря Сокольницкого и заняли Торн (Торунь)[177]. Военная коллегия приказала П. Ласи выдать войскам добавочное жалование за счет конфискации имущества враждебно настроенных к России и Августу III шляхтичей и магнатов[178]. 6 (17) января Август III был торжественно коронован в Кракове. Через три дня российские полки без боя овладели Грауденцем, 5 февраля разбили польский пикет у Легнова (Лигнау), а к 8 февраля блокировали Данциг силами 9 драгунских и 9 пехотных полков (всего 15744 регулярных войск, 91 гусар, 1660 казаков и калмыков)[179].

В Данциге, хорошо укрепленном предместьями, в том числе крепостью Вайхзельмюнде в устье Вислы, было 24445 человек гарнизона (5 городских полков, 7800 городских милиционеров, 1279 гвардейских милиционеров ремесленных цехов, 2150 коронных польских гвардейцев, 1200 драгун полка Монти, 200 шведских волонтёров)[180]. Город был хорошо снабжен артиллерией, порохом, продовольствием и боеприпасами. Войска, находившееся в нем, по своим боевым качествам не шли ни в какое сравнение с польским шляхетским ополчением. Полки, блокиро-

---

[175] Там же. Д. 7. Л. 341-346.
[176] Там же. Л. 374об.-375об.
[177] РГВИА. Ф. 846. Оп. 16. Д. 16128. С. 69. Поляки потеряли 120 убитыми, 6 пленными и 3 знамени, русские – 1 убитым.
[178] Там же. Ф. 20. Оп. 2. Д. 35. Л. 2.
[179] Там же. Оп. 1. Д. 49. Ч. 1. Л. 146, 152-153.
[180] *Vischer M.* Muennich. S. 545.

ванные в Данциге, были регулярными, имели на вооружении ружья и ручные гранаты, солдаты были хорошо обучены. Они могли надеяться на деблокаду со стороны многочисленных отрядов, находящихся близ низовьев Вислы. Так, у каштеляна Чирского в Штаргарде было 1100 драгун, 1000 регулярных солдат и 6 тыс. шляхтичей и «товарищей»[181].

Анна Ивановна была недовольна медленным ходом действий под Данцигом, хотя П. Ласи сделал всё, что было в его силах: по численности его корпус почти в два раза был слабее гарнизона. Крепость была блокирована отрядами: самого Ласи – от дер. Пруст (4 полка), Бирона – от Санкт-Альбрехта (2 полка), Барятинского и Волынского – от дер. Шенфельд (5 полков), Загряжского – от дер. Лангфурт (4 тыс. драгун и казаков), Урусова – от Оливы (7 полков драгун)[182]. Русские отряды вели успешную «малую войну» против сторонников Станислава и наносили поражения вражеским регулярным формированиям (так, генерал-майор Люберас с 400 казаками разбил Мировицкий и Любомирский драгунские польские полки 17 (28) февраля 1734 г. у Кракова)[183].

Тем не менее в присутствии императрицы состоялось заседание Кабинета Министров и генералитета. На вопрос Анны, кто мог бы вести осаду такой мощной крепости, как Данциг, Миних ответил: «Вероятно, не обер-шталмейстер Левенвольде, страстно желавший войны с Польшей и обещавший её закончить в 8 месяцев»[184]. Главнокомандующим Польским корпусом был назначен президент Военной коллегии генерал-фельдмаршал Б. К. фон Миних. 10 февраля Анна так определила его задачу: «повеленные действа против оного города (Данцига – *С. Н.*) и имеющую в Польше неприятельскую сторону и Станиславских адгерентов производить со всяким радением и прилежанием, поступая во всем по тамошним обстоятельствам и неприятельским движениям, а при той своей команде иметь Вам прилежное сношение с нашим обер-шталмейстером графом фон Левенвольде и поступать по полученным от него известиям и по соглашенному с Его Королевским Величеством Августом Третьим о тамошных действах плану»[185]. Таким образом, военные действия подчинялись полностью политическим интересам, а генерал-фельдмаршал - более низкому по чину послу и чужому королю. Это обстоятельство лишний раз доказывает, что российские войска не преследовали в Речи Посполитой завоевательных целей и выполняли волю пригласившей их

[181] *Бутурлин Д. М.* Военная история походов россиян... Ч. III. С. 43.
[182] РГВИА. Ф. 20. Оп. 1. Д. 49. Ч. 1. Л. 146.
[183] Там же. Ф. 846. Оп. 16. Д. 16128. С. 73.
[184] *Vischer M.* Muennich. S. 547.
[185] РГВИА. Ф. 47. Оп. 1. Св. 5. Л. 1-1об.

партии польских дворян. В данном случае эта воля совпадала с интересами российского правительства, желавшего безопасности для западных границ страны.

На взятие Данцига и поимку самого С. Лещинского были большие надежды. В письме к Миниху 22 февраля Анна указывала: «Можете Вы оному городу объявить, что оной многими явными неприятельскими своими поступками Нашего ответа себя недостойна учинил, а что впротчем для избавления своего от крайней погибели сам способ в своих руках имеет, то есть скорейшим покорением праведному законнорожденному королю Августу и выгнавшем явных Наших и его неприятелей. А ежели сего не учинит, то Вы з городом без всякого сожаления неприятельски поступать и все те способы к принуждению оного употреблять не оставите, которые по военному обычаю к тому потребны»[186].

5 марта 1734 г. Миних принял командование Польским корпусом[187]. Главная слабость осаждающих заключалась в отсутствии тяжелой артиллерии. Трёх однопудовых саксонских мортир, перевезенных через Пруссию как «багаж герцога фон Заксен-Вайсенфельса» было недостаточно. Поэтому первым делом в Эльбинг и Мариенбург был послан Санкт-Петербургский драгунский полк, который обратил в бегство коронный Деновский пехотный полк и привез 7 крепостных орудий[188]. 7-9 марта были построены редуты и батарея на горе Цыганкенберг, и в ночь на 10 марта отборная команда из 5 полков генерал-майора фон Бирона (Троицкая, Нарвская, Тобольская, Архангелогородская и Ладожская гренадерские роты) в 6-тичасовом бою захватила предместье Шотланд[189]. 11 марта был взят Иезуитский монастырь и редут Данциг-Хаупт[190], но обороняющиеся продолжали превосходить русских в мощи артиллерийского огня. По городу до 23 марта было выпущено 67 полупудовых бомб и 668 каленых восьми- и шестифунтовых ядер, в то время как гарнизон выпустил по русским 807 бомб и 1055 ядер. При этом российский корпус потерял 77 убитыми, 202 ранеными и 9 пропавшими без вести[191]. Велика была нужда в боеприпасах. Миних писал: «За всяким, почитай, пушечным ядром, которым неприятели стреляют, солдаты, бегая, подымают, ибо на наших батареях за одно ядро

---

[186] Там же. Л. 6.

[187] Там же. Ф. 20. Оп. 1. Д. 49. Ч. 1. Л. 162.

[188] *Бутурлин Д. М.* Военная история походов россиян... Ч. III. С. 26 и др.

[189] РГВИА. Ф. 20. Оп. 1. Д. 49. Ч. 1. Л. 166-166об. В бою русские захватили 4 пушки и 24 пленных, потеряли 48 убитыми, 108 ранеными и пропавшими без вести.

[190] Там же. Ф. 846. Оп. 16. Д. 16128. С. 76. Русские потеряли при штурме 5 убитыми, 25 ранеными и 2 пропавшими без вести.

[191] Атака Гданска фельдмаршалом графом Минихом. Сборник реляций графа Миниха. / *Под ред. полковника Д. Масловского.* М., 1888. С. 30-31.

по три копейки платится. Понеже от неприятельских бомб премножество не разрывает, то мы порох, который зело хорош, из оных вынимая, поныне палим неприятельскими или отнятыми пушками, порохом и ядрами»[192].

В поле же противник терпел поражения: у горы Аллеготес Энгель была отбита вылазка гарнизона, а вскоре Станислав должен был смириться с невозможностью деблокады крепости. На выручку ему шли несколько отрядов, из которых самым крупным был отряд воеводы Любельского графа Тарло (предок советского историка Е. В. Тарле) и каштеляна Чирского - до 8000 человек, в том числе 48 гусарских хоругвей, 400 драгун, пехотные полки Буковского и Френека. 9 апреля около деревни Выщечин (Высичин) в миле от прусской границы близ городов Конице и Тухоля отряд П. П. Ласи (2300 драгун и 600 казаков) преградил дорогу к крепости. Бой проходил в сумерках в течение двух часов. Поляки были полностью разбиты и бежали, потеряв 354 убитыми (в том числе полковник Буковский), 30 пленными, 2 знамени и 4 пары литавр. Русские потеряли 1 убитым и 14 ранеными[193]. Успех был развит Б. К. Минихом под стенами Данцига: в ночь на 26 апреля русские взяли редут Зоммер-Шанц. Отряд полковника Кермана (100 гусар, 300 драгун, 50 казаков) захватил 4 орудия и 30 пленных и истребил 180 солдат противника; с русской стороны погибло 4 человека, было ранено 25[194].

Однако ночью на 29 апреля генеральный штурм укрепления Хагельсберг кончился для корпуса неудачей. В первые же минуты штурма выбыли из строя почти все офицеры, а солдаты, заняв траншеи противника, не желали отходить и несли потери от огня из крепости. Только генерал-аншеф П. П. Ласи, пробившись в траншеи, уговорил солдат отойти. Кровавая Хагельсбергская ночь стоила русским 673 убитых и 1418 раненых, защитники крепости потеряли свыше 1000 человек[195]. В корпусе Миниха под стенами Данцига осталось 7619 здоровых и 9184 больных солдат и офицеров. Подвижной резерв полковника Лесли насчитывал 1.181 здорового и 108 больных. В 8 милях от осажденного города находилась команда генерал-лейтенанта Загряжского - 7 драгунских полков[196].

---

[192] Там же. С. 53.

[193] *Бутурлин. Д. М.* Военная история походов россиян... Ч. III. С. 57; РГВИА. Ф. 846. Оп. 16. Д. 16128. С. 103-104.

[194] Атака Гданска фельдмаршалом графом Минихом. С. 67.

[195] *Бутурлин Д. М.* Военная история походов россиян... Ч. III. С. 66.

[196] Атака Гданска фельдмаршалом графом Минихом. С. 60. В осадном лагере находились Новотроицкий драгункий, 2-й Московский, Киевский, Тобольский, Ладожский, Нарвский, Архангелогородский, Углицкий, Троицкий и Новотроицкий пехотные полки, сербские гусары, казаки, в команде Лесли – Олонецкий и Великолуцкий драгунские полки и донские казаки. Корпус Загряжского составляли Владимирский, Ингерманландский, Каргопольский, Рижский, Тверской, Пермский, Тобольский драгунские полки.

29 апреля, в день неудачного штурма Хагельсберга на рейде Данцига появилась французская эскадра. 13 мая близ крепости Вайхзельмюнде высадился отряд бригадира ЛамоттПеруза (2400 человек), состоящий из выборных батальонов цвета французской армии – пехотных полков Блезуа, Ламарш и Перигор[197]. Однако уже на следующий день положение было уравновешено прибытием саксонского корпуса герцога Йоханна Адольфа фон Заксен-Вайсенфельса – Легкоконный полк (Шеволежеры), пехотный полк принца Ксавьера и 6 артиллерийских рот, на вооружении которых было 6 96-фунтовых и 6 48-фунтовых мортир и 24 тяжелых пушки-полукартауна (24-фунтовых) с большим количеством боеприпасов[198].

Вскоре французские войска,пленив русский пикет, попытались пробиться в Данциг через позиции Олонецкого драгунского полка князя Урусова. Одновременно отвлекающую вылазку предпринял и гарнизон. Но проводник завел французских солдат в болото, а затем вывел прямо на русские окопы. В бою у Вайхзельмюнде 16 мая русско-саксонская артиллерия впервые за время осады выпустила больше снарядов, чем гарнизон – 539 против 300. Замочившие в болоте патроны французы были разбиты и заперты на пустынном острове в устье Вислы, простреливаемом с обоих берегов реки. Они потеряли убитыми и умершими от ран 232 человека, а русские драгуны – всего 8 убитыми и 28 ранеными. Это было первое боевое столкновение российских и французских войск[199].

Прибытие российской эскадры адмирала Т. Гордона решило участь города. Французские корабли, отличившиеся в пиратстве на Балтийском море, обратились в бегство, не приняв боя. Интенсивные бомбардировки, производимые с конца мая Минихом, привели 5 июня к взрывам пороховых складов в Данциге и Вайхзельмюнде[200]. 26 июня была подписана капитуляция, и через два дня гарнизон сдался в плен. Горожане выдали Миниху французских агентов, примаса и графа С. Понятовского. На Данциг была наложена контрибуция в 2 млн. талеров. Победители получили французский фрегат и два прама с 52 пушками, 114 крепостных орудия, 7269 ядер, 1303 картечных заряда и 1130 пудов пороха. В плену оказались французский министр маркиз Де Монти, граф Оссолинский, печатник Сераковский, сеймовый маршалок Рачевский и комендант крепости генерал-майор Штайнфлихт, 1197 иностранных наемников, 2147 фран-

---

[197] *Бутурлин Д. М.* Военная история походов россиян... Ч. III. С. 73.
[198] РГВИА. Ф. 432. Оп. 1. Д. 3825. Л. 9об.-12об. При артиллерии саксонцев было 12000 24-фунтовых ядер, 8600 бомб и 240 картечных зарядов.
[199] Там же. Ф. 846. Оп. 16128. С. 127; *Бутурлин Д. М.* Военная история походов россиян... Ч. III. С. 74-75.
[200] РГВИА. Ф. 846. Оп. 16. Д. 16128. С. 151.

цузских солдат и офицеров, в полном составе – пять польских коронных полков[201]. Однако самому Станиславу Лещинскому удалось бежать в Пруссию и найти политическое убежище в Кёнигсберге накануне сдачи города. «Законный» монарх снова предал своих защитников. Согласно дневнику П. Ласи, осада и покорение одной из лучших крепостей Европы стоили российским войскам 801 убитого, 1753 раненых и 12 пропавших без вести[202].

Главная задача была решена: Лещинский был изгнан из Речи Посполитой. Однако сопротивление его сторонников продолжалось. Теперь целью Польского корпуса стала ликвидация вооруженных отрядов «станиславовых адгерентов» в Литве и в юго-восточных воеводствах и примирение враждующих партий на основе признания королем Августа III. Кроме того надо было не допустить наступления новых сил Лещинского из Пруссии.

2 августа 1734 г. генерал-фельдмаршал Миних на конференции под Данцигом приказал двинуть российские войска на Краков, Львов и в Литву. Граница с Пруссией прикрывалась русско-саксонскими отрядами. Саксонцы разместили гарнизоны в Торне, Вайхзельмюнде, Данциге, Грауденце, Познани, Мариенбурге, Варшаве, Сандомире и Пултуске. Российские полки занимали Куявское воеводство, Плоцк, Лович, Сохачув, Раву, Эльбинг и Эрмландию[203]. Отряд генерал-майора И. Бахметева (6817 солдат и 1102 казака) был послан в Великую Польшу к Краснику, отряд генерал-лейтенанта Загряжского (7656 солдат и 826 казаков) – к Раве и Ловичу, отряд генерал-аншефа Ласи (2 драгунских, 9 пехотных полков и 1000 казаков и калмыков) – по р. Нарев на Плоцк, Пултуск[204]. Около Полоцка и Витебска находились войска полковника кн. В. А. Репнина (4000 человек), в Литве - корпус генерал-лейтенанта Измайлова (до 6000 человек), в Курляндии - полки генерал-майора Р. фон Бисмарка (8-9 тыс.), на Волыни - 18-тысячный корпус регулярных войск и ландмилиции генерал-лейтенанта ландграфа Людвига фон Хессен-Хомбурга[205]. Операции российских войск могли развиваться беспрепятственно, так как силы Франции были заняты войной с Австрией в Италии и на Рейне.

---

[201] РГАДА. Ф. 177. Оп. 1. 1734 г. Д. 32. Л. 13; Атака Гданска фельдмаршалом графом Минихом. С. 146-149, 166-169, 205. В Данциге сдались коронные полки: драгунский Станислава, пехотные Старой Гвардии, Принца, Флиманла, Гвардии Примасовой.

[202] Подсчитано по: РГВИА. Ф. 846. Оп. 16. Д. 16128. С. 71-154. Русская артиллерия, привезенная Гордоном, насчитывала 40 тяжелых пушек, 14 пяти- и девятипудовых мортир и 20 шестифунтовых мортирок, а к ним – 20321 ядро, 1018 картечных зарядов, 4600 бомб и 20865 гранат: РГАДА. Ф. 20. Оп. 1. Д. 92. Л. 1, 3об.

[203] РГВИА. Ф. 20. Оп. 1. Д. 49. Ч. 1. Л. 184-185.

[204] Там же. Л. 196об.-199.

[205] *Бутурлин Д. М.* Военная история походов россиян... Ч. III. С. 87.

Австрии же пришлось принять на себя удар всех сил Бурбонского блока и предпринять усилия для сохранения нейтралитета Швеции и Турции. Имперские войска оборонялись против превосходящих сил Франции, Испании и Сардинии в Ломбардии, Неаполе, на Сицилии и на Рейне.

На Верхнем Рейне в феврале 1734 г. имперская армия имела всего 8190 солдат (16 батальонов и 12 гренадерских рот) против 140 батальонов и 115 эскадронов маршала Бервика[206]. 27 марта (7 апреля) французы заняли Трир, через пять дней перешли Мозель и 21 апреля (2 мая) сломили сопротивление 600 солдат гарнизона в Трарбахе[207]. К этому времени 1-я Рейнская армия маршала герцога Дж.Ф. Бервика и 2-я Рейнская армия генерал-лейтенанта маркиза К. Ф. Бида Д'Эфеля сосредоточились у Кайзерслаутерна и Шпейера по берегу Рейна[208]. Австрийское командование рассчитывало, что после прибытия вспомогательных войск из Дании, Пруссии и Ганновера в Эттлингенских линиях, на Рейне и Майне удастся собрать против французов 39 пехотных и 13 кавалерийских полков (до 65160 пехоты и 25040 кавалерии)[209], но принявший командование 16 (27) апреля принц Евгений Савойский смог собрать в лагере всего 13 батальонов, 8 гренадерских рот и 45 эскадронов.

12 (23) мая французские войска (100 тыс. пехоты и 17 тыс. кавалерии) при поддержке 358 пушек и 123 мортир осадили крупную и важную крепость на Рейне – Филиппсбург. В гарнизоне было всего 4253 солдата, но комендант генерал-фельдмаршал-лейтенант фон Вутгенау сумел организовать упорное сопротивление[210]. Осаждавшие несли большие потери, 1 (12) июня ядром был убит маршал Бервик. К 22 июня (3 июля) принц Евгений, собрав 78-тыс. армию (83 батальона, 158 эскадронов и 77 орудий), намеревался прорваться к крепости и освободить ее от осады, но французский лагерь был очень хорошо укреплен, да и превосходство в силах было на стороне противника[211]. На военном совете 6 (17) июля австрийское командование отказалось от атаки из-за превосходства французов в пехоте, наличия в войсках большого числа новобранцев, «которые еще ни огня, ни боя не видели», и возможности тяжелых потерь при штур-

---

[206] Feldzuege des Prinzen Eugen von Savoyen. Bd. 19. S. 5, 151, 163.

[207] Ibid. S. 164, 168.

[208] АВПР. Ф. 32. Оп. 1. 1734 г. Д. 4. Л. 147-147об. У Бервика было 32 батальона, 57 эскадронов и 46 орудий; у Д'Эфеля – 32 батальона, 45 эскадронов, 12 орудий.

[209] Feldzuege des Prinzen Eugen von Savoyen. Bd. 19. S. 177.

[210] Ibid. S. 208, 212, 214.

[211] АВПР. Ф. 32. Оп. 1. 1734 г. Д. 4а. Л. 52. – Л. Ланчинский сообщал: французы «главной свой лагерь в толикую меру ретраншементами утвердили, что без явного урону цесарской армии чрез оные проникнуть нельзя, а принц Евгений газардовать (горячиться, рисковать – *С.Н.*) не обык, и может быть, сверх того, при нынешней конъюнктуре от Его Цесарского Величества указ имеет армию щадить».

ме полевых укреплений[212]. Попытка наладить связь с гарнизоном тоже не удалась. 27 июня (8 июля) французская бомба попала в арсенал, ночью 5-го (16-го) июля противник захватил горнверк, и 7 (18) июля Вутгенау сдал Филиппсбург на условии свободного выхода гарнизона с 6 пушками. Защитники города потеряли 337 убитыми, 359 ранеными, 142 пленными и 179 дезертировавшими, 124 орудия. Потери французов, выпустивших по крепости 51772 ядра и 22516 бомб, всего выбывшими из строя достигали 20000 человек и 108 орудий[213]. Овладение Филиппсбургом обеспечивало их дальнейшие операции в Германии.

Неудачи преследовали имперские войска и в Италии. 25 января (5 февраля) франко-сардинская армия овладела Тортоной и оттеснила австрийцев за реки По и Адда. Испанские войска были пропущены через папские владения в Неаполь и 14 (25) мая разбили австрийский отряд у Битонто. 31 мая (11 июня) они высадили десант на Сицилию[214]. Попытка генерал-фельдмаршалов графа К. Ф. фон Мерси Д'Аржансона и принца Людвига фон Вюртемберга (40 батальонов, 45 гренадерских рот, 12 кавалерийских полков) перейти в контрнаступление не удалась. В сражении с 60-тысячной французской армией маршала Коньи у Пармы 18 (29) июня австрийцы потерпели поражение и отступили, потеряв 2095 убитыми, 4074 ранеными и 68 пропавшими без вести. Среди погибших был и Мерси. Французы, потерявшие в битве 1249 убитыми и 2761 ранеными, 24 июня (5 июля) заняли Гуасталлу, а 8 (19) июля – Модену[215].

Вступление российских войск в Речь Посполитую летом 1733 г. дало возможность саксонскому курфюрсту Фридриху Августу II получить польскую корону, но не могло предотвратить избрание королем Станислава Лещинского и нападение Франции, Испании и Сардинии на Австрию. За год российские войска установили контроль над важнейшими воеводствами Польши и овладели Данцигом, где с осени 1733 г. укрывался Лещинский. Ему пришлось искать убежища в Пруссии: король Фридрих-Вильгельм не желал усиления Саксонии и принял беглого польского монарха, но в гражданскую войну в Польше не вмешивался. Австрийскому двору в 1733-1734 г. не удалось получить помощи от главных союзников - Англии, Голландии и России - и пришлось вести войну на Рейне и в Италии собственными силами. Война с императором поглотила все

---

[212] Там же. Л. 62об.-83. – Л. Ланчинский сообщал, что армия на Рейне единственная «к защищению цесарских и цесарственных немецких земель находится, и стараться надобно, чтоб ея употребить в поле, а не в таком тесном месте».
[213] Feldzeuge des Prinzen Eugen von Savoyen. Bd. 19. S. 246.
[214] Ibid. S. 87, 440; Bd. 20. S. 10-11.
[215] Ibid. Bd. 19. S. 339, 355, 358, 361; Bd. 20. S. 15-16.

силы Людовика XV, и он не смог оказать действенную военную помощь своему тестю Лещинскому. Таким образом, сопротивление австрийских войск обеспечивало действия российской армии в Речи Посполитой.

Вопрос о предоставлении помощи австрийскому двору был увязан в Петербурге с проблемой защиты южных границ России от возможного нападения Турции и крымских татар, и переговоры зашли в тупик. В условиях военных поражений австрийцев отказ в военной помощи мог бы привести к утрате плодов побед в Речи Посполитой. Поэтому летом 1734 г. союзники снова вернулись к обсуждению вопроса о посылке российских войск против Франции.

4 Переговоры о вспомогательном корпусе осенью 1734 г. И завершение разгрома вооруженной оппозиций в Польше

В кампанию осени 1733 - лета 1734 г. российская армия поддержала избрание польским королем Августа III и изгнала из Польши С. Лещинского. Кроме того, был разгромлен французский десант. Однако вооруженная оппозиция Августу III сохранялась в южных и юго-восточных воеводствах, в Литве, Белоруссии и по прусско-польской границе. Эти отряды, немногочисленные и плохо вооруженные, не знающие воинской дисциплины и выучки, не имели значения военной силы, но серьезно беспокоили население грабежами и затягивали ставшую после падения Данцига бессмысленной гражданскую войну. Целью магнатов, стоявших во главе оппозиции, было возвращение тех должностей и привилегий, которые были утрачены ими из-за поддержки Лещинского. Таким образом, новыми задачами российских и саксонских войск в Речи Посполитой стали: восстановление контроля над страной со стороны короля Августа III, разгром вооруженной оппозиции и примирение враждующих партий.

Но с лета 1734 г. российскому двору стало видно, что судьба Речи Посполитой будет решаться не только и не столько на ее территории. Неудачи имперских войск на Рейне и в Италии, татарские набеги на украинские и кавказские границы России создавали основу для политического вмешательства Версаля в вопрос о польском наследстве и использования сообщества великих держав для навязывания ультимативных требований в отношении Речи Посполитой. Карла VI и Анну Ивановну беспокоила позиция морских держав, продолжавших уклоняться от заключения союза с Россией и от оказания военной помощи Австрии, несмотря на настойчивость послов союзников – графа Ф. фон Кински и князя А. Д. Кантемира. Английский премьер-министр лорд Харрингтон

(Р. Уолпол) отказался признать королем Августа III и послать эскадру для защиты Балтийского моря от французских пиратов, сославшись на неготовность к войне, разногласия в парламенте и необходимость консультаций с Голландскими Штатами[216]. Правда, после взятия Минихом Данцига английские министры согласились подписать проект трактата о торговле и навигации с Россией и включить в него артикул о вечной дружбе и гарантии границ[217].

В то же время морские державы начали поиски мирного урегулирования войны между императором и Бурбонами. Австрийский резидент в Санкт-Петербурге Н. С. фон Хоэнхольц объявил содержание рескрипта Карла VI от 23 мая (3 июня): император просил российский двор оказать давление на Августа III, который медлил с посылкой саксонского контингента в имперскую армию[218], а также извещал о мирных предложениях Англии и Голландии. Вместо оказания помощи они предлагали посредничество в заключении мира на условиях уступки Речи Посполитой Лещинскому, Милана – Сардинии, Неаполя и Сицилии – Испании и Лотарингии – Франции. Император «умильнейший просил по всем вышепоказанным обстоятельствам о вспоможении, с союзом сходственным, или по последней мере ныне токмо о постановленных в аллианц-трактате 20 тысячах человеках пехоты»[219]. В повторном письме канцлеру А. И. Остерману Карл VI писал: «Купно пресветлость Вашу дружебнейше прошу, неусумнительную надежду имея, что вспомоществование Ваше в толикой скорости прибудет, как сие по разстоянию мест быть может»[220].

Официального ответа на эти обращения не последовало, но российский двор получил достаточное доказательство того, что морские державы ради избежания вступления в войну готовы договориться с Францией за счет Австрии и России. 17 (28) сентября еще один проект мира был представлен в Лондоне А. Д. Кантемиру. За признание прав Августа III на Речь Посполитую предлагалось вознаградить Лещинского Лотарингией, Карла Эммануэля Сардинского – Миланом, герцога Франца Штефана III фон Лотринген – Римским королевством, испанского инфанта дона Карлоса – Неаполем и Сицилией, другого испанского инфанта дона Антонио – Тосканой и Пармой, а не участвующего в войне баварского курфюрста Карла Альбрехта II – частью Богемии[221]. Этот план был явно направлен на ослабление императора, тем более что предметом торга ста-

---

[216] Реляции князя А. Д. Кантемира из Лондона. М., 1903. Т. 2. С. 64-65.
[217] Там же. С. 101. Реляция А. Д. Кантемира от 16 июля 1734 г.
[218] АВПР. Ф. 32. Оп. 1. 1734 г. Д. 6. Л. 121-122.
[219] Там же. Л. 122об.-124.
[220] Там же. Л. 209об.-210. Карл VI – А. И. Остерману от 4 (15) июля 1734 г.
[221] Реляции князя А. Д. Кантемира из Лондона. Т. 2. С. 120.

новились наследные земли Габсбургов. Кроме того, это восстанавливало господство испанских Бурбонов в Италии, что противоречило Утрехтскому 1713 г. и Лондонскому 1718 г. трактатам.

Перемене мнения дворов Лондона и Гааги, стремящихся в европейской политике ослабить наиболее сильную державу и разжигать вражду между странами, так как именно напряженностъ в Европе позволяла им играть роль вечных посредников и «миротворцев», в пользу Испании, а не Франции, послужило изменение характера войны на Рейне. Евгений Савойский начал успешную «малую войну» против более многочисленных французских войск и заставил их 5/16 августа сжечь свой лагерь у Оппенхайма и отступить от Майнца к Вормсу и Шпейру. Австрийские гусары преследовали противника, отбивая обозы и пленныхъ[222].

Основные силы принца Евгения, усиленные контингентами из Ганновера, Гессена и Пруссии, вскоре заняли Манхайм[223] и заставили французскую армию перейти к обороне.

В Италии командование имперскими войсками принял вице-президент Хофкригсрата граф Л.Й.Д. фон Кёнигеэгг-Ротенфельс. С 20 тыс. пехоты и 8 тыс. конницы он перешел в наступление против превосходящих сил французских маршалов Брольо и Коньи. Ночью 4 (15) сентября 1734 г. 10-тыс. авангард генерал-фельдмаршала принца Людвига фон Вюртемберга (24 гренадерские роты, 20 батальонов и 56 эскадронов) переправился через реки Секкиа и По и атаковал французские лагеря у Бонданелло и Сан Бенедетто. 40-тысячная армия противника была обращена в бегство. Утром 5-го (16-го) два других австрийских отряда (16 батальонов, 14 гренадерских рот, 14 эскадронов и 4 орудия) разгромили сардинский лагерь у Квистелло. Имперцы, потерявшие в операции до 500 человек, вывели из строя 4000 солдат противника, захватили 5600 пленных, 75 пушек и 155 мортир, 15 пар литавр, 2 знамени и большое количество боеприпасов[224]. Создалась возможность переломить ход войны в Ломбардии. 4 (15) сентября Карл VI подписал рескрипт новому полномочному министру в России графу Х. К. фон Оштайну (в русских источниках – Остейн) «о крепчайшем домогательстве о российском сукурсе в Италию»[225].

Однако надеждам на успех в Ломбардии не суждено было осуществиться: слишком велик был численный перевес французов. 8 (19) сентября войска Кёнигсэгга в течение 6 часов безуспешно атаковали франко-

---

222 АВПР. Ф. 32. Оп. 1. 1734 г. Д. 4а. Л. 113об., 120.

223 Там же. Л. 126об.

224 Там же. Л. 166-167; Feldzuege des Prinzen Eugen von Savoyen. Bd. 19. S. 374-375, 377-378.

225 АВПР. Ф. 32. Оп. 1. 1734 г. Д. 7. Л. 92об.

137

сардинскую армию у Гуасталы (15 пехотных бригад и 46 эскадронов) и были вынуждены отойти к Люццаре, потеряв 1539 убитыми (в их числе принц Людвиг фон Вюртемберг), 4164 ранеными, 193 пропавшими без вести, 5 пушек, 7 штандартов и пару литавр. Войска маршала герцога Де Брольо, отстоявшие поле боя, потеряли 1501 убитым и 4374 ранеными[226]. 23 сентября (4 октября) курьер сообщил в Вену об отступлении австрийских войск за р. По у Боргофорте и уничтожении мостов[227]. 24 сентября (5 октября) французы осадили Мирандолу, но 1-2 (12-13) октября 300 солдат гарнизона при помощи небольшого отряда генерал-фельдвахтмайстера В. Р. фон Найпперга прорвали блокаду и захватили 8 осадных пушек[228]. Продвижение франко-сардинских войск (103 батальона и 78 эскадронов) севернее По и восточнее р. Секкиа было остановлено, и они стали расходиться на зимние квартиры.

Продвижение испанцев в Неаполитанском королевстве остановить не удалось. 22 июля (2 августа) испанцы взяли Пескару, после месячной осады сдалась корпусу герцога Я. Де Лириа Гаэта[229]. 31 мая (11 июня) 17 линейных кораблей высадили десант близ Мессины в Сицилии, и вскоре капитулировали гарнизоны Реджо, Кастельмаре и о. Сцилла[230]. 27 августа (7 сентября) корпус генерал-лейтенанта герцога Монтемара осадил самую крупную сицилийскую крепость – Мессину. 8 тысячам испанцев противостоял 3-тыс. австрийский гарнизон князя Г. К. фон Лобковица при 352 крепостных пушках, неся большие потери от цынги и дезертирства[231]. Надежды на спасение имперских владений на Сицилии и в Неаполе не оставалось. Осажденный 13 (24) июля корпусом генерал-лейтенанта графа Марсильяса (16 тыс. человек) гарнизон Капуи, последней имперской крепости на юге Италии (10 батальонов и 6 гренадерских рот генерал-фельдмаршал-лейтенанта Абендсберга фон Трауна)[232], капитулировал 19 (30) ноября и был пропущен в Триест[233]. Покончив с сопротивлением имперцев в Неаполе, Марсильяс направился на Сицилию, а Монтемар должен был возглавить испанскую армию в Ломбардии[234].

[226] Feldzuege des Prinzen Eugen von Savoyen. Bd. 19. S. 381-382, 391. В австрийской армии было 40 батальонов и 68 эскадронов.

[227] АВПР. Ф. 32. Оп. 1. 1734 г. Д. 4а. Л. 194-194об.

[228] Там же. Л. 216об.

[229] Feldzuege des Prinzen Eugen von Savoyen. Bd. 19. S. 450, 452. В Пескаре выпущено по капитуляции 330, в Гаэте – 865 солдат.

[230] Ibid. Bd. 20. S. 10-11, 15-17.

[231] Ibid. Bd. 20. S. 19-20.

[232] Ibid. Bd. 19. S. 455-456.

[233] Ibid. S. 460. По капитуляции вышло 4.977 здоровых и 178 больных солдат при 4 орудиях.

[234] Ibid. S. 410.

Для Карла VI речь уже шла о том, как выйти из войны с возможно меньшими потерями. Целый год австрийские войска прикрывали операции России в Речи Посполитой, а дипломаты Империи предотвращали возможные вторжения из Швеции и Турции. Теперь наступила очередь России спасать своего союзника от поражения. Для переговоров о военной помощи в Петербург 29 сентября 1734 г. прибыл новый имперский министр граф X. К. фон Оштайн. 6 октября он вместе с резидентом Хоэнхольцем и секретарем посольства Караме был торжественно принят царицей. 18 (29) октября Оштайн подал промеморию «о нынешнем российских помощных полков получении», в которой указывал, что посылка корпуса императору позволит скорее достигнуть мира в Речи Посполитой и отвратить турецкие провокации[235], которые с осени 1734 г. все больше беспокоили союзников.

Еще 7 (18) ноября 1733 г. в Линце был арестован курьер Лещинского Яблоновский, который вез письма к великому визирю. Из содержания захваченной корреспонденции было видно, что Станислав надеется на турецкое вторжение в австрийские и российские пределы[236]. Война Порты с Ираном и поражение турок у Вавилона расстроили эти мечтания. Но информация о мирных переговорах Тахмас-Кулы-хана с султаном заставила Л. К. Ланчинского заявить 8 (19) декабря австрийским министрам: «Естли по причине польских дел на Ваше Императорское Величество от Порты или от кого ни есть нападение учинено б было, то цесарь должен дать Вашему Императорскому Величеству помощь по-союзному». «Могу верно донести, – продолжал посол, – что не видал я здешнее министерство в толиком смущении, как ныне»[237]. 12 декабря последовал ответ венского кабинета. Император обещал собрать войска в Венгрии и оказать помощь царице в случае нужды, выделить деньги для подкупа турецких вельмож, сделать декларации в Константинополе о нарушениях конституции сторонниками Лещинского во время выборов в Речи Посполитой. Для заступничества за Россию перед Портой предполагалось привлечь также английского и голландского послов в Константинополе[238].

Австрийские дипломаты с конца 1733 г. взяли на себя миссию по отвращению турок от войны с Россией. Великий визирь, пославший письмо Евгению Савойскому о нарушении русскими Прутского мира 1711 г.

---

[235] АВПР. Ф. 32. Оп. 1. 1734 г. Д. 7. Л. 19-21об.: «При сильном Ея Россииского Величества вспоможении тамошняя тишина к неугасной славе российской толь скорее и надежнее возстановлена будет, дела в Европе скоро иной вид получить могут, ибо тем доброжелательные ободряны и подозрительные удержены, так ж тишина в Ориенте утвердена будут».

[236] Там же. 1733 г. Д. 5а. Л. 122-127.

[237] Там же. Л. 157. Реляция Л. Ланчинского от 8 декабря 1733 г.

[238] Там же. Л. 175-176.

(русский двор по нему не имел права вводить войска в Речь Посполитую «для собственной своей корысти и прибытку или сокращения тех, которыя ему несклонны»)[239], получил следующий ответ:

1) слухи о нарушении вольностей и прав поляков русскими лживы, российские войска находятся в Речи Посполитой для обеспечения конституции страны;

2) российские войска были введены в Речь Посполитую по просьбе поляков, подвергавшихся преследованиям со стороны Лещинского;

3) при избрании Августа III не было угроз, убийств и погромов, которыми сопровождались выборы Лещинского;

4) Речь Посполитая не разделена и ни к какой державе не присоединена, и российская армия уйдет, как только волнения в стране успокоются[240].

К 20 апреля (1 мая) 1734 г. для охраны границ и оказания помощи России в случае турецкого нападения в Венгрии, Банате, Сербии и Трансильвании (Семиградье) была собрана армия в 38258 человек (17 батальонов пехоты и 7 кавалерийских полков)[241]. Эти силы также охлаждали пыл сторонников войны на Босфоре. Однако венский двор по-прежнему считал главной задачей оттягивание конфликта с турками до окончания войны с Бурбонами и со сторонниками Лещинского. Эта позиция проявилась, когда 2 (13) апреля резидент в Константинополе А. А. Вешняков сообщил Ланчинскому, что имперским резидент Л. фон Тальман в беседе с голландским посланником К. Калькоэном «отозвался неведением» на вопрос, будет ли расценен татарский набег на Украину как повод к войне с султаном[242]. На запрос об этом Ланчинского от 25 апреля (6 мая) Ф. Л. К. фон Зинцендорф и Л.Й.Д. фон Кёнигсэгг отвечали, что «здесь мнится, что до окончания польских дел выше помянутой поступок (разрыв с турками – *С. Н.*) учинить и Порту дразнить, и ко исполнению того, от чего она может быть хана и имеет подвигать, неприлично; в протчем же ожидают от Вашего Императорского Величества резолюции, по которой согласно поступать не уклонятся»[243].

Действия Вены поддержали Голландские Штаты. Как сообщал Ланчинский, посланник в Константинополе Калькоэн «зело охотно пре-

---

[239] Там же. Л. 133.

[240] Там же. Л. 217-227.

[241] Там же. 1734 г. Д. 4. Л. 147об.

[242] Там же. Л. 162: «Понеже-де иное дело, ежели бы Порта с объявлением послала, а иное - ежели скажет, что без указу ея татара нападение учинили, и остается государю его разсуждать по состоянию своих интересов: принять ли то за извинение или за розрыв мира почесть».

[243] Там же. Л. 169-170.

стерегает, чтоб от Порты еще новая тягость не произошла б ни противу Унгарии, ни противу областей Вашего Императорского Величества»[244]. В сентябре 1734 г. Л. фон Тальман заявил великому визирю, что польские дела для императора «есть общие, и все, что Россия тамо ни произвела, то было и есть с согласия Его Цесарского Величества и равно, яко бы он сам и его воиски тамо действовали, и что по общим взаимным интересам и по настоящей алиянции государь его себя находит, яко бы ему самому за обиду, и во всем участие принять, ежели кто на Россию за польские дела, помогая Станиславу, нападет»[245]. Это заявление заставило Диван удержаться от угроз в адрес России. Но военные неудачи Австрии и происки французских дипломатов в Константинополе вновь оживили реваншистские настроения тех, кто не забыл разгром османских войск под Петервардайном и Белградом.

5 (16) октября имперский статс-секретарь Й.К. фон Бартенштайн сообщил Ланчинскому о формировании при султанском дворе двух партий. Первая выступала за немедленную войну против России и Австрии. Другая, возглавляемая самим великим визирем и перешедшим в мусульманство авантюристом А. К. Бонневалем (Ахмед-паша), сперва хотела заручиться союзом с Францией и вынудить последнюю выступить вместе с султаном и не заключать мир без Порты. Тальману было приказало внушать турецкому двору, что Людовик XV покинет турок, как только они начнут войну против царицы. Предполагалось также повлиять на морские державы и склонить их к вступлению в войну против Бурбонов для сохранения европейского равновесия[246]. Сохранялась надежда и на продолжение турецко-иранской войны, поглощавшей все силы султана. Ланчинский отмечал, «что каково турки ни злобятся и ни похваляются, что и при персицкой войне другую против христианства вести могут, то пока с Персиею не примирятся, отнюдь к тому в состоянии не есть, и мир их с оною гораздо далек[247]. В письме к визирю осенью 1734 г. принц Евгений вновь заявил сторонникам войны с Россией, «ни к верности, ни к чести прилежания не имеющим», о решимости венского двора оказать помощь и всестороннюю поддержку царице при нападении на нее турок[248]. Визирю было дано понять также, что к императору присоединятся Польша и Венеция, так что соблюдать мир с Россией - в интересах самого султана[249].

[244] Там же. Л. 4а. Л. 143об.
[245] Там же. Л. 201-201об.
[246] Там же. Л. 201-206.
[247] Там же. Л. 211-211об.
[248] Там же. Д. 7. Л. 7-8об.
[249] Там же.

5 (16) ноября на конференции в Петербурге при. участии кабинет-министров барона А. И. Остермана и князя А. М. Черкасского, обер-шталмейстера Р. фон Левенвольде, австрийского министра Оштайна и резидента Хоэнхольца обсуждались события в Европе и в Турции и вырабатывалась программа действий союзников Австрии, России и короля Польского Августа III (результаты были сообщены польско-саксонскому послу графу фон Люнару). На запрос Оштайна об отправке вспомогательного корпуса в Ломбардию кабинет-министры отвечали, что в настоящее время Анна Ивановна «Его Цесарскому Величеству так, как бы хотела по желанию, помогать не может», поскольку находящийся под Данцигом корпус понес потери и не может быть отправлен в Италию[250]. Кроме того, министры ссылались на турецкую угрозу и на то, что Россия одна несет всю тяжесть польских дел, а вывод из Речи Посполитой такого корпуса «неприятелям паки путь растворит и дела пространнее учинит»[251]. Российские представители лукавили: в то время в Речи Посполитой находилось 12 батальонов и 35 эскадронов саксонских войск (всего 14718 человек)[252], а численность российского Польского корпуса превышала 72000 солдат и казаков (3 кирасирских, 14 драгунских, 31 пехотный и 4 ландмилицких полка, отдельные батальон и эскадрон, ополчение смоленских дворян и иррегулярные войска)[253]. Столь значительные силы вполне могли контролировать обстановку в стране и в течение нескольких месяцев покончить со сторонниками Лещинского. Интересно, что именно корпус, осаждавший Данциг, рассматривался в Военной коллегии как вспомогательный по договору 1726 г.

Кабинет-министры в свою очередь интересовались мерами Австрии против турок и 40-тыс. татарской орды, появившейся в буджацких степях. На обсуждение были представлены три варианта развития событий: турки нападают только на Россию, только на Австрию или на обоих союзников сразу. Оштайн отвечал, что надо составить план совместных действий, а меры по оказанию помощи России уже приняты - на турецкой границе собрано до 37000 солдат и пограничников[254]. От вопроса о предоставлении царице вспомогательного австрийского корпуса он уклонился,

---

[250] Там же. Л. 165-165об.: «Хотя бы все протчие обстоятельства на такое вспоможение позволили, то однако ж такого корпуса, которого бы к сему употребить, не имеетца. Оной корпус, которой под Гданском, от 16 полков инфантерии и 10 полков кавалерии, которые, когда в комплете, более тритцати тысяч учинят, около 17 тысяч токмо осталось, как оригинальная табель господина генерала Лессия, которая при том показана была, явствует».

[251] Там же. Л. 166.

[252] Там же. Л. 248-248об.

[253] *Бутурлин Д. М.* Военная история походов россиян в XVIII столетии. Ч. III. С. 87.

[254] АВПР. Ф. 32. Оп. 1. 1734 г. Д. 7. Л. 167об., 168-168об., 289-289об. Всего было собрано 40 батальонов, 42 эскадрона, 3 карабинерных и 29 гренадерских рот, 3000 гусар и 4000 граничар (гренцеров).

сославшись на отсутствие инструкций и продолжал настаивать на разъяснении по поводу помощи императору, особенно в четвертом случае - если турки ни на кого не нападут[255].

Российские министры объявили о подготовке в районе Львова и Каменца-Подольского 80-тысячной армии для защиты Украины и помощи Венгрии и просили предоставить конный корпус (в то время австрийские кирасиры и гусары были лучшими в Европе)[256], если последует нападение турок. Решение по третьему варианту было принято следующее: «Когда турки на Его Цесарское Велчество и на Россию вдруг нападение учинят, российские господа министры весьма того мнения, дабы по опасности, на которой стороне оная больше или меньше, друг другу вспомогать». Пока же предлагалось заявить великому визирю о единстве действий в случае турецкой агрессии[257]. В случае, если турецкого нападения не последует, а польская кампания будет завершена, российские министры обещали всеми силами помогать императору[258].

Затем были обсуждены и сообщены 25 ноября (6 декабря) графу Люнару требования союзников к королю Августу III. Он должен был находиться в Речи Посполитой до усмирения мятежей, привлекать к себе симпатии народа, шляхты, войска и опальных вельмож (в частности, предполагалось склонить к миру воеводу Киевского обещанием гетманской булавы, а исполнявшему обязанности гетмана князю Любомирскому назначить пожизненную пенсию от трех держав), ввести в страну как можно больше саксонских войск и использовать собирающийся Сейм для примирения воюющих сторон. Кроме того, польский король должен был поддержать меры союзников по предотвращению войны с Турцией[259].

Тогда же Оштайн представил проект договора «О нынешних конъюнктурах» с целью выяснить, какой из сторон надо оказать помощь в польской войне. Декларативная часть предусматривала отказ сторон от заключения сепаратного мира и от претензий к Порте, за исключением норм Прутского и Пожаревацкого мира. Послы союзников в Константинополе при помощи представителей морских держав и Швеции должны

---

[255] Там же. Л. 169, 181-181об.

[256] Там же. Л. 170-170об.

[257] Там же. Л. 173об., 174об.

[258] Там же. Л. 184-184об.: «И для того потребно, чтоб от обоих императорских дворов всегда за фундамент и основание положено было прежде всего дела в Польше окончать. А ежели оной [турецкой] войны не будет и дела в Польше сходным обоих сторон со интересами и безопасностию образом в надлежащее основание приведены будут, то Ее Императорское Величество как до сего времяни, так и впредь Его Римско-Цесарскому Величеству по всякой силе и возможности вспомогать весьма не оставит».

[259] Там же. Л. 133-137об.

были совместно предотвращать войну; кроме того, император должен был удержать от нападения на Россию Швецию, а царица – повлиять на позицию короля Прусского[260].

В случае нападения турок на Австрию Россия собирала от Львова до Каменца-Подольского 80-тысячную армию, из которых 26000 солдат уже должны находиться в готовности и после начала боевых действий вступали в Венгрию, а австрийцы обеспечивали их провиантом, фуражом и квартирами. Корпус должен был подчиняться непосредственно принцу Евгению или Хофкригсрату, а в случае ликвидации угрозы войны использовался против Франции[261].

При нападении Порты на Россию император, уже ведущий войну против Франции и Испании, должен был предоставить вспомогательный корпус из 6000 кирасир и 2000 гусар у Каменца и Львова, а русский 26-тысячный корпус из Венгрии направлялся туда, «где неприятелям ущерб чинить за удобнейше разсудится». Если султан обратился бы и против Австрии, то ей на помощь отправлялись бы 24000 русской пехоты (из расчета 1 кавалерист за 3 пехотинцев)[262]. На уменьшение численности корпуса могла повлиять возможная война России со Швецией.

Если бы турки нападали сразу на обе союзные державы, то Австрия предоставляла бы России 6000 кавалерии за 18000 пехоты. Все эти меры были рассчитаны на начало турецкой войны в текущем году. Если же войны не будет, тогда «расположенной при венгерских или шлезинских границах или в самой Венгрии российской помощной корпус при Рене против неприятелей Его Цесарского Величества толь наивяще служить имеет». Австрийская конница должна была прикрывать его действия (или снабдить немецкими лошадьми русских драгун); корпус не должен был использоваться в Тироле или в Италии, и в случае нападения на Россию отправлялся на родину[263]. Венеция и Польша должны были поддержать союзников в войне с Портой. Оштайн предполагал, что договор будет секретным и вступит в силу с момента подписания с ратификацией в течение двух месяцев[264].

Российский канцлер А. И. Остерман резко раскритиковал проект австрийского посла: «Оной не токмо сам собою зело пространен и многое в нем изображено, которое по отменным обстоятельствам отчасти более не потребно, отчасти же и к сей конвенции существительно не принадле-

[260] Там же. Л. 190-218.
[261] Там же. Л. 219-221об.
[262] Там же. Л. 223.
[263] Там же. Л. 224-225об.
[264] Там же. Л. 226-228об.

жит»[265]. Отказавшись от прежних сложностей, он предложил проект конвенции о вспомогательных войсках, направляемых Россией императору:

1) обозначается для помощи некоторое число полков пехоты, «ибо оная в Польше и без того столько службы, как конница, показать не может»;

2) российский корпус употребляется в Венгрии, Силезии, Богемии или на Рейне, бесплатно снабжается хлебом, крупой и мясом из имперских магазинов, подчиняется генералиссимусу принцу Евгению и отзывается при нападении на Россию;

3) при нападении турок на Россию корпус отзывается, а Австрия предоставляет царице 6000 кирасир и 2000 гусар; при нападении на Австрию Россия усиливает корпус в Венгрии; при нападении турок на обоих союзников выставляется 6000 австрийских кирасир и 18000 русской пехоты, а после окончания польской войны стороны действуют соответственно договору 1726 г.;

4) пока оба двора избегают конфликта с Портой;

5) польский король обязан дать контингент в имперскую армию на Рейне, держать в Речи Посполитой 14000 солдат и при нападении Турции на Россию всеми силами помогать царице Анне Ивановне;

6) император должен добиться у морских держав приглашения России на мирные переговоры как главной содоговаривающейся стороны.

Переговоры в ноябре-декабре 1734 г. не дали конкретного результата, но выявили позиции сторон. Российский двор стремился избежать посылки войск императору, пока шли бои в Речи Посполитой и была угроза вмешательства в европейский конфликт Турции. Попытки австрийского посла Оштайна «увязать» вопрос о вспомогательном корпусе с совместными мерами против Порты также не привели к успеху. Судя по «мнению не в указ» Остермана, канцлер понимал необходимость поддержать войсками Карла VI, но, вероятно, не смог найти поддержки у других кабинет-министров и у Военной коллегии. В то же время переговоры выявили два вопроса, подлежащие немедленному решению: избежание войны с Турцией и окончание конфликта в Речи Посполитой[266].

В Речи Посполитой к концу 1734 г. ситуация сложилась так, что наиболее крупные силы оппозиции занимали воеводства, служившие опорой российскому двору и императору в период королевских выборов. Это было связано с тем, что в Краковском и Виленском воеводствах не было саксонских и российских войск, а сторонники Лещинского стремились содержать войска за счет имений тех дворян, которые поддерживали

---

[265] Там же. Л. 310.
[266] Там же. Л. 310об.-314об.

Августа III. Наиболее крупная группировка под командованием воеводы Любельского графа Тарло (20-25 тыс. гусар и шляхты) находилась в Ченстохове, Ярославе и Кракове. Киевский воевода И. Потоцкий под Бжезовой имел 600 пехотинцев и 2000 драгун, а дивизия иррегулярных войск коронного подскарбия Ожаровского располагалась у Дембицы[267].

Корпус генерал-аншефа П. П. Ласи со штабом в Венгруве занимал Плоцкое (1-я бригада генерал-майора Г. А. Урусова), Новогродское (2-я бригада генерал-майора К. М. фои Бирона), Поморское и Мазовецкое (3-я бригада генерал-лейтенанта И. Ф. Барятинского) воеводства и насчитывал 7 пехотных, 2 драгунских полка, 2500 казаков и 60 калмыков[268]. 26 декабря кабинет-министры А. И. Остерман, П. И. Ягужинский и кн. А. М. Черкасский направили Ласи план дальнейших действий в Речи Посполитой. Ему надлежало собрать у Кракова пехотные полки, стоящие на правом берегу Вислы, и расположить их на зимние квартиры «от шлезинских границ до Сандомира», конницу перевести на левый берег Вислы и расставить от Сандомира до Ярослава и Львова; таким же образом к корпусу Ласи должны присоединиться полки генерал-лейтенанта А. Г. Загряжского и генерал-майора И. И. Бахметева. Корпус генерал-лейтенанта П. И. Измайлова должен был в Литве «пребывать, дабы тамо тишину содержать», и отправить к Ласи 4399 солдат (5 полевых и 4 гарнизонных пехотных полка). После овладения Краковом, Сандомиром и Ярославом Ласи должен был устроить там фуражные и провиантские магазины, построить мост через Вислу и держать связь с войсками генерал-фельдцейхмейстера ландграфа Людвига Гессен-Гомбургского (фон Хессен-Хомбург). Команда генерал-майора Р. фон Бисмарка оставалась в Жмудском княжестве, а саксонские войска сменяли русские гарнизоны в Торне и Эльбинге[269].

11-16 января 1735 г. войска Ласи начали движение на юг: сам Ласи – на Краков, бригада Урусова – на Сандомир, Бирон – на Краков и Люблин, Загряжский и генерал-майор Ю. Лесли – на Ярослав и Львов. 10 (21) февраля большинство конфедератов заключили перемирие с российскими войсками, которые вскоре стали сжимать кольцо окружения вокруг войска графа Тарло. 19 марта отряд подполковника Виттена (500 человек) разбил у Козеглова авангард противника в 900 воинов и начал преследование 25-тысячной армии Тарло[270]. Ночью 26-го отряд подполковника Неклюдова (620 человек) отбил атаку 5000 поляков. Только 30

---

[267] РГВИА. Ф. 20. Оп. 1. Д. 49. Ч. 2. Л. 4об.
[268] Там же. Л. 3об.
[269] РГАДА. Ф. 177. Оп. 1. 1734 г. Д. 5. Л. 19-23об.
[270] РГВИА. Ф. 20. Оп. 1. Д. 49. Ч. 2. Л. 6об. -7об.

марта воеводе Любельскому удалось перейти Вислу, но у Стенжиц (Стор-жиц) его войска были настигнуты командами Г. Р. фон Ливена и В. С. Аракчеева и полностью разбиты. К 1 апреля в плен сдалось 18 хоругвей; 2-3 апреля сложили оружие 60 хоругвей мятежников каштеляна Чирского при 19 орудиях, а еще 25 хоругвей присягнули Августу III. Граф Тарло, потерявший в мартовских боях до 500 убитыми и свыше 8000 пленными, бросил войска и бежал в Литву. Сменивший его каштелян Солтыш 5-7 апреля сдался Аракчееву с 26 хоругвями (до 2600 воинов). Операция, окончившаяся полным разгромом оппозиции, стоила русским 7 убитых, 25 раненых, 2 пропавших без вести и 4 дезертировавших[271].

К апрелю 1735 г. российские войска в Польше выполнили задачу по разгрому вооруженных групп сторонников Лещинского. После этого делом примирения должен был заняться польский Сейм. Однако российские войска оставались в стране, контролируя политическую ситуацию и ведя бои против разбойничьих шляхетских отрядов, предводители которых стремились использовать обстановку гражданской войны для обогащения. Опасность со стороны Турции также уменьшилась: 1 февраля 1735 г. пришло известие о разгроме османских войск под Эриваном и занятии Армении иранскими войсками Тахмас-Кулы-хана[272]. Теперь все причины, которыми российский двор отговаривался от посылки вспомогательного корпуса на Рейн, отпали.

Военная помощь императору становилась все более необходимой. На Сицилии испанцы вынудили капитулировать Мессину. 20 (31) марта 1735 г. гарнизон (2114 солдат, из них: 839 здоровых, и 3 орудия) был выведен в Фиуме[273]. Последние имперские крепости Трапани и Сиракузы 7 (18) октября 1734 г. и 8 (19) марта 1735 г. были осаждены 13-тысячной армией генерал-лейтенанта Марсильяса[274]. В Ломбардии австрийская армия (34732 пехотинца, 11880 кавалеристов и 568 артиллеристов) занимала позиции к северо-востоку от рек Ольо, По и Секкиа. Против нее действовало 63000 пехоты и 14000 кавалерии франко-сардинских войск маршала Нуалье. На помощь им через владения римского папы двигалась испанская армия герцога Монтемара[275]. На Рейне французы под командованием маршала Коньи имели 124 батальона и 185 эскадронов

[271] Там же. Ф. 846. Оп. Л. 16. Д. 16128. С. 161-172.

[272] АВПР. Ф. 32. Оп. 1. 1735 г. Д. 7. Л. 63.

[273] Feldzuege des Prinzen Eugen von Savoyen. Bd. 20. S. 26-27.

[274] Ibid. S. 29-30, 35-36. В Трапани было 1141 солдат и 86 орудии, в Сиракузах – 1689 солдат и 104 орудия.

[275] Ibid. S. 182-183. Против 36 батальонов, 38 гренадерских рот и 14 кавалерийских полков австрийцев действовало 65 батальонов и 61 эскадрон французов и 41 батальон, 27 эскадронов сардинцев.

и угрожали Майнцу. Оказать им сопротивление могли собирающиеся на берегах р. Неккар и в Шварцвальде 44 батальона, 26 гренадерских рот и 127 эскадронов имперской армии[276]. Командующий ею принц Евгений Савойский предлагал императору снять войска из Италии и использовать их для изгнания французов из Германии[277].

Затруднениями Карла VI спешили воспользоваться правительства морских держав. На обращение принца Евгения за помощью через английского посла в Вене Т. Робинсона министр Х. Уолпол ответил новым мирным проектом. Он предусматривал, как установил 17 (28) января 1735 г. А. Д. Кантемир, передачу половины Миланского герцогства к западу от р. Тичино сардинскому королю и обмен у инфанта дона Карлоса Тосканы, Пармы и Пьяченцы на Сицилию и Неаполь[278]. 26 января (6 февраля) проект был доставлен в Вену и отклонен 1 (12) февраля на конференции у императора, так как не содержал гарантий будущей безопасности Австрии[279].

Более подробную информацию о содержании проекта Х. Уолпола, особенно в отношении Польши, получил 10/21 февраля от канцлера Зинцендорфа Л. К. Ланчинский. Август III признавался королем Польши, но С. Лещинский должен был сохранить королевский титул и имения на территории Речи Посполитой, получить «удовольствование» за отказ от польского престола; предусматривалась амнистия всех его сторонников[280]. И хотя проект содержал требование ко всем державам о признании Прагматической Санкции, император дал следующий ответ:

1) в польских делах «ничто не может учиниться без предварительного согласия и соизволения Ея Всероссийского Величества и Его Польского Величества, яко содоговаривающихся сторон, которые в том наивяще есть интересованы»;

2) о европейских делах ответ будет дан только после обсуждения английского проекта противниками Австрии, и только с учетом необходимости поддерживать равновесие сил в Европе.

Ответ Карла VI стал известен в Петербурге 2 (13) марта, но не принес успокоения российскому правительству. Хотя по английскому проекту Россия ничего не теряла, кабинет-министров беспокоила возможность заключения Австрией сепаратного мира[281]. Послу в Гааге графу А. Г. Головкину была направлена инструкция об «откровенном сообщении» с

[276] Ibid. S. 49, 76. Всего у принца Евгения было 51942 человека.
[277] *Braubach M.* Prinz Eugen von Savoyen. Bd. 5. S. 302.
[278] Реляции князя А. Л. Кантемира из Лондона. Т. 2. С. 195.
[279] *Braubach M.* Prinz Eugen von Savoyen. Bd. 5. S. 301, 303.
[280] АВПР. Ф. 32. Оп. 1. 1735 г. Д. 7. Л. 70-70об.
[281] Там же. Л. 72-72об.

австрийскими представителями и велено требовать от морских держав приглашения к мирным переговорам (при их посредничестве) России «яко главной партии»[282]. Однако из имперского ответа было ясно, что тревоги по поводу сепаратного мира напрасны. Кроме того, угроза потери плодов побед над сторонниками Лещинского исходила не от морских держав, а от французского двора: 19 (30) марта Ланчинскому стало известно об отклонении Версалем английского мирного плана[283].

Осенью 1734 г., когда вновь был поднят вопрос о военной помощи Австрии, Россия осталась глуха к требованиям союзника, прикрывавшего, действия российских войск в Речи Посполитой, способствующего урегулированию отношений с Турцией и несущего основную тяжесть войны. Вопрос о вспомогательном корпусе был привязан к мерам противодействия турецкой угрозе, призрак которой беспокоил кабинет Министров в конце 1734 г. Однако и переговоры о таких совместных мерах не привели к какому-либо результату и были прерваны, как только явная угроза турецкого нападения миновала. Это свидетельствовало о нежелании российского двора (за исключением канцлера Остермана) оказать помощь императору в войне с Францией.

Австрийский историк М. Кёстер считает, что в декабре 1734 г. имперская дипломатия потерпела поражение – дала привязать Австрию к русско-турецкому конфликту. Но с таким выводом нельзя согласиться: проекты Оштайна и Остермана не вышли из стадии обмена мнениями и не были оформлены каким-либо трактатом. Союзники продолжали действовать в рамках Венского договора 1726 г.

Российское правительство и прежде всего военное руководство не хотело рисковать в обстановке затянувшейся борьбы со сторонниками С. Лещинского в Речи Посполитой. Однако к весне 1735 г. с вооруженной оппозицией было покончено. Кроме того, налицо была угроза вмешательства в польский конфликт морских держав. Бурбонский блок, обладая перевесом в Италии и на Рейне над имперской армией, мог вынудить кайзера пойти на сепаратный мир и пожертвовать интересами России и Августа III для спасения наследных владений. Программа действий союзников в Речи Посполитой, намеченная на переговорах в ноябре-декабре 1734 года, была реализована. Теперь было необходимо заставить Францию пойти на мир при условии признания королем Польши Августа III. Мирными средствами морские державы этого не достигли, но и в войну вступать не желали. В этих условиях единственным средством оставалась российская военная помощь императору.

---

[282] Там же. Л. 105об.

[283] Там же. Л. 128: «Француской двор оного не принял и более за ругательный почёл».

5. Рейнский поход российского корпуса и завершение войны за польское наследство

Зима 1735 г. должна была привести российский двор к решению вопроса о предоставлении военной помощи Австрии. Поражение союзника могло не только оставить России без поддержки в случае нападения турок, но и ликвидировать все успехи в Речи Посполитой.

5 (16) февраля 1735 г. Х. К. фон Оштайн подал кабинет-министрам резкую промеморию, упрекая их в нежелании оказать помощь в соответствии с нормами союзного договора 1726 г. Сперва, отмечал он, русский корпус желали видеть на Рейне, но было промедлено до конца кампании, затем в Италии, «но понеже после того времяни опасность к нарушению мира с страны Порты умножилася, того ради Его Цесарское Величество сам рассудил российского помощного войска уже не во Италию, но в Венгерскую землю в случае, нужды возтребоватъ». Но и это не было исполнено[284]. Посол от имени императора требовал подготовить вспомогательный корпус к марту и заверял, что Австрия поможет России в случае турецкого нападения[285]. 7 (18) марта Оштайн вновь потревожил «господ кабинетных министров», сообщив ответ Карла VI на английский мирный проект (суть его сообщалась выше: имперские дела не должны смешиваться с польскими, необходима воля к миру Версаля и Мадрида и участие в процессе мирного урегулирования Речи Посполитой и России в качестве главных сторон)[286]. Ответа на эти представления не последовало, но российский двор получил лишнее доказательство того, что Австрия также не приемлет сепаратного мира по сценарию Р. Уолпола.

9 (20) марта императрица Анна Ивановна направила президенту Военной коллегии и главнокомандующему Польским корпусом генерал-фельдмаршалу графу Б. К. фон Миниху следующий указ: «Всемилостивейше повелеваем, чтоб Вы без умедления ныне и наперед восемь полков пехотных ис тех, которые наиближаише к цесарским границам стоят и в лутчем к походу состоянии обретаются, собрали; оных, не ожидая рекрутов, из других тамошних полков, как наискорее возможно, по военному стату и по определенному недавно от нас умножению комплетовали, мундиром и всеми потребностьми снабдили, в совершенное к походу готовое состояние привели и тогда оных немедленно под командою нашего генерала Лессиа прямо к шлезицким границам отправили с таким имянным указом и определением, чтоб они по первому от Его Римско-Цесарского

---

[284] АВПР. Ф. 32. Оп. 1. 1734 г. Д. 6. Л. 147об.-148об.
[285] Там же. Л. 157, 160.
[286] Там же. 1735 г. Д. 10. Л. 91-100.

Величества и имперского генерала лейтенанта принца Евгениа получаемому ордеру, не отписываясь и без требования другаго от нас указу, тем путем, который им предписан будет, в Шлезию, Богемию и до Рены маршировали, и от команды высокопомянутого принца или инако цесарского армиею аншеф-командующаго генерала совершенно зависили и как ауксилиарныя войска ко всем военным операциям употребляться имели»[287]. Этот указ предупредил новое обращение австрийского посла Оштайна, получившего повеление Карла VI немедленно добиться от российского двора выполнения пунктов союза 1726 г.[288]

Ответ был апробован царицей и сообщен Оштайну и польско-саксонскому посланнику графу М. К. фон Люнару только 29 марта. Российский кабинет обещал дать войска императору и советовал ему начать поиск мира при посредничестве морских держав на условиях признания королем Польши Августа III (последнему рекомендовалось завершить примирение враждебных группировок в стране)[289]. Рескрипты того же содержания были отправлены 5 апреля А. Г. Головкину в Гаагу и Л. К. Ланчинскому в Вену. Последний должен был требовать от австрийских министров ответа на проекты морских держав и сообщения о мирных предложениях императора, а также информировать венский двор о готовности Анны Ивановны «Его Цесарскому Величеству всю ту помощь для вящаго явного засвидетельствования истинного нашего доброжелательного намерения действительно показать, которая только в мочи нашей есть»[290]. Таким образом, хотя предоставление помощи теперь стало связываться с мирными инициативами Англии и Голландии, подготовка к походу на Рейн началась, тем более что разгром вооруженной оппозиции Августу III в Речи Посполитой высвободил значительные силы российских войск.

26 марта Миниху был послан новый указ, повелевающий выделить кроме ранее объявленных 8 полков «еще 5000 человек в Краковском воеводстве и как близко возможно к римско-цесарским границам поставить с именным наставлением, чтоб оныя цесарския границы против вся-

---

[287] РГАДА. Ф. 177. Оп. 1. 1735 г. Д. 14. Л. 29-30.

[288] АВПР. Ф. 32. Оп. 1. 1735 г. Д. 10. Л. 120-121об. Содержание указа было изложено Оштайном 13 марта: «Не токмо ни единого дня, но и мгновения ока пропущать не надлежит, не отправя к российскому генералитету имянного указу, дабы по силе оного обещанный в союзном трактате помощныя войска корпус на шлезских. границах собран был, и по первому нашему требованию того часу в наши имперские наследные земли вступить, и куда во Империи нужда позовет, далее маршировать мог, о чем ты у российского двора всякие возможные и сильные представления учинить и о возпоследованном в том немедленно нам доносить имеешь».

[289] Там же. Л. 187-193, 210-211.

[290] Там же. Д. 5. Л. 11-12, 15-15об.

151

ких с польский стороны опасаемых нападений и безпокойств прикрыть и в безопасность привести». Для помощи в случае вторжения в Богемию враждебно настроенного к Австрии курфюрста Баварии было велено подготовить 15 тыс. солдат[291].

Тем же указом был апробован проект «Пунктов, по которым командующий генерал при российских цесарю в помощь посылаемых войсках поступать имеет». Командир вспомогательного корпуса подчинялся лично главнокомандующему австрийской армией и обладал правом голоса на военном совете, отвечал за состояние дисциплины в войсках. Солдаты и офицеры вспомогательного корпуса несли ответственность за проступки по российским законам и уставам и имели право свободного отправления религиозных обрядов. Полки корпуса не должны были разделяться при ведении боевых действий на мелкие отряды и «утруждаться» более других союзных контингентов, марши не должны были продолжаться более двух дней подряд (на третий день полагался расттаг – дневка). Лечение раненых и больных, предоставление подвод и зимних квартир, довольствие российских войск всем необходимым (провиант, фураж, боеприпасы, обмундирование и так далее) возлагались на австрийскую сторону[292]. Жалование солдатам и офицерам корпуса должно было выплачиваться из денег, вырученных от продажи в Бреслау 3000 украинских быков, а также из данцигской контрибуции (1 млн. талеров)[293].

11 марта Кабинет Министров назначил командующим корпусом генерал-аншефа П. П. Ласи[294]. В его подчинение по рапорту Миниха от 10 апреля поступали генерал-лейтенант принц Людвиг Гессен-Гомбургский, генерал-майоры Г. фон Бирон и И. И. Бахметев[295]. 14 апреля Ласи прибыл в Варшаву, где находился штаб Миниха, и получил ордер о сборе 8 пехотных полков у Конецполя близ силезской границы[296]. 17 (28) апреля на конференции Миних, Ласи, российский министр в Речи Посполитой барон К. Г. фон Кейзерлинг и австрийский министр при польско-саксонском дворе граф Ф. К. фон Вратислав обсудили детали подготовки вспомогательных войск к походу. Миних требовал скорейшего принятия императором корпуса, снабжения его из магазинов в Силезии, назначения почтовых маршрутов для переписки с Веной и Петербургом, а

---

[291] РГАДА. Ф. 177. Оп. 1. 1735 г. Д. 7. Л. 29-30.

[292] Там же. Л. 5-8об. Одному солдату полагалось на месяц 2 четверика ржаной муки, гарнец крупы, а в день – 1 фунт мяса. Четверик = 26,24 л., гарнец = 3,3 л, русский фунт = 409,5 г.

[293] Там же. Л. 51, 61.

[294] Там же. Л. 26.

[295] Там же. Д. 9. Л. 18.

[296] Там же. Л. 23.

также определения мест для складов оружия, содержания больных, сбора рекрутов. Для решения этих вопросов было нужно прислать к командующему корпусом имперского комиссара. Вратислав обещал сообщить ответ венского двора через 14 дней. О численности войск российский фельдмаршал объявил, что каждый полк, состоящий из двух батальонов, будет иметь 1660 солдат при двух 3-фунтовых пушках с запасом пороха, ядер и формами для литья пуль[297].

24 апреля Миних просил Анну Ивановну назначить корпусу, отправляющемуся на Рейн, полуторное жалование, а также выдавать войскам при нахождении на зимних квартирах, кроме провианта, – пива, вина, уксуса, дров, свечей и постелей согласно уставу[298]. Он приказал Ласи оставить в полках по 4 патронных ящика, а остальные, а также лишних лошадей, рогаточные копья – «за неимением в них в тамошней области нужды» – отдать в другие находящиеся в Речи Посполитой полки и команды[299].

В то время, как военные готовили войска к походу на Рейн, дипломаты прилагали новые усилия для начала мирных переговров. 27-28 апреля на встрече с австрийскими министрами Л. К. Ланчинский узнал от тайного секретаря Й.К. фон Бартенштайна, что император передает польские дела на волю царицы и не поддерживает проект отторжения уездов Миланского герцогства и предоставления Ливорно статуса вольного города[300]. 19 (30) апреля канцлер Зинцендорф и Бартенштайн заверили российского посла, что имперскому министру в Гааге А. фон Ульфельду уже направлена инструкция о совместных действиях на возможных мирных переговорах с А. Г. Головкиным и польско-саксонским послом[301].

Российский двор удостоверился в нежелании Австрии заключит сепаратный мир. 6 мая Ланчинский получил точную информацию о позиции версальского двора в отношении урегулирования конфликта: письмом от 29 апреля Головкин известил его, что Людовик XV желает продолжения войны[302]. 9 (20) мая Зинцендорф, Бартенштайн, Харрах и Штаремберг объявили о проекте перемирия, одобренном императором, послам России и Саксонии в Вене – Л. К. Ланчинскому и К. А. фон Цеху. Предусматривалось, что все воюющие державы должны принять посредничество

---

[297] Там же. Л. 51-52об.

[298] Там же. Л. 55об. Пива солдату по уставу полагался 1 гарнец в день, а вина или водки – 2 чарки (250 г).

[299] Там же. Д. 14. Л. 34-35. В пехотных полках Польского корпуса был двойной штат патронных ящиков – по восемь.

[300] АВПР. Ф. 32. Оп. 1. 1735 г. Д. 8. Л. 380об.

[301] Там же. Л. 44-45.

[302] Там же. Л. 51.

Англии и Голландии и как можно скорее прекратить боевые действия и собраться на мирный конгресс. Для переговоров на основе предложений морских держав от 26 февраля отводится два месяца, во время которых запрещается собирать контрибуции, чинить укрепления и пополнять гарнизоны, а все чужие войска должны покинуть Германию и нейтральные владения. Император обязался как можно скорее заручиться согласием на мир имперских князей. Для размена ратификаций такого соглашения также полагалось два месяца. В случае непринятия этих прелиминариев, морские державы должны будут выполнить обязательства по Венскому договору 1731 г.[303] Однако австрийские представители понимали, что главной надеждой на изменение хода воины остается получение военной помощи от России. Меморандум Карла VI был в большей степени направлен на создание благоприятного международного общественного мнения. Этот акт, полученный, в Петербурге 24 мая (4 июня) либо 31 мая (11 июня) ?, убедил и российский двор в миролюбивых намерениях австрийского императора.

Карл VI возлагал все надежды на получение российской военной помощи. На требование его о немедленном наступлении на Рейне принц Евгений отвечал 28 мая (8 июня), что любые большие операции исключены до подхода русского корпуса. В то время здесь против 86 имперских батальонов действовало 139 французских. При этом имперские солдаты были ослаблены голодом и болезнями зимнего периода. Каждый шестой был болен, многие дезертировали, не получая жалование в течение 12-14 месяцев. Хлеба не было по четыре дня. В январе 1735 г. на Рейне было всего 17639 боеспособных кавалеристов и 15771 пехотинец, не считая гарнизона Майнца – 5016 человек. Только к лету запасы продовольствия и военная касса были пополнены, и армия пришла в боеспособное состояние. На 23 июня (4 июля) в строю был 112391 человек при 28286 лошадях. Для снабжения войск было заготовлено 85183 центнера муки, 398540 меценов овса, 319034 центнеров сена и 1,3 млн. снопов соломы. В кассе имелось 578953 флорина.

3 мая Б. К. фон Миних рапортовал Анне Ивановне о ходе подготовки вспомогательных войск. Первый корпус из 8 пехотных полков собирался у Пинчова, получая оружие из Саксонии, а обмундирование из Силезии. После произведения Людвига Гессен-Гомбургского в генерал-фельдцейхмейстеры заместителем Ласи был назначен генерал-лейтенант Дж. Кейт[304]. Поскольку на границах Краковского воеводства мятежников не было, то Миних приказал собрать второй корпус из 3 пехотных и 8 дра-

---

[303] Там же. Л. 117-121.
[304] РГАДА. Ф. 177. Оп. 1. 1735 г. Д. 9. Л. 57-57об.

гунских полков (15867 человек) под командованием генерал-лейтенанта Г. А. Урусова и генерал-майора Ю. Лесли – «ежели при нуждном случае Его Римско-Цесарское Величество возтребует»[305]. В корпус Ласи вошли Киевский, Архангелогородский, 2-й Московский, Троицкий, Новгородский, Воронежский, Копорский и Псковский пехотные полки, а в корпус Урусова – 1-й Московский, Бутырский, Ярославский пехотные, Тверской, Владимирский, Санкт-Петербургский, Новотроицкий, Рижский, Тобольский, Олонецкий и Пермский драгунские полки. 4 пехотных и 5 драгунских полков этих корпусов уже имели опыт военных тревог 1727-1730 гг.[306]

15 (26) мая Миних известил австрийского посла в Варшаве Вратислава, что 13384 солдата генерал-аншефа Ласи начнут поход из Конецполя 10 (21) июня, а 1 (12) июля либо 30 июня (11 июля) ? за ними последуют 15770 солдат генерал-лейтенанта Урусова. Подряды на мундиры и палатки для этих войск были заключены в Бреслау, «ибо те, которыя прошедшею зимою из России отправлены и на которыя надеялись весною, за распутицею чрез Литву и по сие время провезены быть не могли»[307]. Всего из Бреслау для российских полков было получено 6449 драгунских синих и 1874 пехотных зеленых кафтанов, 7429 камзолов, 7207 епанчей, 8000 шляп, 13470 штанов-кюлотов и нижних портов[308].

Формирование второго вспомогательного корпуса не было из лишней мерой. Весной 1735 г. враждебность баварского курфюрста Карла Альбрехта II стала особенно явной. Его посол в Вене барон Мерманн заявил, что на границах Обер-Пфальца собрана 15-тысячная баварская армия, которая не даст русским пройти на Рейн[309]. Увеличение размера военной помощи, как считал Ланчинский, должно было повлиять на изменение позиции курфюрста[310].

Однако имперский двор был озабочен медленной подготовкой вспомогательных войск к походу и большими расходами по их содержа-

---

[305] Там же. Л. 58, 60об.

[306] Там же. Л. 59-59об.

[307] АВПР. Ф. 32. Оп. 1. 1735 г. Д. 10. Л. 336-337. Окончательно корпус Урусова был составлен из Санкт-Петербургского, Владимирского, Тверского драгунских и 1-го Московского, Бутырского, Ярославского, Смоленского, Нарвского, Тобольского, Углицкого пехотных полков.

[308] Feldzuege des Prinzen Eugen von Savoyen. Bd. 20. Wien, 1891. S. 118.

[309] Ibid. S. 120.

[310] АВПР. Ф. 32. Оп. 1. 1735 г. Д. 8. Л. 155. 17 мая Ланчинский писал ко двору: «Баварской курфирст при своей немалой арматуре в размышлении находится от восьми полков Вашего Императорского Величества ауксилиарного войска, которые чрез Богемию к Рену маршировать имеют. Оное размышление и приумножится, когда имеющуюся здесь из Варшавы ведомость получит, что еще вящее число Вашего Императорского Величества войск здешнему двору на помощь определяется».

нию – по подсчетам принца Евгения, до 1 млн. флоринов в течение пяти месяцев[311]. 22 мая (2 июня) Карл VI, обеспокоенный возникшими проблемами в снабжении многочисленных российских корпусов, направил указы послам в Варшаве и Петербурге Ф. К. фон Вратиславу и Х.К. фон Оштайну: договориться о поставке украинских быков на мясо для нового российского корпуса и принять меры к ускорению марша, чтоб хотя бы два с половиной месяца эти полки могли участвовать в кампании[312]. 23 мая – 3 июня (3-14 июня) Оштайн выразил царице благодарность императора за приготовленные 8 полков и просил о немедленном марше 5-тысячного отряда «к Рену или где Его Цесарское Величество оных употребить высочайшему своему интересу за удобно быть рассудит»[313]. Через два дня он, получив указ от 2 июня, возобновил требования. 7 (18) июня вице-канцлер А. И. Остерман дал ответ австрийскому послу: к графу Миниху уже послан указ о немедленном выступлении 8 пехотных полков, в то время как 5-тысячный отряд полковника А. Девица будет находиться на границе Силезии, прикрывая ее от польских набегов, но Миних считает это излишним, и поэтому российская сторона хочет знать мнение императора; кроме того, российская сторона готова, «ежели цесарь в Богемии от курфюрста Баварского атакован был, тогда ещё 15000 в Богемию дослать», но до такого нападения «фельдмаршалу отнюдь таких указов не дано, чтоб к принятию оных побуждать»[314]. Кабинет Министров к тому времени уже знал о том, что мундиры и провиант заготовлены в Силезии и отправлены в Тарновиц (к месту сбора корпуса Лэйси), а на следующие 10-15 тысяч будут готовы в течение двух месяцев; командовать другим корпусом просился сам Миних[315].

14 июня 1735 г. генерал-аншеф Ласи направил в Кабинет Министров новый рапорт. Его войска, получившие новые мундиры и пополненные из Великолуцкого и Углицкого полков, 8-9 июня перешли силезскую границу и тремя группами двинулись к Рейну. Первую колонну (4 полка) вёл сам Ласи, второй, идущий двумя дивизиями по два полка, командовали Дж. Кейт и И. Бахметев. Авангардная колонна российского корпуса достигла 14 июня г. Оппельн, а колонны Кейта и Бахметева Троппау и Вундерберга[316]. С австрийской стороны к корпусу были присланы австрийские комиссары: в колонну Ласи – генерал-фельдмаршал граф Х. В. фон Виль-

[311] Feldzuege des Prinzen Eugen von Savoyen. Bd. 20. Beilage. S. 35-36. Флорин, или имперский гульден = 60 копеек золотом.
[312] АВПР. Ф. 32. Оп. 1. 1735 г. Д. 10. Л. 329-329об.
[313] Там же. Л. 286.
[314] Там же. Л. 343-344.
[315] РГАДА. Ф. 177. Оп. 1. 1735 г. Д. 9. Л. 91.
[316] Там же. Д. 17. Л. 1-2.

чек (посол в Варшаве), а в колонну Кейта – генерал-фельдмаршал барон фон Хасслинген[317]. С этими комиссарами, а также с депутатами Силезии Поченски фон Тенчином и Виденбауэром и депутатом Богемии Логдманом фон Ауэном генерал-аншеф Ласи, обер-аудитор К. фон Шольтен и обер-провиантмейстер П. В. Головин заключили соглашение о маршруте движения корпуса, темпах марша и о порядке снабжения солдат всем необходимым из имперских магазинов в Силезии, Моравии и Богемии. Кроме того, солдаты могли покупать на деньги из жалованья различные продукты у населения[318].

На 14 июня 1735 г. вспомогательный корпус насчитывал вместе с больными и арестованными 12954 пехотинца, 124 артиллериста, 37 драгун Санкт-Петербургского полка «для конвою и посылок», 14 инженеров, 13 комиссариатских чиновников и служителей и 66 человек штаба корпуса (при трёх генералах); кроме того, в полках было 936 подъемных и артиллерийских лошадей. Несмотря на пополнение, в корпусе недоставало до штата ещё 359 солдат и офицеров и 432 лошадей[319]. На вооружении корпуса находилось 16 трехфунтовых полковых пушек, 198 эспантонов и 17 протазанов, 36 патронных и 8 гранатных ящиков (всего 3097 гранат, 211842 картечных зарядов, 471091 фузейный и 8293 пистолетных патрона), 169 пар пистолетов, 11311 фузей со штыками, 11948 шпаг и 136 алебард[320]. К походу в корпусе были получены 5000 новых саксонских фузей, котюрыми были вооружены четыре полка[321].

26 июня колонна Ласи (Архангелогородский, Киевский, Копорский и Псковский полки) вступила в Кёниггрец, а колонна Кейта в Дашиц (2-ой Московский, Воронежский, Новгородский и Троицкий полки). Сбор корпуса намечался в Пильзене 8 июля. Поход проходил благополучно, солдатам в день выдавалось по фунту мяса и два фунта хлеба (австрийский фунт равен 0,5 кг – *С. Н.*) или при отсутствии запасов по 14 крейцеров (примерно 14 копеек) для закупки продуктов у населения. П. Ласи отмечал, что «как люди, таки и лошади поднесь довольствуются без нужды», но был обеспокоен состоянием солдатской обуви: «от всегдашних походов едва не без остатка изношена, оная, чтоб солдатство нужды не терпели, имеет быть на все те полки в Праге и в других способных местах построена вновь»[322]. После прибытия в Прагу генерал-аншеф заказал

---

[317] Feldzuege des Prinzen Eugen von Savoyen. Bd. 20. S. 119.

[318] РГАДА. Ф. 177. Оп. 1. 1735 г. Д. 17. Л. 54-66.

[319] Там же. Л. 67-70.

[320] Там же. Л. 17об.-39.

[321] Там же. Л. 78об.

[322] Там же. Л. 95-96.

6 тыс. пар башмаков по 78 копеек за пару. Это существенно облегчило марш, так как при выступлении в полках недоставало 8257 пар башмаков, 7328 пар сапог, а штиблет имелось всего 2920[323].

Другой бедой корпуса стала высокая заболеваемость солдат. Одной из главных причин такого явления было строгое соблюдение православных постов в российских полках, когда солдаты, воздерживаясь от мяса, изнемогали во время длительных маршей (за день 2-3 немецкие мили, или 15-22,5 км)[324]. На 25 июня в корпусе было 310 «легких» и 190 лежачих больных, которых везли на фурах[325]. 4 (15) июля 1735 г. П. Ласи и Дж. Кейт при посредничестве фельдмаршала Вильчека заключили соглашение с пражским оберст-бургграфом фон Шафтготом и обер-кригс-комиссаром В. Логдманом фон Ауэном о размещении больных для излечения в городах Мисс, Гейд и Пильзен (в последнем строился большой лагерь для российских войск), а также о мерах по розыску и возвращению дезертиров (за поимку беглого солдата объявлялась награда в 6 талеров)[326].

Кроме корпуса Ласи, в Австрию отправились и волонтеры из Лейб-Гвардии Измайловского полка, откликнувшиеся на указ Анны Ивановны от 22 мая[327]. К 28 мая изъявили желание поехать на Рейн «для присмотрения тамошних воинских обхождений» генерал-майор и гвардии подполковник барон Г. фон Бирон, капитан-поручики гвардии князь Трубецкой и барон Мейендорф, поручики фон Левенвольде и князь Барятинский, подпоручик Хагенмайстер, прапорщики Бок и Мейендорф, сержант Дунт и гренадеры Каргополов и Стремов. Они выехали из Санкт-Петербурга сухим путем 2 июня (первоночально должны были плыть из Кронштадта)[328] и вскоре нагнали колонну вспомогательного корпуса в Богемии. Волонтеры поехали далее и 21 июля прибыли в Брухзаль, а генерал-майор Г. фон Бирон принял должность во вспомогательном корпусе[329].

С весны 1735 г. во французских войсках ходили слухи о походе на Рейн 37 тыс. русских солдат и до 6 тыс. казаков и калмыков. Версальский двор рассчитывал поднять против русского корпуса население Германии и начал кампанию по дискредитации России. Но листовки о «нашествии русских варваров, угрожающих свободе немцев», напугали только самих

---

[323] Там же. Л. 19об.-20, 97об.
[324] Feldzuege des Prinzen Eugen von Savoyen. Bd. 20. S. 120.
[325] РГАДА. Ф. 177. Оп. 1. 1735 г. Д. 17. Л. 95об.
[326] Там же. Л. 100-100об.
[327] РГВИА. Ф. 2577. Оп. 2. Д. 2. Л. 114об.-115, 279об.
[328] Там же. Л. 118.
[329] Осмнадцатый век. М., 1869. Кн. 2. С. 255.

французов. После вступления российских солдат в австрийские владения эта пропаганда потерпела крах. Население восторженно встречало их, а в Праге 8/19 июля горожане устроили пир в честь русского корпуса.

8-16 июля в Пильзене собрались все колонны вспомогательного корпуса. После отдыха они вышли в поход через Обер-Пфальца имперской армии, стоящей лагерем у Брухзаля. На 19 июля корпус имел некоторые потери: дезертировало 23 и умерло от болезней и тепловых ударов 27 человек, 236 тяжелобольных лихорадкою под надзором 30 солдат и офицеров было оставлено до излечения в Пильзене; кроме того, в полках иаходилось ещё 290 больных, способных к маршу[330]. Обер-Пфальц находился во владении курфюрста Баварии Карла-Альбрехта, который придерживался французской ориентации. После заявлений баварских представителей о намерении не допустить прохода русских полков силой союзники были вынуждены принять экстренные меры. 29 июня Л. К. Ланчинский доносил, что в Пфальце собрано до 15 тысяч баварских войск, но австрийская армия готова обеспечить безопасный проход русского войска[331]. Сам курфюрст объявил, что может сохранить нейтралитет и пропустить войска Ласи, если они будут идти отдельными полковыми колоннами. Так он надеялся истребить их по одиночке[332]. Рассчитывали в Мюнхене и на то, что французской армии удастся овладеть Майнцем и прорваться за Рейн.

Но в Вене требование о проходе отдельными колоннами по 1000 солдат было отвергнуто. 19 (30) июня принц Евгений приказал генерал-фельдмаршал-лейтенанту принцу фон Хоэнцоллерну с четырьмя полками кирасир (Лобковиц, Кевенхюллер, Лантьери и Хоэнэмс) и войсками епископа Бамбергского Ф. К. фон Шёнборна идти к г. Вальдсэггу (епископство Бамберг) и действовать по приказам Вильчека для прикрытия российских войск. 26 июля этот корпус прошел Нюрнберг и стал ждать у Херсбрука подхода полков Ласи. К 8 (19) июля заняли позиции от озера Боден-Зее до Ульма прибывшие из долины р. Инн и из Тироля 2 драгунских и 4 кирасирских полка генерал-фельдмаршал-лейтенанта князя фон Лобковица (Йоргер, Вюртемберг и Хамильтон, Й. Пальфи, Хоэнцоллерн, Дармштадт) со штабом в Бурггау, блокировав баварские владения с запада и с юга[333].

7 (18) июля имперский канцлер Ф. Л. фон Зинцендорф объявил Ланчинскому, что баварский курфюрст оставил все свои претензии и

---

[330] РГАДА. Ф. 177. Оп. 1. 1735 г. Д. 17. Л. 105.

[331] АВПР. Ф. 32. Оп. 1. 1735 г. Д. 8. Л. 228-229.

[332] *Arneth A. von.* Prinz Eugen von Savoyen. Wien, 1864. Bd. 3. S. 468.

[333] Feldzuege des Prinzen Eugen von Savoyen. Bd. 20. S. 121.

согласился пропустить российские войска; в Обер-Пфальце он оставил не более 6000 солдат[334]. Имперский указ к Вильчеку обязывал его добиться прохода через баварские владения двумя дивизиями через Россхаупт и Вальдтурн на Нюрнберг «так в близости друг от друга, дабы они во всяком случае, ежели с стороны Кур-Баварии, паче всякого чаяния, в проходе препятствовать или может быть отчасти неприятельски аттаковать дерзнут, тотчас соединитьца, друг другу вспомогать и обороняться могли»[335]. 11 (22) июля баварский придворный военный советник и комиссар фон Кирхнер заключил соглашение с Вильчеком о свободном проходе российских войск и о снабжении их из баварских магазинов[336].

Из-за недостатка провианта поход через Обер-Пфальц и Зульцбах был совершен без дневок за 4 дня (пройдено 10,5 миль), и уже 26 июля (6 августа) полки прибыли в Помол-Шпрунг, где баварские власти предоставили фураж для лошадей и по 34 подводы на полк «под больных и тягости»[337]. При проходе, как отмечал Ласи, «воспрещения и помешательства ни от кого и от команды моей ни малейшего обывателям озлобления никому показано не было, но стоящей в Обор-Фальской земле поблизости нашего пути в полуторе тысяще салдат генерал-маеор барон Мировицки, приехав ко мне, именем принцепала (государя) ево, курфирста Баварского, за доброе войск Ея Императорскаго Величества при проходе землею ево состояние и поступки благодарил»[338].

Австрийское командование не имело единого мнения об использовании российских войск. 17 (28) июля генерал-фельдцейхмейстер граф Ф. Х. фон Зеккендорф предложил принцу Евгению отрядить 30-40-тыс. корпус, куда должны войти и русские полки, к Майнцу, перейти там Рейн и двинуться по р. Мозель к Триру, а основными силами выбить французов из Филиппсбурга или атаковать через Рейн у Оппенхайма. 23 июля (3 августа) генералиссимус одобрил проведение частной операции на Мозеле, но не согласился на включение в ударный отряд корпуса Ласи.

Генерал-фельдмаршал герцог Карл Александр Вюртембергский 3 (14) июля обратился к Евгению Савойскому с планом перенесения войны во Францию после прибытия на Рейн всех русских войск (то есть корпусов Ласи и Урусова). Для обеспечения обороны Рейна 21 июля (1 августа) он предложил разместить полки Ласи до подхода остальных сил в наиболее уязвимом месте – у Оффенбурга. Эта идея была принята принцем Евге-

[334] АВПР. Ф. 32. Оп. 1. 1735 г. Д. 8. Л. 240-241.

[335] РГАДА. Ф. 177. Оп. 1. 1735 г. Д. 17. Л. 108-108об.

[336] Там же. Л. 130-131.

[337] Там же. Л. 143.

[338] Там же. Л. 143об.

нием, поскольку к тому времени стало ясно, что французские солдаты боятся прибытия русских. Принц решил однако избежать рискованного наступления за Рейн и использовать вспомогательный корпус более как психологическое оружие.

30 июля российские полки стали лагерем под Нюрнбергом для отдыха после опасного и трудного марша через баварские владения[339]. Это была последняя большая остановка на пути к имперскому лагерю. 15-16 (26-27) августа вспомогательный корпус прибыл в Ладебург у р. Неккар и расположился от Ладебурга до Хайдельберга, имея справа встреченные в Нюрнберге четыре кирасирских полка фон Хоэнцоллерна, а справа - датский вспомогательный корпус[340]. В строю находились: 12661 пехотинец и 88 артиллеристов (не считая генерального штаба), из них 463 слабых и 218 больных, а также 30 конных гренадер Санкт-Петербургского драгунского полка[341]. Генералиссимус принц Евгений принял 18 (29) августа парад российского корпуса и остался доволен «этой столь хорошо управляемой и отлично выученной пехотой»[342]. Прибытие российских полков к главной имперской армии сказалось на военной обстановке. Бавария была вынуждена прислать Австрии контингент вспомогательных войск[343]; французская армия прекратила попытки форсировать Рейн и только стремилась добиться успеха у Майнца и Кобленца.

Другой корпус, собиравшийся на силезских границах, так и не был отправлен: надвигалась война с турками. 22 августа фон Оштайн получил сведения об этом от А. И. Остермана, и уже 9 сентября сообщил Кабинету Министров раздраженный ответ Карла VI: 5-тысячный русский отряд планировалось расположить в Пильзене и Эгере для защиты от Баварии, поэтому «об отменном указе толь чювствительнее было слышать, понеже почитай в то ж время Его Величеству перенятие таких войск на волю чрез штафет от меня передано, и он в том не утверждался бы, ежели б Его Величеству в сих войсках нужды не было»[344]. Эти три полка (Нарвский, Белозерский и Тобольский пехотные, всего 5019 человек) под командованием полковника А. Девица уже были собраны у Ченстохова, когда 22 июля (2 августа) Б. К. фон Миних получил указ об их возвращении[345].

К этому времени уже начался вывод большей части российской армии из Речи Посполитой на Украину. 19 (30) мая 1735 г. на конференции в Вар-

---

[339] Там же. Л. 45.

[340] Там же. Л. 152.

[341] Там же. Л. 153-155, 157.

[342] *Arneth A. von.* Prinz Eugen von Savoyen. Bd. 3. S. 471.

[343] АВПР. Ф. 32. Оп. 1. 1735 г. Д. 8. Л. 286об.-287.

[344] Там же. Д. 10. Л. 491об.-492.

[345] РГАДА. Ф. 177. Оп. 1. 1735 г. Д. 10. Л. 17.

шаве было решено оставить в Речи Посполитой 40 тысяч российских войск (из 70899 солдат, 63129 лошадей и 2000 казаков, а также 15284 человека саксонских войск)[346]. 9 августа в связи с подготовкой войны против Османской Порты Миних предложил сократить русское военное присутствие в Речи Посполитой до 24493 человек (из 29 пехотных полков оставалось 8, из 25 кавалерийских полков - три кирасирских и 5 драгунских)[347]. Оштайну было отвечено, что 5000 солдат были обещаны в случае нападения Баварии, они уже поздно придут на Рейн, «и тако цесарю в нынешней компании не токмо никакой пользы, но паче еще к тягости быть имеют»[348].

Продолжались и дипломатические шаги Австрии и России, направленные на прекращение войны. До конца лета имперские войска сдали испанцам крепости Сиракузы и Трапани – 21 июня и 21 июля (2 июля и 1 августа) на Сицилии и Мирандолу в Ломбардии – 22 августа (2 сентября)[349], а вице-президент Хофкригсрата фельдмаршал граф Л. фон Кёнигсэгг отвел свою армию к границам Тироля, надежно прикрыл их и начал успешную «малую» войну против превосходящих сил Франции, Сардинии и Испании, находясь на позициях у Гойо, Рива, Ровередо, р. Эч (Адидже), озера Лагоди-

---

[346] Там же. Д. 9. Л. 138, 142об., 148-148об. В Речи Посполитой в то время находились:
-команда генерал-лейтенанта А. Г. Загряжского в Любельском воеводстве: Олонецкий, Рижский, Новотроицкий, Тверской, Владимирский, Санкт-Петербургский драгунские и Смоленский пехотные полки, гусары и казаки (10189 человек);
- команда генерал-лейтенанта Г. А. Урусова в Плоцком воеводставе: Каргопольский, Тобольский драгунские и Белозерский, Углицкий, Ладожский, Великолуцкий, Тобольский, Нарвский пехотные полки и казачий донской отряд (13050 человек);
- команда генерал-аншефа Й. Б. фон Вейсбаха и генерал-фельдцехмейстера принца Людвига Гессен-Гомбургского в Русском, Волынском, Бельском, Подольском воеводствах: Киевский, Троицкий, Луцкий драгунские полки и Вятский эскадрон, 1-й Московский, Бутырский, Ярославский, Черниговский, Суздальский, Муромский пехотные полки, казаки и ландмилиция (21284 человека);
- команда генерал-лейтенанта П. И. Измайлова в Литве и по прусской границе: Нарвский, Ингерманландский, Пермский драгунские, Невский, Сибирский, Кексгольмский пехотные полки и батальон Санкт-Петербургского пехотного полка, казаки (10423 человека);
- команда генерал-майора Р. А. фон Бисмарка в Курляндии и Самогитии (Жмудское княжество): Лейб-, Минихов и Бевернский кирасирские, Астраханский, Пермский, Владимирский и Шлютельбургский пехотные полки, казаки (10195 человек);
- команда генерал-майора кн. В. А. Репнина в Белоруссии: Вологодский, Вятский пехотные полки, батальон Санкт-Петербургского полка, гарнизонные Смоленский батальон и Рославльский эскадрон, казаки (5758 человек);
- 9000 донских и слободских казаков, выводящихся в Россию.
Саксонские войске в Польше: полки Гар дю Кор, Наследного принца, Промниц, Принц фон Гота, Бранд, Венедигер кирасирские, легкоконный принца Карла, драгунские Шевалье де Сакс, Арнштедт, Шлихтинг, Ляйпциг и пехотные Принц Ксавьер, Левендаль, Дю Кэла, Унру, Рохо, Хакстхаузен (5928 кавалерии и 8790 пехоты).
[347] Подсчитано по: Там же. Д. 10. Л. 22-24об.
[348] Там же. Д. 7. Л. 147-148.
[349] Feldzeuge des Prinzen Eugen von Savoyen. Bd. 20. S. 34, 36, 217-218.

Гарда и горы Монте Гальдо. Продолжал обороняться и наносить большие потери противнику австрийский гарнизон Мантуи[350]. Император Карл VI согласился с потерей Сицилии и Неаполя, но стремился получить эквивалент в Тоскане и сохранить Миланское герцогство. В сентябре А. Кантемир и Ф. Кински передали английскому правительству русско-австрийскую ноту о несоблюдении союзных обязательств Георгом II и Генеральными Штатами Голландии, но 3/14 сентября премьер-министр Р. Уолпол решительно заявил, что Англия в войну не вступит[351].

Версальский двор не собирался прекращать войну. После стабилизации фронта в Италии французская армия, пользуясь нейтралитетом Англии и Голландии, вновь попыталась прорваться за Рейн. К началу осени там было собрано 119 батальонов и 184 эскадрона имперских войск (австрийские, рейнские, вестфальские, ганноверские, саксонские, датские и российские полки)[352]. В окопах вдоль Рейна вместе с австрийцами оборонялись 500 человек из российского корпуса (напротив г. Вормс)[353]. Но активных действий не наблюдалось. Генерал-фельдмаршал фон Харрах объявил генералу П. Ласи, «что во время нынешней компании против французов действия не будет, понеже войска их имеетца около девяноста тысяч, и линия их под Стеэрбахом (Шпейербах – С. Н.) так укреплена и затоплена вокруг водою, что атаковать весьма трудно, и для того-де положено ныне войска расположить на квартиры и почтирунги»[354]. Несколько русских батальонов собирались поставить в гарнизоны Фрайбурга и Альт-Брайзаха, но российский генерал-аншеф «требовал, чтобы оные полки разделены не были», и российский корпус решили расставить по постам вдоль Рейна и на зимних квартирах в Вюртемберге[355].

Однако, 9 (20) сентября армия принца Евгения перешла в лагерь у Вислоха, расположившись от р. Неккар до р. Энц, в результате чего корпус Ласи оказался на левом фланге, в 2 милях от Филиппсбурга[356]. На правом фланге вокруг Майнца формировалась армия генерал-фельдцойгмайстера Ф. К. фон Зеккендорфа (23327 пехоты и 12840 кавалерии) с задачей выбить французов маршала Бель-Иля из Кобленца и с реки Мозель[357]. В армию Зеккендорфа должны были войти и российские полки, но П. Ласи

[350] АВПР. Ф. 32. Оп. 1. 1735 г. Д. 8. Л. 189.

[351] Реляции князя А. Д. Кантемира из Лондона. М., 1902. Т. 2. С. 305-306.

[352] Feldzuege des Prinzen Eugen von Savoyen. Bd. 20. S. 131.

[353] РГАДА. Ф. 177. Оп. 1. 1735 г. Д. 17. Л. 158. Рапорт П. Ласи от 27 августа.

[354] Там же. Л. 160.

[355] Там же. Л. 160об. Рапорт П. Ласи от 29 августа 1735 г.

[356] Там же. Л. 166.

[357] Feldzuege des Prinzen Eugen von Savoyen. Bd. 20. S. 140, 152. В армии генерал-фельдцойгмайстера Ф. Г. фон Зеккендорфа было 23 гренадерские роты, 41 батальон, 85 эскадронов. В армии маршала Бель-Иля было 33 батальона и 68 эскадронов.

заявил, что подчиняется по конвенции только Евгению Савойскому как генералиссимусу. Оштайн в Санкт-Петербурге требовал, чтобы были соблюдены нормы воинской дисциплины, но получил 26 сентября в ответ требование предоставить русскому войску зимние квартиры, «где бы оное по толь многим понесенным трудностям отдыхать надлежащим образом отправиться могло», и не употреблять их на караулах зимой, если не будут так же задействованы другие вспомогательные войска[358].

24 сентября (5 октября) принц Евгений из-за обострения болезни уехал в Вену, отдав распоряжения о размещении корпуса П. Ласи на зимних квартирах[359]. Через неделю имперские войска приблизились к Рейну у Лангенбрюкка и Шпейра и начали артиллерийскую перестрелку с французам, а армия Зеккендорфа у Трарбаха разгромила французский пост (70 солдат противника было убито и 230 пленено)[360]. Корпус Ласи занял деревню Кронау близ Филиппсбурга сводным гренадерским отрядом генерал-майора Г. Бирона и участвовал в перестрелке с французским гарнизоном. На следующий день в корпус с визитом прибыл оставшийся после отъезда Евгения Савойского главнокомандующим генерал-фельдмаршал герцог Карл Александр фон Вюртемберг[361].

Ночью на 7 (18) октября войска Зеккендорфа перешли Мозель и захватили французские магазины в Трарбахе, а 9 (20) октября сражались с французами у Клаузена (в миле от Трира). Имперцы потеряли 45 убитыми, 93 ранеными и 3 пропавшими без вести, французы – до 200 человек, а исход боя остался нерешенным. Вечером 10 (21) октября подошел австрийский корпус генерал-фельдмаршал-лейтенанта Штирума (10 батальонов и 20 эскадронов) и заставил противника отойти[362]. После этой акции войска стали занимать зимние квартиры. 18 (29) октября П. Ласи получил ордер на размещение штаба корпуса в Пфорцхайме, генерал-майора Г. фон Бирона с Киевским и Троицким полками – в деревнях близ Дурлаха, полков Копорского, Воронежского и Архангелогородского – в Эслингене, Голло, Кальве, Нагольде и других вюртембергских и франконских деревнях, генерал-лейтенанта Дж. Кейта с драгунами и инженерами корпуса в Вайлерштадте, Новгородского полка – в Брухзале, в деревнях близ Хайльбронна – генерал-майора И. И. Бахметева с Псковским полком, в деревне Бреттен – 2-го Московского полка[363]. П. Ласи не был доволен квартирами, так как часть земель была разорена в 1733-1734 гг. францу-

---

[358] АВПР. Ф. 32. Оп. 1. 1735 г. Д. 10. Л. 531-534об.
[359] РГАДА. Ф. 177. Оп. 1. 1735 г. Д. 17. Л. 175.
[360] Там же. Л. 182.
[361] РГАДА. Ф. 846. Оп. 16. Д. 16128. С. 179.
[362] Feldzuege des Prinzen Eugen von Savoyen. Bd. 20. S. 156-157.
[363] РГАДА. Ф. 177. Оп. 1. 1735 г. Д. 17. Л. 209.

зами. Для содержания постов по берегу Рейна было командировано 1120 человек (по 70 солдат с офицерами от каждого батальона)[364].

20 (31) октября Ласи получил письмо от герцога Вюртембергского о прекращении военных действий против французов[365]. Так же неожиданно граф X. К. фон Оштайн в Санкт-Петербурге подал 21 октября (1 ноября) промеморию о заключении австро-французского перемирия на. Рейне и в Италии[366]. Это было тем более удивительно, что только 29 сентября имперский посол просил оставить российские войска в Германии для кампании 1736 г.[367] Теперь же Карл VI требовал снабдить полномочными грамотами российских министров в Вене и Гааге для подписания мирного договора, начать консультации российских и имперских министров при всех европейских дворах (в том числе в Берлине барону Бракелю с резидентом фон Лемратом) и склонить польский двор к выплате компенсации за убытки от утраты герцогства Бар (за счет конфискации имений Лещинского)[368]. Российскому двору были изложены и подписанные 22 сентября (3 октября) в Вене прелиминарные пункты, но подробнее о переговорах сообщил Л. К. Ланчинский.

В августе 1735 г. в Вену тайно прибыл камергер Людовика XV Ж. Б. Де Ла Бонне. Его под видом конюшего привез один из дворян Империи, имевший гражданское дело в Имперском Государственном Совете. Под видом хлопот по этому «делу» проходили переговоры, «и тем способом никто за ним не примечал». Заключение прелиминарных пунктов произошло в тайне от морских держав, хотя и по их плану[369]. 11 (22) октября вечером реляция Ланчинского от 27 сентября (8 октября) с изложением главных условий соглашения имперского канцлера Ф. Л. фон Зинцендорфа и Де Ла Бонне была доставлена Анне Ивановне, а через десять дней Оштайн подтвердил содержание прелиминарных пунктов:

1) Август III признается королем Польским и великим князем Литовским, а Станислав Лещинский сохраняет титул польского короля и получает герцогства Лотарингию и Бар; после его смерти эти земли отходят Франции;

2) после смерти великого герцога Тосканского его владения и титул переходят герцогам Лотарингского дома как эквивалент; Ливорно остается вольным городом;

---

[364] Там же. Л. 208.

[365] Там же. Л. 211. Рапорт П. Ласи от 23 октября 1735 г.

[366] АВПР. Ф. 32. Оп. 1. 1735 г. Д. 10а. Л. 61об.

[367] Там же. Д. 16.

[368] Там же. Л. 62об-65об.

[369] Там же. Д. 8. Л. 373об.-374.

3) королевства Сицилийское и Неаполитанское с г. Порталон переходят испанскому инфанту дону Карлосу;

4) король Сардинии получает на правах вассала Карла VI города Санте Фиделе, Торре де Форти Граведо, Кампо-Маджоре и на выбор одну из крепостей - Тортону, Новарру или Виджívano;

5) император получает герцогства Парма и Пьяченца, его противники отказываются от всех завоеваний в Германии и Ломбардии;

6) Людовик XV гарантирует Прагматическую Санкцию Карла VI.

Сепаратные статьи предусматривали прекращение боевых действий и взимания контрибуций и созыв мирного конгресса в Аахене с обязательным участием России и Речи Посполитой, «которые в том, что до польских дел касается, за главнейшие договаривающиеся стороны почтены»[370].

Что же заставило Бурбонский блок пойти на мирные переговоры? Согласно реляции А. Д. Кантемира, английский парламент оценил потери Франции в войне в 9 млн. фунтов стерлингов и в 100 тыс. солдат и офицеров[371]. «Малые операции», проводимые австрийским командованием, истощали силы французских войск, а штурм горных тирольских проходов и форсирование Рейна было сопряжено с большими потерями. Позиция морских держав рано или поздно могла измениться, тем более что Версаль в июле вновь отверг их мирные предложения. В Польше сопротивление сторонников Лещинского было прекращено, и надежд на его возвращение не было. Сам Станислав не мог больше укрываться в Кёнигсберге. Наконец, российские полки стояли на Рейне: их силу уже испытал французский отряд под Вайхзельмюнде. К корпусу Ласи мог, как считали в Версале, присоединиться новый 15-тысячный корпус. Присутствие больших русских сил в Польше не давало Людовику возможности вербовать союзников среди германских князей. Внести раскол в Германию не удалось. Французский двор серьезно опасался совместного наступления австро-русских войск за Рейн весной 1736 г. О серьезности таких опасение свидетельствует то, что даже в инструкции послу в Петербурге И. Ж. Т. Де Ла Шетарди отмечалась возможность переброски значительных российских сил в Германию[372].

---

[370] Там же. Д. 10а. Л. 79-86об.

[371] Реляции князя А. Д. Кантемира из Лондона Т. 2. С. 207.

[372] Маркиз Де Ла Шетарди в России 1740-1742 годов. СПб., 1862. С. 37-38: «Россия в отношении к равновесию на Севере достигла слишком высокой степени могущества, союз ее с Австрийским домом чрезвычайно опасен. Видели по делам Польши, как злоупотреблял венский двор этим союзом. Если он мог в недавнее время привести на Рейн корпус московских войск в 10 тысяч, то когда ему понадобится подчинить своему произволу всю Империю, он будет в состоянии запрудить всю Германию толпами варваров».

После окончания боевых действий у российского Кабинета Министров остались две проблемы: подписание мирного договора и возвращение войск из Священной Римской империи и Речи Посполитой. 25 октября Оштайну было заявлено о согласии Анны Ивановны с прелиминарным Венским трактатом[373]. 26 октября и 11 ноября Ланчинскому были отправлены рескрипт и инструкция о ведении мирных переговоров с французскими представителями[374]. Такие переговоры с министром Людовика XV Лапортом начались в Вене 27 октября (7 ноября), и через 10 дней имперский канцлер официально пригласил участвовать в них российского посла[375]. 5 (16) ноября стороны разменялись ратификациями прелиминарного договора от 22 сентября (3 октября). Вскоре последовало признание Августа III польским королем со стороны папы римского, а испанские войска начали отход из Ломбардии[376].

По просьбе П. Ласи Л. К. Ланчинский 4 (15) ноября обратился к австрийским министрам, требуя перевода вспомогательного корпуса в области, не затронутые войной. Он согласился с предложенными зимними квартирами в Богемии, поскольку российские войска находились бы ближе к границам отечества[377]. 31 октября (11 ноября) Карл VI направил указ герцогу Карлу Александру фон Вюртембергу о переводе российских вспомогательных войск в восьми полковых колоннах из Вюртемберга в наследные владения – Богемию, Моравию и Силезию[378], и 6 декабря эта передислокация была подтверждена Кабинетом Министров[379]. 8 (19) декабря российский корпус начал движение, проходя в день по 15 верст[380]. На 15 декабря в строю было 12754 пехотинца и 89 артиллеристов. В Эппингене и Хайльбронне был оставлен 31 больной при 7 надзирателях; еще 185 больных и выздоравливающих дожидались прихода корпуса в Пильзене[381]. 12 декабря Ласи прибыл в Хайльбронн, 19-го – в Ротенбург, а 24-го в Нюрнберг, где договорился с баварскими комиссара-

---

[373] АВПР. Ф. 32. Оп. 1. 1735 г. Д. 10а. Л. 123об. «Ея Императорское Величество не меньше уважает и признает важность тех обстоятельств и причин, которые Его Римско-Цесарского Величества оную сепаратную и тайную негоциацию с французским двором к восстановлению желаемого мира как возможно ускорить необходимым образом принудили и при том препятствовали, что Ея Российско-Императорскому Величеству не прежде о том союзническое объявление учинитьца могло».

[374] Там же. Д. 5. Л. 50, 58об.

[375] Там же. Д. 8. Л. 442-443об., 460-460об. Французскую ратификацию подписал кардинал А. Э. Де Флёри.

[376] Там же. Л. 486-468об., 505.

[377] Там же. Л. 446об.-447об.

[378] РГАДА. Ф. 177. Оп. 1. 1735 г. Д. 17. Л. 230, 241, 252.

[379] Там же. Д. 15. Л. 11-12.

[380] Там же. Д. 17. Л. 282.

[381] Там же. Л. 284-285.

ми о проходе через ОберПфальц и получил указ Карла VI о размещении четырех полков корпуса в Богемии и по два – в Силезии и Моравии[382]. О содержании войск корпуса генерал-аншеф с удовольствием сообщал: «В Вирцбурской, Анцзбахской и Барейской землях (княжества Ансбах, Вюрцбург и Байройт – *С. Н.*) сами владетели подтверждали, чтоб пропитание чинено было достаточно, и тем весьма были довольны; паче же всех герцог Виртенберской в бытность в ево каманде по представлениям моим всякое удовольствие чинил»[383].

5-7 января 1736 г. войска российского вспомогательного корпуса вступили в Богемию. Генерал-майор Бирон с Киевским и Воронежским полками направился в Моравию, генерал-майор Бахметев с Новгородским и 2-м Московским полками продолжил марш в Силезию, а Троицкий, Копорский, Псковский и Архангелогородский полки во главе с генерал-аншефом Ласи достигли 9 января Пильзена и начали занимать зимние квартиры в Коуржимском, Хрудимском, Тиастанском и Бехинском округах (крайсах) Богемии[384]. Генерал-лейтенант Кейт остался на Рейне для лечения. 27 января штаб Ласи расположился в г. Нойхаус, а полки по 1-2 роты разошлись по деревням. Прибытие полков в Моравию и Силезию из-за трудных зимних дорог затянулось до февраля-марта 1736 г.[385] П. П. Ласи, вызванный в Вену, удостоился 10 марта аудиенции и ужина с Карлом VI. Командующий российским корпусом получил чин генерал-фельдмаршала и титул графа Священной Римской Империи. Австрийский монарх подарил ему свой портрет, усыпанный алмазами, и 5000 флоринов[386].

В Вене с конца 1735 г. продолжались мирные переговоры канцлера Зинцендорфа с новым французским послом Лапорт Дю Тэлем. 12 (23) декабря на конференцию были приглашены Ланчинский и польско-саксонский посол барон фон Цех. Предлагалось конфисковать имения Станислава Лещинского в Речи Посполитой, однако это не было поддержано французским представителем. Обсуждался и вопрос об отречении Лещинского от польского престола[387]. 7 (18) января 1736 г. переговоры об отречении Станислава возобновились, и 13-го Ланчинский и Цех получили от Зинцендорфа и Бартенштайна проект «уверительных актов», которыми царица приглашалась к переговорам «в том, что до польских

---

[382] Там же. Л. 299-299об.
[383] Там же. Л. 300.
[384] Там же. 1736 г. Д. 13. Л. 3.
[385] Там же. Л. 9-9об.
[386] АВПР. Ф. 32. Оп. 1. 1736 г. Д. 5. Л. 163об.-164.
[387] Там же. 1735 г. Д. 8. Л. 524-525об.

дел касается», и обязывалась исполнять требования прелиминарного договора[388].

На заседании 19 (30) января при обсуждении вопросов признания Августа III и отречения Лещинского французский посол требовал вывести российские войска из Речи Посполитой через 30 дней после подписания мира. «Противу последняго пункта отозвался я, – писал Ланчинский, – коим образом многие Вашего Императорского Величества декларации свидетельствуют преизобильно, что после состоявшейся совершенной пацификации (примирения – *С. Н.*) войски Вашего Императорскаго Величества оттуды выведены будут немедленно, не требуя ни малого награждения за толь великие иждивении, ни пяди же земли не претендуя, но срок, к тому объявленный, короток»[389]. Действительно: почта из Вены в Петербург шла 20 дней, а ведь надо было еще послать указы войскам. Австрийские министры Зинцендорф, Бартенштайн, Штаремберг, Харрах и Кёнигсэгг (он замещал тяжело больного принца Евгения) поддержали российского посла. В вопросе об имуществе Лещинского и его сторонников барон фон Цех занял следующую позицию: имения мятежников будут возвращены после того, как они присягнут королю Августу III, а поместьями Станислава будут распоряжаться кредиторы, так как все они заложены им[390]. В целом переговоры выявили общность позиций союзников по главным проблемам: вывод войск из Империи и Республики, отречение Лещинского и признание королем Польским Августа III. 2 (13) февраля они выработали форму акта об отречений[391]. Дю Тэль старался увязать вопрос об освобождении крепостей Кель, Филиппсбург и Трир с выводом российских корпусов из Германии и Польши и с передачей Бара и Лотарингии Станиславу, однако союзники настаивали на первоначальном отречении его от польского престола и добились согласия представителя Версаля на передачу всех доходов этих земель вплоть до смерти великого герцога Тосканского герцогу Лотарингскому Францу-Штефану III[392].

Анна Ивановна еще 17 февраля 1736 г. подписала указ о возвращении в Россию полков вспомогательного корпуса в связи с подготовкой к кампании против Турции и Крыма и о назначении генерал-фельдмаршала графа П. П. Ласи командующим Донской армией (для осады Азова)[393]. Хлопотать о

---

[388] Там же. 1736 г. Д. 5. Л. 17-17об., 22-23об.

[389] Там же. Л. 28-28об.

[390] Там же. Л. 29.

[391] Там же. Л. 85-85об.

[392] Там же. Л. 130об.-131.

[393] РГАДА. Ф. 177. Оп. 1. 1736 г. Д. 11. Л. 3-4об.: «по требованию нынешних обстоятельств и для толь надежнейшаго произведений тех важнейших экспедицей, х которым войсками нашими приуготовлении, чинятся».

скорейшем возвращении вспомогательных войск было поручено Л. К. Ланчинскому, но канцлер Зинцендорф 18-21 февраля (1-4 марта) неохотно отвечал на его представления, желая удержать российским корпус до окончания переговоров с Дю Тэлем и использовать его для давления на версальский двор[394]. Да и сам Ласи после получения указа и сдачи командования генерал-лейтенанту Дж. Кейту сообщал 14 марта: «Токмо чтоб то поспешествовать могло, неуповательно, понеже окроме того, что путь при нынешнем времени весьма неспособен, от польской границы обыкновенных почт не имеетца, и за тем тот мой проезд может быть продолжителен»[395].

Наконец 22 февраля (5 марта) в Вене было подписано соглашение о выводе из Германии французских войск. Их гарнизоны сохранялись до передачи Лещинскому Бара и Лотарингии только в крепостях Кель, Трир и Филиппсбург[396]. Присутствие российских войск в Богемии, Моравии и Силезии заставило Дю Тэля заключить 31 марта (11 апреля) акт о вступлении в силу артикулов прелиминарного мирного трактата от 22 сентября (3 октября) 1735 г.[397] В ответ австрийская сторона согласилась начать вывод из наследных земель русских полков, о чем 10 (21) апреля было объявлено Ланчинскому[398].

6 апреля Кабинет Министров приказал Военной коллегии вывести российские войска из Речи Посполитой, оставив лишь в Курляндии два кирасирских полка при генерал-майоре Р. А. фон Бисмарке, и немедленно возвратить в Россию корпус Дж. Кейта[399]. К 12 (23) апреля в Речи Посполитой (не считая Курляндии) остался только Астраханский пехотный полк, но и он 8 мая выводился на Украину[400]. С корпусом Кейта было сложнее: разоренная южная часть Польши не могла прокормить 13000 солдат, поставка провианта из австрийских магазинов шла медленно. 13 апреля Кейт получил новый указ кабинет-министров выступить в поход, покупая провиант по дороге, а не ожидать его от имперцев[401]. Командующий корпусом начиная с 21 марта рапортовал о приготовлениях к походу, но в марш так и не выступил, ожидая прибытия австрийских комиссаров[402]. 12

---

[394] АВПР. Ф. 32. Оп. 1. 1736 г. Д. 5. Л. 140об., 154об.

[395] РГАДА. Ф. 177. Оп. 1. 1736 г. Л. 13, 16. Ласи прибыл к Азову 18 апреля 1736 г.

[396] АВПР. Ф. 32. Оп. 1. 1736 г. Д. 5. Л. 151-151об.

[397] Там же. Л. 196-196об., 211.

[398] Там же. Л. 220об.: «Вчерашняго дня в конференции принята резолюциа о пристойном отпуске Вашего Императорскаго Величества ауксилиарных полков восвояси, и положено на мере ис Военного Совета писать о том к Вашего Императорскаго Величества генералу-лейтенанту господину Кейту с признанием доброй дисциплины, как под прежнею командою господина генерала фельдмаршала Лессии, так и под его нынешнею, содержанной».

[399] РГВИА. Ф. 20. Оп. 1. Д. 54. Ч. 1. Л. 61-61об.

[400] Там же. Л. 79-80.

[401] РГАДА. Ф. 177. Оп. 1. 1736 г. Д. 26. Л. 6-7.

(24) апреля он получил указ Хофкригсрата о выступлении из квартир и об определении комиссаров, а с 22 апреля роты начали выходить с зимних квартир и сводиться в батальоны. 30 апреля Кейт собирался начать марш, о чем извещал Кабинет Министров[403]. Получение этого рапорта вызвало в Санкт-Петербурге возмущение. На полях рапорта канцлер А. И. Остерман написал: «Отписать к нему, что о медленном выступлении его в поход усмотрено с некоторым удивлением, и подтвердить: с поспешением маршировать, сколько без крайняго раззорения людей учинить возможно»[404]. 18 мая 1736 г. Дж. Кейту был отправлен грозный указ о «наискорейшем оного повеленного марша поспешении»[405].

29 апреля (10 мая) вспомогательный корпус начал обратный поход в Россию. 7 мая генерал-лейтенант Кейт прибыл в Троппау и назначил шести полкам маршрут на Украину через Краковское и Русское воеводства в сторону Каменца-Подольского, а двум (2-й Московский и Новгородский с генерал-майором Бахметевым) - через Петроков и Владимир-Волынский[406]. В Речи Посполитой войскам пришлось столкнуться с тем, что население, ушедшее во время войны в леса, не давало подвод и провианта, но генерал-майору Г. фон Бирону удалось собрать некоторое число подвод, а в Ярославе был учрежден магазин[407]. 9 июня полки корпуса прибыли в Ярослав, а в день получения указа от 18 мая, 15 июня, уже были во Львове. В Троппау была оставлена ликвидационная комиссия с обер-провиантмейстером Головиным и обер-аудитором фон Шольтеном для расплаты за провиант и фураж с австрийскими властями и возвращения дезертиров[408]. Деятельность комиссии затянулась до 1738 года.

7 июля Кейт с полками дошел до Чорткова, рассылая шпионов для сбора сведений о турецких войсках в Хотине и Бендерах, а 28 июля прибыл в Умань. Еще 21 июля пришли в Киев два полка И. И. Бахметева[409]. Шесть полков во главе с генерал-лейтенантом Кейтом 2 августа получили ордер Б. К. фон Миниха о защите форпостов по Днепру, двинулись к Переволочне и к 18 (29) августа 1736 г. также прибыли к Киеву (Псковский и Архангелогородский в Безрядичи, Киевский и Воронежский в Колпачев, Троицкий и Копорский в Васильков)[410]. Рейнский поход успешно

---

[402] Там же. Д. 27. Л. 5.
[403] Там же. Л. 9-10.
[404] Там же. Л. 10.
[405] Там же. Д. 26. Л. 10-10об.
[406] Там же. Д. 27. Л. 12.
[407] Там же. Л. 20-20об.
[408] Там же. Л. 25-25об.
[409] Там же. Л. 26, 33, 35.
[410] Там же. Л. 40, 42-42об.

завершился: в Россию вернулось 12998 человек[411]. За время похода полки потеряли 113 человек умершими от болезней и изнурения, 3 казненных за воинские преступления и 409 дезертиров, из которых было поймано или вернулось свыше 350 человек[412].

Процесс мирного урегулирования затянулся надолго: только осенью был подписан Венский мир между Францией, Австрией, Испанией и Сардинией, гарантом которого выступила Россия. Он закрепил условия прелиминарного договора от 22 сентября (3 октября) 1735 г. Принцу Евгению Савойскому не довелось дожить до этого дня. Ночью 10 (21) апреля 1736 г. он умер от катара легких. Россия лишилась искреннего друга и сторонника укрепления союзных связей между Веной и Санкт-Петербургом.

Поход российского корпуса на Рейн, безусловно, оказал решающее влияние на поворот Версаля к миру. Можно смело согласиться с выводом М. Кёстера о том, что присутствие в Германии российских войск не только способствовало мирному урегулированию европейского конфликта, но переменило общественное мнение Европы в пользу России. Таким образом, российское правительство смогло обеспечить завоеванный в Речи Посполитой трон для Августа III и обезопасить границу с Республикой. Мирный договор в Вене предусматривал и сохранение автономии герцогства Курляндского. Но сама подготовка похода и вопрос предоставления военной помощи союзнику решались не по договору 1726 года: они увязывались российским двором с возможностью вмешательства в войну за польское наследство морских держав и с позицией Баварии. Из 30000 подготовленных войск, которые, возможно, могли бы изменить весь ход войны на Рейне или в Италии, был отправлен только 13-тысячный корпус, который пришел в имперский лагерь слишком поздно, чтобы участвовать в боях. В этом сказалось стремление российского правительства прежде всего закрепить миром свой успех в Речи Посполитой.

Война за польское наследство 1733-1736 г г. стала серьёзным испытанием для русско-австрийского союза. Несмотря на то, что интересам Австрии и России отвечало установление в Речи Посполитой правительства, не идущего на поводу у французского двора, стороны по-разному смотрели на решение проблемы польских королевских выборов. Для российского правительства главным был вопрос безопаности населения на польско-русской границе, а для Вены смена польского короля рассматривалась прежде всего как шанс для создания Восточного блока (Австрия, Россия и Речь Посполитая), направленного против турецкой экспансии и

---

[411] Там же. Д. 32-32об.
[412] Подчитано по: РГАДА. Ф. 177. Оп. 1. 1735 г. Д. 17. Л. 67-70, 153-155, 185-186об., 284-285; 1736 г. Д. 27. Л. 32-32об.

бурбонского гегемонизма. При подготовке выборов в Речи Посполитой российский кабинет министров и прежде всего А. И. Остерман практически не рассматривали иных вариантов борьбы с С. Лещинским, кроме прямого военного вторжения. Австрийское правительство до последнего мгновения пыталось избежать войны, словно предчувствуя крах европейской системы коллективной безопасности, созданной в 1714–1718 гг. и обновленной Венским соглашением 1731 года. Правительство Речи Посполитой (примас Ф. Потоцкий) в 1733 г. полностью подчинило себя интересам Франции и фактически развязало гражданскую войну в стране, принося польский народ в жертву агрессивным устремлениям кардинала Де Флёри, испанского инфанта дона Карлоса и Елизаветы Фарнезе.

После взятия российской армией Данцига вопрос о польском престоле был окончательно решен в пользу саксонского курфюрста Фридриха-Августа II (Август III Польский). Просьбы о помощи из Вены были встречены в России холодно, так как польская проблема для Санкт-Петербурга уже была решена. Российское правительство отступило от норм договора 1726 г. и связывало предоставление войск Австрии то с турецкой и шведской угрозой, то с «умиротворением» в Речи Посполитой, хотя успешные действия русских войск обеспечивались имперской армией, отвлекшей на себя все силы Франции и Испании. Только угроза лишиться плодов побед из-за военных успехов Версаля и дипломатических шагов морских держав заставила отправить на Рейн корпус П. П. Ласи. Прибытие на Рейн российских войск оказало существенное, если не главное, воздействие на Версаль и заставило кардинала Де Флёри искать мира. Одна из немецких газет поместило следующую эпиграмму:

О Галлы ! Знали вы гусарские клинки
И в страхе мнили: служат немцам черти !
Дрожите ж – шлёт Москва нам верные полки.
Едва ли кто из вас избегнет жуткой смерти !

Война за польское наследство в определенной мере ослабила позиции Австрии, но упрочила международный авторитет России как «арбитра Европы». Воцарение Августа III не привело к потере Польшей самостоятельности (вопреки мнению В. Герье[413]): дальнейшие события показали, что именно уния Дрезден-Варшава сохранила Речь Посполитую как одну из ведущих стран «европейского концерта» еще почти на полвека. В то же время успехи российских войск утвердили двор Анны Ивановны в мнении, что лучшим способом разрешения международных споров является война.

---

[413] *Герье В.* Борьба за польский престол в 1733 году. С. IV.

Союзники вели совместную войну на разных театрах военных действий, не имея какого-либо плана операций, руководствуясь только необходимостью решения определенных военно-политических задач. Совместные консультации в Вене и Петербурге принимали зачастую характер простого информирования союзной стороны о предпринятых действиях. Исключение составляли обсуждения следующих проблем: недопущение выборов С. Лещинского, меры по совместному отражению возможного турецкого нападения и по предотвращению воины с султаном, предоставление императору вспомогательного корпуса и переговоры с французскими представителями о мире. В последнем случае австрийский и российский дворы (последний в лице посла Л. К. Ланчинского) выступали единым фронтом и добились от Версаля подписания акта о соблюдении прелиминарного мирного договора.

На первом этапе войны за польское наследство союзное взаимодействие приобрело интересную форму: в то время, как российские войска сражались против сил Станислава Лещинского (осень 1733 г. - весна 1735 г.), австрийский двор прилагал усилия. для предотвращения переброски французских полков в Речь Посполитую и вмешательства в европейский конфликт Османской Порты и Швеции, что вполне удалось. Людовик XV так и не смог активно противодействовать России. С весны 1735 г. российский двор оказывал прямую военную, а также дипломатическую помощь Австрии, что способствовало восстановлению мира в Европе. На этом этапе вопросы союзного взаимодействия решались через подписание конвенции и актов, определявших использование вспомогательного российского корпуса на основе трактата 1726 г., а иной раз и с отступлением от его статей.

Глава четвертая
Сотрудничество России и Австрии в «восточном вопросе» (конец 20-х - 40е годы XVIII в.)

1. «Мирный» период российской политики в «восточном вопросе» (1728-1735 годы)

> *«Дело есть явно известное, что ничто, как персицкая война, турков поныне удерживала со всею их силою на Россию напасть»*
>
> *А. И. Остерман*

Многие исследователи как в нашей стране, так и за рубежом, рассматривают так называемый «восточный вопрос» российской политики как ключевой в союзе Санкт-Петербурга и Вены. Действительно, возможности союза против Османской Империи стояли на первом месте в определении выгод дружбы с императором в мнении вице-канцлера А. И. Остермана (осень 1725 г.)[1]. Спустя пять лет, в 1730 г. руководитель внешнеполитического ведомства России так напутствовал посла в Константинополе И. И. Неплюева: «Где бы турки к противностям вид показали, с турскими министрами можешь поступать посмелее, ибо турки известны, что мы с Цесарским Величеством находимся в союзе и в случае войны от Порты друг другу вспомогать обязаны, что чаятельно умереннее поступать с нами будут, а с цесарским резидентом тебе всегда доброе согласие содержать во всем том, что до общих интересов принадлежит»[2].

Османская Империя (Оттоманская Порта) в 20-е–30-е годы XVIII века находилась в состоянии кризиса, но и в это время она обладала еще

---

[1] РГАДА. Ф. 176. Оп. 1. 1726 г. Д. 1. Л. 18.

[2] *Кочубинский А.* Граф Андрей Иванович Остерман и раздел Турции. Из истории Восточного вопроса. Одесса, 1899. С. 7.

могущественными и многочисленными силами, прежде всего флотом и огромной иррегулярной армией, набираемой как среди жителей Анатолии, так и в подвластных султану землях: Албании, Боснии, Болгарии, Египте, Аравии, в Крыму, Молдавии, Валахии, на Кавказе и в странах Магриба. Особенно беспокоили российскую сторону непрестанные набеги вассалов султана: татарские орды Крыма, Ногайских и Буджакских степей ежегодно опустошали низовья Дона и Украину. Кочевники этих мест жили исключительно грабежом и работорговлей, лишь немногие жители Крыма и южных степей занимались скотоводством. Набеги были основным источником доходов крымских и ногайских ханов, и очаг напряженности продолжал тлеть на южных рубежах России.

Санкт-Петербург тяготился и отсутствием выхода в Азовское и Черное моря: после Прутской авантюры были вновь потеряны Азов и Таганрог. В первом турки усилили гарнизон, а второй сровняли с землей. С целью добиться выхода для торговли на Востоке была проведена война против Персии (фактически в союзе с османами), но она не способствовала умиротворению. Горские племена боролись против русских войск с той же силой, с которой еще недавно сражались против иранских завоевателей. Местные правители то и дело переходили от подданства к вражде, а после поражений вновь клялись в верности, спасая таким образом свои владения. Продолжавшаяся война Турции с Ираном и непрекращающаяся междуусобная борьба в Исфахане были выгодны российскому двору лишь с одной стороны: лучшие силы султана истощались в борьбе с наводнившими равнины Ирана афганскими племенами. Сокрушив Персидское шахство, афганцы стремились теперь восстановить его прежние границы как свое владение. В Междуречье и Закавказье продолжались действия с переменным успехом: в поле турки всегда были биты афгано-иранским полководцем Тахмас-Кулы-ханом (будущий шах Надыр), но взять крепости в Армении и овладеть Вавилоном ему не удавалось. Все эти действия происходили в непосредственной близости от каспийских провинций России, эти земли неоднократно оказывались ареной боев двух гигантов Востока. Это не могло не беспокоить российское правительство. Каспийские провинции не только не давали дохода, но требовали колоссального напряжения сил для защиты довольно узкой береговой линии как от набегов горцев, так и от вторжения ногайских орд, пробивающихся на Закавказский театр военных действий. Гарнизоны почти полностью вымирали от чумы и других болезней, связанных с непривычным климатом этих мест.

Как уже упоминалось выше, отношения России с Турцией давно могли бы перейти в мирное русло. Но поддержка Портой действий крымских и ногайских татар, претензии на Кабарду делали такой переход невозможным. Российское правительство стремилось утвердиться в Кабарде, в низовьях Дона и Днепра, обезопасить Украину от татарских набегов. О значительности татарской угрозы говорят те факты, что в 1713 г. набег мурз Нураддина и Арслан-бека опустошил земли в Казанской и Воронежской губерниях (общий убыток составил 0,5 млн рублей, 2000 человек погибло и 1434 было уведено в рабство), в 1714 г. орда Мамбет-бея разорила Царицын и окрестности Изюма и Харькова, в 1715 г. татары дошли до Астрахани и р. Яик, уведя в плен 1220 русских и 10300 калмыцких семей; в 1716-1718 г г. набегам подвергались Дмитриев-Воронежский, Тамбов, Царицын, Пенза, Симбирск, Саратов, Инсара, Ломов и Черкасск, их жертвами стали до 30 тыс. жителей[3]. Только поражение от Австрии в 1718 г. и начавшаяся война с Ираном заставили крымчаков и ногаев умерить агрессивный пыл.

Одна из первых консультаций по иранскому вопросу состоялась в Вене 30 декабря 1727 г. (10 января 1728 г.). Российский посол Л. К. Ланчинский запросил мнение имперских министров принца Евгения Савойского, канцлера Ф. Л. К. фон Зинцендорфа, вице-канцлера Ф. К. фон Шёнборна и Г. фон Штаремберга – «каково здешней двор в таком случае поступать за благо рассуждает», если шах Эшреф заключит мир с турками и нападет на Россию. Принц Евгений заявил о готовности императора помочь в обороне каспийских провинций, интересовался состоянием российского корпуса, находящегося на персидских границах, и отношением Петербурга к турецкому посредничеству в русско-иранском конфликте[4]. 21 января Ланчинский, нанеся визиты генералиссимусу и канцлеру, объявил о поддержке Петром II идеи о мире с Эшрефом. Австрийские министры обещали содействовать российскому двору через посла в Константинополе Л. фон Тальмана[5].

Хамаданский мир с Портой 4 октября 1727 г. низвел Иран и Афганистан до положения вассалов султана. К его владениям отошли Восточная Грузия, Армения, Карабах, Западный Азербайджан, Курдистан, Луристан и Хузистан, города Зенджан, Султание, Казвин, Нехавенд и Ардебиль. Турецкие владения в Закавказье теперь граничили с прикаспийскими провинциями России. Ни турецко-иранский мир, ни столь опасная близость к Порте не отвечали российским интересам. Еще 18 марта 1726 г. Верховный Тайный Совет признал возможность уступки Ирану Мазандерана, Гиляни и Астрабада с условием, чтобы «турки в тех местах

[3] РГВИА. Ф. 846. Оп. 16. Д. 1566. Л. 2-5.

[4] АВПР. Ф. 32. Оп. 1. 1728 г. Д. 5а. Л. 13об. 15-16.

[5] Там же. Л. 38-38об.

не утвердились»[6]. Но афганский хан Эшреф не признавал договоров, заключенных последними Севфевидами с Петром I в 1722-1724 гг. Только совместные действия российского и австрийского резидентов в Константинополе И. И. Неплюева и Тальмана заставили его в августе 1728 г. признать Санкт-Петербургский мир 1723 г.[7] На этой основе и начались русско-иранские переговоры о союзе против Турции. Диалог в Реште завершился трактатом от 13 февраля 1729 г.: Эшреф отказывался в пользу России от Ширванского ханства, а российский двор возвращал Ирану Астрабад и Мазандеран. Кроме того, русские купцы получали право беспошлинного транзита в Индию и Бухару (имперские коммерсанты имели эту привилегию с 1718 г.)[8]. Так мирным путем была достигнута цель развития торговых связей со странами Востока и обеспечения безопасности каспийских и терских земель России, чего не смог добиться путем войны Петр Великий.

Однако западной частью Ширвана уже овладели турецкие войска, и их права были закреплены не только. Хамаданским миром 1727 г., но и соглашением с Россией о разделе персидских владений (Константинопольский трактат 1724 г.). Правда, последний акт уже был нарушен султаном в 1725 г., когда его войска захватили Ардебиль, Казвин и Южный Иран. Весной 1729 г. в Закавказье вдоль украинских границ двинулось 60-тыс. войско крымского хана. Тон османских вельмож в Константинополе становился все резче. Положение осложнилось тем, что Неплюев заболел чумой. 20 марта Г. И. Головкин и А. И. Остерман потребовали от Л. Ланчинского информировать их о событиях в Турции через посредничество венского двора[9].

В Вене было известно о подготовке турок к войне с Россией. Это таило угрозу и для императора в обстановке «холодной воины» в Европе, когда против Австрии действовал Ганноверский блок и переговоры в Суассоне зашли в тупик. Очаг русско-турецкой войны мог не только лишить Карла VI российской военной помощи в случае агрессии Франции и морских держав, но и вовлечь его в борьбу сразу на четыре фронта: в Италии, Нидерландах, на Рейне и на Балканах. Не вызывало сомнении и то, что после оказания помощи России Австрия сама могла бы подвергнуться нападению турок, поскольку двинуть лучшие войска на Дунай султану было ближе и удобнее. Эти обстоятельства побудили принца Евгения

---

[6] *Некрасов Г. А.* Роль России в европейской международной политике 1725-1739 гг. М., 1976. С. 78.

[7] Там же. С. 79.

[8] Там же.

[9] АВПР. Ф. 32. Оп. 1. 1729 г. Д. 3. Л. 24.

осторожно отвечать на запрос Ланчинского от 29 марта 1729 г. и сослаться на то, что совместная декларация союзников в Константинополе о персидских делах может спровоцировать войну[10]. Однако президент Хофкригсрата все-таки решил напомнить турецкому двору о днях Белграда. 2 апреля российскому послу был вручен утвержденный Карлом VI ответ: резидент Тальман должен был «всякими образы стараться Порту отвести от начинания войны противу Вашего Императорского Величества не только всякими персвазиями (предупреждениями – *С. Н.*), но и представлениями о тесной дружбе между Вашим Иператорским Величеством и цесарем и о нераздельности обеих корон», а в случае склонности визиря к миру предложить посредничество в споре о разделе персидских владений[11]. Таким образом, для предотвращения войны решено было запугать Порту возможностью борьбы не с одной Россией, а с Австрией, Ираном, Венецией и Польшей одновременно. 21 апреля курьер с этой инструкцией отбыл в Константинополь.

Приглашенный к канцлеру Г. И. Головкину имперский министр в Москве граф К. Ф. фон Вратислав 3 мая был удивлен сходством его предложений с инструкцией, посланной Тальману[12]. Посол заверил, что турецкие и татарские провокации происходят от борьбы за власть среди членов Дивана и от интриг Англии и Швеции при дворе султана. Вратислав от имени Карла VI обещал оказать царю Петру II необходимую помощь и поддержку в случае агрессии турок и советовал не бояться войны, но быть готовыми к отражению мелких нападений на границах[13]. Совпадение требований российского двора и положений имперского указа Тальману (предотвращение войны объявлением о союзе России и Австрии заявлением о военной поддержке и предложением посредничества) свидетельствовало о сходстве позиции Москвы и Вены в решении персидского вопроса. Общие усилия и тут привели к успеху: летом в Москве начались русско-турецкие переговоры, которые хотя и не привели к соглашению, но все-таки были лучше войны.

Австрийский двор советовал российской стороне держаться активнее и не показывать, что союзники опасаются войны с Портой. «Ваше превосходительство милостиво усмотреть изволите, что российскому резиденту не худо с турками иногда смело говорить, и то есть единой способ при нынешних конъюктурах в надлежащей опасности их содержать, в которой они не без причины находятца, не ведая, как двор наш за Россию

---

[10] Там же. Д. 5. Л. 208об.-210.
[11] Там же. Л. 217-217об.
[12] Там же. Д. 8. Л. 68об.-69.
[13] Там же. Л. 74-75.

вступитца», – писал 27 июля Вратиславу Л. фон Тальман[14]. Австрийский резидент исправно снабжал российский двор сведениями о замыслах турецких министров. Так, 19 октября Вратислав сообщил, ссылаясь на письмо Тальмана от 8сентября, о срыве мирных переговоров между визирем и послами шаха. Представители Эшрефа отказались заключить союз против России, заявив, что не имеют таких полномочий, а «российский двор по сие число с ними всегда со всякою истинною поступал»[15].

Впрочем, даже союз с султаном не мог уже спасти Эшрефа. В Иране ширилось повстанческое движение против Гильзаев, кандагарский шах Мири-Махмуд вышел из повиновения. Но самым грозным противником был предводитель повстанцев Туркестана кызылбашский полководец Надыр-хан Афшар, более известный под именем Тахмас-Кулы-хана, боровшийся за восстановление на престоле шаха Тахмаспа II Севфевида. Его войска в короткое время разгромили афганских захватчиков. 17 января 1730 г. Тальман известил Вратислава, что разбитый Эшреф после взятия восставшими Исфахана бежал в Турцию, а власть в Иране перешла под контроль Тахмас-Кулы-хана[16].

Вскоре силу этих войск ощутила и османская армия. В течение 1730 г. турки вынуждены были сдать Тебриз, Хамадан и Керманшах. Российский двор должен был осознать, что сильный независимый Иран для безопасности южных границ от турок и татар будет полезнее, чем малярийные провинции Прикаспия. Надо было только не допустить мира между Ираном и Портой и связать Тахмаспа II союзными обязательствами в обмен на возвращение провинций, отторгнутых в 1722-1723 гг. В противном случае не исключена была возможность совместного нападения Персии и Турции на закавказские владения России. 11 октября 1730 г. Ланчинский провел консультации с Евгением Савойским, Зинцендорфом и вице-канцлером епископом Бамбергским Шёнборном. Австрийские министры поддержали идеи недопущения турецко-иранского мира и заключения союза с шахом. Принц Евгений рекомендовал поторопиться с союзным договором, интересуясь, много ли дохода дали русским завоевания в Персии. Российский посол уклончиво ответил: «Подлинно объявить не могу, однако ж всякая земля имеет приход по пропорции своего качества»[17]. Однако судьба этих владений была решена. После известия о янычарском перевороте в Константинополе (17 сентября) Ланчинский 2 декабря вновь обсуждал обстановку в Закавказье с принцем Евгением. Генералиссимус предупреждал

---

[14] Там же. Л. 138-139. Сообщение Ф. К. фон Вратислава от 18 августа 1729 г.
[15] Там же. Л. 207-209об.
[16] Там же. 1730 г. Д. 7. Л. 10. Сообщение Ф. К. фон Вратислава от 7 февраля.
[17] Там же. Д. 6. Л. 20-22.

о возможности совместного нападения турок и иранцев на каспийские провинции России. Российский министр долго уклонялся от ответа, но затем изложил точку зрения Москвы: императрица Анна Ивановна готова вернуть каспийские провинции Ирану, если Порта также откажется от завоеваний в Закавказье[18]. Так, впервые стороны пришли к формальному соглашению по персидскому вопросу: возвращение земель в обмен на мир шаха с Россией и продолжение его борьбы против Турции.

В сентябре 1730 г. в Реште (Ряще) начались переговоры послов Тахмас-Кулы-хана с командующим Низовым корпусом генерал-лейтенантом В. Я. Левашовым и действительным тайным советником П. П. Шафировым. В случае развязывания войны на каспийских рубежах врагу могли оказать сопротивление 7 драгунских и 10 пехотных полков Низового корпуса генерал-лейтенантов Левашова и А. И. Румянцева (на 4 сентября 1730 г. – 19414 человек). Для покрытия огромного некомплекта (13297 мест) за Терек было отправлено 6484 рекрута, 459 сербских гусар и 500 донских казаков. Кроме того, на каспийских рубежах было собрано 5195 донских, яицких, терских и компанейских (добровольцы с Дона и Украины) казаков[19]. Но этих сил нехватало для защиты растянутой границы от Терека до Гиляни, особенно при большой заболеваемости среди солдат.

Венский двор в лице вице-канцлера епископа Бамбергского Фридриха-Карла (Шёнборна) поддерживал продолжение ирано-турецкой войны и восстановление Персии в границах 1722 г., «дабы турки по-прежнему шаха сильным соседом имели»[20]. Была оказана поддержка и в укреплении границы с Крымом. 4 июля 1731 г. Л. К. Ланчинский, действуя согласно рескрипту Анны от 3 июня, требовал от принца Евгения послать указы к имперскому резиденту в Константинополе о совместных декларациях визирю о строительстве Украинской и Самарской укрепленных линий, «дабы в таком случае и цесарской резидент по имеющему между обоими дворами тесному союзу интересам нашим вспомогать в толь лутчем состоянии был», что и было сделано[21].

---

[18] Там же. Л. 154-154об. Принц Евгений: «Хотя ныне турки по последним письмам не есть в состоянии что противного начать, но и персияня-де при своем счастии едва ли оставят так просто российские конкеты (завоевания – С. Н.), ибо-де ориентальные и азиатические народы по всем гисториям в своем счастии не знают меры, а и турки-де не будут охотно видеть оныя конкеты в российских руках». Л. К. Ланчинский: «Естьли до такого случая дойдет, и ежели турки свое конкеты в Персии покинут вовсе, то и Ваше Императорское Величество о своих можете быть резонабельны и к соглашению о том с Портою способы найтить уповаете».

[19] РГАДА. Ф. 177. Оп. 1. 1739 г. Д. 55. Л. 25-28об.

[20] АВПР. Ф. 32. Оп. 1. 1731 г. Д. 5. Л. 177об.-178. Реляция Л. К. Ланчинского от 10 апреля.

[21] Там же. Д. 3. Л. 18-19; Д. 5. Л. 300-300об.

Однако отношения России с Турцией по поводу «персидского наследства» продолжали оставаться напряженными. Более того Порта усилила давление на Кабарду, требуя перехода горских князей в ее подданство. В 1731-1732 гг. кабардинцы испытали сильные набеги крымских и ногайских татар. Совместные действия союзников по предотвращению войны с турками должен был обсудить прибывший в Вену 8 ноября 1731 г. генерал-лейтенант и подполковник Лейб-Гвардии Измайловского полка граф Ф. К. фон Левенвольде. 5 декабря, после посещения конференц-министров и императорской четы, он получил от канцлера Зинцендорфа ответ на поданную ноту. О персидском деле сообщалось уклончиво что позиция Карла VI будет «всемилостивейше угодна» царице[22]. 2 января 1732 г. Левенвольде отбыл в Москву.

Уклончивость имперского двора объяснялась изменением ситуации на ирано-турецком фронте Шах Тахмасп II потерпел поражение у Хамадана и 30 декабря 1731 г. (10 января 1732 г.) подписал мир с султаном. Однако 21 января (1 февраля) 1732 г. Левашову и Шафирову удалось заключить в Реште новый договор с Ираном. Они подтвердили отказ России от Астрабада, Мазандерана и части Гиляни (до р. Куры). На грузинском престоле восстанавливался уже давно живущий в России царь Вахтанг IV, русские купцы получили право беспошлинной торговли на территории Ирана. Кроме того, российские послы обещали, что если шах продолжит войну с Портой и освободит Закавказье, ему будут возвращены Баку и Дербент[23]. В конце апреля в Вене с радостью узнали о подписании этого договора, фактически заставлявшего Тахмаспа II продолжать боевые действия против султана[24].

Официальный ответ на промеморию Левенвольде по иранскому вопросу был дан только через месяц после его отъезда. 6 февраля 1732 г. Ф. К. фон Вратислав сообщил, что император выступает против поглощения Ирана Турцией и готов поддержать русские действия в европейских владениях султана «для избавления Персицкого государства от опасаемого погубления, разумея, однако же, что о таком наступлении Его Цесарское Величество наперед благовремянно уведомлен и все потребное общим соглашено быть имеет»[25]. Но, как отмечалось в ноте, ситуация в Европе «без нужды скоро спешить» с войной против Порты не позволяет, и поэтому император настаивает на мирном разрешении конфликта, а

---

[22] Там же. Д. 10. Л. 21.
[23] *Некрасов Г. А.* Роль России в европейской международном политике 1726–1739 г. С. 80.
[24] АВПР. Ф. 32. Оп. 1. 1732 г. Д. 4. Л. 105-105об.
[25] Там же. Д. 7. Л. 14об.-16.

также одобряет возвращение Ирану каспийских провинций при условии, что они не достанутся туркам[26]. Таким образом, союзники в начале 1732 г. были готовы силой отстоять независимость и территориальную целостность Ирана, поскольку видели в нем силу, способную противостоять османской агрессии и отвлечь Порту от европейских дел.

Впрочем, иранский народ сам помог себе. Разгромив афганцев в Хорасане, войска Тахмас-Кулы-хана свергли неудачника Тахмаспа II и возвели на трон его сына, малолетнего Аббаса III, ставшего марионеткой в руках кызылбашского воителя. Была возобновлена война с Портой, и вскоре османские войска потерпели сокрушительные поражения в Азербайджане и Курдистане. Отправленная против иранцев армия багдадского паши 14-15 января 1733 г. была разбита у Вавилона, а сам он осажден в цитадели. Новые поражения были нанесены туркам при Мандали и Киркуке.

Таким образом, в 1733 г. «персидское дело» развивалось благоприятно для союзников. Затяжная война с Тахмас-Кулы-ханом подрывала силы Оттоманской Порты и отвлекала ее от агрессии на Балканах и на Украине. Однако, стремясь упрочить позиции на Кавказе, турки и татары вновь вторглись в Кабарду, где в то время началась вражда между князьями русской и османской ориентации. 10 июня 1733 г. Ланчинский добился аудиенции у Евгения Савойского для обсуждения вопроса о Кабарде. Посол сообщил, что кабардинские князья служат России с 1555 г., и требовал, «дабы к цесарскому резиденту Тальману от здешняго двора отправлена была полная мочь в то дело посредственно (в качестве посредника С. Н.) вступаться»[27]. Принц обещал добиться указа от Карла VI, и 6 (17) июля курьер повез в Константинополь «к цесарскому резиденту Тальману новую полную мочь посредствовать по причине турецкого напастного требования о Кабардах, внести в оную вместо персицких дел пограничные дела»[28].

Единая позиция, занятая правительствами Австрии и России, помогла последней избежать тяжелой и опасной войны в Закавказье. Частичные уступки завоеванных земель, которые в течение почти 10 лет не дали России ничего, кроме финансовых издержек и огромных потерь (большая часть из 52711 умерших в 1722-1731 г. солдат[29] приходится на Низовой корпус), привели к косвенной поддержке российских интересов новым иранским правительством. Союзники имели безопасный тыл во все годы тяжелого периода «холодной войны» в Европе и конфронтации между

[26] Там же. Л. 17-18.
[27] Там же. 173 г. Д. 5. Л. 281-281об.
[28] Там же. Л. 314.
[29] РГАДА. Ф. 177. Оп. 1. 1739 г. Д. 55. Л. 71.

Венским и Ганноверско-севильским блоками. Политика поиска союзников на Востоке, предпочтение мирных средств перед войной, совместное давление на потенциального агрессора – Турцию – принесли народам России и Австрии новую важную победу и подтвердили верность курса принца Евгения и А. И. Остермана. Руки султана были надежно связаны многолетней войной с Ираном. 5 декабря 1733 г. в рескрипте резиденту в Петербурге Н. С. фон Хоэнхольцу Карл VI констатировал, что турки понесли в Закавказье и Месопотамии столь серьезные потери, что не имеют сил даже для обороны.

Это обстоятельство было особенно важно для союзников в условиях начавшейся летом 1733 г. войны за польское наследство. Хотя татарской орде Фет-Гирей-султана удалось осенью пробиться через российские земли в Дагестане на выручку турецкой армии в Армении и Грузии, а крымские татары в 1733-1734 г. совершили набеги на Бахмут, Полтаву и донские городки[30], визирю так и не удалось начать войну с Россией, воспользовавшись «польским вопросом». Избежать конфликта российский двор смог, главным образом, благодаря твердой позиции Вены и деятельности имперского резидента в Константинополе Л. фон Тальмана.

Решение проблемы охраны прикаспийских провинций позволило Военной коллегии вывести на Украину 280 сербских гусар, 3 из 7 драгунских и 5 из 17 пехотных полков Низового корпуса[31]. Эти силы прикрыли форпосты против Крыма и частично вошли в корпус генерал-аншефа Й. Б. фон Вейзбаха, который занял польскую Подолию[32]. Маневр 20-тысячного корпуса заставил крымского хана отказаться от вторжения в Подолию и Волынь зимой 1734-1735 г. и спутал планы Порты, рассчитывавшей вмешаться в войну за польское наследство[33].

Практически все главные силы Турции и татарских ханов Крыма, Приднестровья и Тамани «увязли» в войне с Ираном. После неудачной осады Вавилона Тахмас-Кулы-хан перенес военные действия в Закавказье. Турецко-татарские войска были выбиты из Азербайджана, Восточной Грузии и Армении. Осенью 1734 г. иранские войска осадили Эривань и овладели Шемахой. 1 февраля 1735 г. турки сдали Эривань и Гянджу. А 10 (21) марта в освобожденной Гяндже командование Низового корпуса заключило новый договор с Аббасом III. Шаху возвращались Дагестан с Дербентом, крепость Св. Креста и Баку, а также каспийское побережье

---

[30] АВПР. Ф. 32. Оп. 1. 1736 г. Д. 13. Л. 53-54.

[31] РГВИА. Ф. 20. Оп. 1. Д. 33. Л. 95-99об., 104 об.-107: на 12 ноября 1732 г. в Низовом корпусе было 4384 драгуна и 16884 пехотинца регулярных войск.

[32] РГАДА. Ф. 177. Оп. 1. 1735 г. Д. 9. Л. 140.

[33] *Кочубинский А.* Граф Андрей Иванович Остерман. С. 77.

до Терека без права передачи этих земель другой державе. Иранский правитель Тахмас-Кулы-хан обещал продолжать войну с Турцией до восстановления границ 1723 г., не заключать мир без участия российского двора. Были гарантированы права Вахтанга VI на Восточную Грузию, а также комерческие права и привилегии России[34]. 14 июня 1735 г. войска великого визиря потерпели поражение у Эчмиадзина, так что всякое вмешательство Порты в польскую войну было исключено.

В конце 20-х - первой половине 30-х г г. XVIII в. политикам России и Австрии удалось избежать войны с Ираном и Турцией и обеспечить таким образом тыл во время борьбы с Ганноверским и Севильским блоками и в годы войны за польское наследство. Большой удачей было использование союзниками противоречий между Османской империей и переживавшим в начале 30-х г г. национальный подъем Ираном. Пожертвовав бесполезными каспийскими провинциями, российский двор в лице вице-канцлера (с января 1734 г. канцлера) А. И. Остермана и при поддержке австрийской стороны направил освободительную войну иранцев в антиосманское русло. Так был разрешен вопрос о «персидском наследстве», обсуждавшийся еще в период заключения Венского союза 1726 г.: Иран был восстановлен в качестве великой державы Востока, способной противостоять османской агрессии.

Средством выработки общих решений союзников в персидском деле были взаимные консультации, проходившие большей частью в Вене, в результате которых создавались инструкции для представителей Анны Ивановны и Карла VI в Константинополе (при дворе шаха послов Австрии и России не было), а также для российской делегации на переговорах с Ираном. Австрийской дипломатии удалось отвести войну от России и в 1733-1735 гг. Но мирными средствами не удалось усмирить неистовые набеги крымского хана. Летом 1735 г. его орда на пути в Закавказье вновь нарушила российские и кабардинские границы. На Кабарду продолжал претендовать султан. Русско-турецкий конфликт, проявлявшийся таким образом, не был разрешен, и к середине 30-х гг. он стал главным вопросом внешней политики России.

---

[34] *Некрасов Г. А.* Роль России в европейской международной политике 1725-1739 гг. С. 81.

2. Дипломатическая подготовка союзников к войне с Османской Турцией в 1735-1736 годах

В конце 1720-х гг., когда вице-канцлер А. И. Остерман окончательно сформировал и начал проводить новый курс внешней политики, перед российским двором в восточном вопросе стояли три задачи:
- удержать Турцию от войны с Россией;
- упростить отношения с Ираном и получить в лице шаха противовес туркам, пусть даже ценой уступок;
- прекратить набеги татар на южные границы

Последняя задача получала все большее значение: набеги татар могли парализовать хозяйственную жизнь на огромной территории от Днепра до Волги и Терека. Российские мемориалы и ноты протеста на действия Крыма не достигали успеха в Константинополе. Султанский двор отрицал причастность к набегам, хотя не раз был их вдохновителем, а османская знать регулярно покупала русских пленников на невольничьих рынках.

Австрийский двор иначе смотрел на отношения с Портой. После разгрома турок в Белграде и Пожаревацкого мира 1718 г. Габсбурги получили и новые земли, и выгодный, хотя и запутанный благодаря вмешательству морских держав и Франции торговый договор. Однако мир был заключен на определенный срок - 25 лет, и Вена стремилась продлить его или придать ему характер «вечного трактата». Для этого был желателен союз с Россией. Австрийское правительство стремилось также к тому, чтобы отвлечь Порту от европейских дел и поэтому поддерживало усилия России по продолжению ирано-турецкого конфликта. Таким образом, австрийский двор стремился:
- избежать конфликта с Турцией и продлить договоры 1718 г.
- не допустить войны между Турцией и Россией, которая могла бы привести к ослаблению союзника и лишить императора военной помощи против Бурбонов;
- поддерживать конфликты Порты с другими странами Востока, для чего поддерживать Иран как сильного противника султана.

Эта общность интересов по иранскому вопросу и в деле избежания войны с турками во время борьбы за польское наследство стала основой успехов восточной политики союзников. Вена в этот период не пожертвовала ничем, а России пришлось осознать невозможность удержания каспийских провинций и менять их на косвенный союз с шахом против Турции.

В 1735 году Россия могла по праву считаться одной из ведущих держав Европы. Ее международный престиж укрепился в результате побед над сторонниками Станислава Лещинского и французскими войсками. Российской дипломатии удалось добиться признания и гарантии завоеваний по Ништадтскому миру 1721 г. со стороны великих держав. 2 декабря 1734 г. был заключен договор о дружбе и коммерции с Великобританией, который не только открывал российскому купечеству английский рынок, бедный сырьём, вводил молодую российскую промышленность в европейский рынок[35], но и способствовал укреплению российских позиций на Балтике[36]. 5 августа 1735 г. был заключен на 12 лет новый оборонительный договор с Швецией, по которому северный сосед России обязался соблюдать нейтралитет в польских делах[37]. Признание польским королем Августа III Веттина обезопасило западные рубежи России и положило конец планам французской дипломатии по созданию «антирусского барьера».

Решив балтийскую и польскую проблемы, российское руководство могло сосредоточить все силы на решении «восточного вопроса», который сводился к безопасности южных границ России (Украина и Северный Кавказ по р. Терек и Кабарда) и завоеванию выхода в Черное море, потерянного в 1711 г.

Русский историк С. Н. Шубинский полагал, что А. И. Остерман, ставший после смерти Г. И. Головкина великим канцлером, выступал против войны с Турцией[38]. Но активная деятельность графа в период подготовки войны опровергает это утверждение. Возможно, что Остерман предпочел бы запугать Порту возможностью войны с блоком союзных стран (Австрия, Россия, Иран, Речь Посполитая и Саксония, Венеция), чтобы заставить ее восстановить Константинопольский договор 1700 г. и наказать крымского хана за набеги. Во всяком случае, нельзя согласиться с А. Баиовым, утверждавшим, что главной целью канцлера было завоевание Проливов[39]. Но в 1735–1736 гг. Андрей Иванович был далек от мирной перспективы разрешения конфликта. Выше уже говорилось, что при решении вопроса о применении силы в Речи Посполитой колебаний среди кабинет-министров не было. Победы в Республике еще более укрепили мнение российского двора и, надо полагать, самой императрицы

---

[35] Хотя и не без трудностей: многие отрасли не выдерживали конкуренции с иностранным производством, но это обстоятельство заставляло интенсифицировать труд, вводить новые способы обработки сырья, новую технологию, шире применять вольнонаемных рабочих.

[36] *Некрасов Г. А.* Роль России в европейской международной политике 1725-1739 гг. М., 1976. С. 208.

[37] Там же. С. 241.

[38] *Шубинский С. Н.* Граф Андрей Иванович Остерман. СПб., 1863. С. 37.

[39] *Баиов А.* Русская армия в царствование императрицы Анны Ивановны. Война России с Турцией в 1736-1739 гг. СПб., 1906. Т. 1. С. 150.

Анны о большей эффективности силовой политики. Способствовали распространению таких взглядов и донесения российских представителей в Константинополе И. И. Неплюева и А. В. Вешнякова. Они, желая возвращения Азова, «рано стали видеть в положении Турции то, что им хотелось видеть, «расслабленное состояние здешнего государства», – и потому настаивали на том, что для России наступило время решительных действий»[40]. Остерман безоговорочно поддержал идею карательной экспедиции в Крым в отместку за татарские набеги[41]. И поэтому нет оснований утверждать, что ряд высших руководителей России выступал против войны с Турцией. Однако, как показывают дальнейшие события, Остерман и Анна Ивановна не желали затяжной войны.

В начале 1730-х гг. выдвинулся не только как полководец, но и как политик генерал-фельдмаршал граф Б. К. фон Миних. Как президент Военной коллегии, он с 1733 г. часто бывал на «консилиумах» Кабинета Министров (расширенные заседания с участием генералитета). Его мнение имело большой вес при дворе и среди военачальников. В середине 1735 г. Миних выдвинул план достижения «естественных границ» на юге путем одновременного удара по Крыму и Азову[42]. Весной следующего года он представил Анне Ивановне следующую программу боевых действий: 1736 г. – покорение ногайских татар, овладение Азовом, Перекопом, частично Крымом; 1737 г. – покорение Кубани, Кабарды и всего Крыма; 1738 г. – покорение буджакских и белогородских (аккерменских) татар, Молдавии, Валахии и части Греции; 1739 г. – овладение Константинополем и провозглашение Анны греческой императрицей. Такой план, судя по всему, находил отклик и поддержку среди многих военных, испытавших в Речи Посполитой «головокружение от успехов»[43].

Уверенность в победе была основана на возросшей мощи российской армии. В 1735-1736 гг. вооруженные силы России состояли из 3 гвардейских, 50 полевых и 49 гарнизонных полков и 4 отдельных батальонов пехоты (6996 гвардейцев, 69350 армейских и 60302 гарнизонных пехотинца), 1 гвардейского, 3 кирасирских, 29 полевых и 7 гарнизонных драгунских полков и 2 отдельных эскадронов (1080 в гвардии, 29908 в армии и 6670 в гарнизонах). В полках полевой и осадной артиллерии служил 4000 солдат и офицеров при 467 орудиях различных калибров. Южные и восточные границы страны защищало 22000 ландмилици (4 закамских

[40] Там же. С. 169.

[41] *Бантыш-Каменский Н. Н.* Деяния знаменитых полководцев и министров,служивших в царствование государя императора Петра Великого. М., 1821. Ч. 2. Л. 181.

[42] *Vischer M.* Muennich.-Frankfurt a. M., 1938. S. 380.

[43] *Кочубинский А.* Граф Андрей Иванович Остерман и раздел Турции. Одесса, 1899. С. 130-131.

и 20 украинских полков), до 500 венгерских и сербских гусар, 15470 донских, 55241 малороссийских, 1500 компанейских, 5000 слободских, 10000 запорожских казаков и 550 чугуевских калмыков.

Султан располагал 196 ротами янычар (54222 человека), боеспособность которых к 30-м гг. XVIII в. в значительной степени снизилась, полевой артиллерией (топи, или топчи), обладавшей слабой подвижностью, корпусами минеров, оружейников и водовозов. Наравне с янычарами все еще сильным компонентом султанской армии были 15284 сепаха (спаги), входивших в состав центральной султанской армии – элитная часть тимариотской поместной конницы. Правителями провинций Османской империи (сераскерами, пашами) набирались территориальные войска: 20-26 тыс. пехотинцев-ассанов (из них 15-20 тыс. арнаутов из албанцев), многотысячное народное ополчение (сейдены – пехотинцы и дели (делия) – конники), конная пограничная стража джюнджюлы, отборная провинциальная поместная конница бетлы, а в крепостях пушкари – исарели, инженеры – лигумджи и строители – мусселимы. Кроме того, все имеющие определенный доход подданные Порты выставляли за свой счет наемную конницу – топракли, насчитывавшую в первой половине XVIII в. 126292 и собиравшуюся в течение трех лет. Отдельные контингенты приводили вассалы султана господари Валахии и Молдавии – 24000 милиции. До середины 1730-х гг. основные силы 200-тысячной полевой армии турок находились в Месопотамии и в Закавказье, ведя войну против Ирана. Однако в гарнизонах балканских крепостей, в Азове и в Крыму находилось 21426 янычар.

Вооружение турецких воинов было устаревшим. Янычары, спаги и территориальная пехота имели различного рода кремневые и фитильные фузеи или пищали, но огневая подготовка войск была очень слабой. Зато конница прекрасно владела холодным и метательным оружием. Большую помощь туркам могли оказать крымские, липканские, дубоссарские, ногайские и кубанские татары; они могли выставить в поле десятки тысяч плохо вооруженных, но выносливых и умелых конников. Европейцы, явно преувеличивая, исчисляли подчинявшиеся султану и крымскому хану татарские орды в 100 и более тысяч всадников. Турецкий флот насчитывал до 600 боевых единиц, в том числе 40 линейных кораблей и 20 фрегатов, и мог обеспечить быструю переброску войск на различные театры военных действий[44].

Таким образом, российские войска превосходили турок и татар в вооружении, боевой выучке и дисциплине. Но численный перевес был

[44] *Баиов А.* Русская армия в царствование императрицы Анны Ивановны. Т. 1. С. 2-9, 12, 16-18, 77-83, 91-97, 103.

на стороне противника. Российский двор, по нашим оценкам, с большим напряжением мог собрать до 200 тыс. солдат и казаков на южных границах, а султан с татарами, по подсчетам европейцев, – до 400 тыс. привыкших к жарким безводным степям воинов. Отсутствие флота на Черном море также ограничивало боевые возможности российской армии. Необходима была помощь союзников. Иран отвлекал на себя основные силы Порты, и кабинет-министры, обсуждая 16 июня 1735 г. перспективы войны, возлагали на шаха главную надежду[45]. С Австрией российский двор имел оборонительный союз, и военную помощь можно было получить только в случае османского нападения. Летом 1735 г., когда орда Каплан-Гирея во время похода в Грузию нарушила границы России и вторглась в Кабарду и Дагестан, австрийскому послу была направлена нота о помощи.

Имперская армия в то время состояла из 56 пехотных, 20 кирасирских, 14 драгунских и 6 гусарских полков[46], большая часть которых находилась на Рейне и в Италии. Войска, стоящие в Венгрии, Сербии и Хорватии, не могли в то время начать наступление против многочисленных территориальных сил турок в Боснии, Болгарии, Валахии и Албании. Казна Габсбургов была истощена войной за польское наследство, поглотившей свыше 20,5 млн. флоринов[47]. Кроме того, начало боевых действий между Россией и Турцией лишало Австрию долгожданного российского вспомогательного корпуса. У императора оставалась одна возможность: предотвратить войну и мирными средствами добиться урегулирования конфликта.

30 июля 1735 г. посол в Петербурге граф Х. К. фон Оштайн сообщил канцлеру А. И. Остерману об указе и инструкции, данной имперскому резиденту в Константинополе Л. фон Тальману. В то время тон при дворе султана задавала партия сторонников войны с Россией, считавших, что Австрия не окажет помощи русским, и им придется уйти из Речи Посполитой, «отчего потом Станиславским партизанам вновь смелость подастся», а шведы нападут на остзейские провинции, Тальман должен был вместе с послами морских держав и России подать промеморию о поддержке царицы в пограничных спорах и о выступлении австрийских и польско-саксонских войск против Порты в случае ее агрессии на Украине или на Кавказе. Он должен был убедить великого визиря Мехмет-пашу, что Швеция не поддержит османскую агрессию, опасаясь русско-датского союза, а император в крайнем случае сможет бросить против турок не только армию из Венгрии, но и полки из Италии, несмотря на войну с

---

[45] *Кочубинский А.* Граф Андрей Иванович Остерман и раздел Турции. С. 110-111.
[46] Oesterreichische Erbfolge-Krieg 1740-1748. Bd. 1. T. 1. S. 357-358.
[47] Ibid. S. 295.

Францией и Испанией[48]. Эти представления оказали влияние на Порту: визирь и султан отказались поддержать действия крымского хана.

Однако в России решение о войне с Крымом уже было принято. 20 июля 1735 г. генерал-фельдмаршалу Б. К. фон Миниху было приказано отменить отправление в Богемию нового 5-тыс. отряда, а самому выехать в Павловск (на Днепре) для принятия командования над Крымской экспедицей. Командиром Польского корпуса оставлялся генерал-фельдцейхмейстер принц Людвиг Гессен-Гомбургский[49].

Кабинетный курьер М. Маврин вручил указы 2 августа, а через неделю Миних составил план вывода на Украину из Польши для участия в походе на Крым 21 пехотного и 17 драгунских полков. Кроме того, для усиления этой группировки, насчитывающей 56475 человек, привлекались полки ландмилиции и Низового корпуса из Дагестана и Ширвана[50]. В Польше и Литве оставалось еще 24493 солдата и казака (3 кирасирских, 5 драгунских и 7 пехотных полков)[51]. Но столь крупную перегруппировку войск не удалось завершить до конца лета. Карательная экспедиция против Крыма была предпринята только силами генерал-майора М. И. Леонтьева (10 батальонов, 64 эскадрона и 20000 донских, малороссийских и слободских казаков)[52].

Корпус Леонтьева выступил в поход с р. Орель 1 октября. За два дня до этого Оштайн подал промеморию с требованием широкой информации о конфликте с ханом, «дабы Его Цесарское Величество и с своей высочайшей стороны все оное удобнее чинить в состоянии был, что ко отвращению опасаемого разрыву способствовать, или же к возстановлению тишины во всяком случае толь скорее повод подать может»[53]. 21 октября к Ланчинскому было отправлено сообщение о походе Леонтьева с целью помешать действиям татар в Дагестане[54].

Вскоре после начала экспедиции русские войска нанесли поражение ногайским татарам на р. Конские Воды. Пять улусов потеряли весь скот, угнанный ранее, 1200 убитыми и 47 пленными[55]. Но 13 октября на р.

---

[48] АВПР. Ф. 32. Оп. 1. 1735 г. Д. 10. Л. 434-438.

[49] РГАДА. Ф. 177. Оп. 1. 1735 г. Д. 7Л. 140-142об.

[50] Там же. Д. 10. Л. 22-23об.

[51] Там же. Л. 24-24об.

[52] *Баиов А.* Русская армия в царствование императрицы Анны Ивановны. Примечания к Т. 1. С. 76.

[53] АВПР. Ф. 32. Оп. 1. 1735 г. Д. 10а. Л. 14об.

[54] Там же. Д. 5. Л. 48об.: «действительно тамо некоторые операции предпринять, чем бы татары от произведения их намерения Персиею удержаны были и им в их границах такая диверсия учинена быть могла, дабы мы против сего неспокойного соседа на последи некоторую безопасность себе доставили».

[55] Там же. Л. 52-52об. Русские потери – 7 убитых, 6 раненых.

Горькие Воды корпус был застигнут морозами и снегопадом. Через три дня Леонтьев был вынужден начать отступление по выжженной противником степи вдоль Днепра. 6 ноября войска вернулись в Цариченку, потеряв больными 9000 человек. Зная о стремлении Венского двора предотвратить войну с Турцией, Кабинет Министров 25 ноября объяснил отступление Леонтьева выполнением поставленной задачи и тем, что российская сторона, наказав татар за набеги, не хочет подавать повод для конфликта с султаном[56].

Однако в Константинополе набег Леонтьева был расценен как нападение на владения Порты и нарушение Прутского мира без предъявления каких-либо претензий. Надежду на мирный исход конфликта сохраняли лишь австрийские министры. Для такого оптимизма было серьезное основание: экспедиция Леонтьева показала неготовность российском армии к действиям в условях степей, при отсутствии провианта и подножного корма. Не могла в 1736 г. воевать против турок и Австрия, еще не вышедшая из войны против Франции, Испании и Сардинии (в Вене, как уже говорилось выше, с осени 1735 г. шли мирные переговоры).

Российское правительство понимало, что все «мирные» годы после Прутского договора были лишь балансированием на грани мира и войны с Оттоманской Портой и Крымом. Теперь, развязавшись с польской войной, оно стремилось воспользоваться тем, что основные силы турок были заняты на Кавказе и в Месопотамии борьбой с Ираном. Необходимость же солидной подготовки к такой войне осознавалась не только политиками, но и военными. Надо было повременить с разрывом Прутского мира. 3 декабря 1735 г. генерал-фельдмаршал Б. К. фон Миних писал резиденту в Константинополе А. А. Вешнякову: «И ныне Ея Императорское Величество паки соизволит напоминать, что постановленной з Блистательною Портою вечный мир непоколебимо содержитца и содержатися будет. А хотя войско Ея Величества некоторое движение имело, однако ж не имело такова указа, чтоб действительно в Крым итти, но токмо повелено оному было по причине хана Крымского с татары в Персию чрез земли Ея Величества походу по границам татарским и нагайским пределам некоторое движение учинить, толь наипаче, понеже нагайцы на подданных Ея Величества нападение учинить угрожали»[57]. Так президент Военной коллегии пытался оттянуть объявление войны и подготовиться к решительным действиям. Кроме того, и перед державами Европы не хотелось выглядеть агрессором даже формально.

[56] АВПР. Ф. 32. Оп. 1. 1735 г. Д. 5. Л. 58об.; *Баиов А.* Русская армия в царствование императрицы Анны Ивановны. С. 171.

[57] РГВИА. Ф. 47. Оп. 1. Св. 93. Л. 80.

Императрица Анна Иоанновна

А. И. Остерман

Фельдмаршал И. Б. фон Миних

Русская армия середины XVIII века

Пехота

Ландмилиция

Памятник руским солдатам в Гданьске

Осада Данцига

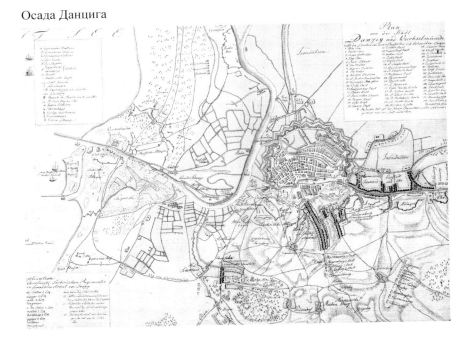

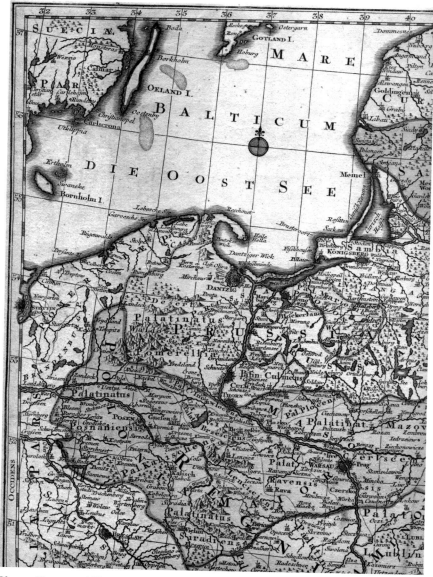

Карта Польши. XVIII в.

Мария Терезия

Август III, король польский

Вид Варшавы

Австрийская армия середины XVIII века

Гренадеры

Гусар

Артиллеристы

Иператор Карл VI

Евгений Савойский

Вид крепости Очаков

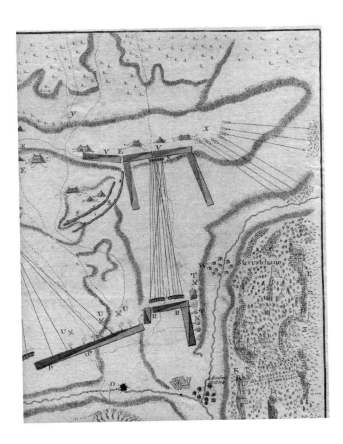

План битвы
при Ставучанах

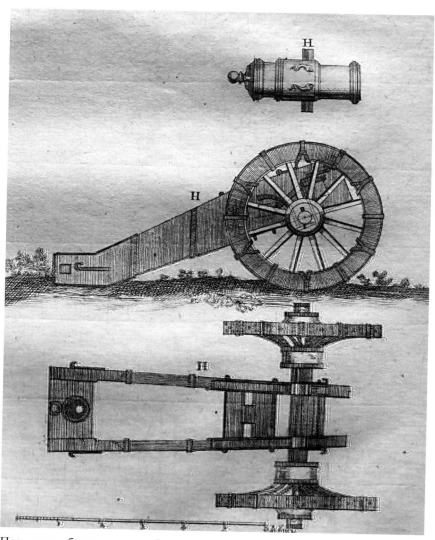

Полевая гаубица середины XVIII в.

Турецкие ополченцы

Карта Крыма

Протокол военной
коллегии о посылке
вспомогательного
корпуса на Рейн

Расположение русских войск на Рейне

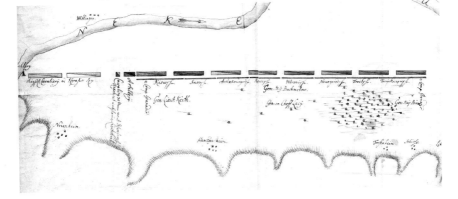

Янычары

Протокол военной коллегии о посылке вспомогательного корпуса на Рейн

Расположение русских войск на Рейне

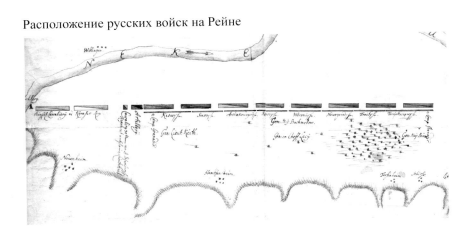

Янычары

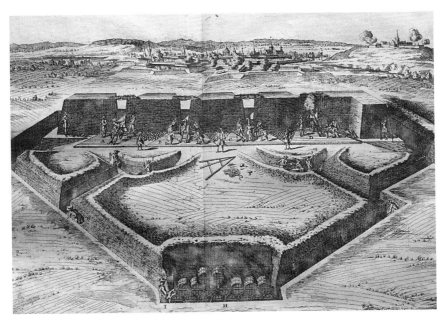

Вид осадной батареи. 1730-е гг.

Осадная мортира.
1720–1730-е гг.

Императрица Елизавета Петровна

А. П. Бестужев-Рюмин

10 января 1736 г. Миних представил императрице Анне Ивановне план кампании: Донская армия (12 полевых драгунских и 21 пехотный полк, всего 13.860 драгун и 30471 пехотинец, вся осадная артиллерия) должна была овладеть сильной крепостью Азов и двинуться против ногайских татар, а Днепровская армия (11 драгунских, 15 пехотных полков, 10 полков ландмилиции, полевая артиллерия, 500 гусар и валахов, 150 чугуевских калмыков, 180 компанейцев, св. 30 тыс. казаков) - овладеть Крымом и оказать содействие войскам на Дону. Украину от татарских набегов преполагалось прикрыть 10 полками ландмилиции, Астраханским гарнизонным пехотным полком и 1200 казаками. Командование Донской экспедицией Миних предполагал дать генерал-аншефу В. Я. Левашову (ранее он командовал Низовым корпусом в каспийских провинциях), а Днепровской экспедицией - генерал-фельдцейхмейстеру принцу Людвигу Гессен-Гомбургскому, замещавшему Миниха в Польском корпусе[58].

Канцлер А. И. Остерман лучше военных видел необходимость совместного выступления Австрии и России против Порты, поскольку война со столь сильным противником обещала быть затяжной. Надо было заинтересовать Вену в совместной войне. 24 января имперскому послу Х. К. фон Оштайну была подана нота от Кабинета Министров:

«Миронарушительной Оттоманской Порты от нескольких, наипаче же с сих последних лет неотменно продолжающейся поступок против России пространно описать потому точию излишне будет, понеже оной и без того особливо Римско-Цесарскому двору довольно известен. Множество учиненных в российские границы и земли неприятельских впадений, набегов, разорений и запустошений целых сел и уездов, предприятыя разбои и грабежи, отгнание лошадей и скота, умерщвление и насильственное уведение многих в порабощении еще ныне воздыхающих российских подданных сами собою явствуют, и у всякого здесь в свежей памяти имеется, коим образом Порта не токмо пред тремя годами, но и недавно татарской хан сам, на все против того учиненныя сильныя протестации и представлении не смотря, с набродом турок и татар на российския с Персиею смежныя земли неприятельски напали, чрез оныя в Персию продрались, принадлежащие безспорно Российской империи земли и народы возмущали, явно в защищение и протекцию принимали и ныне еще защищают и, одним словом, повсюду так поступают, что от явного неприятеля в таких обстоятельствах, каких Порта по сие время обращалась, более учиниться не может»[59]. Австрийскому министру было объявлено о том, что российская

---

[58] Там же. Св. 94. Л. 5.
[59] АВПР. Ф. 32. Оп. 1. 1736 г. Д. 9. Л. 16-16об.

армия собирается на границах для нанесения превентивного удара, так как «всякая дальнейшая терпеливость и упущение их (турок – *С. Н.*) к новым продерзостям и насильствам поощряет»[60]. Императора Карла VI приглашали принять участие в войне с Портой, соблазняя (по желанию Остермана) возможностью присоединения Боснии и легкостью борьбы[61].

Российский канцлер не лукавил: по сведениям А. А. Вешнякова от 17 января, великий визирь собрал 110-тысячную армию (20 тыс. янычар, 12 тыс. спаги, 8 тыс. артиллеристов – топчи, а также 20 тыс. гарнизонных войск и 38 тыс. иррегулярной конницы – албанцы, мамлюки, румелиоты, босняки, причерноморские татары и болгары), пополнил гарнизоны Азова (5000 чел.), Очакова (8000 чел.), Бендер (7000 чел.) и Хотина (5000 чел.) и дал указ о походе азиатской армии к Очакову. 25 января российский резидент сообщил Миниху о выходе в Черное море турецкого флота и сборе в г. Бабадаг (в Добрудже) 120-тысячного войска для действий в Молдавии[62]. Это не на шутку обеспокоило российское руководство, и оно спешило принять как дипломатические, так и военные меры. Так, для защиты Киева Миних предложил царице Анне использовать вспомогательный корпус генерал-фельдмаршала П. П. Ласи, возвращаемый из Германии, разместив его к маю недалеко от Днепра[63].

Австрийское руководство, и прежде всего принц Евгений, как уже говорилось выше, не желало войны. Главным методом действий Вены стало предъявление великому визирю невыгодности и трудности войны с Россией. Так сторонники мира стремились продлить условия Пожаревацкого договора 1718 г. и без войны заставить турок согласиться на русские требования о наказании крымского хана. Тем не менее надо было сделать ряд шагов навстречу союзникам (которые, правда, даже не уведомили заранее о начале войны с Турцией). 23 февраля Х. К. фон Оштайн информировал А. И. Остермана, что в Венгрии собрано 40 батальонов и 29 гренадерских рот (16 пехотных полков), 42 эскадрона (2 драгунских, 5 кирасирских полков) и 3 вольные роты, готовых в случае надобности вступить в турецкие пределы и объявил, что Австрия предлагает посредничество в спорах между Россией и Портой[64]. Но российские министры (Остерман и вице-канцлер князь А. М. Черкасский) настаивали на совместной войне, считая медиацию излишней и замедляющей начало военных операций.

[60] Там же. Л. 18-18об.

[61] Там же. Л. 120: «ибо он (неприятель – *С. Н.*) без сумнения наивящую свою силу против России обратит, и следовательно тамошним цесарским операциям надлежащее супротивление чинить не в состоянии будет».

[62] РГВИА. Ф. 846. Оп. 16. Д. 1557. Ч. 2. Л. 65-67.

[63] Там же. Ф. 47. Оп. 1. Св. 94. Л. 38об.-39.

[64] АВПР. Ф. 32. Оп. 1. 1736 г. Д. 9. Л. 191-191об.

Все-таки Оштайн настоял на том, чтобы сперва послать визирю письмо с предложением переговоров, в случае отклонения мирных предложений начать войну, а в случае согласия - созвать конгресс[65].

23 марта царица утвердила достигнутую договоренность между Остерманом и Оштайном, но в тот же день ею был «апробован» и план кампании на 1736 г.[66] Генерал-фельдмаршал П. П Ласи был отозван из Богемии для командования армией под Азовом (Донская экспедиция), а на генерал-фельдмаршала Б. К. фон Миниха возлагалось руководство действиями против Крыма. 8 апреля Миних увеличил число полков Днепровской экспедиции за счет «4 полков пехотных, которые ис команды генерала фельдмаршала фон Лесии из Богемии прибудут»[67]. Больших запасов продовольствия и фуража с собой не брали, так как запорожцы уверили Миниха, что в Крыму можно найти большие запасы[68].

13 марта, еще до утверждения плана кампании императрицей, в тайне от союзников-австрийцев, Донская армия перешла Дон и 20-го сосредоточилась у стен Азова[69].

Состав армии был изменен по сравнению с первоначальным планом. В нее вошли 6210 драгун, 31142 пехотинца, 8000 донских казаков, 626 артиллеристов и 212 инженеров при 320 орудиях[70]. 16 апреля в Цариченке Миних и Ласи провели оперативное совещание и договорились о взаимных действиях.

27 марта в Петербурге Оштайн изложил мнение австрийского двора о возможных причинах и целях войны с Турцей. Таким целями могли быть: сатисфакция за «причиненной вред и убыток от Порты», принуждение турок к «справедливому трактату» или приобретение «к российской безопасности прикрытию или пользе служащей» крепости или территории. Кроме того предполагалось, что русский двор ведет превентивную войну с целью предотвращения нападения Порты или чтобы турок и татар «буде не вовсе, то однако ж на многия годы в несостояние привести вред причинять». Имперский посол вновь предъявил «добрые официи» Карла VI для урегулирования споров между султаном и царицей: австрийский резидент в Константинополе мог бы объявить о солидарности Вены с претензиями Анны Ивановны к Порте[71]. Оштайн выражал надежду на

---

[65] Там же. Л. 205-205об., 208-211.

[66] Там же. Л. 215; РГВИА. Ф. 846. Оп. 16. Д. 1557. Ч. 2. Л. 51об.

[67] Там же. Ф. 47. Оп. 1. Св. 94. Л. 94.

[68] *Баиов А.* Русская армия в царствование императрицы Анны Ивановны. С. 206.

[69] Там же. С. 211.

[70] Там же. С. 204-205. Всего 5 драгунских и 18 пехотных полевых, 1 драгунский и 5 пехотных гарнизонных полков.

[71] АВПР. Ф. 32. Оп. 1. 1736 г. Д. 9. Л. 266-267об.

примирение враждующих сторон и требовал информировать императора, «в чем жалобы на Порту состоят, и что от ней в том ко удовольствованию России наконец учинено будет»[72].

Ответ А. И. Остермана был получен через три дня. Граф называл причинами превентивной войны поддержу султаном татарских набегов, агрессивные замыслы его против России и другие «предприятия, с миром не сходные»[73]. Он объявил, что «все иные представлении и официи не токмо никакой пользы не учинят, но паче к величайшему здешнему предосуждению будут», и напомнил, что условия Прутского мира мешают России оказывать помощь Венскому двору[74]. Впервые было официально заявлено о целях войны: «России, натурально, постоянной безопасности не ожидать, ежели на таком основании [границы] постановлены не будут, как оные до помянутого Прутцкого мира были, к чему наисклоннейшие способствовать Его Римско-Цесарское Величество, уповательно, толь наименьше отречетца, понеже для многих важных резонов Его собственной интерес того, как видитца, требует». Канцлер предложил Оштайну вручить великому визирю совместную декларацию о войне[75].

Австрийский двор имел бы больше шансов и на мирное урегулирование русско-турецкого кризиса, и на победоносную войну против Порты, если бы не смерть от катара легких принца Евгения Савойского, генералиссимуса Империи, конференц-министра и президента Надворного Военного Совета (Хофкригсрата). Император Карл VI записал в дневнике 10 (21) апреля 1736 г.: «В половине 9-го утра известие: принц Евгений Савойский, служивший Моему дому с [16]83 года, бывший военным президентом с 1703 г., во всем служивший Мне с 1711 года, найден в постели мертвым после долгой болезни. Боже, упокой его душу! На своем 73-м году»[76]. Немногие тогда оценили значение этой потери как для Австрии, так и для России. После смерти принца руки у сторонников войны с Турцией были развязаны.

7 (18) апреля резидент в Константинополе Л. фон Тальман был у великого визиря МехметПаши и, выполняя волю принца Евгения, предлагал османскому двору «добрые официи» императора по урегулированию спо-

---

[72] Там же. Л. 270-270об.

[73] Там же. Л. 279об.-280; «При таких обстоятельствах ничто натуральнее, как такому мироломному явному неприятелю и необходимому страху при удобном случае легче заранее прямо в глаза итти, нежели в том страхе постоянно пребыть. О вящей умеренности, как от российской стороны ныне показано, едва слыхано, она многие годы неотрывно продолжалась, однако ж никакого плода не имела, токмо что наглости наглостьми же умножали».

[74] Там же. Л. 201-201об.

[75] Там же. Л. 282об.-283.

[76] *Braubach M.* Prinz Eugen von Savoyen. Muenchen, 1965. Bd. 5. S. 323.

ров с Россией. Он предупредил, что отклонение посредничества заставит Австрию поддержать боевые действия России согласно союзу 1726 г.[77] Декларацию Тальмана поддержали послы морских держав А. Фоукнер и К. Калькоэн. Но когда 4 (15) мая канцлер Зинцендорф объявил об этом шаге Австрии Ланчинскому, возмущению последнего не было предела. «Говорил я,- писал он в Петербург,- что сия толь мягкая деклярация никакова действа иметь не может, ибо более добрых официей значить не может, и надобно объявить о действительном и сильном союзническом вспоможении». Австрийские министры возражали, что войну объявлять еще не время: надо собрать в Венгрии войска из Германии и Италии, однако обещали подготовить для помощи русским до 75000 солдат регулярных полков и иррегулярных формирований венгров, сербов и хорватов[78].

12 (24) апреля Остерман подписал грамоту к великому визирю о причинах похода на Крым. Ланчинскому было велено добиться, чтобы это формальное объявление войны было вручено визирю Тальманом, поскольку российский резидент А. Вешняков уже был арестован турками[79]. Надежд на избежание войны не осталось. Начался период борьбы российской дипломатии за вступление Австрии в войну с Портой.

Российские войска продолжали боевые действия. 13 апреля выступила в поход Днепровская армия Миниха, в которой было 19695 драгун, 24372 пехотинца, 10000 ландмилиции, 500 гусар, 180 компанейцев, 4000 донских, 16000 малороссийских, 10200 слободских, 6000 запорожских казаков и 150 чугуевских калмыков, 200 артиллеристов при 94 пушках[80]. Для поддержки действий с польского фланга Остерман и Черкасский приказали 3 апреля вспомогательного корпусу генерал-лейтенанта Дж. Кейта приблизиться к молдавской границе, чтобы ввести турок в заблуждение[81].

4 мая под стены Азова прибыл генерал-фельдмаршал Ласи, а через пять дней началась бомбардировка крепости[82]. Миних 4 мая выступил от р.

---

[77] АВПР. Ф. 32. Оп. 1. 1736 г. Д. 9. Л. 393: «Порте добрые цесарского двора официи к пресечению произшедших между Россиею и оною несогласий предлагал и имянно к тому присовокупил, что ежели такими добрыми официями тишины возстановить невозможно, то Его Цесарское Величество союзническое свое вспоможении подать преминуть не может».

[78] Там же. Д. 5. Л. 255-256об.

[79] Там же. Д. 13. Л. 46-46об. Рескрипт от 18 апреля 1736 г.

[80] *Баиов А.* Русская армия в царствование императрицы Анны Ивановны. Т. 1. С. 203. Всего у Миниха 19 драгунских, 18 пехотных, 2 пеших и 8 конных украинских ландмилицких полков.

[81] РГАДА. Ф. 177. Оп. 1. 1736 г. Д. 26. Л. 4-4об. Указ от 3 апреля «Чтоб при проходе чрез Польшу марш оных полков и наипаче чрез те места и тракты, которые ближе к молдавской и к волохской стороне лежат, возприят был, дабы тем туркам в потребном случае некоторого обмбражу подавать».

[82] *Баиов. А.* Русская армия в царствование императрицы Анны Ивановны. Т. 1. С. 218, 222.

Самара, достиг через три дня Кизикермена, а 16-17-го собрал Днепровскую армию у укреплений Перекопа[83]. 20 (31) мая Перекопская линия, защищаемая татарским войском и гарнизоном крепости Ор-Кап (4000 турок), сдалась через полчаса после начала русского штурма. Татары бежали в Крым, а янычары из крепости капитулировали 22 мая и были отправлены на родину. Все 84 пушки и 2554 татарских воина попали в руки победителей, потерявших всего 6 убитыми и 177 ранеными[84]. На Перекопе был оставлен отряд генерал-майора А. Девица. В то же время 9 полков генерал-лейтенанта Леонтьева блокировали крепость Кинбурну в устье Днепра. Сам Б. К. фон Миних с главными силами занял 5 июня оставленный 3-тысячным турецким гарнизоном г. Козлов (Гёзлу, ныне Евпатория)[85].

4 (15) июня Оштайн выразил Остерману возмущение императора слухами о том, что Империя де не окажет помощи России. Он напомнил, что декларация Карла VI от 8 (19) января 1735 г. заставила турок отказаться от нападения на Россию, а полки из Италии и Германии уже собираются в Венгрии для поддержки действий армии Миниха, не имея даже малого отдыха после войны с Францией. Главной трудностью в военных приготовлениях Австрии Оштайн считал затягивание Версалем и Мадридом переговоров об исполнении условий прелиминариев от 22 сентября (3 октября) 1735 г. Он предложил договориться о совместных действиях в случае отклонения Портой мирных предложений и привлечь к антитурецкому союзу Речь Посполитую. Его также интересовало, какой помощи ждет царица от Карла VI: посылки вспомогательного корпуса или вступления в войну с турками[86]. Речь Оштайна доказывает, что в Австрии еще сильны были позиции сторонников сохранения мира на Востоке. Пока владения императора не покинули французские и испанские войска (они занимали Филиппсбург, Кель и Трир в Германии, Милан, Парму и Пьяченцу в Италии) он не желал ввязываться в новую тяжелую войну.

12 июня посол получил ответ Остермана, который сводился к следующему:

1) Россия принимает посредничество Австрии, если визирь в 2 недели пришлет в Очаков делегатов для переговоров о мире; до конца августа надлежит подписать новый договор между Портой, Россией и Австрией, операции российских войск будут продолжаться до подписания мира; в случае отклонения этих условий император должен вступить в войну;

---

[83] Там же. С. 250.

[84] Там же. С. 250-255. Перекопская линия имела 10 верст по фронту, ров шириной в 12 сажен и 10-саженный вал с 7 башнями.

[85] Там же. С. 259, 264.

[86] АВПР. Ф. 32. Оп. 1. 1736 г. Д. 9. Л. 380-382, 390-390об., 395-897.

2) Карл VI обещается, что Россия «обязуется всею силою оному так вспомогать, что употребляемая иногда от неприятеля: против упомянутого Цесарского Величества сила так удержена будет, дабы не инако, как в малом числе туда итти могла, хотя б в нынешней или в какой-либо будущей кампании, пока война продолжаться станет», а именно: российская армия, включая корпус Кейта, пойдет в Молдавию для удара в тыл турецким войскам;

3) Карл VI должен обещать не заключать сепаратного мира и объявить о своих претензиях к Турции; Россия обещает способствовать в приобретении Боснии;

4) российский двор будет во всем информировать императора через Оштайна[87].

Здесь проявилось желание Остермана ограничить конфликт с Турцией масштабами Крыма и использовать усилия «мирной партии» в интересах России. Вновь австрийской стороне обещались в случае вступления в войну крупные и важные территориальные приращения. Надежды на начало перегрворов были немалые, тем более, что операции развивались довольно успешно. Татары, потеряв под Перекопом до 16 тыс. убитыми (из 60-тысячной орды), бежали в горы. 16 июня они были разбиты у Бахчисарая, а 21-го генерал-фельдмаршал Б. К. фон Миних сжег Ак-Мечеть (Симферополь)[88].

Единственным оплотом разбежавшихся по горам татар оставалась турецкая крепость Кафа (ныне Феодосия), но овладеть ею без помощи флота не представлялось возможным. 26 июня Миних дал приказ к отходу на Перекоп. Он был обеспокоен слухами о движении армии великого визиря к Очакову, а также отсутствием в Крыму обещанных запорожцами провианта, фуража и, главное, воды, опасностью развития болезней. 6 июля Днепровская армия вернулась к Перекопу[89]. Отряд Леонтьева 7 июня овладел крепостью Кинбурн. Турецкий гарнизон (1964 человек) был выпущен, татары (2573 воина) пленены, артиллерия (47 орудий) захвачена и освобождено 148 русских невольников. Но овладение Очаковом, гарнизон которого насчитывал до 10 тыс. турок и 9 тыс. белгородских татар, было Леонтьеву не под силу[90].

Успешно действовал под Азовом генерал-фельдмаршал П. П. Ласи. 9 мая флотилия контр-адмирала П. П. Бредаля (4 галеры и 9 артиллерий-

[87] Там же. Л. 47-47об., 421-425об., 474.

[88] *Баиов А.* Русская армия в царствование императрицы Анны Ивановны. Т. 1. С. 270-271.

[89] Там же. С. 272-274.

[90] РГВИА. Ф. 47. Оп. 1. Св. 94. Л. 142.

ских барж – прамов) подвезла до 200 18-фунтовых и 24-фунтовых орудий, и в короткое время на турецкую крепость было обрушено 9182 ядра и 4991 бомба[91]. Интенсивным огнем была парализована жизнь гарнизона, 8 июня осаждавшие уничтожили пороховой склад, и 20-го турецкий гарнизон сдал Азов на капитуляцию, получив свободный выход в г. Абскун. За время осады погибло 1200 жителей города и 2427 турецких воинов. В городе и крепости было захвачено 224 орудия, освобождено 119 невольников[92]. Потери Донской армии и флотилии составили: 295 убитых и умерших от ран, 1444 раненых, 28 пропавших без вести, 2677 больных. В Азове был оставлен отряд генерал-лейтенанта А. Г. Загряжского (5 полков), в крепости Св. Анны – четыре полка генерал-майора А. Де Бриньи (старшего)[93]. Панику среди турецких войск в Молдавии вызвало движение через Подолию вспомогательного корпуса генерал-лейтенанта Дж. Кейта. Колонна командующего корпусом достигла к 7 июля Чорткова, а полки генерал-майора К. Г. фон Бирона – Гусятина, фуражиры посылались в Винницу и Брацлав. Кейт распространил среди поляков слух, что его корпус «имеет маршировать в Молдавию через Снятин, а оттуда соединитца с армиею Его Римско-Цесарского Величества, состояние под командою генерала Валеса, которой обретаетца в Трансельвании»[94]. Сераскир Бендер и паша Хотина были вынуждены держать 40-тысячное войско для отражения возможного нападения русских полков. По той же причине, как сообщил Миниху А. Вешняков, был отложен поход войска великого визиря за Дунай[95].

Принимали меры по подготовке к войне и в Австрии. К 13 (24) июля в Венгрии под командованием фельдмаршала графа Пальфи стояло и собиралось 20 пехотных, 12 кирасирских, 9 драгунских и 6 гусарских полков, а в Трансильвании – три пехотных, 1 драгунский и 2 кирасирских полка генерала от кавалерии графа Ф. П. Валлиса[96]. Эти войска, расположенные близ турецких границ, заставили турецкое командование держать на Дунае крупные силы и отказаться от похода к Очакову для помощи Азову и Крыму.

29 июля в Санкт-Петербурге граф Х. К. фон Оштайн представил проект конвенции о плане совместных военных операций. За основу принимались трактат 26 июля (6 августа) 1726 г. и конвенция о содержании войск 1727 г.

[91] *Баиов А.* Русская армия в царствование императрицы Анны Ивановны. Т. 1. Приложения. С. 97.
[92] Там же. Т. 1. С. 225-226.
[93] Там же. С. 227-229.
[94] РГАДА. Ф. 177. Оп. 1. 1746 г. Д. 27. Л. 26-26об.
[95] РГВИА. Ф. 846. Оп. 16. Д. 1557. Ч. 2. Л. 74-74об.
[96] АВПР. Ф. 32. Оп. 1. 1736 г. Д. 5. Л. 467-467об.

Император, как отмечал австрийский посол, «и ныне свою миролюбивую склонность всем протчим разсуждениям предпочитает» и предлагает посредничество, но если султан не примет условия России в течение двух месяцев, Австрия вступит в войну на следующих условиях[97].

Если турки для вида заключат мир с Россией, а затем пойдут на Австрию, то царица должна помочь императору достичь мира на условиях продления Пожаревацкого договора на 25 лет, улучшения статей торгового договора 1718 г., включения императора в русско-турецкий мир в качестве гаранта, так чтобы Порта не могла бы нарушить мир только с одним из союзников. В случае победы в войне император соглашается на приобретение Россией границ 1700 г. и Крыма, но без претензий на свободу черноморской торговли; при этом Австрия не требует ничего, кроме Боснии, Албании до Дринского залива (устье р. Дрина) и течения Дуная до Брэилы[98].

Операции следует планировать так, чтобы помогать друг другу. При этом если вывод войск из Италии будет замедлен, и там придется держать 40-тысячную армию, царица должна прислать в Венгрию корпус в 5-6 тыс. чел. При нападении Франции или Испании на Австрию во время ее войны с Портой Россия должна предоставить вспомогательный корпус по союзу 1726 г. и сделать «диверсию» главной армией. Если же главные силы турок будут действовать против императора, то российская армия вступает в Молдавию для соединения с имперскими войсками[99].

При иностранных дворах министры союзников будут действовать вместе. Австрия обязуется привлечь к войне Венецию и удержать шведов «от нарушения покоя на Севере», а от России требуется содействие в деле европейского примирения и склонения короля Польского и Речи Посполитой к выступлению против Турции. Обе стороны поддерживают враждебную туркам Персию, не ведут сепаратных переговоров и держат данный договор в секрете[100].

8 августа австрийский посол получил резкий ответ Остермана и Черкасского, утвержденный Анной Ивановной. Кабинет-министры ожидали уже объявления войны, поскольку «добрые официи» бесплодны и задерживают получения сатисфакции, но Вена вновь говорит о посредничестве. «Что же до другого и до постановления предложенного нового трактата принадлежит, – продолжали они, – то Ея Императорское Величество Всероссийское видеть не может, для чего ныне такой новой трак-

[97] Там же. Д. 10. Л. 32-33об., 35-35об.
[98] Там же. Л. 67-68.
[99]Там же. Л. 40-43.
[100] Там же. Л. 43об.-46об.

тат потребен, ибо еще прежней между дворами учиненный союз, слава богу, благополучно продолжается»[101]. Австрийские предложения дажа не были рассмотрены, требовалось только объявление войны. Недовольство было вызвано прежде всего ограничением сферы российских завоеваний и тем, что австрийские претензии распространялись на православные земли Валахии и Албании.

На резкий тон и столь необычную реакцию дипломатов безусловно повлияли и военные события: 27 июля Днепровская армия Г. К. фон Миниха начала отход за Днепр. 11 августа присоединился к главным силам и отряд М. И. Леонтьева, блокировавший в течение лета с востока крепость Очаков[102]. Российское командование, обеспокоенное ростом численности турецких войск в Хотине и Бендерах, поспешило отозвать корпус Дж. Кейта к Киеву и Переволочне. 14 августа Донская армия П. П. Ласи перешла р. Миус, но удостоверившись, что Миних уже отступил из Крыма, а ногайская орда кочует близ Бахмута, фельдмаршал отошел 2-5 августа к Изюму и расположил полки на зимних квартирах[103]. Миних 5-7 сентября расположил войска за р. Самарой, также окончив кампанию[104]. Потери Днепровской армии с учетом больных дизентерией, цынгой и горячкой (лихорадкой) достигали 30 тыс. человек (из них были убиты и умерли от ран и болезней, пленены и пропали безвести – 1791 чел.)[105]. Осенью 20 тыс. калмыков хана Дундук-Омбо и 4 тыс. донских казаков совершили удачный набег за р. Кубань, дойдя до р. Егорлык и уничтожив до 6 тыс. татар[106], но этот успех не влиял на общий исход кампании. Грандиозный план Миниха не был осуществлен: Крым так и не был завоеван. Но крымским татарам были нанесены тяжелые потери, а главное, турецкие войска лишились трех важных крепостей в Северном Причерноморье: Перекопа (Ор), Азова и Кинбурну.

20 (31) июля 1736 г. в Вену пришло неутешительное известие о том, что верховный визирь Мехмет-паша в письме генерал-фельдмаршалу Л. фон Кёнигсэггу, президенту Хофкригсрата, отверг мирные переговоры с Россией и заявил, что русские нападают на татар, претендуют на «исконные турецкие земли» – Кабарду, Азов, Дагестан и требуют от султана невозможного – наказания крымского хана Дели-султана, который не

[101] Там же. Л. 67-68.
[102] *Баиов А.* Русская армия в царствование императрицы Анны Ивановны. Т. 1. С. 289–290.
[103]Там же. С. 230.
[104] Там же. С. 294.
[105] РГВИА. Ф. 47. Оп. 1. Св. 94. Л. 140.
[106] *Баиов А.* Русская армия в царствование императрицы Анны Ивановны. Т. 1. С. 296-297.

только не подчинялся Турции, но и уже умер[107]. Неизбежность войны становилась все явственнее. Положение Вены, правда, упрочилось благодаря начавшемуся 24 июля (4 августа) выводу франко-сардинских войск из Милана и заключенным конвенциям об очищении бурбонскими армиями Пармы, Пьяченцы и Рейнской области[108].

Это ободрило сторонников войны, хотя 21 августа (1 сентября) 1736 г. Л. К. Ланчинскому на представление о том, что «время уже толь далеко прошло, что от добрых здешних офицей никакой пользы ожидать нельзя», канцлер Ф. Л. Зинцендорф ответил подтверждением верности союзу и вопросом о том, какого удовлетворения желает Россия за нарушения турками мира[109], главные решения были приняты на конференции 12 (23) августа. На ней присутствовали все конференц-министры, статс-секретарь Й. Бартенштайн, ряд генералов. Приняв во внимание, что прибывающим в Венгрию из Италии войскам нужен отдых, что в горах Балкан осенью не найти фуража, а овладение ближайшей турецкой крепостью Видин требует больших жертв и затрат, австрийские министры решили, что если «до окончания сей кампании войну начать, то иного ждать нельзя, окромя толикого войску разорения». Поэтому надо использовать для подготовки войск осень и зиму, «дабы на весну вдруг в добром всего состоянии без всякой остановки» можно было бы начать войну[110]. В Венгрии к осени было собрано уже 49000 пехоты, 24000 регулярной кавалерии, 4000 гусар и 4000 хорватской милиции (граничары, или гренцеры)[111]. О воздействии этих войск на турок доносил Миниху русский разведчик Ю. Миронов: «Визирь от командующего тем войском требовал известия, чего ради оное войско по границе расположено, на что же ему ответствовано, что оное расположение учинено по воле Его Цесарского Величества ради обережения своих границ, однако ж турки от цесарской стороны имеют немалое опасение»[112].

17 (28) сентября Оштайн подал новый проект плана операций, не упоминая уже о мирном посредничестве. Главные условия повторялись: император собирает армию в 80 тыс. человек, и если зимой не будет заключен мир, начинает в апреле войну с Турцией; союзники будут стараться «взять противника в середину», то есть окружить турецкую армию в Молдавии; намечался ряд дипломатических шагов в отношении европейских великих держав (Бурбонского блока), Швеции, Речи Поспо-

[107] АВПР. 32. Оп. 1. 1736 г. Д. 10. Л. 88-103.
[108] Там же. Д. 6. Л. 13-13об., 25, 66, 73.
[109] Там же. Л. 80-81об.
[110] Там же. Л. 83-84об.
[111] Там же. Л. 93-93об.
[112] РГВИА. Ф. 47. Оп. 1. Св. 94. Л. 298.

литой, а также Ирана[113]. Остерман и Черкасский 22 сентября выразили благодарность за помощь в войне «путем диверсии», выразили готовность прикрыть войсками военные приготовления Австрии, но внесли ряд поправок, не соглашаясь, в первую очередь, с тем, что операции имперской армии смогут начаться лишь после приближения российских полков настолько, чтобы «одна союзная армея другой тот час по потребным обстоятельствам на помощь прийтти могла». Российские министры указывали, что в октябре это уже будет невозможно сделать[114]. Видимо, в Санкт-Петербурге еще надеялись, что Карл VI начнет войну в текущем году. Российские министры были довольны и тем, что в новом проекте не было статей о послевоенных приобретениях. А. И. Остерман настоял на исключении пункта о поддержки Ирана, так как Тахмас-Кулы-хан уже подписал прелиминарный мир с Турцией (окончательный договор о возвращении к границам 1723 г. был заключен 16 (27) сентября 1736 г.)[115].

Ответ российских кабинет-министров, совпавший по времени с получением в Вене известия Л. фон Тальмана об отказе турок от австрийского посредничества, вызвал, однако, гнев Карла VI. Император рассчитывал,что собранные войска в Венгрии (у Семендрии) смогут начать кампанию совместно с русскими, если они, отдохнув, в сентябре вновь начнут боевые действия и пробудут в поле до ноября. Теперь Ланчинскому было сообщено, что без поддержки России (особенно при внезапном удалении корпуса Кейта от Молдавии) Австрия воевать не будет, и имперская армия разводится на зимние квартиры до весны 1737 г. Зинцендорф заявил, что теперь война с Портой «здешнему двору опаснее есть, нежели России, не только для того, что здешние земли с турецкими граничат, но и турки при льготе себе от Персии скорее от цесарских земель нечто отторгнуть надеяться могут, нежели от российских»[116].

21 октября (1 ноября) имперский канцлер дал Л. К. Ланчискому окончательный ответ Карла VI на российские ноты о поддержке в войне с Турцией: Австрия объявит войну следующей весной, требуется прислать в Вену русского генерала для заключения общего плана операции. На предложение российского посла присоединиться к России без объявления войны Ф. Л. К. фон Зинцендорф ответил, что это лишнее, хватит и того, «что армия толь спешно из Италии переведена, которая б ныне уже и действительно в операциях находилась, если б войско Вашего Императорского Величества с начала сентября до половины ноября в кампании

---

[113] АВПР. Ф. 32. Оп. 1. 1736 г. Д. 10. Л. 260-268.
[114] Там же. Л. 160-163.
[115] Там же. Д. 6. Л. 148-148об.
[116] Там же. Л. 189об.-190об. Реляция Л. Ланчинского от 20 октября 1736 г.

же пробыла, как о том слово было дано. А войну сего году туркам на словах объявлять было б переждевременно и излишне, и только им престорога, дабы к оной готовились»[117].

На решительное изменение позиции Венского двора без сомнения повлияло заключение турецко-иранского мира. Кроме того, в октябре Испания утвердила акты о переходе испанскому инфанту дону Карлосу Сицилии и Неаполя и начала вывод войск из Тосканы. Не могло австрийское руководство оставить без внимания и военные приготовления Турции на Балканах: в Видин и Ниш прибыло 33 тыс. янычар[118].

19 (30) ноября граф Х. К. фон Оштайн сообщил А. И. Остерману содержание рескрипта Карла VI от 20 (31) октября о составлении в Вене плана операций; кроме того, император намеревался быть участником переговоров с Турцией как содоговаривающаяся сторона и интересовался условиями мира для России[119]. Но вместо плана российские министры отправили Ланчинскому 2 (13) декабря 1736 г. проект союзной конвенции, почти дословно списанный с предложений Оштайна:

1) основой плана операций является союзный договор 1726 г. и конвенция 1727 г.;

2) император обязуется употребить в будущем году 80-тысячную армию в Венгрии, отказывается от посредничества и объявляет себя союзником России;

3) если зимой переговоры о мире не увенчаются успехом, Австрия в апреле 1737 г. начнет войну против Турции; стороны обязуются помогать друг другу так, «чтоб ни которая обоих сторон от всей неприятельской силы аттакована не была»;

4) российская императрица обещает в случае нападения главных турецких сил на Австрию послать российские войска в тыл туркам через Молдавию для соединения с имперцами;

5) если все турецкие силы пойдут против России, то император будет согласовывать свои действия с российскими войсками;

6) командующие союзными армиями ведут постоянную переписку и стараются «друг другу в потребном случае помогать и неприятельскую армию в середину получить»;

7) нападение на кого-либо из союзников в Европе «не токмо за случай союза, но и за общее дело почитать и друг другу, елико то без приведения собственной безопасности в страх токмо учиниться может, всею силою помогать»;

---

[117] Там же. Л. 193об.
[118] Там же. Л. 206, 238об.
[119] Там же. Д. 10. Л. 289–292.

8) союзники употребят все силы для достижения безопасного мира;

9) стороны не заключат сепаратного мира;

10) союзники должны объявить о готовности к миру и об условиях такого мира;

11) послы союзников «при христианских дворах» будут иметь «теснейшую и совершенную конфиденцию»;

12) Австрия обязуется привлечь к войне Венецию;

13) Россия обязуется привлечь к войне Речь Посполитую и Саксонию;

14) Россия обязуется стараться загладить все могущие возникнуть споры среди держав Европы; договор – тайный, имеет силу конвенции, подлежит ратификации в течение 6 недель[120].

О российских условиях мира Остерман ничего не сообщил. 8 декабря Оштайн письмом известил российского канцлера о согласии подписать конвенцию, но с оговоркой: австрийцы начнут действия не ранее, чем российские войска вступят в турецкие границы[121]. Это требование было вполне справедливым: ведь Австрия граничила с турецкими владениями непосредственно, а российской армии надо было достичь р. Днестр. Но российская сторона не соглашалась на столь длительную задержку начала военных действий со стороны императора, хотя в свое время из-за «позднего годового времени» отказалась принять австрийские вспомогательные войска»[122].

Подписание союзной декларации должно было состояться в Вене. Еще 19 декабря канцлер Зинцендорф и статс-секретарь Бартенштайн уверяли Ланчинского, что Россия «славной мир получить может: повсюду де значится, что Порта склонность к оному имеет», и Франция также поддерживает восстановление Константинопольского мира 1700 г.[123] Но повернуть вспять было уже нельзя. Османский двор занимал жесткую позицию и не желал терять какие-либо территории. Да и сами руководители австрийской дипломатии, в отличие от военных, желали победоносной войны на Балканах для покрытия потерь в конфликте с Бурбонами. 29 декабря 1736 г. (9 января 1737 г.) Ланчинский подписал конвенцию о совместной войне с турками, которая была принята союзниками почти без изменений. Лишь в 3-м артикуле срок выступления имперском армии был означен как «весна» (в проекте апрель), да внесено условие о приближении российских войск к турецким границам[124].

[120] Там же. Л. 361-396об.
[121] Там же. Л. 375-377.
[122] Там же. Д. 13. Л. 147-147об. Рескрипт Л. Ланчинскому от 28 сентября 1736 г.
[123] Там же. Д. 6. Л. 298.
[124] Там же. 1737 г. Д. 5. Л. 2-2об. Реляция Л. Ланчинского от 1 января.

1735 год стал началом дипломатической подготовки России к войне с Турцией. Война рассматривалась российским двором как превентивный удар по турецким силам в Северном Причерноморье и татарским ордам Крыма и Кубани. Военное руководство строило далеко идущие планы освобождения Балкан, но канцлер А. И. Остерман ограничивался восстановлением мирных условий 1700 г. и гарантиями от последующих татарских набегов. Взятие Азова и сравнительно легкое занятие Крыма (вскоре оставленного) летом 1736 г. заставили пересмотреть мирные предложения и объявить императору Карлу VI о претензиях на полуостров. В Австрии в 1735-1736 г. сложились придворные партии сторонников и противников войны с Портой. Первых возглавляли канцлер Ф. Л. К. фон Зинцендорф, статс-секретарь Й.К. фон Бартенштайн а вторых – генералиссимус принц Евгений Савойский и генерал-фельдмаршал Л. фон Кёнигсэгг. Смерть Евгения и отказ турецкого двора от переговоров с Россией при посредничестве императора, заключение турками мира с иранским шахом и настойчивые действия российских дипломатов, стремившихся получить поддержку Австрии в войне против Крыма и султана, ослабили позиции венских сторонников мирного разрешения конфликта. Совместное выступление союзников против Порты было оформлено конвенцией от 28 декабря 1736 г. (9 января 1737 г.), но о территориальных приобретениях стороны не договорились. Тем не менее, к январю 1737 г. разногласия между Австрией и Россией по вопросу о методах решения «восточного вопроса» были преодолены выбором в пользу силовой политики, чему немало способствовала непримиримая позиция великого визиря, не желавшего после начала действий российской армии вести мирные переговоры.

3. Политическое и военное взаимодействие Австрии и России в 1737 году: упущенная возможность свержения османского ига на балканах

К началу 1737 г. союзникам удалось достичь договоренности о совместных действиях против Турции. Но детали подписанной конвенции, касающиеся самого хода боевых действий (план операций) и условия мира с Портой не были согласованы. 17 (28) декабря 1736 г. австрийский посол в Санкт-Петербурге Х. К. фон Оштайн подал промеморию с запросом о претензиях российского двора к султану. К этому времени в Вене было известно лишь стремление получить границы 1700 г. и приобрести Крым, а в России знали о неприятных для двора и самой Анны

Ивановны, выступавшей, как и все российские монархи, защитницей прав православного населения Балкан, планах присоединения не только мусульманской Боснии, но и православных Валахии, частей Сербии и Албании.

20 (31) января 1737 г. австрийский посол повторил запрос и предложил от лица Карла VI согласиться о требованиях к туркам и встретиться на конгрессе трех держав в апреле[125]. На следующий день он изложил «пункты, которые по мнению других держав за основание мирного трактата с Портою не в указ положены быть могут»:

1) восстановление мира 1700 г. и объявление его «вечным правилом между обоими государствами» (то есть Турцией и Россией);

2) отмена Прутского договора 1711 г.;

3) передача Азова и его округа к России;

4) переход покорившихся в ходе войны татар и казаков в подданство России;

5) разрешение споров о границах на основе договора 1700 г. или по принципу «настоящего владения» (uti possidenti);

6) согласование мер, чтобы «впредь от подданных одной стороны подданным другой набегами, хищениями, грабежем или иным каким образом никакого убытка и обиды чинено не было»;

7) разрешение конфликтов впредь мирным путем.

Другие пункты касались весьма умеренных требований Австрии - исправление австро-турецкого торгового договора 1718 г., продление Пожаревацкого трактата на 25 лет, включение Австрии в русско-турецкий трактат, как содоговаривающейся стороны, и декларация о нежелании императора расширять границы своих владений. Эти условия объявлялись действующими до начала мая, когда намечалось заключить мир[126]. Кроме того, посол заявил о желании его двора согласовать план операций, для чего в Санкт-Петербург прибудет полковник фон Беренклау[127]. План мирного урегулирования, предложенный Оштайном, отразил не только позицию «мирной партии» при дворе Карла VI (она снова взяла верх зимою 1737 г.), но и взгляды великих держав Европы.

Еще в конце 1736 г. венские министры выяснили, что Версаль не будет возражать против восстановления условий Константинопольского мира 1700 г., но не допустит раздела балканских владений султана[128]. По мнению видного историка «восточного вопроса» В. А. Уляницкого, Франция виде-

[125] АВПР. Ф. 32. Оп. 1. 1737 г., Д. 9. Л. 37-37об.
[126] Там же. Л. 43-45об.
[127] Там же. Л. 38.
[128] Там же. 1736 г. Д. 6. Л. 298.

ла в русско-турецком конфликте опасность захвата Россией левантийской торговли. Кроме того, Санкт-Петербург олицетворял для французских политиков могучего союзника их главного врага в Европе – австрийского императора[129]. Немецкий исследователь В. Медигер справедливо считал, что главным в позиции Франции того времени было все-таки стремление ослабить Россию: после краха «восточного барьера» в Речи Посполитой Турция была последним оплотом Версаля против роста могущества «Северной Пальмиры»[130]. Эту точку зрения подтверждает и исследование Г. А. Некрасова[131]. Поэтому французский посол в Константинополе маркиз Л. де Вильнёв получил указ мешать русско-турецким переговорам.

Позиция морских держав была более сложной. Их послы (в частности, Т. Робинсон, посол Георга II в Вене) еще летом 1736 г. начали зондаж планов России и Австрии. Имея значительные льготы в восточной торговле, Англия и Голландские Соединённые Штаты были обеспокоены возможной конкуренцией более близких географически российских и австрийских купцов. Сознавая, что победоносная война союзников будет больше угрожать их интересам, нежели мирное разрешение конфликта, правительства морских держав готовы были сделать все для подписания нового договора на основании условий 1700 и 1718 гг. Поэтому вскоре послы в Константинополе А. Фоукнер и К. Калькоэн заявили о готовности посредничать в русско-австро-турецких переговорах[132].

А. И. Остерман понимал, что великие державы заинтересованы и в результатах войны, и в исходе возможных переговоров. 26 января 1737 г. он уклончиво ответил Оштайну, что российские условия будут объявлены не ранее, чем на конгрессе. «Многое же и лишнее требовать, в чем ещё и сами утверждаться не намерены, точию напрасную жалузию (зависть – *С. Н.*) причинить и к здешней обиде и предосуждению касаться могло б»[133], – прибавил канцлер. На другой день был представлен и русский проект плана операций. Главной целью кампании объявлялось достижение «пристойного и надежного мира», недопущение соединения сил противника против какого-либо из союзников. Для этого 1-я армия генерал-фельдмаршала П. П. Ласи пойдет при поддержке 500 судов в Крым, а 2-я армия генерал-фельдмаршала Б. К. фон Миниха – в турецкие земли через Днепр и Буг степями, минуя территорию Речи

[129] *Уляницкий В. А.* Дарданеллы, Босфор и Черное море в XVIII в. М., 1883. С. 43.
[130] *Mediger W.* Moskaus Weg nach Europa. Braunschweig, 1952. S. 8, 145.
[131] *Некрасов Г. А.* Роль России в международной европейской политике 1725-1739 гг. М., 1976. С. 267.
[132] *Уляницкий В. А.* Дарданеллы, Босфор и Черное море в XVIII в. С. 45.
[133] АВПР. Ф. 32. Оп. 1. 1737 г. Д. 9. Л. 58-58об.

Посполитой для избежания возбуждения «недоброжелательной» шляхты. Вторая армия, выступив «по первой траве» в конце марта, осадит Очаков, а затем атакует низовье Дуная или крепость Бендеры (на реке Днестр), чем отвлечет турок и татар от вторжения в Венгрию и Трансильванию. От австрийцев требовалось в конце марта нанести удар в тыл туркам[134].

На составление этого проекта оказало влияние мнение Б. К. фон Миниха о кампании 1737 г. Президент Военной коллегии России считал, что войну надо вести наступательную («естьли Россия не будет нападать, то она сама будет претерпевать набеги от татар, ибо без етого им нечего будет жить», турки и татары не будут иметь времени для приготовления к войне, «содержание армии будет гораздо менее стоить государству в чужой земле чем в своей, может поселиться у татар голод, и легче будет покорить их»), и занять зимние квартиры в неприятельских владениях. Но поход в Молдавию Миних считал рискованным и тяжелым из-за обилия крепостей (Бендеры, Хотин, Браилов, Очаков) и оставления в тылу белогородских и буджацких орд. «Завоевание Крыма,- заключал он,- может принести великой ущерб Порте, потому что от завоевания сего зависит покорение всех татарских Орд, которые суть лучшая защита для Оттоманской Порты»[135]. Таким образом, австрийская сторона не получила удовлетворительных ответов.

Австрия к январю-февралю 1737 г. уже имела свободные руки для войны. 17 (28) декабря 1736 г. испанские войска покинули Тоскану, а через месяц французы очистили крепости Кель, Трир и Филиппсбург[136]. Это позволило собрать 14 пехотных, 8 кирасирских, 7 драгунских и 6 гусарских полков в Венгрии, 5 пехотных, 4 кирасирских и 1 драгунский полк в Хорватии и 6 пехотных, 4 кирасирских и 2 драгунских полка в Трансильвании (Семиградье)[137], или 50% пехоты и 75% кавалерии австрийской армии. Правда, у сторонников сохранения мира были надежды на договор, особенно после обмена письмами президента Хофкригсрата Л. фон Кёнигсэгга и великого визиря. Последний был готов возобновить трактат 1700 г. с Россией и продлить мир 1718 г. с Австрией. «Число желающих мира по прибытии визирского листа умножается, – отмечал Л. Ланчинский, – и говорят, что здешнему двору только продолжение с турками перемирия и уничтожение вредного комерц-трактата необходимо надобны, еже-де чрез трактат получить лехко. И тако остается старание,

---

[134] Там же. Л. 88-94.
[135] РГВИА. Ф. 846. Оп. 16. Д. 1557. Ч. 4. Л. 3.
[136] АВПР. Ф. 32. Оп. 1. 1737 г. Д. 5. Л. 4, 54.
[137] Там же. Л. 160-161.

дабы и Россия чрез трактат же удовольствована была, а здешния б земли отдохнули»[138].

Действительно, в Константинополе в конце 1736 г. были готовы помириться с Россией. В угоду российским требованиям был низложен крымский хан Каплан-Гирей. Но османский двор настаивал на возвращении Азова как главном условии для начала мирных переговоров, а резидент А. А. Вешняков подбивал Анну к продолжению военных действий, обещая всеобщее восстание христиан и легкое овладение Константинополем. Наиболее агрессивные турецкие министры, возглавляемые А. К. Бонневалем (Ахмед-паша), также требовали войны против России, уповая на поддержку Франции, Швеции и морских держав[139]. Конец колебаниям обеих сторон положил новый набег крымского хана Бегли-Гирея. Разрыв укрепления Украинской линии у Переволочны, 12 февраля 1737 г. 40-тысячная орда вторглась в земли Миргородского и Полтавского малороссийских полков. 100 солдат генерал-майора Ю. Лесли погибли в неравном бою, но не смогли сдержать натиск татар. Первое поражение хану нанес отряд полковника Свечина (400 человек), освободивший 150 пленников, но 13-14 февраля татарские воины углубились на 50 верст в территорию России. Тут-то орда и оказалась в ловушке. Ее окружили запорожцы, отряды генерал-майоров В. Аракчеева и фон Реднича. Не вступая в бой, хан 15 февраля бежал за Днепр. Его арьергард был уничтожен, большую часть добычи и «полона» пришлось бросить[140].

Набег татар не мог принести большого вреда России, но он заставил пересмотреть отношение к будущей кампании. Среди военных усилилось желание обеспечить безопасность Украины и нанести решающий удар по Крымскому ханству. Поддержка турками набега показала лживость заверений визиря и Дивана о готовности наказывать татар за «несанкционированные» нападения. Вопрос о возможности мирного исхода конфликта был окончательно закрыт.

20 февраля (3 марта) 1737 г. в Вене генерал-фельдмаршал граф Л. фон Кёнигсэгг, генералы от кавалерии графы Л. А. фон Кевенхюллер и В. фон Филиппи, генерал-фельдцойгмайстеры граф Ф. Г. фон Зеккендорф и принц фон Заксен-Хильдбургхаузен обсуждали российский проект плана операций. В целом он был поддержан, но австрийские военные предлагали россиянам действовать все-таки против Хотина и Молдавии, пройдя через

---

[138] Там же. Л. 74об.-75. Реляция Л. Ланчинского от 17 февраля 1737 г.

[139] *Байков Л. М.* Русско-австро-турецкая война 1736-1739. / Энциклопедия военных и морских наук. Под ред. Г. А. Леера. СПб., 1895. Т. VII. С. 589.

[140] *Баиов А.* Русская армия в царствование императрицы Анны Иоановны. Война России с Турцией в 1736-1739 гг. СПб., 1906. Т. I. С. 347.

Подолию, а не через степи к Очакову. В конце концов планы были согласованы с условием, что после взятия Очакова армия Миниха пойдет в Молдавию. Имперская армия должна была выйти в поход в начале апреля[141].

12/23 февраля в Санкт-Петербурге Х. К. фон Оштайн представил присланный с полковником фон Беренклау австрийский проект плана операций. Венский двор настаивал на движении российских войск к Днестру, чтобы взятием Хотина или вторжением в Молдавию открыть кампанию. «Чем ранее сия армия приблизится к Днестру для перехода через оный, тем ранее может с императорской стороны при нужной безопасности сделано быть начало действиям», – указывал посол. Он считал, что для достижения «справедливого, безопасного и обоим союзным дворам славного мира» надо решить исход войны одной кампанией, пока не вернулись османские войска из Закавказья и Месопотамии, а «ещё другая державы в пользу Порты в то мешаться не могли»[142]. Общий план рисовался следующим образом: российская армия собирается на Днестре в районе Бистрицы, а австрийская у Видина – в середине мая, отдельный корпус поддержит русских в Молдавии. Предполагалось соединить армии, подготовив для этого провиант, содержать корреспонденцию между войсками и поддерживать восстание в Черногории[143]. Такой план был, несомненно, более продуманным. Его осуществление позволяло атаковать турок в наиболее уязвимом месте (Балканы), могло вызвать серьёзное антиосманское движении в Болгарии, Молдавии, Валахии, Албании и Черногории и привести к крушению османского господства на юго-востоке Европы.

Почему же российский Кабинет Министров не принял этот план и фактически отказался от единства действий в войне? Вопроса о способности российских и австрийских войск нанести поражение Порте не стояло. Более того, среди русских военных существовало мнение, что и без помощи Карла VI можно добиться завоевания Крыма и Молдавии. Но кому достанутся владения султана? Предложение об австрийской границе по Дунаю до Брэилы (1736 г.), как уже отмечалось выше, было с озабоченностью встречено в Санкт-Петербурге. Каковы же будут «аппетиты» императора после победоносной войны? Не станет ли Его Католическое Величество государем православного славянства на Балканах? Эти опасения (что показал позднее ход конгресса в Немирове), без сомнения, повлияли на отношение российского двора к австрийскому проекту плана кампании. Так лишний раз подтвердилось утверждение философа Б. Руссо: «Очевидно, Османская империя обязана своим существованием взаимной зависти и интересам христианских

---

[141] АВПР. Ф. 32. Оп. 1. 1737 г. Д. 5. Л. 92об.-93.
[142] Там же. Д. 9. Л. 124об.-125.

государств, которые в сущности опасаются не столько падения этой империи, сколько усиления тех, кто поделит ее обломки»[144].

4 (15) марта Оштайн привел в беседе с Остерманом письмо резидента в Константинополе Л. фон Тальмана. Он 3 февраля вновь встречался с визирем и добился согласия вести переговоры на нейтральной территории, в Хотине или Каменце-Подольском[145]. Хотя решение о новой кампании уже было принято, российский двор принял это предложение. Перед европейскими державами Остерман не хотел выставлять Россию противницей мирных инициатив. 9 марта он заявил имперскому послу, что царица утвердила мирную делегацию в составе действительного тайного советника барона П. П. Шафирова, обер-егермейстера двора генерал-майора князя А. П. Волынского и тайного советника И. И. Неплюева – бывшего посла в Константинополе. Местом мирного конгресса Анна Ивановна желала видеть Белую Церковь или Немиров[146].

В то же время канцлер критиковал позицию Тальмана, по его мнению, открывающего туркам российские условия мира и поддающегося «на пустые и к единому коварству и обманству клонящиеся ласкании»[147]. Оштайн на это заметил. что с имперской стороны на ведение мирных переговоров уполномочены именно Л. фон Тальман и он[148]. Так союзники решили вопрос о составе делегаций, но продолжали скрывать друг от друга планы мирного урегулирования конфликта.

Кампания приближалась, но официального акта о единстве действий не было заключено. В Вене было известно, что российская армия обратит свои действия против Очакова, а затем, вероятно, пойдет к Днестру. Л. К. Ланчинский в начале марта получил сведения об австрийской армии: собравшись на р. Тимок, она атакует Видин или Ниш (в таком случае охваченный Видин мог сдаться без боя), а затем направится навстречу русским вдоль Дуная. Начало действий должно было совпасть с первой русской атакой на Очаков[149]. 18 (29) марта в Санкт-Петербурге граф Х. К. фон Оштайн, канцлер граф А. И. Остерман и вице-канцлер князь А. М. Черкасский подписали союзную декларацию о вступлении Австрии в войну, о самостоятельном ведении операций каждой стороной и о помощи друг другу «смотря по неприятельским обращениям»[150].

[143] Там же. Л. 171об.-175об.

[144] *Уляницкий В. А.* Дарданеллы, Босфор и Черное море в XVIII в. С. 38.

[145] АВПР. Ф. 32. Оп. 1. 1737 г. Л. 9. Л. 253.

[146] Там же. Л. 331-337об.

[147] Там же. Л. 340об.

[148] Там же. Л. 355-357об.

[149] Там же. Д. 5. Л. 110об.-111. Реляция Л. Ланчинского от 6 марта 1737 г.

[150] Там же. Д. 10а. Л. 1-2об.

24 марта в Вене Л. К. Ланчинский встретился с канцлером Зинцендорфом и поднял вопрос о прекращении действий имперского резидента в Константинополе, направленных на «утушение» русско-турецкого конфликта. Он требовал, чтобы Тальман прекратил переговоры с визирем, а также чтобы император определил время сбора войск на турецких границах. Зинцендорф уверил российского посла, что Тальман не говорил с визирем об условиях Анны Ивановны, а войска соберутся к концу апреля[151]. Через пять дней в Вене стало известно, что резидент Тальман 11 (22) марта объявил визирю: император начнет войну, если до 1 мая Порта не пойдет на переговоры с Россией. Турецкий двор принял ультиматум и согласился послать делегацию на мирный конгресс[152]. 5 (16) апреля Бартенштайн сообщил Ланчинскому, что местом такого конгресса визирь желал бы видеть Белую Церковь в нейтральной Польше[153]. Однако, российский посол требовал выступления австрийской армии в поход, хотя президент Хофкригсрата Л. Д. фон Кёнигсэгг и заявил, что войска смогут собраться на Дунае не ранее 10 (21) мая[154].

Австрийская армия на Дунае под общим командованием венгерского наместника графа Й. фон Пальфи и генерал-фельдмаршала Ф. Х. фон Зеккендорфа собиралась в четырех корпусах. Два больших у Землина и Уй-Паланки образовывали главную армию, а два малых должны были действовать против Валахии и Боснии[155]. Сбор войск в апреле был задержан внезапными морозами и снегопадами в Трансильвании и Банате. Всего австрийцы имели 46200 пехотинцев, 16108 кирасир, 10960 драгун, 6000 гусар, 10000 граничар-хорватов, 240 пушек и мортир; их действия на Дунае поддерживали шесть 40-пушечных фрегатов[156].

Австрийская сторона полагала, что великий визирь сможет выставить в поле 160-тысячную армию (считая 50% конницы) и 10 линейных кораблей в Морее (островная часть Греции). Усилить войска в Северном Причерноморье турки могли 15000 левентов (морская пехота) и флотом из 40 галер, 10 каравелл и 100 бригантин[157].

---

[151] Там же. Д. 5. Л. 165-166: «до действительного конгресса от инсинуацей, до кондицей Вашего Императорскаго Величества касающихся, весьма отстал».

[152] Там же. Л. 175.

[153] Там же. Л. 187об.

[154] Там же. Л. 188об.

[155] Там же. Л. 292.

[156] Там же. Д. 9. Л. 176-178об.: 58 батальонов в поле и 25 в гарнизонах, 56 гренадерских рот, 103 кирасирских, 70 драгунских и 60 гусарских эскадронов, 70 полковых, 110 полевых и осадных пушек, 60 мортир.

[157] Там же. Д. 10а. Л. 121-121об.

Сборы российских войск на Украине также были застигнуты апрельским похолоданием и снегом. Тем не менее, армия генерал-фельдмаршала Б. К. фон Миниха 18 апреля стала переправляться через Днепр у Мишурного Рога. Эти силы состояли из 2757 гвардейских и 50580 армейских пехотинцев, 401 кирасира и 25851 драгуна, 9693 конника украинской ландмилиции, до 7000 донских, 6000 запорожских, 6.000 малороссийских, 1000 слободских казаков, отрядов гусар, валахов и калмыков, 2842 артиллеристов при 389 орудиях[158]. 9-18 мая Миних собрал армию у р. Омельник, а 3 июня перешел р. Ингул. 16-20 июня российские войска преодолели Буг и тремя каре устремились к Очакову[159].

В черноморских степях от Донца до Днестра находилось не более 90 тыс. татар и босняков. Боевая ценность этих войск была невелика. В Бендерах и Хотине турки имели в гарнизонах до 17000 воинов. Наиболее сильная группировка была собрана в Очакове при сераскире Яна-паше и коменданте двухбунчужном МустафеПаше – 22000 янычар, татар и ополченцев при 98 пушках Великий визирь с 20-тысячным корпусом стоял у Бабадага и Исакчи в Добрудже (в том числе 5000 янычар и 7000 арнаутов) и ждал помощи из Египта – 6000 босняков и 35000 спаги. Русская агентура в Приднестровье сильно завышала число турецких войск. Так, в армии визиря считалось 150 тыс., в Бендерах – 110 тыс., в Очакове – 90 тыс. турок и татар[160]. Такие оценки сил противника сковывали инициативу командования Днепровской армии.

30 июня войска Миниха блокировали крепость, на следующий день была начата бомбардировка. При свете пожаров, возникших в городе, российская армия пошла на штурм, но была отбита. Однако от пожаров к утру 2 июля взорвались пороховые погреба, в результате чего погибло до 6000 защитников крепости. Татары и турки пытались бежать из города, но уплыть на галерах удалось немногим. Свыше 1600 воинов погибло во время штурма, пожара или, спасаясь вплавь. Сераскир с остатками гарнизона (2 паши, 90 беев, 3174 воина-аскера и 200 слуг) сдался в плен. В крепости было захвачено 177 орудий, 34 камнемета, 9 бунчуков и 300 знамен. Потери армии Миниха составили 1004 убитых и 2339 раненых[161]. Теперь у султана не было ни одной крепости вблизи российских границ.

---

[158] *Баиов А.* Русская армия в царствование императрицы Анны Иоановны. Т. 1. С. 357-358: всего 3 гвардейских батальона, 30 пехотных полков, полк Конной Гвардии, эскадрон кирасир, 21 драгунских и 9 ландмилицких полков.
[159] Там же. С. 368-369, 376, 378-379.
[160] Там же. С. 344, 370, 386.
[161] Там же. С. 389-391.

Армия генерал-фельдмаршала П. П. Ласи 4 мая из Азова и Павловской крепости двигалась на р. Миус. В ней было 33720 пехоты, 16003 драгуна и 20000 иррегулярных войск при 32 пушках полевой артиллерии из Азова, Изюма и крепости Св. Анны[162]. 17 июня 4000 калмыков и солдат подошли к Генчи (Геническ). Поддерживаемые флотилией вице-адмирала П. П. Бредаля, они 25 июня прорвались в Крым, обойдя Перекопскую линию, по Арабатской стрелке – песчаной косе, идущей вдоль восточного берега полуострова[163]. Главной целью экспедиции было овладение Кафой и Еникале: с падением этих крепостей Крым не представлял бы более опасности. Действия Донской армии поддерживала флотилия Бредаля. 28 июня у Сальен-Дилиса турецкая эскадра (2 линейных корабля, фрегат, 15 галер, 70 скампавей и канчебасов) была отбита 217 русскими лодками. Ночной шторм погубил почти всю флотилию, но когда противник 1 июля возобновил бой, 47 уцелевших лодок, произведя 397 выстрелов с короткой дистанции, вновь обратили его в бегство. Победы были одержаны и на суше. 12 июля 70-тысячное крымское войско было разбито Донской армией на р. Салгир, а 15-го – у Карасу-Базара[164]. Орда разбежалась по горам, и Крым почти полностью оказался в руках войск Ласи.

После получения известий о переправе Миниха через Днепр Ланчинский развил в Вене бурную деятельность. 1 мая он «представлял министрам, а потом и барону Бартенштейну зело докучно и пространно, что уже пришло самое время, чтоб здешнее войско в турецкую область вступило, и операции начаты былина основании союза». Но австрийский двор твердо держался условия плана операций о начале действий на Дунае после атаки русскими Очакова[165]. Были и объективные причины, оттягивающие открытие кампании: сильное наводнение от ливней на Дунае, Тисе и Мароше заставило перенести место сбора войск из Землина в Пожаревац. Кроме того, письма из Константинополя от 19 (30) апреля свидетельствовали о готовности визиря подписать мир на условиях 1700 г.[166] Запросы Ланчинского от 13 и 28 мая также остались без ответа.

Только 24 мая (4 июня) генерал-фельдмаршал граф Ф. Х. фон Зеккендорф при помощи судов и понтонов начал переправу через разлившиеся Саву и Дунай. Российские военные агенты (атташе) при австрийской армии полковник Ф. Даревский и ротмистр К. А. фон Таубе надеялись, что

---

[162] Там же. С. 358-359: всего 7 драгунских, 20 пехотных и 6 ландмилицких полков.
[163] Там же. С. 425-426.
[164] Там же. С. 428-432.
[165] АВПР. Ф. 32. Оп. 1. 1737 г. Д. 6. Л. 1-2об.
[166] Там же. Л. 3об., 16об.-18.

если не будет новых ливней, войска завершат переправу через месяц[167]. Действительно, войска Зеккендорфа смогли собраться за Дунаем в Ягодине только к 28 июня (9 июля). В план кампании были внесены существенные изменения. 29 июня Зеккендорф писал Миниху: «С главною армеею охотно бы в самом начале на Дунае против Виддина действовать хотели и нам зело способно б было, ибо от нас артиллерия и магазины водою возены быть могли б, но понеже разлитие вод так велико, то два месяца ни о какой операции на Дунае помышлять немочно, следовательно, с немалою трудностию и иждивением ныне первоначальное намерение свое о Ниссе разпростирается»[168]. Но не только погодные условия повлияли на изменение плана войны. Теперь австрийское командование собиралось нанести удары по главным центрам на Балканах – Бухаресту, Банья-Луке и Нишу. Захват этих городов утверждал имперцев в Валахии, Южной Сербии и Боснии. Была проведена и «идеологическая» подготовка: указом от 15 июня 1737 г. Зинцендорф и Бартенштайн от имени императора обещали покровительство и гарантировали права и привилегии для всех христиан Османской империи, которые поднимутся на борьбу с игом султана[169]. Указ распространялся на сербском и болгарском языках[170].

1 (12) июля австрийская армия Зеккендорфа перешла турецкую границу у Парачина и двинулась по размытым дождями дорогам к Нишу, у Градишки вторгся в Боснию и устремился к Банья-Луке корпус принца фон Заксен-Хильдбургхаузена, а корпус У. Валлиса пошел на Бухарест[171]. Наступление застало турок врасплох. Многие гарнизоны мелких крепостей – паланок сдавались без боя.

Напрасно Ланчинский требовал поворота имперской армии к Дунаю, уверяя венских министров, что Миниху приходится одному бороться против 130 тыс. турок и татар. От него требовали в ответ «подлинных известий» с места нахождения российских армий, так как последнее письмо Миниха с р. Ингул было получено в Вене еще в начале июня[172].

[167] РГАДА. Ф. 177. Оп. 1. 1737 г. Д. 46. Л. 21-21об.: «Реку Гундезау мы в таком разлитии нашли, что чрез последнюю мосту зделать было невозможно, дабы конницу из Семлина чрез оную переправить. Тако ж самою сею большею водою препятствуется, чтоб корпусу у Градиска чрез Зау ко выступлению в Боснию и ни же корпусу у Випаланка чрез реку переправиться не мочно, чтоб с здешним корпусом совокупиться. По мнению здешних обывателей, оная вода едва в три недели сбыть может, и ежели б дождевая погода паки случилась (ибо мы по десятидневном дожде точию сего дня вдругой хорошую погоду имели), то по всему виду едва в четыре недели с армеею в поход вступить могут».

[168] Там же. Л. 54-54об.

[169] РГВИА. Ф. 47. Оп. 1. Св. 7. Ч. 3. Л. 118-118об.

[170] Один из сербских списков хранится в фондах РГВИА.

[171] *Байков. Л. М.* Русско-австро-турецкая война 1736-1739. С. 590.

[172] АВПР. Ф. 32. Оп. 1. 1737 г. Д. 6. Л. 165-166.

В Сербии отряд принца Карла фон Лотрингена к 4 (15) июля взял замки Рашна и Лешница. В Боснии имперские войска блокировали крепости Бихач, Яйце и Банья-Лука, а в Валахии генерал от кавалерии Валлис небольшими отрядами занял Кымпу-Лунг, Питешты, а 13 (24) июля – Бухарест. Валашский господарь Маврокордато бежал в Бабадаг. И хотя отряд полковника Раупаха был уничтожен турками и босняками у Бихача, ход войны показал полную неготовность визиря к защите Балкан.

17 (28) июля без боя сдался австрийцам Ниш. В крепости находилось 500 янычар и 4000 ополченцев из окрестных сел при 140 орудиях. Отказ последних умирать за султана и запущенное состояние укреплений вынудили пашу Мехмеда капитулировать. В городе были найдены и освобождены русские пленники[173]. «Обстоятельствы здачи города Ниссы произошли сицево, что оная учинилась одним щастием, потому что в то время цесарской ломовой (осадной – С. Н.) артилерии не только при том городе не было, но и прежде двух недель оную от Семендрии привести было нельзя»[174], – замечал Ланчинский.

После взятия Ниша в действиях австрийцев наступила пауза. Она была вызвана тем, что багаж, магазины и тяжелая артиллерия отстали из-за плохих дорог от авангардов австрийских войск, оказавшихся у границ Молдавии и Болгарии: гусарские отряды 19 (30) июля заняли Нови-Пазар, Яссы и Пирот. Вскоре туркам удалось создать численный перевес и остановить продвижение имперцев. 20–21 июля (31 июля – 1 августа) корпус принца фон Заксен-Хильдбургхаузена потерпел поражение от босняков на р. Врбас и отступил за Саву, сняв осаду Банья-Луки, а отряды Валлиса были вытеснены из Бухареста войсками Константина Маврокордато[175]. В тылу австрийцев продолжал оставаться важейшим опорным пунктом турок Видин. Для его блокады был направлен корпус генерал-фельдмаршала Л. А. фон Кевенхюллера[176]. От сырости и недостатка питания в армии начали развиваться болезни. Местное население не спешило помогать освободителям. Русские атташе отмечали: «Сверх того цесарю овладением сих жителей, которые христианской веры, более пользы нет, токмо что они противу армеи ничего неприятельского не делают, за что их особливо ласкают и от всяких насильств охраняют. Напротив того, они так упрямы, что они за деньги ничего не продают,

---

[173] Там же. Л. 189-190об., 195.

[174] Там же Л. 195.

[175] Там же Л. 220-220об., 223об.-225. У сараевского кади Сулейман-эфенди было до 20000 конных босняков, у принца фон Заксен-Хильдбургхаузена – 33 эскадрона, 15 батальонов, 12 гренадерских рот, всего 12000 человек. В бою австрийцы потеряли 12 пушек.

[176] АВПР. Ф. 32. Оп. 1. 1737 г. Д. 6. Л. 226; РГАДА. Ф. 177. Оп. 1. 1737 г. Д. 46. Л. 177-177об.

или хотя продают, то однако ж тройную цену за то берут, и тако армии от них мало пользы»[177].

В таких условиях 11 (22) июля в Немирове открылся мирный конгресс. Россию на нем представляли П. П. Шафиров, участник подписания трактатов в Гяндже и на р. Прут, А. П. Волынский - креатура фаворита Анны Э. И. фон Бирона, и бывший посол в Турции И. И. Неплюев. Общее руководство делегатами осуществлял из Петербурга канцлер Остерман. Императора представляли министр в России Х. К. фон Оштайн и резидент в Турции Л. фон Тальман; они фактически руководствовались указаниями канцлера Зинцендорфа и статс-секретаря Бартенштайна. Великий визирь АбдулПаша послал на конгресс реис-эфенди Метинея и эфенди Мустафу. Военные действия во время переговоров продолжались.

Российская делегация сперва должна была предъявить максимальные претензии к туркам: установление «естественных» границ по Днестру и Кубани, переход в российское подданство Крыма (или его покупка за 120-150 тыс. рублей) без права иметь флот в его гаванях, либо выселение с полуострова татар. При несогласии османской стороны следовало отказаться от Крыма, но требовать передачи царице Керчи и Еникале, а полякам – Хотина, и провозглашения Кабарды нейтральным «барьером». Еще более умеренная программа предусматривала установление границ по р. Кубань, берегу Азовского моря до р. Берда, а далее по Днепру и Днестру, срытие крепостей Очаков, Кинбурну и Перекопской линии, выплата 6 млн. талеров за убытки от татарских набегов и предоставление русским купцам права свободной торговли во владениях султана[178].

Австрийская делегация не имела задачи противодействовать российским завоеваниям, тем более что о претензиях на Крым и Тамань в Вене было хорошо известно. Да и для российского двора не были неожиданными интересы Карла VI в отношении Валахии, Боснии, Южной Сербии и Албании. Однако на конгрессе выяснилось, что имперцы претендуют и на Молдавию. «Уступить» союзнику оба придунайских княжества Анна Ивановна и российский Кабинет Министров не могли: православное население этого региона входило в сферу религиозного, а следовательно и политического влияния Российской империи. Независимость Валахии и Молдавии тоже не вполне устраивала союзников, возбуждая споры о протекции над княжествами[179]. Эти споры были

[177] Там же. Л. 101об.-102.
[178] *Баиов А.* Русская армия в царствование императрицы Анны Иоановны. Т. 1. С. 443-446.
[179] *Некрасов Г. А.* Роль России в европейской международной политике 1725-1739 гг. С. 258.

уместны и вполне разрешимы, но не на конгрессе перед лицом противника. Однако согласование сторонами спорных вопросов до начала переговоров не было проведено. Более того, претензии российского двора на покровительство Валахии и Молдавии стали для австрийских министров громом с ясного немировского неба.

Наиболее трудная задача стояла перед османской делегацией, имевшей указ султана не уступать ничего. Были потеряны важные крепости в Северном Причерноморье и в Сербии. В Черногории и Албании ширилось антиосманское восстание, и повстанцы получали из Вены деньги и оружие. Сбор турецких войск был осложнен большими расстояниями, утомленностью от войны с Ираном и бунтами янычар и мамлюков. Однако для представителей Порты не осталось незамеченным то, что Россия и Австрия не во всем нашли согласие в совместной войне против султана. Разногласия союзников можно было использовать для их разъединения хотя бы во время переговоров[180]. В худшем случае приходилось бороться за наименьшие потери и примириться на условиях восстановления трактатов 1700 г. с Россией и 1718 г. с Австрией. В этом можно было рассчитывать на поддержку морских держав. Хотя царица 3 августа отклонила их посредничество, резиденты Англии, Голландии, а также Франции находились в Немирове[181]. Последний, маркиз Л. С. де Вильнёв, получил указы из Версаля сорвать переговоры и советовал визирю тянуть время, дав возможность союзникам ссориться из-за «шкуры неубитого медведя»[182].

Первое заседание конгресса состоялось 5 (16) августа, после проволочек, связанных с недостатком полномочий османской делегации. К этому времени российские войска уже покинули Крым, а имперские отступили из Валахии и Боснии. 8/19 августа российская делегация объявила следующие условия мира: присоединение Крыма и Тамани («не для какой прибыли того желаем, но токмо единаго ради вечнаго безопаснаго покоя, яко же и Порта от таких диких народов никакого прибытка не имела»), признание императорского титула царицы, свобода торговли и протекторат России над независимыми Валахией и Молдавией[183]. Дальнейшие переговоры превратились в «диалог глухих»: Оштайн выступил против русских предложений более яростно, нежели турки, и со своей стороны заявил о претензиях императора на Боснию, Сербию, Албанию, Валахию и Молдавию. Турецкие министры, словно забыв о поражениях своих войск, потребовали возвращения Азова, Тамани

---

[180] *Баиов А.* Русская армия в царствование императрицы Анны Иоанновны. С. 441.
[181] *Уляницкий В. А.* Дарданеллы, Босфор и Черное море в XVIII в. С. 49-50.
[182] Там же. С. 45.
[183] Там же. С. 51.

и Очакова, однако выразили готовность возместить царице военные издержки[184].

В кулуарах Оштайн предложил российской делегации выступить с общим проектом мира на условиях сохранения имеющихся ныне завоеваний (uti possidenti). 11 (22) августа союзники предъявили туркам ультиматум: для России – присоединение Азова и Кинбурну, установление границы по Днестру и Кубани, срытие Перекопской линии; для Австрии – присоединение Ниша, Видина, Нови-Сада (в крайнем случае разорение Видина и обмен Зворника на Бихач), исправление торгового договора, а также гарантия вечного мира и нерушимости границ трех держав. Османские министры, извещенные о смене великого визиря (новым стал видинский сераскир Мулизин-Оглы-паша), просили 40 дней для размышления[185]. Австрийские требования на сей раз были не только умеренными, но и более выгодными для России: гарантия ее границ Портой могла стать основой мирных отношений двух странСоседей. Но турки, поддерживаемые Де Вильнёвом и А. К. Бонневалем, отвечали отказом. Попытка российской делегации последовать тайному указу Остермана и заключить сепаратный мир на основе uti possidenti тоже не имела успеха[186]. Союзники упрекали друг друга в неуступчивости. 4 сентября Зинцендорф даже не смог выслушать Ланчинского, в отчаянии повторяя: «Ваши кондиции! Ваши кондиции!»[187]

Стороны уже не полагались на успех переговоров. Новые подстрекательства Де Вильнёва окончательно похоронили конгресс. С австрийцами османская делегация не желала вести диалог, русский ультиматум также был отклонен. Правда, османский двор надеялся примириться с Россией и таким образом положить конец Венскому союзу. 20 и 29 сентября султанский драгоман, родственник молдавского господаря А. Гикас предложил Волынскому подписать мир на условиях восстановления трактата 1700 г. и создания нейтрального барьера путем разорения земель от Киева и Василькова до Бендер и Очакова. Однако такой вариант, не дающий защиты от татарских набегов, был отвергнут российской делегацией[188]. 7 октября турецкие представители покинули конгресс. Город Немиров «оправдал» свое имя.

---

[184] *Баиов А.* Русская армия в царствование императрицы Анны Иоанновны. Т. 1. С. 441, 450.

[185] АВПР. Ф. 32. Оп. 1. 1737 г. Д. 6. Л. 285об., 286об.

[186] *Баиов А.* Русская армия в царствование императрицы Анны Иоанновны. Т. 1. С. 453-454: предложения были переданы туркам 16 (27) августа.

[187] АВПР. Ф. 32. Оп. 1. 1737 г. Д. 6. Л. 297.

[188] *Баиов А.* Русская армия в царствование императрицы Анны Иоанновны. Т. 1. С. 456.

Многие историки (С. М. Соловьев, А.А Кочубинский, В. А. Ульяницкий, Г. А. Некрасов) возлагали ответственность за срыв Немировского конгресса на австрийскую сторону. Однако ход переговоров показывает, что неудача союзников в деле мирного урегулирования была вызвана отсутствием единого проекта условий мира с Портой. Венский союз был направлен на совместное отражение агрессии. Для наступательной войны его условия нуждались в доработке. Возможность раздела османских владений, появившаяся только летом 1737 г., ни разу не обсуждалась венским и петербургским дворами. В этом, на наш взгляд, кроется главная причина неудачи на переговорах. Другая причина – надежда союзников на то, что военными действиями удастся обеспечить принятие султаном выдвинутых условий. Отсюда - нежелание компромиссов, которых, безусловно, можно было бы достичь в Немирове. Наконец, нельзя забывать о негативной роли великих держав (Англии, Голландии и особенно Франции), заинтересованных в продолжении войны и ослаблении России, Австрии и самой Турции, в сохранении status quo на Балканах и в Причерноморье. Не способствовали успеху дипломатов и вялые действия австрийской и российской армий в августе – сентябре 1737 г.

5 июля 1737 г. армия генерал-фельдмаршала Миниха отказалась от похода на Бендеры и начала отход к украинским границам. Причинами этого были: сильная жара, отсутствие в выжженной татарами степи воды (Буг зацвел), фуража и провианта, развитие в войсках болезней – цынги, лихорадки, дизентерии. 12 июля армия подверглась нападению 15000 турок и татар из Бендер, но атака была отбита. 21-31 июля российские войска перешли Буг и стали ждать подхода флотилии[189]. 8-10 августа флотилия подошла, но Миних пошел не на Бендеры, как велела Анна Ивановна, а к Бугскому лиману, где 20 августа был разбит лагерь. Через три дня войска двинулись к Днепру. После перехода реки у Переволочны 23-26 сентября Миних окончил кампанию. Потери его армии в походе составили 11 тыс. солдат и 5 тыс. казаков, в основном от болезней[190].

Болезни и отсутствие воды, фуража и провианта затронули и армию генерал-фельдмаршала Ласи в Крыму. Поэтому он приказал покинуть полуостров. Захватив 30 тыс. волов и 100 тыс. баранов, войска 22-24 июля перешли Сиваш и разбили лагерь у Молочных Вод, где простояли весь август[191]. 30 июля кубанские татары совершили набег на донские станицы, но возвращение армии Ласи заставило их отступить. Кампания

---

[189] Там же. С. 395-396, 398, 401.
[190] Там же. С. 402-406.
[191] Там же. С. 432.

222

на море завершилась после боя у Виссарионовой косы 28 июля – 1 августа. Флотилия Бредаля (5 ботов и 284 лодки) отбила нападение турецкой эскадры (2 линейных корабля, 13 галер и 47 скампавей) и заставила ее уйти в Кафу[192]. 1 ноября - 21 декабря «традиционный» удачный набег на ногайских и кубанских татар совершили донские казаки и калмыки хана Дундук-Омбо, пройдя от р. Ея до Темрюка[193].

Кампания 1737 г. не принесла российской армии значительных завоеваний. Вновь сказалась неготовность войск к длительным походам и боевым действиям в условиях безводных степей и нагорий. В то же время и крымские татары понесли большие потери. Второй год разорялись земли Крыма и приднестровских степей. В Очакове и Кинбурне были оставлены гарнизоны российских войск (до 9000 солдат генерал-лейтенанта фон Штофельна), однако снабжение и пополнение их было затруднено.

15 (26) октября под стенами Очакова показалась 40-тысячная армия бендерского сераскира Йентш-Али-паши и крымского хана Бегли-Гирея. Российские войска храбро и умело оборонялись. Штурмы 24 и 28 октября были отбиты с большими потерями для противника. Вскоре в лагере сераскира вспыхнула эпидемия чумы. 30 октября турки и татары, напуганные слухами о возвращении главной армии, бросили осадные работы и бежали в Бендеры. От огня гарнизона и от чумы погибло 20 тыс. воинов противника. В очаковском гарнизоне убыло 1000 умершими от чумы, 321 убитыми, 710 ранеными[194].

Трудности в снабжении и болезни от сырого климата сопутствовали и австрийской армии. Корпус Кевенхюллера, посланный против Видина, не имел сил для осады крупной турецкой крепости. На помощь ему были отозваны полки из Валахии, но и их оказалось недостаточно. Зная о концентрации турецких войск в Софии, Исакче, Никополе и Видине, генерал-фельдмаршал Зеккендорф ничего не сделал для усиления корпусов Валлиса и Кевенхюллера, а сам с главной армией направился в Боснию, к Зворнику[195]. Для овладения крепостью Ужице был выделен корпус генерала от кавалерии Филиппи. 20-21 сентября (1-2 октября) город был взят австрийцами штурмом, ценой больших потерь[196]. 4 (15) октября войска Зеккендорфа вступили в Шабац, не обращая внимания на опасное усиление войск великого визиря в Болгарии.

[192] Там же. С. 434, 436.
[193] Там же. С. 440.
[194] Там же. С. 418-420.
[195] РГАДА. Ф. 177. Оп. 1. 1737 г. Д. 46. Л. 177-177об.
[196] Там же. Л. 228-228об. В этом корпусе было 12 батальонов, 5 кавалерийских полков и 6 орудий.

Османское руководство было так напугано размахом операций имперцев, что визирь был сменен, а военные планы – коренным образом пересмотрены. Опасения того, что австрийцы дойдут до Адрианополя, заставили нового визиря отложить поход на Украину, хотя мост через Дунай у Исакчи уже был построен[197]. Были предприняты решительные действия на балканском фронте. 40-тысячный корпус видинского сераскира Моммарц-паши в сентябре вытеснил австрийских гусар из Валахии, а главная армия 12 (23) сентября выступила из Софии к Нишу и овладела Пиротом[198]. Под Радуйоване 17 (28) сентября 18000 турок окружили 4-тысячный отряд Кевенхюллера, но австрийцам удалось прорваться к Оршове, потеряв 160 человек. Противник оставив на поле тысячу трупов, отошел в Видин[199]. 30 сентября (11 октября) 80-тысячное войско визиря осадило Ниш. Генерал-майор Доксат располагал небольшим гарнизоном и незначительными запасами снарядов и провианта. Разрушенные укрепления города не были восстановлены. 11 (22) октября комендант сдал Ниш на условии свободного выхода гарнизона[200]. Продолжая наступление, турки взяли Крайову в австрийской Валахии и 29 октября (9 ноября) осадили Оршову, но были отбиты и отступили к Видину[201]. В ноябре в Трансильвании начались снегопады, обезопасившие границы Австрии от пришедшей из Молдавии 25-тыс. татарской орды. Кампания закончилась для австрийцев безрезультатно. Их потери составили 13000 человек[202]. 17 (27) октября Зеккендорф возвратился в Вену, где был арестован и отдан под суд[203].

В кампании 1737 г. союзникам не удалось достичь взаимодействия ни на поле брани, ни за столом переговоров. Этот фактор необходимо признать главной причиной неудач Австрии и России. Каждая сторона стремилась действовать в своих интересах. Пренебрежение основами союзных отношений характерное как для австрийского, так и для российского двора не только не позволило достичь поставленных целей, но и сорвало возможность освобождения Балкан от османского ига. В тоже время вступление императора в войну с Портой стало большой победой российской дипломатии: ведь по условиям Венского союза помощь оказывалась лишь в случае нападения на Россию или Австрию. Действия австрийской армии отвлекли главные и лучшие силы турок от северо-черноморского театра военных действий.

[197] АВПР. Ф. 32. Оп. 1. 1737 г. Д. 10б. Л. 152-152об.
[198] РГАДА. Ф. 177. Оп. 1. 1737 г. Д. 46. Л. 209.
[199] Там же. Л. 227.
[200] Там же. Л. 244.
[201] Там же. Л. 301а.
[202] АВПР. Ф. 32. Оп. 1. 1737 г. Д. 6. Л. 458.
[203] Там же. Л. 340об.

4. Военное и политическое сотрудничество России и Австрии во время кампании 1738 г.

Конец 1737 г. показал, что союзники не достигли намеченных в войне целей. Кампания следующего года задумывалась уже как средство склонения Порты к достойному для России и Австрии миру. 5 (16) октября 1737 г. резидент императора в Санкт-Петербурге Н. С. фон Хоэнхольц сообщил российскому двору указ Карла VI от 9 (20) сентября: резиденту было велено договориться о плане операции на 1738 г. и выяснить, что сможет сделать в будущей кампании российская армия. Для переговоров в Вену приглашался русский генерал. Идея австрийцев основывалась на проходе российских войск через Польшу в Молдавию и на взаимодействии союзных сил на Дунае. Содержание русских полков император брал на себя[204].

11 (22) октября канцлер А. И. Остерман дал ответ на промеморию австрийского резидента. Он просил дать венский проект плана операции для обсуждения с прибывающими в Петербург генерал-фельдмаршалами графами Б. К. фон Минихом и П. П. Ласи, склонить Речь Посполитую к пропуску российских войск и выяснить, что можно будет сделать, если поляки откажутся пропустить армию в Молдавию[205]. Австрийская сторона действительно нуждалась в помощи, испытывая после 5 лет тяжелой войны нужду в денежных средствах и в людях. 2 ноября российский посол в Вене Л. Ланчинский сообщал: «Здешней двор не есть в состоянии к продолжению войны: все-де камеральные доходы по 1744 год в закладе, и земли-де Его Цесарского Величества от последней француской войны и нынешней толь изнурены, что отнюдь более платить в состоянии не есть, а у чюжестранных более занимать нельзя»[206]. О том же напоминал Остерману 12 ноября Хоэнхольц: «В прошлой кампании тягость воины, почитай, одного высочайше помянутого Его Цесарского Величества постигла, ибо тотчас по взятии Очакова турки, безопасны будучи, что российская армия по натуральным препятствиям далее пробраться не возможет, всех албанесцов, арнаутов и бошняков от турецкой армеи к защищению собственных их земель отпустили, да и буджацкия татара против цесарских наследственных земель обратились»[207].

12 (23) ноября Ланчинский был принят статс-секретарем императора бароном Й.К. фон Бартенштайном, который потребовал предоставления вспомогательного корпуса (15 пехотных полков), так как Карл VI «не яко

---

[204] АВПР. Ф. 32. Оп. 1. 1737 г. Д. 10б. Л. 175-178об.
[205] Там же. Л. 282-285об.
[206] Там же. Д. 6. Л. 354об.
[207] Там же. Д. 106. Л. 201-201об.

главная сторона, но только как российский союзник участие в войне возприял» и принял на себя главный удар турок. Бартонштайн был уверен, что путь от Киева до Львова войска смогут пройти за 20 дней, а проход будет предоставлен польским двором: ведь речь идет о борьбе с противником христианства[208]. 24 ноября в Петербурге Хоэнхольц более полно изложил австрийский проект кампании: одна русская армия блокирует Крым и Кубань, другая (до 100000 солдат) проходит через Речь Посполитую к Днестру и атакует Хотин или Бендеры; имперская армия, не разделенная на корпуса, действует на Дунае, а если султан направит против императора все свои силы, то 16 российских пехотных полков будут направлены для защиты Трансильвании и занятия Молдавии. Требовалось также, чтобы российские войска собрались у Днестра к июню и разошлись бы на зимние квартиры не ранее середины октября[209].

Российский двор не торопился с ответом. Требование о посылке вспомогательного корпуса было отклонено 30 ноября из-за трудностей в пополнении и снабжении полков и опасности вторжения турок и татар в земли Речи Посполитой для нападения на войска во время марша. Вместо войск царица предлагала деньги для найма войск у имперских князей[210]. Холодность Кабинета Министров объяснялась не только недоверием к императору после провала Немировского конгресса и нежеланием «утруждать» войска ради союзника. До Петербурга доходили слухи о поисках Веной сепаратного мира с. Портой.

18 (29) ноября Хоэнхольц сообщил Остерману несколько писем, из которых стало известно об обращении великого визиря к кардиналу Де Флёри, герцогу Фрежюскому, управляющему внешней политикой Франции, с просьбой быть посредником в конфликте с Австрией. 6 (17) октября кардинал уполномочил для ведения мирных переговоров посла в Константинополе маркиза Л. С. Де Вильнёва и поручил ему внушить Порте, что в случае продолжения войны против султана могут выступить все христианские державы. Версальский двор в то время вел переговоры с Австрией о заключении мирного договора, юридически завершающего войну за польское наследство. «Добрая официя» в турецких делах могла склонить имперских министров на некоторые уступки в Европе и способствовать разногласиям в Венском союзе. Кроме того, посредничество Версаля должно было ограничить продвижение России в Причерноморье и дать французским купцам новые льготы в левантийской торговле[211].

---

[208] Там же. Д. 6. Л. 369-369об., 338об.-390об.
[209] Там же. Д. 10б. Л. 331-335.
[210] Там же. Д. 17. Л. 381-384.
[211] Там же. Д. 10б. Л. 262-264об., 267-268об.

Австрийская сторона приняла посредничество, так как императору нужен был мир, и чем скорее, тем лучше. 8 ноября н. ст. Карл VI известил Хоэнхольца об условиях мира, переданных для Вильнёва (Австрии - договор 1718 г., России – присоединение Азова и Очакова), и велел ему склонить российский двор принять медиацию Франции и отказаться от затрудняющих переговоры с турками претензий на Очаков (Венеция также заявила, что вступит в вомну против Порты только после отказа царицы от Очакова)[212]. Хотя кабинет-министры Остерман и А. М. Черкасский еще 15 ноября сообщили о принятии посредничества Франции[213], а спустя 20 дней была принята предложенная английским резидентом в Петербурге К. Рондо медиация морских держав, Хоэнхольц получил 28 ноября резкий ответ. Российский двор был возмущен готовностью императора «всякой мир, какова б состояния оной ни был, от неприятеля принять», и обвинял Вену в забвении союзных интересов[214]. Такой шаг на только не был оправдан, но и не способствовал укреплению союзных отношений.

Карл VI после получения 2 (12) декабря известий о надуманных обвинениях в свой адрес и об отказе союзника оказать военную помощь, также уполномочил Хоэнхольца на жесткие действия. 16 (27) декабря имперский резидент в промемории к Остерману указал, что если царица действительно желает мира, то необходимо принять французское посредничество, чтобы «францускую ревность в возстановлении мира в холодность не обратить», и отказаться от Очакова: «всемерно никакой надежды не имеетца, чтоб турки Очаков оставили, а насупротив того чаять можно, что за Азовом заключение мира с их стороны не остановитца». Он пригрозил, что в случае отказа от этих предложений и от похода к Днестру Австрия выйдет из войны[215]. Необычная резкость промемории достигла цели. 4 (15) января 1738 г. Ланчинский сообщил австрийскому двору о принятии Россией посредничества Франции и морских держав. «Что же мне всемилостиво повелевается, дабы здешней двор к надлежащей союзнической твердости наиприлежнейше поощрять и от заключения сепаратного мира пристойным образом удержать, – писал он в Петербург, – то я рабскою верностию засвидетельствовать могу, что здесь к такому срамному поступку нималого оказательства нет, и оный по великодушию цесарскому весьма нечаятелен»[216].

[212] Там же. Л. 248-250об.
[213] Там же. Д. 17. Л. 332-333, 387-390.
[214] Там же. Д. 10б. Л. 341-344.
[215] Там же. Л. 380-386об.
[216] Там же. 1738 г. Д. 6. Ч. 1. Л. 3.

Одновременно 23 декабря 1737 г. (3 января 1738 г.) вернувшийся из Немирова имперский посол граф Х. К. фон Оштайн вновь поставил вопрос об отказе от Очакова и о присылке в Вену генерала для составления плана операций[217]. 10 (21) января резидент Хоэнхольц довел до сведения кабинет-министров, что английская сторона «сей войны никакого инаго окончания не видит, кроме того, ежели турки Азов оставить, а Россия паки Очаков уступить склонятся»[218]. Окончательно успокоило российских министров сообщенное им же письмо Карла VI кардиналу Де Флёри: французская медиация может быть принята Австрией только при согласии на нее царицы[219]. На следующий день канцлер Остерман и вице-канцлер Черкасский дали согласие на посредничество маркиза Де Вильнёва и предложили вести переговоры в Киеве с участием бывшего посла при Порте И. И. Неплюева и плененного в Очакове турецкого сераскира[220]. 18 января 1738 г. Ланчинский узнал о согласии кардинала Де Флёри на участие в переговорах о мире делегатов морских держав[221]. Дело урегулирования восточного кризиса приобрело европейский масштаб и значение.

Вопрос о возможности мирного урегулирования с помощью Франции был решен, но споры о плане операций продолжались. Российский двор сетовал, что «в прошлой кампании вся неприятельская сила, или по малой мере наибольшая часть оной в Крыму, при Очакове, Бендере и по сю сторону Дуная как под командою свергнутого, так и нового визиря против России употреблена»[222]. Но это не соответствовало действительности. Лишь небольшие силы турок в Очакове и Бендерах действовали в 1737 г. против российских войск. Остальные войска, составленные из татарских орд, как по качеству, так и по количеству воинов уступали армиям Миниха и Ласи. Против Австрии же с осени действовали лучшие войска султана: почти все янычары и спаги, конные и пешие босняки, арнауты, румелиоты, иррегулярная конница и валашская милиция. Они (160 тыс. чел.) вдвое превосходили по численности войска императора. И хотя качественно эти силы уступали австрийцам, но в гористой местности, при большом протяжении фронта и при избегании крупных сражений турки получали определенные преимущества.

---

[217] Там же. Д. 12. Л. 3-4об.: «понеже Ланчинской в таком состоянии здравия обретается, что он дело надлежаще производить и преодолеть не может».

[218] Там же. Л. 19.

[219] Там же. Л. 56-56об.

[220] Там же. Л. 70-71об.; Д. 4. Л. 3: через Киев «в десять дней учиниться может, а насупротив того, когда б негоциация чрез Вену производиться имела, и в три месяца какого-либо ответу ожидать не мочно».

[221] Там же. Д. 6. Ч. 1. Л. 85.

[222] Там же. Д. 12. Л. 128об.

16 декабря 1737 г. кабинет-министры Остерман и Черкасский запросили мнение генерал-фельдмаршалов Миниха и Ласи: можно ли исполнить австрийские требования и как это сделать, как в случае непринятия плана склонить императора к принятию российского военного плана и как вести войну – оборонительно или наступательно[223]? На другой день оба полководца отвергли австрийский проект, ссылаясь на возможность мятежей в Польше и вторжения в Подолию татарских орд для уничтожения войск на марше и для перехвата курьеров и конвоев. «И потому должно непременно положить, чтоб всякий действовал особо, чтоб и нам и цесарцам, начав кампанию как можно ранее, тамо против неприятеля действовать, где можно ему причинить больше вреда. После двух кампаний с турками мы привели себя в такое состояние, что можем воевать против них там, где нам только угодно, с надеждою верной победы. Надобно только, чтоб у нас всегда было довольно провиянта, артиллерии и амуниции»[224], – заявил Б. К. фон Миних. Он предложил отказаться от похода против Тамани, Кафы и Еникале, считая достаточным организовать казако-калмыцкий набеги на кубанских татар («и стараться всеми силами совершенно их истребить; этим оградим мы себе безопасности с той стороны»), а Донской армии занять Перекоп, разорить его окрестности и прикрыть у Берды и Молочных Вод украинские земли; главной же армией (Днепровской) действовать, пройдя степями или на судах флотилии по Днестру против Бендер и белогородских татар. Обратный марш предполагался через Польшу. Кроме того, Миних советовал разместить войска на зимних квартирах в Польше, Молдавии или Валахии[225]. П. П. Ласи предлагал ограничиться только оборонительными действиями по рекам Буг, Берда и Кальмиус, но только раньше начать выдвижение с зимних квартир[226].

Такие взгляды заставили Кабинет Министров 23 декабря собраться для обсуждения возможности ведения войны в условиях, когда Австрия заключит сепаратный мир с Турцией. Возникло мнение, что в таком случае Россия сможет удержать Очаков и вести оборонительную войну, которая измотает турок и заставит их пойти на мир. Сложность прохода через Польшу (нет провиантских магазинов, весь хлеб и фураж придется везти с собой), опасность появления турецко-татарских войск на Днепре и превращения Подолии в театр военных действий заставили Остермана и Черкасского отказаться от проекта Карла VI. Но сознавались и выгоды

[223] РГВИА. Ф. 846. Оп. 16. Д. 1557. Ч. 5а. Л. 61.
[224] Там же. Л. 61-61об.
[225] Там же. Л. 1-2, 62.
[226] Там же. Л. 62об.-63.

такого предложения: находящаяся в Польше армия могла бы парировать любое движение противника к украинским границам[227]. Целью же самостоятельной наступательной кампании объявлялось удержание Очакова, окончательное разорение Крыма и овладение Кафой, Еникале и Таманью: «так как теперь доказано, что ето не остров, а мыс, вдавшийся в Азовское море, то нетрудно будет овладеть оным»[228].

26 декабря П. П. Ласи предложил смелую десантную операцию: высадить у Ксантипповой косы в Крыму в середине апреля 36-тысячный корпус силами флотилии из Азова (20 галер, 17 ботов, 500 лодок) и затем, подкрепив его действия вторжением в Крым через Сиваш войск Донской армии, овладеть крепостями Кафа и Еникале[229]. 29 декабря Б. К. фон Миних подверг этот проект жесткой критике. Он считал невозможными действия против Еникале из-за слабости флотилии и необходимости выделения из главной армии больших сил. Фельдмаршал предложил действовать оборонительно по р. Берде и у Кинбурна, а Днепровской армией пройти степями, взяв провиант и фураж до 1 сентября с собою, а на осень запася в Очакове, через Буг и Днестр к Бендерам, взять эту крепость, поставить в ней сильный гарнизон и разорить орду белогородских татар. «Действовать следует наступательно, – считал Миних, – ибо ежели Россия, как главная союзная сторона, будет действовать оборонительно, то цесарь учинит тоже, и неприятель будет иметь время справиться с силами, чтобы все их против нас обратить»[230].

13 января 1738 г. Анна Ивановна утвердила составленный 5 января план кампании. Предполагалось, что 15 апреля Днепровская армия Миниха и Донская армия Ласи должны собраться на исходных рубежах (реки Омельник и Кальмиус соответственно) и выйти в поход, по возможности используя реки для перевозки артиллерии и провианта. Кампания должна была продолжаться до конца ноября. В главной армии, идущей на Бендеры, собиралось 3158 гвардейцев, 600 кирасир, 25650 драгун, 9693 ландмилиции, 900 гусар, 50580 солдат, 3000 инженеров и артиллеристов, 14500 казаков, калмыков и валахов. Ее действия поддерживались гарнизонами Очакова, Кинбурна и Украинской линии под общим командованием генерал-лейтенанта И. Ф. Барятинского (11 полков и казаки), а также многочисленной артиллерией (262 пушки, 11 мортир, 16 гаубиц, 440 мортирок – ручных бомбард)[231]. Донская армия для акции в Крыму

---

[227] Там же. Л. 63-64.
[228] Там же. Л. 64об.
[229] Там же. Л. 66-67.
[230] Там же. Л. 65-66, 67об.
[231] Там же. Ф. 20. Оп. 1. Д. 70. Л. 14-16об.

имела 8569 драгун, 31850 пехоты, 6462 ландмилиции и 25 тыс. казаков и калмыков при 70 осадных и 16 полевых орудиях. В её задачу входило также прикрытие Слободской Украины и низовьев Дона от татарских набегов шестью полками и 1000 казаков[232]. Для перевозки провианта, артиллерии и боеприпасов привлекалось 35 тыс. волов, 23 тыс. погонщиков и свыше тысячи речных судов[233]. Слабым местом этого плана были большая зависимость от подвоза провианта и боеприпасов, невнимание к печальному опыту степных походов 1735-1737 гг., стремление навязать противнику генеральное сражение перед Днестром, неясность действий после овладения Бендерами и Крымом. План Ласи мог быть осуществлен быстрее и с меньшими затратами; он меньше изматывал войска маршами в сожженных солнцем и татарами степях.

25 января 1738 г. российский план был сообщен Оштайну и Хоэнхольцу. Тогда же были оглашены требования к австрийской стороне, составленные Минихом Австрийские войска должны были быть не слабее, чем в 1737 г., действовать в одном корпусе наступательно, начать кампанию в середине мая, идти по Дунаю и осадить в июне Видин, а если противник до взятия этой крепости выйдет в поле, то «баталию дать, дабы поле удержать и у неприятеля тот трепет, которой оный всегда к римско-цесарскому оружию имел, паки возбудить», и окончить действия только тогда, когда русские войска возвратятся за Днепр «или на другие занимаемые зимовные кватеры»[234].

Последнее требование вызвало недовольство в Вене. 20 февраля Ланчинскому была вручена копия официального ответа на проект плана операций, посланного с новым чрезвычайным послом маркизом А. О. Ботта Д'Адорно. Соглашаясь с движением главной армии Миниха к Бендерам, обещая наступательные действия и осаду Видина, канцлер граф Ф. Л. К. фон Зинцендорф возражал против того, чтобы окончить кампанию после размещения русских войск на зимних квартирах и требовал от российской армии активных действий до середины октября[235]. Канцлер сообщил состав имперской армии в Венгрии, Хорватии и Трансильвании: 71300

[232] Там же. Л. 18-20об.

[233] Там же. Л. 21об.-22об.

[234] АВПР. Ф. 32. Оп. 1. 1738 г. Д. 12. Л. 146-146об.

[235] Там же. Д. 6. Ч. 1. Л. 166об.-167: «Чтоб здешнее войско долее действовало или в поле стояло, нежели армея Вашего Императорскаго Величества, и то вменяют себе в тягость, ибо вся турецкая сила, или от большей части, в здешнюю сторону переклонилась бы, и более-де того от них требуется, нежели с стороны российской исполнится, а однако ж Ваше Императорское Величество есть главно воюющая держава, здешний же двор по союзу чрез диверсию помощь подает. К тому ж между российских земель и турецкой области есть великия степи, а здешния с турками пограничны, и тако имеют вящее опасение».

солдат, 16000 кирасир, 12000 драгун, 4800 гусар, 8000 словенцев, 15000 хорватов, 3000 трансильванцев, 75 инженеров и 3676 артиллеристов при 232 орудиях; 5 линейных кораблей, 15 «чаек» (вооруженные речные суда)[236]. В качестве атташе к русской армии был направлен полковник фон Райски[237].

Донесение Л. К. Ланчинского пришло в Санкт-Петербург 16 марта. Ботта заявил о своих полномочиях и подал промеморию о военных планах Австрии еще 17 (28) февраля. Он был удивлен тем, что без него составлен план операций, а российские генералы уже отъехали к войскам, и вновь требовал похода через Польшу к Хотину[238]. 25 февраля кабинет-министры дали ответ, сводящийся к тому, что Ботта поздно приехал, а дорога к Хотину не подходит для большой армии из-за скудости продовольствия, поэтому операции начнутся взятием Бендер[239].

13 (24) марта А. О. Ботта Д' Адорно дал согласие венского двора на российский проект плана операций, но требовал уточнения срока роспуска войск на зимние квартиры и снятия условия непременной осады Видина, «ибо сколь мало с российской стороны день и час, когда вышепомянутая осада (Бендер – С. Н.) начаться имеет, предположен быть может, и коль мало ведать мочно, какия подвиги турки к препятствованию в таком намерении чинить станут, и что насупротив того потребно быть может»[240]. 29 марта российская сторона исправила пункты о Видине, внесла определение об одинаковой продолжительности действий в поле с обеих сторон, «хотя б зимовыя кварсеры в неприятельских или в собственных землях брать потребно было», и секретный пункт об обязательстве императора заступаться перед Речью Посполитою за Россию в случае вынужденного нарушения армией польских границ[241]. Планы действий были наконец согласованы. После почти полугодовых переговоров Австрия могла не опасаться того, что все турецкие силы будут действовать против нее.

Для Порты Австрия по-прежнему оставалась более близким, более грозным и опасным противником, нежели Россия. Потеря Азова и Очакова компенсировалась сопротивлением татар и необходимостью длительных маршей в безводных и выжженных теми же татарами причер-

---

[236] Там же. Л. 168-170. Всего 31 пехотный, 16 кирасирских, 12 драгунских и 6 гусарских полков.

[237] Там же. Л. 165об.

[238] Там же. Д. 12. Л. 215об.-216: «Его Цесарского Величества землям, яко Семиградцкая, Банат и Вышняя Венгрия суть, ни безопасности по конвенции не подастся, ни же возможность всякому потребному взаимному с пользою вспоможению не произойдет, ежели операции от российской армеи осадою и взятием крепости Хотима начало учинено не будет».

[239] Там же. Л. 244-246.

[240] Там же. Л. 294, 296об.-301.

[241] Там же. Л. 372-373.

номорских степях, которые наносили российским войскам потери куда большие и серьезные, чем военное сопротивление. Влияние же императора на христианских подданых султана, мощь хорошо вооруженных и обученных австрийских кирасир, лучшей конницы в Европе, заставляли визиря и Диван обращать все внимание на западные границы Порты. В то же время турецкое командование, находившееся под влиянием ренегата А. К. Бонневаля, бывшего соратника принца Евгения Савойского, хорошего знатока австрийской армии, понимало, что в «регулярной баталии» с австрийцами у султанских войск почти нет шансов на победу. Поэтому было решено действовать в гористой местности, затрудняющей использование сомкнутого строя пехоты и масс тяжелой кавалерии, избегать больших сражений и изматывать противника маршами и мелкими стычками, забирая приграничные крепости. 20 января 1738 г. Диван признал права на Трансильванию и Венгрию Йозефа (Ёжефа) Ракоци (сына трансильванского князя Ференца II Ракоци), живущего в Турции. Был составлен план завоевания Венгрии и и её раздела[242]. Для участия в кампании против Австрии были собраны не только лучшие войска султана, но и все отщепенцы, готовые проложить дорогу к власти трупами венгров и славян – Бонневаль, Ракоци, украинский «гетман» Филипп Орлик.

Действия в 1738 г. открыли крымские татары. 40-тысячная орда прорвала укрепления Украинской линии между крепостями Св. Михаила и Св. Петра и двинулась к Изюму. У крепости Спеваковки татар встретил отряд генерал-майора М. Философова и, потеряв всего 10 человек, уничтожил 400 крымцев, отбил всех пленных и всю добычу орды. Орда обратилась в столь быстрое бегство, что преследовать её было невозможно[243]. Это была полная неудача набега.

22 февраля Б. К. фон Миних получил через И. И. Неплюева сведения о турецких приготовлениях к новой кампании. Русский тайный агент молдавский сердар П. Луппул сообщал, что в Диване решено направить против Очакова самого великого визиря, а против Австрии – сераскира Али-пашу из Боснии, «ибо турки уповают противу их (австрийцев – *С. Н.*) итти наступательно»[244]. Он же 12 марта писал Миниху об изменении планов великого визиря: «Везирь, хотя по первому своему совету имел следовать к Бендерам против армии российской, однако ж ныне то предприятие оставил, а имеет он по второму их турецкому совету следовать с магометанским знаменем и с вящею силою войска к цесарской стороне

---

[242] *Braubach M.* Geschichte und Abenteuer. Muenchen, 1950. S. 344-345.

[243] *Баиов А.* Русская армия в царствование императрицы Анны Иоанновны. Т. 1. С. 466-467.

[244] РГВИА. Ф. 47. Оп. 1. Св. 7. Ч. 1. Л. 13-13об.

к городу Ниссе, а против армии Ея Императорского Величества к Бендерам определен итьти Стреф-ага, и оной кегая (секретарь визиря – *С. Н.*) уже следует со ста тысячью анадольского войска, которое под командою будет Оман-паши, сераскера Бендерского»[245]. О небольшой численности и плохом состоянии гарнизонов в Бендерах и Хотине доносили и многие другие русские агенты (в Бендерах – до 15 тыс., в Хотине – до 8 тыс.)[246]. К началу похода Миних был прекрасно осведомлен о том, что больших регулярных сил турок на Днестре нет, а против Австрии собраны главные силы, которые, по сведениям разведчиков, уже выбили из Малой Валахии имперские полки. После бунта янычар в Константинополе, повод к которому дало принятие французского посредничества на переговорах с Австрией и Россией, «верховной визирь во успокоение сего неспокойства народного приказал кричать по всем улицам, что то неправда, и ежели цесарь не возвратит все у них, турок, забранные города, такожде и Трансильванию, то мира не будет, а ежели кто отважится о мире говорить, тому будет голова отсечена», – писал 5 апреля к Неплюеву один из русских агентов в Константинополе[247]. «Турки бендерские, – прибавлял он, – послали к султану доношение, в котором написали, что ежели он не пришлет секурс довольной, чтоб неприятелю отпор учинить, то они город покинут и все уйдут, и подлинно они в великом страхе находятся и от сего времени начали уже разбегатьца»[248]. Знали в России и о планах турецкого командования на кампанию 1738 г.: «много завоевать от римско-цесарцов, и не токмо отобрать забранные ими у турков городы, но еще обладать королевством Венгерским, а ежели и Россияне в землях турецких какие авантажи получат, и в таком случае римско-цесарцы мира просить принуждены будут, а он, везир, будет ответствовать, что ежели Россия все убытки не возвратит, то мира не будет, и так цесарь принудит Россию уступить все то, что у ней навоевано будет»[249].

Для похода на Бендеры случай был самый подходящий. Днепровская армия генерал-фельдмаршала Миниха в составе 111000 человек при 763 орудиях и мортирках с огромным обозом в 174 тыс. подвод вышла в поход 17 (28) апреля и начала переправляться через Днепр у Переволочны[250]. 2-9 мая полки собрались на р. Омельник и двинулись к Бугу, преодолев

---

[245] Там же. Л. 106.
[246] Там же. Л. 74-74об., 81а-81а-об., 86, 107, 196.
[247] Там же. Л. 234.
[248] Там же. Л. 235.
[249] Там же. Л. 249.
[250] *Баиов А.* Русская армия в царствование императрицы Анны Иоановны. Т. 1. С. 486-487, 495: всего 1 кирасирский, 21 драгунский, 2 гусарских, 30 пехотных, 9 ландмилицких полков.

27 мая р. Ингулец, 7 июня – р. Ингул, а 21-25 июня – Буг, где был разбит лагерь[251]. 29 июня Миних продолжил поход на Бендеры, а Донская армия генерал-фельдмаршала Ласи (67000 человек при 172 пушках и мортирках) собралась 19 (30) мая на р. Берда, ожидая прибытия флотилии вице-адмирала П. П. Бредаля из Азова[252]. Эта флотилия 12 июня при помощи береговой батареи отразила атаку турецкой эскадры у Федотовой косы. Через 5 дней 119 русских лодок были вновь атакованы эскадрой (7 линейных кораблей и фрегатов, 3 галеры, 109 малых судов) в 30 верстах от Генчи, но все три нападения турок были отбиты. 19 июня Бредаль высадил десант в Генчи и, опасаясь новых нападений турецкого флота, приказал уничтожить лодки[253]. 26 июня армия Ласи перешла вброд Сиваш и вышла в тыл турецко-татарским войскам, защищавшим Перекоп. 27 июня была осаждена крепость Ор-Кап, и через два дня гарнизон сдался, не выдержав бомбардировки. В руках победителей оказалось 2000 янычар и 2 паши, 82 пушки и 10 мортир[254].

В конце апреля-начале мая в Россию стали приходить сведения о наступлении турецких войск на Дунае. Новый австрийский командующий президент Хофкригсрата генерал-фельдмаршал граф Л.Й.Д. фон Кёнигсэгг смог собрать в главной армии всего 34000 солдат[255]. Правда, 3-тысячный отряд тусар выбил турок из Малой Валахии, но сил для борьбы с османскими войсками не хватало[256]. Боснийскому паше было приказано взять Белград, а видинскому Тоз-паше и Й. Ракоци с 40-тысячной армией овладеть Темешваром. Для усиления войск в Бендерах Морали-Мехмед-паша получил всего 500 воинов, «а не больше, для того что турки разбегаются и все идут против римско-цесарцов, думая великой авантаж (успех – *С. Н.*) получить», – сообщал 7 (18) мая Миниху Неплюев[257].

8 марта Ланчинский сообщил об осаде 15-тысячным корпусом турок крепости Ужица[258]. Через 28 дней гарнизон сдался. К 8 (19) апреля у Кёнигсэгга в 72 батальонах, 49 гренадерских ротах и 150 эскадронах было всего 52000 солдат вместо 80 тыс. по штату. Австрийская армия находилась у Землина, Уй-Паланки и Темешвара[259]. Турецкие войска

[251] Там же. С. 496, 500, 502, 504.
[252] Там же. С. 489-490, 544: 1 гарнизонный и 6 полевых драгунских, 15 пехотных полков.
[253] Там же. С. 546-548.
[254] Там же. С. 548-550.
[255] *Байков Л. М.* Русско-австро-турецкая война 1736-1739. С. 591.
[256] РГВИА. Ф. 47. Оп. 1. Св. 7. Ч. 1. Л. 345об.
[257] Там же. Св. 7. Ч. 2. Л. 7-7об.
[258] Там же. Ф. 846. Оп. 16. Д. 1557. Ч. 5а. Л. 79об-80.
[259] Там же. Л. 80об.

заняли Ягодин, сломили сопротивление гарнизона Мехадии (300 человек) и осадили другую дунайскую крепость имперцев – Оршову[260].

«Не было примера в прежняя войны, – отмечал Ланчинский, – чтоб турки так рано выходили в поле и с такою горячностию действовали в поле, как ныне»[261]. К военным неудачам прибавилась вспыхнувшая в Венгрии, Сербии и Трансильвании эпидемия чумы. Но 18-тысячный корпус генерала от кавалерии князя Г. К. фон Лобковица запер горные проходы Трансильвании, а гарнизон Оршовы под командованием полковника Кернберга (1000 солдат) упорно оборонялся против 30-тысячной турецкой армии. Грек Ф. Фоломелиев, находящийся на русской службе, сообщал, что турки под крепостью «премногое число войска потеряли, и сам везирь насилу спасся»[262]. О том же писал Неплюеву сорокский наместник П. Дука от 19 июня: турки у Оршовы австрийцами «зело жестоко отогнаны с потерянием трех пашей двукодных, тритцати офицеров и многих тысячей простых турок, которых тела, плавая по Дунаю, видимы были даже до Галац»[263].

Сопротивление гарнизона побудило австрийское командование поспешить на выручку крепости. У Лугоша и Темешвара 14 (25) июня был собран 25-тысячный корпус генерал-фельдцойгмайстера графа В. Р. фон Найпперга. Туда же были двинуты 7 батальонов из корпуса Лобковица и главная армия генерал-фельдмаршала Кёнигсэгга. К 17 (28) июня все войска (30000 солдат и 33 орудия), преодолевая сопротивление конных турецких заслонов, начали движение по горным проходам к Мехадии[264]. Визирь оставил Карансебеш и Слатину, продолжая беспокоить набегами австрийцев, и начал отход к Дунаю. 23 июня (4 июля) турки, воспользовавшись ливнем, напали на имперский лагерь у Корнии, но были отбиты и бежали к осадному лагерю под Оршовой, бросив 5 пушек. 26 июня (7 июля) гарнизон Мехадии (2300 воинов), брошенный визирем, сдал крепость австрийцам. Через три дня турки сняли осаду Оршовы и бежали в Кладову и за Дунай. Их потери в бою у Корнии достигали 3000 убитыми[265]. Визирь, бросив в осадном лагере 35 тяжелых пушек, 8 мортир, весь обоз и 33 знамени, в том числе знамя Пророка, приказал перед бегством добить раненых турецких воинов[266]. Победа австрийцев, потерявших в операции 682 убитыми и 277 ранеными[267], над 50-тысячной турецкой

[260] Там же. Ф. 47. Оп. 1. Св. 7. Ч. 2. Л. 255, 259.
[261] Там же. Ф. 846. Оп. 16. Д. 1557. Ч. 5а. Л. 80об.
[262] Там же. Ф. 47. Оп. 1. Св. 7. Ч. 2. Л. 259.
[263] Там же. Л. 242-242об.
[264] АВПР. Ф. 32. Оп. 1. 1738 г. Д. 7. Л. 4б; Д. 10. Л. 70, 95-95об.
[265] Там же. Д. 7. Л. 4б-4д-об., 13; Д. 10. Л. 116-117об., 122-123об.
[266] Там же. Д. 7. Л. 6.
[267] Там же. Д. 10. Л. 181.

армией расстроила планы визиря. После взятия Оршовы он намеревался двинуть все силы против России, а на Дунае ограничиться обороной[268]. Но теперь приходилось думать о реванше. Ланчинский так отозвался о победах при Корнии и Мехадии: «Если б видимая помощь Божия в акции при Меадии не приспела, то о сю пору был бы неприятель при Темесваре и на трансильванских границах, и крайнее б могло следовать бедство»[269].

В то время, как главные османские силы были задействованы против Австрии, гарнизон Бендер не имел возможности оказывать сопротивление армии Миниха. 1 (12) июля один из русских агентов сообщал: «Счисляется оного около сорока тысяч турков, только доброго войска между оным с шеснатцать тысяч имеется, а то все подлое, другой такой есть, что и за ружье не знает, как принятца. Татар будет больше сорока тысяч, но токмо больше между ими малых хлопцев»[270]. Общие силы противника на Днестре оценивались агентурой в 60-100 тыс. воинов, но эти данные были сильно завышены и не отражали истинного количества турецко-татарских войск, вымиравших от чумы и страдавших от массового дезертирства.

29 июня Днепровская армия перешла р. Кодыма. На другой день отряд фуражиров бригадира П. Шипова был окружен татарами. Лишь мужество и распорядительность Миниха, лично поведшего в атаку кирасир и казаков, спасло положение. Татары бежали, оставив 200 трупов. Русские потери составили 38 убитыми и 44 ранеными[271]. Трудной оказалась и переправа через р. Саврань, где 6-8 (17-19) июля пришлось отбивать татарские атаки с помощью артиллерии. Ханские воины, уступавшие по численности российской армии, использовали растянутость полков и нападали всеми силами в одном месте, но не добились успеха, потеряв до 1000 убитыми. 19 июля Миних достиг верховьев Саврани и стал готовиться к форсированию Днестра. Но крутые берега не позволили осуществить переправу, и на военном совете 25 июля решено было идти вверх по течению в поисках более удобного места. Тяжелые бои завязались на реках Билочь и Молокиш. Противник вновь был отбит. 28 июля были сделаны береговые батареи, но стало известно о сильных укреплениях турок на правом берегу Днестра: тройной ряд редутов, защищаемых 60-тысячным войском при 75 орудиях. В российских полках начались голод и болезни – цынга, дизентерия и чума. После очередного нападения

[268] РГВИА. Ф. 47. Оп. 1. Св. 7. Ч. 3. Л. 24об.

[269] АВПР. Ф. 32. Оп. 1. 1738 г. Д. 7. Л. 15об.

[270] РГВИА. Ф. 47. Оп. 1. Св. 7. Л. 2. Л. 248.

[271] *Баиов А.* Русская армия в царствование императрицы Анны Иоановны. Т. 2. С. 507-509.

татарской конницы на фланги армии было решено начать отход, и 30 июля войска отступили за р. Билочь[272].

1 (12) августа внезапному нападению подвергся отряд фуражиров, оставленный без конвоя. 124 убитых, 94 раненых, 580 пропавших без вести и пленных – такова была цена за пренебрежение охранением. Миних приказал расстрелять начальника конвоя Тютчева и разжаловать в рядовые бросивших войска генералов Загряжского и Кантакузена. Эта трагедия повлияла на принятие решения о дальнейшем отступлении[273].

9 августа Днепровская армия, бросив лишнее имущество, в том числе бомбы для 5-пудовых мортир, вышла из Каменки, преследуемая отрядами татар. 20 августа войска прибыли к Бугу и отразили нападение 17000 татар, потеряв всего 23 человека. 13-23 сентября Миних оторвался от преследователей и привел армию в Канев и Киев. Потери в боях составили всего 700 убитых и 250 раненых, но больными и пропавшими без вести на обратном пути войска теряли до 20 человек в день. Погибло также большое количество вьючного скота и лошадей[274].

Отсутствие воды, провианта и фуража в Крыму вынудило генерал-фельдмаршала Ласи после гибели во время бури флотилии с хлебом оставить полуостров. 9 июля 20000 татар атаковали отходящую Донскую армию, но русские полки отразили нападение и уничтожили свыше 1000 воинов противника. Потери армии Ласи за время крымской экспедиции составили 562 убитыми и 483 ранеными[275]. Российским войскам не удалось покорить Крым и взять Кафу и Еникале, но жилища и пастбища татар вновь подверглись полному разорению. Эпидемия чумы в Очакове и Кинбурне заставила генерал-лейтенанта фон Штофельна принять 14 (25) августа решение об уничтожении укреплений и эвакуации гарнизонов. 7 (18) сентября кабинет-министры А. И. Остерман, кн. А. М. Черкасский и А. П. Волынский утвердили этот ордер. В рескрипте к министру в Швеции М. П. Бестужеву-Рюмину канцлер замечал, что из-за морового поветрия он вынужден оставить Очаков и Кинбурн, чтобы сберечь людей, ибо «здешняя наша безопасность нам тысячекратно нужнее всех турецких степей быть имеется»[276].

Кампания, целью которой было измотать противника и склонить его к выгодному России миру, окончилась потерей завоеваний в устье Днепра

---

[272] Там же. С. 512, 521, 526, 530.

[273] Там же. С. 532-533.

[274] Там же. С. 536, 539, 542.

[275] Там же. С. 550-551.

[276] *Некрасов Г. А.* Роль России в европейской международной политике 1725-1739 гг. С. 272.

238

и Буга и измождением собственных войск. Австрийский капитан Парадиз (вероятно, псевдоним полковника фон Райски), участник Днестровского похода, в записке о русской армии вскрыл некоторые причины неудачи. Это большие обозы, особенно у офицеров – до 30 возов на человека (у сержантов гвардии по 16, а у генерал-лейтенанта Г. фон Бирона - 300 лошадей и волов, 7 ослов, 3 верблюда), лишившие армию подвижности, позднее начало маршей в жаркое время (через 3-4 часа после восхода солнца), нерадивость начальников[277]. Парадиз подверг критике также варварское обращение с лошадьми, вытаптывание травы в лагерях, пренебрежение здоровьем солдат и правилами гигиены, слабую дисциплину на марше[278]. Его предложения по устройству лагеря и прикрытию фуражиров конными патрулями и пехотными каре были учтены Военной коллегией.

После победы у Корнии 30-тысячная австрийская армия пополнила гарнизоны Мехадии и Оршовы и направилась к Видину. Но вечером 4 (15) июля у Теплицы произошло столкновение с крупными силами турок (100-130 тыс.). Нападение противника было отбито. Турки потеряли до 8000 убитыми и 30 знамен, австрийцы – 324 убитыми, 511 ранеными и 16 пропавшими без вести. Тем не менее, генерал-фельдмаршал Кёнигсэгг начал отступление и 12 (23) июля вновь был у Лугоша[279]. Такое решение объяснялось, как полагал российский агент полковник Ф. Даревский, активизацией протурецких разбойничьих шаек в тылу австрийцев[280]. Кроме того, в армии началась чума. «Здешнее состояние зело беспокойно, – сообщал Даревский, – ибо неприятель спереди, мировая же язва созади и разбойники, или паче бунтовщики, с флангу утесняют»[281]. Но главной причиной отступления к Лугошу, из которого месяц назад была начата блестящая Мехадийская операция, было движение турецких войск из Боснии и Болгарии к Белграду. Небольшие силы австрийцев могли успешно сражаться с противником, превосходящим их в 3-4 раза, но не были в состоянии

---

[277] РГАДА. Ф. 177. Оп. 1. 1738 г. Д. 153. Л. 2-3: «Возможно ли статься, чтоб командующий генерал-аншефт везде быть мог? Правда, что он себя бояться заставить может, но такой рабий страх только в присутствии его трудиться принуждает». Есть основание считать, что «капитан Парадиз» – псевдоним австрийского агента (атташе) полковника фон Райски.

[278] Там же. Л. 4об.-6об., 19: «всякая телега напередь едущую объехать хочет, и от того перецепляются, перепутаются и перемешаются, а я не видал, чтоб когда-либо хотели оное поправить».

[279] АВПР. Ф. 32. Оп. 1. 1738 г Д. 10. Л. 163, 132-183, 207-208.

[280] Там же. Л. 153об.: «Оных разбойников, или бунтовщиков, сказывают, с 200 человек числом было, и красное знамя при себе имели, еже у них и взято, и несколько из них застрелено, а достальные ретировались в горы, и надобно признать, что между другими и сия важною причиною есть, что армия назад итти имеет».

[281] Там же. Л. 154об.

прикрыть всю южную границу императорских владений. На это и сделал ставку после неудачи под Оршовой великий визирь.

12 (23) июля османские войска вновь осадили Оршову, гарнизон которой успел перевезти в крепость или утопить в Дунае 7 трофейных турецких пушек[282]. 8 (19) августа имперцы перешли Дунай у Семендрии, намереваясь деблокировать крепость, но уже 11-го (22-го) пришло известие о капитуляции гарнизона (600 солдат) из-за больших потерь от болезней. Теперь великий визирь мог двинуть против Белграда и Темшевара 140-тыс. армию при 300 орудиях[283]. «Разсуждении о Баннате и Семиградской земле происходят, – писал Даревский, – и обои за потерянные представляются, ибо за сущую невозможность почитают сею армею оным вспомоществовать, отчасти для морового поветрия, отчасти же затруднения в сыскании пропитания армеи, потому что она Дуная удалиться имеет, и тако здесь, по-видимому, не знают и делать»[284].

Действительно: против 17000 имперцев у Семендрии наступало 40000 турок, а 10-тысячному корпусу Лобковица в Трансильвании противостояло 30-тысячное войско видинского сераскира. 5 (16) сентября сдался слабый гарнизон Семендрии (80 солдат), 9-го (20-го) капитулировала Уй-Паланка (260 человек). Отбив нападение авангардов войска визиря, Кёнигсэгг увел 9 (20) сентября армию за р. Саву, в Белград[285]. У него оставалось только 8000 здоровых солдат[286]. Великий визирь хотел было атаковать Белград всеми силами (20000 у Парачина, 20000 у Равны, 32000 у Ниша, 30000 в Боснии), но в турецкие планы внесли коррективы чума, нападение хорватской милиции на Боснию и прибытие баварского и саксонского контингентов к имперской армии[287]. В октябре – начале ноября турки начали срывать захваченные крепости и отходить в Болгарию, неся огромные потери от чумы. Занявшие 5 (16) октября лагерь у Панчовы австрийские войска генерал-фельдцойгмайстера фон Нейпперга с 27 октября (7 ноября) тоже начали расходиться на зимние квартиры[288].

Действия австрийцев в июле-октябре отличались нерешительностью. Правда, на стороне противника было значительное превосходство в силах, войска императора несли потери от болезней и отсутствия провианта. Но и шанс разгромить деморализованные после поражения у Мехадии войска визиря был упущен. Командующий главной армией граф Л. фон Кёниг-

[282] Там же. Л. 184об.-185об.
[283] Там же. Л. 234-235.
[284] Там же. Л. 234об.-235. Доношение Ф. Даревского от 12 (23) августа 1738 г.
[285] Там же. Л. 294-295об.
[286] Там же. Л. 300об.-301.
[287] Там же. Л. 299об.-300, 339.
[288] Там же. Л. 344, 351-351об., 362.

сэгг не проявил воинских талантов. То, что в трудной обстановке можно было добиться успеха, доказали действия генерала от кавалерии фон Лобковица, который небольшими силами не только оборонял от турок и татар Трансильванию, но и оказал в июне-июле помощь главной армии и смог принять меры против чумы. Цель кампании не была достигнута, но действия австрийских войск отвлекли на себя, как и в 1737 г., лучшие силы Оттоманской Порты, предназначенные для войны с Россией.

Поиски мира продолжались в 1738 г. независимо от военных действий. Задачей великих держав Европы было переведение процесса мирного урегулирования в руки мирового сообщества в лице представителей России, Австрии, Франции, Великобритании, Голландских Штатов и Турции. Но если Россия была согласна на расширение числа посредников, то в Австрии, помня печальный опыт переговоров в Пожареваце, когда морские державы сделали все, чтобы лишить императора результатов военных побед, относились к таким «добрым официям» настороженно и хотели обойтись медиацией одной Франции. В тоже время прямо отвергнуть предложения Лондона и Гааги австрийские министры не могли, имея с ними союз (1731 г.). Поэтому 26 января канцлер Зинцендорф объявил Ланчинскому, что медиация морских держав в целом принята, и дело только за тем, чтобы на нее согласились и турки[289].

9 (20) февраля посол в Санкт-Петербурге Х. К. фон Оштайн объявил, что Голландские Штаты отказались от посредничества, «дабы вмешанием своим мирного дела более не затруднять, нежели поспешевствовать»[290]. С согласия российского Кабинета Министров 6 (17) марта послу Франции в Константинополе маркизу Л. С. Де Вильнёву была дана промемория о требованиях России к Турции. Выражалась готовность возвратить Очаков при условии признания других требований немировского ультиматума. Вильнёв должен был сперва настаивать на удержании Очакова, а затем – на разорении его, «не поступая на отдачу оного в нынешнем состоянии». И в Вене, и в Петербурге считали, что маркиз легко найдет способ к возобновлению переговоров и отнимет у турок надежду на сепаратный мир[291].

Послы морских держав в Константинополе А. Фоукнер и К. Калькоэн 13 (24) февраля обратились к великому визирю Мухаммед-паше с запросом, принимает ли Порта медиацию Англии и Голландии, и каковы турецкие условия мира. 20 февраля (6 марта) визирь ответил, что готов принять медиацию «по признанию прелиминаров мирного трактата», но

---

[289] Там же. Д. 6. Ч. 1. Л. 119об.-120.
[290] Там же. Д. 12. Л. 187.
[291] Там же. Л. 309-312об.

не знает о склонности к миру России и Австрии. Он выговаривал послам, что их правительства, будучи гарантами Пожаревацкого трактата, никак не отреагировали на нарушение мира императором[292]. 28 февраля и 14 марта (11 и 25 марта) Фоукнер и Калькоэн вновь подали промеморию визирю. Они возлагали ответственность за срыв переговоров на обманувшего их визиря Силихтар-Мехмед-пашу, низложенного в 1737 г., который объявил войну России и Австрии, и заявляли о принятии посредничества их и Вильнёва со стороны венских союзников и о своем праве требовать объявления условий мира от всех воюющих держав[293].

5 (16) марта визирь, не отвечая прямо о принятии или непринятии медиации морских держав, заявил о желании знать условия России и Австрии, «дабы дела не в такой конфузии и непорядке остались, как и в прошлом году были»[294]. 30 марта (10 апреля) кардинал А. Э. Де Флёри сообщил визирю о том, что Россия готова возвратить Очаков и Кинбурну, но восстановить договор 1700 г., а Австрия – продлить мир 1718 г. Руководитель французской политики советовал принять эти условия, пока турецкая армия не разбита в бою, а шах Надир (Тахмас-Кулы-хан) не возобновил войны[295]. Эти же условия были сообщены Де Вильнёву 7 апреля из Вены.

Но попытки маркиза начать переговоры были тщетными. 7 (18) апреля он писал статс-секретарю Людовика XV Амелоту, что визирь избегает встречи с ним, а Саид-эфенди объявляет, что «сей верховной министр всему свету смеется и ни о чем так мало, как о мире, не помышляет, однако ж Реис-эфенди и переводчик Порты (А. Гикас – *С. Н.*) противно тому думают»[296]. 12 (23) апреля к визирю в Адрианополь прибыл секретарь французского посольства для ведения переговоров о принятии прелиминарных условий мира. Консультации продолжались до 16 (27) апреля, после чего был отправлен курьер к султану. 27 апреля (8 мая) французский секретарь Пейсоннель-Лариа получил ответ из Дивана: Порта не пойдет на мир, если не будет возвращен Азов, а Й. Ракоци не получит Венгрию и Трансильванию как вассал султана. 14 (25) мая визирь повторил эти претензии, прибавив ещё и присоединение к Турции Малой Валахии до Темешварских гор[297]. Маркиз Де Вильнёв заявил, что считает турецкие претензии желанием продолжать войну, и прервал переговоры.

---

[292] Там же. Д. 13. Л. 213-214об., 220-221об.
[293] Там же. Л. 225-230, 239-240об.
[294] Там же. Л. 244.
[295] Там же. Л. 250-254.
[296] Там же. Л. 347.
[297] Там же. Л. 423-423об., 425-425об., 429-429об.

О неудаче миссии Де Вильнёва фон Оштайн сообщил в Петербурге только 11 (22) августа[298]. А 27 апреля (8 мая) он объявил о просьбе императора снабдить Вильнёва полномочиями на ведение переговоров со стороны России, указать место для переговоров и назначить уполномоченного министра. С австрийской стороны для переговоров о мире был назначен великий герцог Тосканы Франц-Штефан фон Лотринген, а Вильнёву вручена декларация «о благополучно обретающемся тесном обязательстве и неразлучности между цесарем и Ея Величеством Всероссийским» для внесения в текст будущего мирного договора[299]. 6 (17) июля Зинцендорф получил письмо Остермана, где были изложены российские условия мира и назван полномочный представитель для мирного конгресса – Б. К. фон Миних[300]. 8 (19) июля в Вене Л. К. Ланчинский получил известие о том что турки фактически срывают переговоры. По словам секретаря французской миссии в Турции, «Порта от заключения мира не уклоняется, ежели на честных ей кондициях состояться может, а гораздо торопиться причины не имеет, потому что цесарь не находится в такой силе, чтоб конкеты в их области приобресть мог, и разве то, еже до нынешней войны во владении имел, за собою удержит. Что же надлежит до России, то армеи ея дальний путь, и Порта имеет довольные способы оную от своих границ удержать. В протчем же хочет Порта обождать, что в нынешнюю кампанию произведет»[301].

После сражения при Мехадии великий визирь прислал к командующему австрийской армией генерал-фельдмаршалу Л. фон Кёнигсэггу взятого в плен в Оршове волонтера графа Фюрстенберга с предложением продолжить переговоры о мире. 11 (22) августа, после известия об отступлении Миниха от Днестра, Кёнигсэгг выразил согласие заключить мир на основе русско-австрийских прелиминарий, о чем заявил в Петербурге 6 (17) сентября граф фон Оштайн[302]. В Ниш был отправлен военный секретарь Н. фон Тайльс. 19 (30) сентября он вернулся к армии и привез согласие на переговоры с герцогом Францем-Штефаном. Но герцог Лотарингский к тому времени заболел, и Тайльс был послан вновь – договариваться о встрече с Кёнигсэггом. Однако визирь, отговорившись «нормами Корана», отказался от переговоров с президентом Хофкригсрата и потребовал присылки послов в турецкую ставку[303]. Все это свидетельствовало о нежела-

---

[298] Там же. Д. 14. Л. 19-19об.
[299] Там же. Д. 13. Л. 209-210.
[300] Там же. Д. 14. Л. 78-79.
[301] Там же. Д. 7. Л. 17об.
[302] Там же. Д. 14. Л. 105.
[303] Там же. Д. 7. Л. 90-90об., 99-99об.

нии вести «мирные негоциации» на равных. О неудаче нового обращения к визирю сообщил Ф. Л. К. фон Зинцендорфу и Л. С. Де Вильнёв. Маркиз уверял, что будет держаться сообщенных ему российских требований, а именно: «распространения Азовской области до Кубани, расширения украинских границ до Кисикермена и до реки Берда по присланному плану, признания титула императрицы, уничтожения трактатов, постановленных после того, которой в 1700-м году заключен», – пока они не будут изменены российским Кабинетом[304]. Визирь же требовал передачи Порте Оршовы и разорения Азова. Это заставило Карла VI 30 сентября (11 октября) подписать указ Оштайну для объявления при российском дворе, что «надежда к миру, почитай, изчезла», и необходимо зимою «в Молдавии и Волоской земле усилиться и место занять, или каким-нибудь способом препятствовать, дабы туркам оттуда к содержанию войск ничего получить невозможно было, - оное к поспешествованию мира немало бы пользы приносило»[305].

Этим актом, по существу, завершились действия союзников в кампанию 1738 г. Взаимодействие Австрии и России ограничилось переговорами о плане операций и об организации мирного конгресса с Османской Портой при посредничестве морских держав и Франции. Планы кампании союзников не были согласованы, каждый действовал отдельно, преследуя только свои цели. При этом Австрия приковала к себе почти все турецкие войска, но российская сторона не использовала возможность завоевания турецких крепостей на Днестре. Задача изгнания турок из Молдавии и вовсе не рассматривалась российским командованием. Организовать мирный конгресс при посредничестве великих держав Европы тоже не удалось: визирь и Диван были уверены, что при разногласиях между союзниками в вопросах ведения совместной войны Порте удастся не только восстановить в Причерноморье status quo 1711 года, но и вернуть потерянные в 1718 г. балканские владения. Правда, у союзников еще оставалась надежда на успех в будущей компании и на новые переговоры при посредничестве Франции, тем более, что отношения с Версалем и у Австрии и у России улучшились. Это было следствием заключения 7 (18) ноября 1738 г. в Вене мирного договора, формально завершившего войну за польское наследство (его подписали канцлер Ф. Л. К. фон Зинцендорф и французский министр в Австрии Ж. Де Ла Бон). Договор подтверждал

---

[304] Там же. Д. 14а. Л. 13, 14: «Но как крепость Орсова на капитуляцию здалась, и верховной везирь ведомости о разорении российского флота на Азовском море, о выходе генерала Лессия из Крыму, и о отступлении графа Минниха по ту сторону Буга получил, то сей первой министр вначале принятую свою резолюцию о призвании меня к себе отложил, а потом и вовсе оставил, понеже великой салтан ему позволили в Константинополь возвратиться».

[305] Там же. Д. 14а. Л. 32-32об. Промемория Х. К. фон Оштайна от 20 октября 1738 г.

венские прелиминарии: гарантию Людовиком XV Прагматической Санкции, признание Августа III королем Польским, передачу Королевства Обеих Сицилий инфанту дону Карлосу, Лотарингии и Бара – С. Лещинскому, отрекшемуся от польской короны, Пармы и Пьяченцы – императору Карлу VI, Тосканы – лотарингскому герцогу Францу Штефану, а Новары и Тортоны - Сардинии. Анна Ивановна, признанная в договоре «главнейшею договаривающею страною в том, что в оном трактате до польских дел касается»[306], присоединилась к условиям мира и гарантировала его особым «актом приступления» 21 мая 1739 года.

5. Сотрудничество Австрии и России в период завершения конфликта с Турцией (конец 1738 – 1740-е годы)

Австрийский двор не мог быть доволен опытом двухлетних совместных действий. Страна, не оправившись от последствий конфликта с Францией и Испанией (1733-1736 гг.), вступила, поддерживая Россию, в войну против Турции. При этом не только не действовали статьи союзного договора 1726 г. (формально нападающей стороной была Россия, а не Турция), но и сама Австрия нарушила срок Пожаревацкого мирного договора 1718 г. Проекты военных операций, предлагаемые имперским командованием (кстати, более продуманных и реальных, чем принятые Российским двором в 1737-1738 гг.), не находили поддержки в Петербурге, а дипломаты не были полностью информированы об условиях мира со стороны России. Наконец, отвлекая на себя большую и лучшую часть османских войск, император не получал никакой помощи от «главной воюющей стороны». Тем временем к концу 1738 г. создалась реальная угроза потери Баната и Малой Валахии, а экспедиции российской армии против Бендер и Крыма не принесли ожидаемого успеха».

Все это заставило Карла VI просить о посылке в Австрию вспомогательных войск. Посол в Петербурге Х. К. фон Оштайн 7 (18) сентября 1738 г. изложил требования императора к Анне Ивановне: «ему союзническое число пехоты, а по крайней мере тотчас 20 т. человек из оного чрез Польшу и Семиградцкую землю между тем отправить и собственным иждивением содержать», а также прислать министра для составления плана будущей кампании, «по которому уже ни поправления, ни же отмения более б быть не могло»[307]. 12 сентября кабинет-министры канцлер

---

[306] Там же. Д. 14а. Л. 3об.
[307] АВПР. Ф. 32. Оп. 1. 1738 г. Д. 14. Л. 120об.-121.

А. И. Остерман и обер-егермейстер А. П. Волынский передали Оштайну ответ царицы: она распорядилась послать в Австрию корпус из 12 пехотных полков при условии, что они будут содержаться так же, как и корпус на Рейне в 1735 г., то есть за счет императора с последующим возмещением затрат, «ибо иным образом сим войскам пропитание и содержание производить невозможно»[308]. В Вену для переговоров намечалось направить министра России в Берлине действительного тайного советника К. Х. фон Браккеля. Имперского посла заверили, что в России «тягости степей по сие время так зело возчювствовали, что необходимость довольно признавается, дабы впредь оных всевозможнейше избегать»[309].

Однако через несколько дней Оштайн заявил, что в Вене желали бы, чтобы вспомогательный корпус «на здешнем иждивении содержан был, потому что нынешней случай с тем, которой тогда на Рейне-реке был, весьма в самом деле разньствовал». Он обещал, что все необходимое войскам будет им беспрекословно поставляться, но с оплатой наличными деньгами тут же, и указал наиболее удобный маршрут из Киева в Венгрию (через Львов и Жмигрод)[310]. Действительно, случай был иной: ведь формально Австрия также не была страной, подвергшейся нападению, и для нее статьи 3 и 6 Венского союзного трактата тоже не имели силы. Тем не менее 25 сентября был дан положительный ответ: российская сторона выражала готовность помочь в содержании войск и надеялась, что император от царицы «ничего, окроме что в возможности Ея есть, требовать не будет»[311].

Примерно в это же время в Вене сложился план действий на осень и зиму 1738-1739 г. Во всяком случае еще 28 августа (8 сентября) в беседе с российским послом Л. К. Ланчинским конференц-министр и вице-президент Надворного Военного Совета (Хофкригсрата) Ф. фон Харрах высказывал идею перехода русской армией Днестра и занятия зимой Молдавии[312]. 1 (12) октября имперский канцлер Ф. Л. К. фон Зинцендорф предложил российскому послу послать вспомогательный корпус в Молдавию для содействия австрийским войскам в Валахии в зимнее время[313]. 21-22 сентября (2-3 октября) Зинцендорф и Харрах настойчиво совето-

---

[308] Там же. Л. 127-129: царица «склонна по нынешнему оказанному требованию Его Римско-Цесарскому Величеству корпус, в двенатцати комплетных полках состоящей, еже около 20 т. человек сочиняет, отправить и немедленно диспозицию учинить повелела, дабы такия полки, елико скоро точно возможно, в готовое к походу состояние привесть и всеми к тому потребностьми снабдить».

[309] Там же. Л. 129-129об.

[310] Там же. Л. 197об., 200.

[311] Там же. Л. 251-252.

[312] Там же. Д. 7. Л. 76-77об.: «от чего-де будет явная общая польза, к тому ж де молдавцы армее вашей радостно учинят вспоможение, и найдутся тамо добрые зимовые квартеры».

[313] Там же. Л. 103об.-104об.

вали поспешить с присылкой 20000 солдат, «дабы турки, о том сведав, нападением на Трансилъванию не упредили»[314]. Через 10 дней граф Харрах получил ответ Ланчинского о невозможности для России содержать войска иначе, чем это было в 1735 г. на Рейне[315].

20 (31) октября в Санкт-Петербурге Оштайн огласил новый рескрипт Карла VI (от 3 (14) октября). «Ты имеешь, – повелевал император послу, – по разным показанными в явной справедливости всемерно основанным побуждающим притчинам в том никакого на уступать, и Мы о праводушии Ея Любви Царицы совершенно уверены, что она в нынешних собою разумеющихся обстоятельствах яко держава, войну начавшая, весь корпус собственным иждивением содержать не усумнится»[316]. Карл VI обещал заботиться о российских войсках так же, как и об австрийских («наш собственный интерес того требует, и особливо сей пункт князю Лобковичю накрепко рекомендован»), уведомлял о начале заготовок провианта комендантом Трансильвании генералом от кавалерии Г. К. фон Лобковицем и о его полномочиях по переговорам с Б. К. фон Минихом о размещении корпуса, а также об «умалении» чумы в Семиградье и о договоренности посла в Варшаве Ф. К. фон Вратислава о проходе российских войск через Польшу[317]. В Вене давление на Ланчинского стал оказывать и статс-секретарь Й. К. фон Бартенштайн, настаивая на занятии вспомогательным корпусом Молдавии. «Дело-де, в том состоит, – говорил он, – что в сей войне двор Ваш есть сторона главновоюющая, а здешний только совоюющий и по союзу помогающий, и толикой тягости на себе нести не может, как-де от вас предлагается, и в состоянии не есть»[318].

Российский Кабинет Министров должен был решить нелегкую задачу. С одной стороны, отправка войск в Молдавию влекла за собой большие трудности и затраты. С другой стороны, необходимо было как-то поддержать союзника, который в течение двух лет отвлекал на себя главные силы противника. В конечном счете 1 (12) ноября Ланчинскому был послан указ в духе Миниха и Остермана. Посол в Вене должен был убедить союзный двор, что отправке корпуса препятствуют могущие возникнуть волнения в Речи Посполитой и начавшаяся там чума. Если, как указывал Б. К. фон Миних, император сможет заготовить достаточное количество провианта и фуража на польских границах и в самой Польше, если назначит удобный маршрут, – «чтоб тот тракт был удобен и не представлял бы

---

[314] Там же. Л. 106.
[315] Там же. Л. 116об.
[316] Там же. Д. 14. Л. 373об.
[317] Там же. Л. 374-374об.
[318] Там же. Д. 7. Л. 126об.-127. Реляция Л. Ланчинского от 25 октября 1738 г.

таких препятствий, от которых войски наши были утомлены», – примет меры от чумы и прикроет движение войск кавалерийским корпусом, военная помощь Австрии будет оказана[319].

5 (16) ноября Л. К. Ланчинский уже докладывал конференц-министрам в Вене о новом указе, касающемся корпуса. Его партнеры по переговорам настаивали на содержании корпуса за счет России, заявляя, что «присылка российского войска не есть столько помощь цесарю, сколько прямой способ к принуждению неприятеля к скорейшему миру, ибо нигде ни в котором месте и ни которым иным путем ему чювствительнее до живого дойти нельзя, как чрез Молдавию и Валахию, в чем-де и двор российский не инако как согласен быть может». Ланчинского уверяли, что расходы для русских не будут тяжелы, так как в Трансильвании все дешевле, чем в германских землях, а в Молдавии можно будет получать продукты даром, по праву войны, и поход не будет продолжителен. Он, однако, возражал: «Время, которому непродолжительну быть мнится, может продлиться; к тому ж надежда о найдении потребного в неприятельской земле может не состояться»[320].

В Санкт-Петербурге еще 3 (14) ноября Х. К. фон Оштайн дал ответы на запрос Миниха: провиант для русских полков уже собран в Трансильвании (Семиградье), вспомогательные войска будут охраняться от болезней и нападений противника; за прием и прикрытие действий корпуса отвечал генерал от кавалерии Лобковиц[321]. Назначение этого человека практически обеспечивало проход корпуса: обе кампании он провел блестяще, сумев и локализовать очаги чумы, и небольшими силами отразить нападения турок и татар на трансильванской границе. Через пять дней австрийский посол изложил новые предложения венского двора на основании указа карла VI от 23 октября (3 ноября). Во-первых, предполагалось, что занятие Молдавии обострит хлебный кризис в Константинополе, поскольку в конце 1738 г. это был единственный источник продовольствия для турецкой столицы. Во-вторых, еще один 30-тысячный российский корпус, прибыв к началу кампании, должен участвовать в отвоевании Малой Валахии и Сербии. Также принималось предложение А. И. Остермана о выплате императору субсидии в 1 млн. рублей для найма полков у имперских князей. Совместное вторжение в Валахию и Молдавию планировалось начать уже в апреле[322].

В тот же день граф Оштайн передал А. И. Остерману рапорт Лобковица в Хофкригсрат от 10 (21) октября, где последний сообщил о заготовке

[319] Там же. Д. 4. Л. 70-72.
[320] Там же. Д. 7. Л. 143об.-144.
[321] Там же. Д. 14. Л. 399-400.
[322] Там же. Л. 422-424.

провианта (по указам от 8 и 14 октября) и установлении связи с генерал-фельдмаршалом фон Минихом через атташе полковника фон Райски и лейтенанта Шмидта. Семиградский губернатор ждал российские полки и известий об их маршруте и сроке прибытия. Он отмечал, что в содержании этих войск «никакого недостатку в том не будет, яко же потому, что еще знатная часть Аустрийской Валахии во владении имеется, а в турецкой Валлахии так утвердились, и контрибуции до Бушереста збираны быть могут; получением российского корпуса в такое состояние себя привесть мочно, что известныя намерении в сих провинциях произведены и еще сею зимою на неприятеля чювствительное наступление учинено будет, и тамо себя вяще укрепить и у него пропитания в Константинополе гораздо убавить мочно»[323].

Новые предложения вновь повергли российский двор в раздумье: требование предоставить союзникам 50 тыс. пехоты за собственный счет было не только трудно выполнимо, не только тяжело для казны России, но и небезопасно: такое ослабление основных сил на украинских границах заставило бы перебросить полки из Прибалтики. А на границе со Швецией было неспокойно: послы в Константинополе. Э. Карлссон и К. Ф. Хёпкен требовали от своего правительства поддержать Порту, открыв фронт против России. В Стокгольме разжигал реваншистские страсти французский посланник А. М. Л. Сен-Северин. Шведский министр в Санкт-Петербурге Ю. К. Мориан доносил, что во всей Прибалтике находится не более 35 тыс. русских солдат и только 12 исправных (из 40) линейных кораблей[324].

17 (28) ноября австрийскому послу Оштайну вручили «мнение не в указ» Б. К. Миниха. Российский главнокомандующий рекомендовал австрийской армии действовать вниз по Дунаю и, «неприятеля в собственных землях сыскав, атаковать, а не в своих границах ожидать и происходимыми по тому злыми следствиями ободрять»[325]. Памятуя о печальном опыте степного похода 1738 г., Миних советовал избегать степей, не удаляться от магазинов и рек и избегать рискованных операций[326]. Поэтому он считал необходимым скорее послать 20-тысячный корпус в Австрию, «дабы сей сукурс в будущей кампании пользу произнести мог», а силами российской армии, казаков и калмыков разорить Кубань, взять крепости Темрюк,

---

[323] Там же. Д. 14а. Л. 25-26об.

[324] *Некрасов Г. А.* Роль России в европейской международной политике 1725-1739 гг. М., 1976. С. 266-267, 271.

[325] АВПР. Ф. 32. Оп. 1. 1738 г. Д. 14а. Л. 79-80.

[326] Там же. Л. 80об.-81об.: «Союзники против Франции потеряли одною нещастливою акциею у Дененя все те авантажи, которые они во многия годы оружием приобрели».

Тамань и Аджюк, как можно раньше пройти Перекоп, разорить Крым и попытаться приступом овладеть Кафой и Еникале, а Киев и Азов прикрыть гарнизонами, совершая весь год нападения калмыками на татар («ибо татара сих калмыков зело боятся»), не давая им восстанавливать Перекоп, Очаков и Кинбурну. Фельдмаршал не советовал вместо акций против Крыма и Кубани идти всей армией в Молдавию, не заручившись поддержкой Речи Посполитой: «такой дальней поход российскую армею точию разорил бы и туне обратился, неприятелю же одному к великому авантажу служить станет, и подданныя Республики (Речи Посполитой) свирепству и тиранству оного напрасно подвержены будут, обходящимся в тамошних местах злым воздухом и болезнями армея вовсе погублена быть может»[327]. Таким образом, Миних на этот раз выступал за поддержку союзника в Молдавии и Валахии и за действия против причерноморских татар карательного характера. Эта тактика уже принесла немалые успехи на Тамани и в закубанских улусах: свыше 50 тыс. татарских воинов за 1736-1738 гг. было уничтожено, пленено или приведено в российское подданство[328].

Подавший мнение о кампании 1739 года еще 12 октября генерал-фельдмаршал П. П. Ласи также считал необходимым избегать безводья бугских и крымских степей. Он предлагал прикрыть Украину корпусом у рек Волчьи Воды и Кальмиус (6 драгунских и 8 пехотных полков, 7000 казаков), посылая к Крыму партии для разведки и диверсии; в слободских городах, Азове и крепости Св. Анны усилить гарнизоны (13 пехотных полков), а Донскому войску и калмыкам при поддержке флотилии вице-адмирала Бредаля разорить Кубань, Темрюк и Тамань. Главную армию Ласи хотел направить через Речь Посполитую к Хотину или к Бендерам, заготовив в польских землях провиант («ибо не чаятельно, чтоб турки, уведав стоящую там нашу армию, отважились с своею армиею в наши границы идти». Это мнение было сообщено Оштайну 5 декабря[329]. План осторожного Ласи был, пожалуй, менее приемлем для Вены: проход через Речь Посполитую большой армии с осадной артиллерией требовал много времени, и помощь могла опоздать. Пассивная же оборона на татарских границах могла поощрить Крым к новым нападениям на Украину.

9 (20) декабря 1738 г. Х. К. фон Оштайн получил, наконец, ответ на представление месячной давности. Царица, как сообщалось послу, была готова дать императору требуемые войска, но из полученных рапортов о численности полков «к Ея прискорбию усмотрела, что к вящему склониться никак невозможно», да и отправление обещанных 12 полков

---

[327] Там же. Л. 82-88об.
[328] Там же. Л. 74-77об.
[329] Там же. Л. 90-94об.

250

не инако, как с превеликою тягостию учиниться может», так как армия во время похода и от чумы в Очакове потеряла много людей. Поэтому помощь может быть оказана только после пополнения полков рекрутами[330]. Требование же о другом 30-тысячном корпусе Анна отклонила, ссылаясь на то, что Россия подвергается большей опасности, потому что больше действует, а не ждет противника на своих границах, и не сможет, послав такие силы в Венгрию, вести активную войну[331]. О содержании же 20000 вспомогательной пехоты было твердо заявлено, что она может быть предоставлена исключительно на условиях 1735 г. (в крайнем случае готовы прибавить 100 тыс. рублей), «ибо сему корпусу никак невозможно в чюжих и незнакомых землях о пропитании своем самому стараться, или бы в оное некоторым образом вступать». Его отправку планировали начать после окончания польского сейма[332].

Через три дня Оштайн получил ведомость о составе генералитета корпуса: генерал-аншеф А. И. Румянцев, генерал-лейтенант Левендаль, генерал-майоры И. И. Бахметев, кн. В. А. Репнин, принц Петер фон Хольштайн-Бек (Пётр Голштинский)[333]. На ответ 9 (20) декабря повлияли сведения российской разведки из Речи Посполитой. Так, 3 декабря поручик Трегубов писал из Белой Церкви И. И. Неплюеву, всю турецкую войну направлявшему деятельность русских агентов в Речи Посполитой и османских владениях: «Слух находится между офицеры и поляки, что воевода Волынский имеет свое намерение войска своего поставить дватцать пять тысяч против российского войска, дабы не пропустить чрез Польшу до Цесарии. А от воеводства Киевского разглашают: набиранием войска будто осмнадцать тысяч, о чем у них в Киевском воеводстве имеет быть сеймик в местечке Овручье сего декабря 27-го дня»[334]. Информация такого рода насторожила кабинет-министров. Тем не менее 19 (30) декабря 1738 г. Остерман и Черкасский сообщили Ланчинскому, что все трудности, связанные с подготовкой корпуса, позади, «и следовательно ничего не остается, еже немедленному отправлению того корпуса препятствовать могло б»[335]. Уже 26 декабря 1738 г. (6 января 1739 г.) газета голландского г. Лейден сообщала об отправке в Австрию 15 российских пехотных полков[336].

[330] Там же. Л. 183-184.

[331] Там же. Л. 185-189.

[332] Там же. Л. 189об.-192об.

[333] Там же. Л. 211-211об.

[334] РГВИА. Ф. 47. Оп. 1. Св. 7. Ч. 3. Л. 434.

[335] АВПР. Ф. 32. Оп. 1. 1738 г. Д. 4. Л. 92.

[336] РГАДА. Ф. 177. Сп. 1. 1739 г Д. 14а. Л. 28. Назывались пехотные полки: Московский, Киевский, Троицкий, Санкт-Петербургский, Новгородский, Тобольский, Черниговский, Нарвский, Ладожский, Ростовский, Воронежский, Ярославский, Сибирский, Архангелогородский и один неустановленного названия.

8 (19) января 1739 г. Ланчинскому пришлось выслушать жалобы имперского статс-секретаря И. К. фон Бартенштайна, обеспокоенного тем, что русские полки до сих пор не выступили в поход. Он заявил российскому послу, что император и французский двор не дадут Швеции начать войну против царицы, а поляки не окажут сопротивления, если русские войска пройдут к Днестру через земли Речи Посполитой («будет-де обыкновенно крик и шум, который вскоре обойдется»)[337]. Австрийский двор согласился снабжать союзные войска от Львова до места сбора армии в Трансильвании. 12 (23) января в Вену через полковника фон Райски пришла табель вспомогательного корпуса. В него вошли 1-й и 2-й Московские, Троицкий, Новгородский, Воронежский, Архангелогородский, Киевский, Нарвский, Сибирский, Тобольский, Черниговский, Ярославский, Ладожский, Ростовский, Санкт-Петербургский пехотные полки – всего 24 415 солдат и офицеров[338]. Наряду с этим венский кабинет продолжал требовать от России действий не только против татар, но и против турок[339].

Казалось бы, вопрос о военной помощи был решен, но 8 (19) января австрийские послы в Петербурге Х.К. фон Оштайн и А. О. Ботта Д'Адорно получили уведомление Анны Ивановны о невозможности предоставить императору вспомогательный корпус из-за военных приготовлений в Швеции и отсутствия соглашения о проходе через Речь Посполитую – «ибо сему корпусу против воли и соизволения поляков путь предвосприять и при таких обстоятельствах силою пробиваться и проход в Венгры очистить совершенно невозможно, и почитай тоже было б, как бы оной поляком и неприятелю в жертву предать». Вместо войск предлагались деньги: частичное погашение имперских долгов после окончании войны и 1 млн. рублей до лета на наем войск у германских князей[340]. Инструкция Остермана и Волынского, врученная 10 января отправляемому в Вену Браккелю, обязывала чрезвычайного посла убедить императора в невозможности предоставить военную помощь, настоять на принятии субсидий и обязать австрийцев вести активные действия на Дунае[341].

После отъезда из России Оштайна Ботта Д'Адорно подал промеморию, настаивая на предоставлении 30-тысячного корпуса, так как деньга-

---

[337] АВПР. Ф. 32. Оп. 1. 1739 г. Д. 5. Л. 5-6об.: «Что же надлежит до Польши, то равно как с одной стороны надеяться не мочно, чтоб Речь Посполитая на проход Вашего Императорского Величества войска формально позволила, так и с другой опасения иметь не надлежит, чтоб, оному via facti, или насильно, противиться пред приняла, но будет-де обыкновенно крик и шум, который вскоре обойдется, и тако надобно, чтоб помянутые полки немедленно в поход тронулись, к которому зимнее время есть наиспособнейшее, а тогда ж отправить от обеих дворов реквизиториальные грамоты».

[338] Там же. Л. 42.

[339] Там же. Л. 28об.

[340] Там же. Д. 1. Л. 42об.-4.

[341] Там же. Д. 8. Ч. 1. Л. 42-45об.

ми нельзя приблизить мир и отвести опасность от Австрии. Он надеялся также нанять русских моряков для Дунайской флотилии[342]. 20 января кабинет-министры Остерман, Черкасский и Волынский отказали в найме матросов и вновь заявили, что проход через Речь Посполитую невозможен, а попытка пробиться силой приведет к гибели войск, «ибо произходимыя в Польше безпокойства и конфедерации точию неприятелю пользу произнесть, а окончание войны гораздо трудняе учинить могли б»[343]. Не убедило российский двор и сообщение императорского указа от 11 (22) января к Ф. К. фон Вратиславу в Варшаву, повелевающего добиться пропуска российского корпуса, используя влияние австрийской партии, папского нунция и епископа Гнезненского – примаса Полыши[344].

Известие об отказе от оказания помощи произвело в Вене эффект разорвавшейся бомбы. На конференции с Ланчинским 13 (24) января канцлер Ф. Д. К. фон Зинцендорф, военный президент Л. И. Д. фон Кёнигсэгг, ландмаршал Ф. фон Харрах и государственный министр Г. Т. фон Штаремберг в один голос заявили, что на предложенные взамен корпуса деньги уже поздно нанимать войска. Прибывший в Вену 16 (27) января К. Х. фон Браккель, принятый на следующий день министрами, также отмечал их «особливое смущение»[345]. Австрийский двор сетовал, что на снабжение войск, ожидаемых из России, уже потрачены большие средства, а третьей части русских субсидий хватило бы для «успокоения» коронного польского гетмана И. Потоцкого и других «недоброжелателей». «Одним словом, – заключал Браккель, – цесарская армия отбытием российских войск в такия плохая обстоятельства приведена, что оная едва ль в состоянии будет оборонительно действовать»[346]. Отказ в помощи был настолько неожиданным, что, как свидетельствует Ланчинский, в Вене прошел слух, что «сие тонкость и нарочное розглашение, дабы поляков успокоить, а потом войско внезапно марш воспримет»[347].

На встрече Браккеля и Ланчинского со статс-секретарем Бартенштайном 5 (16) февраля была оглашена ответная грамота царице от Карла VI. Император сообщал, что других войск сейчас взять негде, а магазины до Львова уже заготовлены, и через Польшу можно было бы пройти. «Турки, – заметил Бартенштайн, – с наивящею силою лутчих людей цесарския границы атаковать хотят, а на операции войска Вашего Императорскаго Величества противу Кубани и Крыма не будут внимать,

---

[342] Там же. Л. 10б. Л. 15-18.
[343] Там же. Л. 52об.-58.
[344] Там же. Л. 84-86. Промемория А. О. Ботта Д'Адорно от 26 января 1739 г.
[345] Там же. Д. 5. Л. 87об.
[346] Там же. Д. 9. Л. 7об.-8об.
[347] Там же. Д. 5. Л. 88об.

станут только гарселировать и безпокоить, от бою уклоняяся»[348]. На следующий день уже все министры заявляли российским послам, что более малочисленные войска в 1733-1735 г г. проходили Польшу из конца в конец. Особенное возмущение вызвало известие, что в Варшаве русский посол Кейзерлинк уже 27 января (7 февраля) объявил о ненадобности разрешения о проходе войск[349]. Браккеля тревожило и плохое состояние австрийской армии[350].

Итак, решение о посылке войск в Венгрию было отменено. Бесспорно, что на такую меру повлияли и требования австрийцев о предоставления еще одного 30-тысячного корпуса, и их неуступчивость в вопросе снабжения и содержания войск, и тревожные вести об активизации противников России в Речи Посполитой. Но и отказ от посылки войск мог вызвать серьезные трудности: император мог заключить через французов (а отношения с Версалем все более улучшались после Венского договора 1738 г.) мир с Портой, мог вообще отказаться от выполнения условий союза 1726 г., а в таком случае Россия могла бы оказаться одновременно в войне и с Турцией, и со Швецией. В Вене усиливались слухи о том, что Австрия обманута Россией. Сам Карл VI писал 6 (17) февраля Анне Ивановне: «Я употребил все старания, дабы российским войскам, как в моих областях, так и в польских границах даже до Львова не было ни в чем оскудения. Я преодолел все трудности, я старался усмирить безпокойных шведов, министры мои во Франции и Швеции, дабы достигнуть того намерения, старались о том более, чем о собственных своих интересах. Предложенная от Вашего Величества сумма не отвращает военной тягости, ни опасности от вверенных мне областей, и нельзя с оною получить желанного мира»[351]. Надо было достигнуть какого-то компромисса.

Положение несколько улучшилось после провала очередного татарского набега на Украину. 15 (26) февраля крымская орда перешла Днепр близ земель Миргородского полка, но вскоре была настигнута небольшим отрядом генерал-майора И. И. Бахметева (2100 человек) и полностью разгромлена. Свыше 4000 воинов, 30 мурз и 2 «султана» утонули в специально устроенных днепровских прорубях или были убиты в бою. 19 февраля остатки татарских войск бежали в Крым. Это был последний набег на русские земли[352]. Неудача татарской акции против Украины показала

---

[348] Там же. Л. 93об.-94.

[349] Там же. Д. 9. Л. 25-27.

[350] Там же. Л. 28: «Я сам несколько набранных кирасиров видел, которые едва сапоги, наименьше же латы снести в состоянии суть».

[351] РГВИА. 846. Оп. 16. Д. 1557. Ч. 6. Л. 166об.

[352] *Баиов А.* Русская армия в царствование Анны Иоанновны. Т. 2. СПб., 1906. С. 40.

достаточную силу гарнизонов Днепровской и Самарской укрепленных линий. Теперь можно было выставить в поле больше полков.

16 (26) февраля А. О. Ботта Д'Адорно подал замечания австрийской стороны на проект плана операции 1739 г. Считая, что оборонительная война не принесет успеха союзникам, он требовал, чтобы российская главная армия была не меньше прошлогодней (включая и 20-тысячный вспомогательный корпус) и, «миновав степи, прямым путем чрез Польшу к Хотиму пошла в таком намерении, чтоб оное место взять или приходящую оному на помощь турецкую армею разбить»[353]. С австрийской стороны планировалось выставить 45000 регулярной и 30000 иррегулярной пехоты, 16000 кирасир, 12000 драгун, до 5000 гусар, – всего 108 тыс. человек, включая саксонский и баварский вспомогательные корпуса. Кавалерийский корпус предполагалось придать российским полкам, а остальными силами действовать против Оршовы и далее вниз по Дунаю («однако ж и о сем за свирепствующим в турецкой земле моровым поветрием ничего положить немочно»)[354]. Имперский министр объявил и о том, что в Варшаве графу Вратиславу приказано рескриптом от 5 (16) февраля продолжать требования о разрешении прохода через польские земли российских войск, так как Карл VI считает Анну обязанной по союзу и конвенции (9 января 1737 г.) предоставить военную помощь[355].

19 февраля генерал-фельдмаршал П. П. Ласи подал в Кабинет Министров новый проект плана операций. Он требовал для овладения крепостями Кафа и Еникале в Крыму прибавить к Донской (Крымской) армии еще 12 регулярных полков и 10 тыс. калмыков, усилить Азовскую и Днепровскую флотилии и этими силами, оставив прикрытие у р. Конские Воды, осуществить комбинированную операцию против Крыма, действуя оборонительно на Кубани[356].

Генерал-фельдмаршал Б. К. фон Миних считал, что усилить Донскую армию невозможно, так как Днепровская флотилия слаба для десантных действий, а очаковские полки обескровлены чумой и нуждаются в отдыхе и пополнении. В поданном 24 февраля в Кабинет Министров мнении он высказался за проведение операций против Крыма и Кубани и за поход главной (Днепровской) армией к Хотину через Польшу[357].

1 (12) марта в Кабинете Министров состоялась очень напряженная конференция. Канцлер А. И. Остерман, вице-канцлер кн. А.М. Черкас-

[353] АВПР. Ф. 32. Оп. 1. 1739 г. Д. 10б. Л. 121-122.
[354] Там же. Л. 122об.-126об.
[355] Там же. Л. 145-145об. Представление А. О. Ботта Д'Адорно от 23 февраля 1739 г.
[356] РГВИА. Ф. 846. Оп. 16. Д. 1557. Ч. 6. Л. 121-122.
[357] Там же. Л. 120-121, 122.

ский, обер-егермейстер двора А. П. Волынский и генерал-фельдмаршал Б. К. фон Миних должны были решить судьбу совместных действий союзников в 1739 г. Кабинет-министры согласились, что «естьли не сделать облегчения цесарю, то:

1-е, войска цесарские от превосходных турецких сил будут разбиты;

2-е, опасно, чтоб цесарцы не заключили с турками сепаратного мира;

и 3-е, Россия одна будет принуждена воевать со всеми неприятельскими силами».

Приняв во внимание действия российского посла в Варшаве барона Г. К. фон Кейзерлинка, направленные на подкуп магнатов, и заявление кардинала А. Э. де Флёри послу в Париже князю А. Д. Кантемиру, «что в Швеции все покойно и нечего ея опасаться», а также ту помощь, которую пытаются оказать некоторые польские паны туркам, решено было послать вместо корпуса через Польшу всю главную армию к Хотину, а другую армию направить против Крыма и Кубани. В тот же день решение Кабинета было «высочайше апробовано» Анной Ивановной[358].

6 марта Ботте Д'Адорно было вручено «высочайшее мнение» российского двора о походе к Хотину и требование активных действий с австрийской стороны: «не мешкав, цесарцы должны итти к неприятелю в тыл, дабы взять его в средину»[359]. 1 (14) апреля в Вене Бартенштайн и Харрах благодарили Браккеля за присылку плана операций, учитывающего пожелания императора. Российскому послу была подана декларация Карла VI: имперская армия, усиленная войсками германских князей, будет собрана раньше, чем османская, и вступит в турецкие владения «по первой траве», а корпус Лобковица в Семиградье окажет помощь российским войскам, которые пойдут к Хотину; император добьется нейтрализации Швеции и будет «заедино стоять» с Россией в переговорах с польским двором[360].

20 апреля (1 мая) 1739 г. Ботта Д'Адорно от имени Карла VI выразил благодарность российскому двору за учет требований Империи в плане операций и сообщил о принятых мерах для снабжения российских полков главной армии: в Польше и Венгрии к 5 (16) марта было заготовлено 60 тыс. кюбелей овса и 100 тыс. кюбелей пшеницы и ржи (1 кюбель = 2,1 гектолитра), 10 тыс. голов скота на мясо, во Львове созданы запасы муки и построено 20 мельниц[361]. 12 (23) мая в Санкт-Петербурге были разменяны ратификации плана операций. Усилия по составлению программ совмес-

[358] Там же. Л. 168об.-169об.: «ибо одному корпусу итти опасно, а естьли пойдет туда вся армия, то их (поляков – С. Н.) возмущения ничего не будут значить».

[359] Там же. Л. 170, 171об.

[360] АВПР. Ф. 32. Оп. 1. 1739 г. Д. 9. Л. 143-158.

[361] Там же. Д. 10а. Л. 88-88об., 136-137.

тных действий завершились, но армии вновь действовали разрозненно: поход в Молдавию, планировавшийся как комбинированный удар зимой или ранней весной 1739 г., вырос в летний поход российской армии, овладение дунайским княжеством из оперативной задачи превратилось в стратегическую цель союзников, а благоприятное время было упущено. Только 25 мая (5 июня) армия Б. К. фон Миниха собралась в лагере у Василькова. В ней насчитывалось 3 батальона и 3 эскадрона гвардии (3124 человека), команды от двух кирасирских полков, 16 драгунских, 22 пехотных и 9 ландмилицких полков (965 кирасир, 19760 драгун, 34826 солдат и 10206 чел. ландмилиции), 5430 артиллеристов и инженеров при 290 пушках и 352 мортирках, 2 гусарских полка (1000 чел.), 1000 слободских, 6000 малороссийских, 700 компанейских, 4000 донских, 3000 запорожских казаков, 300 чугуевских калмыков и 800 валахов[362]. Армия, как и в 1738 г., имела огромный обоз: 59212 пар волов, 70444 лошади, 590 верблюдов[363].

Как и во время кампании 1736-1738 гг., параллельно с боевыми действиями велись переговоры о мире при посредничестве Л. С. де Вильнёва, французского посла в Турции, тем более что отношения союзников с Версалем продолжали улучшаться. При содействии кардинала Де Флёри 3 февраля к Венскому миру присоединились Сардиния и С. Лещинский, а 21 апреля Испания и Королевство Обеих Сицилий[364]. Успеху переговоров могли помочь также смерть от чумы осенью 1738 г. князя Йозефа Ракоци и падение великого визиря весной 1739 г.: новым стал Видинский сераскир Аваз-Мехмет-паша, отправивший в ссылку А. К. Бонневаля[365]. «Непримиримый блок» при дворе султана распался.

17 (28) марта 1739 г. Ботта Д'Адорно объявил российским министрам проект австро-турецкого мира, переданный Де Вильнёву. Основанием договора был Пожаревацкий мирный трактат 1718 г. Все завоевания сторон на Балканах подлежали возврату, возможно с условием уничтожения укреплений. Предполагалось также возвратить Порте часть Малой Валахии между реками Олт и Жиу (Чернечь), а если на это турки не согласятся, то еще и часть Сербии от Тимока до Моравы. Территориальными уступками имперский двор хотел не только приобрести мир, но и добиться льгот в средиземноморской и ближневосточной торговле. Проект предусматривал совместное использование течения Дуная, запрет пиратства в странах Магриба (Ливия, Тунис, Алжир, Марокко), свободу торговли во

---

[362] *Баиов А.* Русская армия в царствование Анны Иоанновны. Т. 2. С. 130-132, 150.
[363] Там же. С. 145.
[364] АВПР. Ф. 32. Оп. 1. 1739 г. Д. 5. Л. 169, 237об.
[365] Там же. Л. 243-243об., 248-248об.

владениях султана и беспошлинный транзит в Иран. Проект дополнялся декларацией о неразрывности союза Австрии и России[366].

Еще 10 февраля Остерман и Волынский требовали от Браккеля сведений о новых австрийских инструкциях для Вильнёва, а рескриптом от 6 марта чрезвычайный посол обязывался разведать о склонности кайзера к сепаратному миру[367]. 1 (12) марта Ланчинский и Браккель получили от имперского канцлера мирный проект, охарактеризованный ими как настоящий договор, но без упоминания России. Они выразили желание Анны Ивановны, чтобы «заключаемой главной мир вкупе и в одном инструменте (акте – *С. Н.*) так установлен был, дабы вначале ссоры с Россией, яко с главною воюющею стороною и потом с римским цесарем с одной, и с Портою с другой стороны прекращены и вершены быть имели»[368]. Это известие достигло Петербурга 17 (28) марта, когда австрийский посланник подал промеморию о мирном проекте Карла VI.

Российский двор также направил свои условия Де Вильнёву. Врученный маркизу 9 апреля проект Остермана предусматривал присоединение к России Азова и земель от Днепра до устья Каменки, Буга и Берды, берегов Перекопского залива и Азовского моря, раздел степей от Азова до Кубани с турками на равные сферы влияния, оставление Кинбурна и Очакова, освобождение всех пленников без выкупа независимо от времени их захвата, свободу взаимной торговли[369]. Одобряя действия маркиза в Константинополе и в ставке визиря, секретарь короля Людовика XV Амелот 25 мая (5 июня) отмечал, что над русскими предложениями придется потрудиться, а «цесарские представлении суть такие, которые турки без великого безумия отвергнуть не могут»[370]. Однако союзники, как и прежде, возлагали главные надежды на успешные военные действия, могущие приблизить мир.

10 (21) мая армия генерал-фельдмаршала П. П. Ласи выступила из Изюма и направилась на соединение с собравшимся 4 мая на р. Миус корпусом генерал-лейтенанта В. Я. Левашова. Для действий против Очакова и Кинбурну у крепости Александер-Шанц сосредоточился корпус генерал-лейтенанта фон Штофельна[371]. Всего под началом Ласи собралось: 1 гарнизонный и 6 полевых драгунских, 15 пехотных и 6 ландмилицких полков (8593 драгуна, 6804 конника ландмилиции, 23745 пехотинцев), 6000 донских, 5300 малороссийских и 3700 слободских казаков при 118

[366] Там же. Д. 10а. Л. 2-21об.
[367] Там же. Д. 3. Ч. 1. Л. 71, 92-92об.
[368] Там же. Д. 9. Л. 87-88об.
[369] РГВИА. Ф. 846. Оп. 16. Д. 1557. Ч. 6. Л. 200-205.
[370] АВПР. Ф. 32. Оп. 1. 1739 г. Д. 10а. Л. 277-280.
[371] *Баиов А.* Русская армия в царствование Анны Иоанновны. Т. 2. С. 271.

орудиях и 28 мортирках[372]. Считалось, что противник имеет в Крыму 40000 воинов в том числе до 20 тыс. на Перекопе[373]. Все лето Ласи, Левашов и Штофельн высылали на поиск крупные отряды казаков, не решаясь вторгнуться в Крым. После сильного пожара 4 июня в Азове, в результате которого взорвались запасы пороха и сильно пострадали укрепления, отряд Левашова (5 пехотных полков) ушел 11 июня для пополнения гарнизона этой крепости[374]. Армия Ласи 23 июня двинулась к Генчи, но вела себя пассивно. 4 (15) августа авангард из 4624 казаков и 13500 солдат подошел к Перекопу, но, убедившись в отсутствии воды, фуража и провианта, через пять дней повернул обратно и 24-го прибыл в крепость Св. Андрея, где вся армия простояла до конца кампании[375]. Татары, обескровленные неудачными набегами и пребыванием в Крыму в 1736-1738 г г. российских войск, тоже не решились на активные действия.

Главная армия Б. К. фон Миниха, отягощенная огромным обозом, 28 мая пересекла польскую границу. По сведениям разведки на Днестре было не более 50 тыс. турок, а также татарские отряды Исуф-паши на реках Саврань и Кодыма (20 тыс. воинов) и буджакского сераскира Вели-паши у Дубоссар (25-30 тыс. воинов)[376]. 22-23 июня российские полки у Межибожа и Константинова переправились через Буг; вперед был выслан летучий отряд полковника Капниста из гусар, казаков и валахов. Этот отряд определил численность противника в 40 тыс. татар, 12 тыс. липкан и 20 тыс. турок (в том числе 5000 янычар) в Хотине и 30 тыс. турок в Бендерах[377]. Позднее выяснилось, что эти данные были сильно завышены.

8 июля главная российская армия перешла р. Збручь, а 19 июля авангарды (27000 человек) преодолели р. Днестр у Синьковиц. Через три дня было успешно отбито первое нападение противника. Потеряв свыше 600 человек, отряд Султан-Гирея и Калчак-паши (12000 татар и 6000 турок) не смог помешать переправе главных сил Миниха. Русские потери составили 39 убитых, 97 раненых и 62 пропавших без вести[378]. Ко 2 августа Днестр перешли последние обозы. Армия была разделена на кор-де-баталь генерал-аншефа А. И. Румянцева (24 полка и казаки), правое крыло генерал-лейтенанта К. М. фон Бирона (17 полков), левое крыло генерал-лейтенанта фон Левендаля (14 полков с полевой и осадной артиллерией), авангард генерал-квартирмейстера В. В. Фермора (валахи,

---

[372] Там же. С. 134-135.
[373] Там же. С. 110, 274.
[374] Там же. С. 274.
[375] Там же. С. 275, 277.
[376] Там же. С. 167.
[377] Там же. С. 178.
[378] Там же. С. 194.

компанейцы, инженеры и понтонеры) и личный конвой Б. К. фон Миниха (Чугуевская команда и Грузинская гусарская рота). За Днестром в российских войсках было 56140 солдат, офицеров и казаков (из них 1959 легких и 637 тяжелобольных, 43 раненых), 25621 лошадь, 19558 пар волов, 414 верблюдов[379].

8-11 августа у р. Гуковы начали завязываться стычки между гусарами и гренадерами и турецко-татарскими партиями, кончавшиеся неизменно победой русских. Против армии Миниха собралось готовое дать бой войско сераскира Вели-паши. Правым флангом турецкой позиции командовал Калчак-паша, левым – Гяндж-паша. Сераскир имел до 20 тыс. янычар и полурегулярной пехоты, 20 тыс. спаги, арнаутов и конных янычар (сербеджи), а также 40-50 тыс. буджакских и белогородских татар и липкан Султан-Гирея при 70 орудиях. Турецкий полководец рассчитывал окружить российскую армию, повторив Прутский маневр 1711 г. В случае неудачи можно было найти защиту под стенами Хотина. После стычек у Сенковиц 14-16 августа турецко-татарское войско заняло линию по р. Шуланец близ с. Ставучаны[380].

Генерал-фельдмаршал Б. К. фон Миних, имевший в то время 61 тыс. человек при 250 орудиях, мог полагаться на мощь стрелково-артиллерийского огня российской армии. Некоторые исследователи считают, что полководец не имел какого-либо плана сражения и действовал только по обстановке. Тем не менее общий замысел удался: утром 17 (28) августа отряд генерал-майора Г. фон Бирона (9 тыс. человек, 56 орудий) произвел удачную ложную атаку на левом фланге, в то же время ударная группа К. М. фон Бирона заняла турецкие позиции на р. Шуланец. Вторая фаза сражения была ознаменована отражением турецкой контратаки: только 3 тыс. воинов дошло до рогаток русских войск, треть из них была убита или ранена, а остальные обратились в бегство, увлекая за собой всю неприятельскую армию. К вечеру был взят турецкий лагерь.

Ставучанская победа стоила русским 13 убитых и 54 раненых. Почти нигде турки не дошли до рукопашной, потеряв только убитыми от плотного огня пушек и ружей свыше 1000 воинов. В лагере было захвачено 19 пушек и 4 мортиры[381]. 19 (30) августа по первому требованию Миниха Калчак-паша без боя сдал Хотин. В крепости было захвачено 763 человека, 27 знамен, 13 бунчуков, 198 пушек, 26 мортир и 6 дробовиков (картечниц), освобождено 17 пленников[382].

---

[379] Там же. С. 196-198, 203.
[380] Там же. С. 213-220.
[381] Там же. С. 229-232.
[382] Там же. С. 235-236.

Путь в Молдавию был свободен. Деморализованные турецко-татарские войска разбегались и не оказывали сопротивления. 28-29 августа армия Миниха перешла Прут. На месте переправы был построен форт Св. Иоанна, занятый гарнизоном бригадира Пашкова (2888 человек). Гарнизон генерал-майора М. Хрущова (3832 человека) был оставлен в Хотине. 1 (12) сентября гусары и казаки А. Д. Кантемира (3324 человека) заняли Яссы. Молдавский господарь Георгий Гикас бежал. Через два дня столица Молдавии торжественно встречала войска Миниха, а 5 сентября генерал-фельдмаршал подписал акт о присоединении княжества к России. На его территории должны были содержаться гарнизоны и 20-тысячный русский корпус[383]. Казалось, что достигнута цель, выдвинутая еще в начале войны: Османская Порта лишилась одного из вассальных владений на Балканах. Судьба Валахии также была решена – небольшое войско господаря Маврокордато разбежалось. Но действия Австрии были не столь успешны.

Австрийские силы на Балканском театре военных действий были сосредоточены только к концу июня «злощастной моровой язвы ради» – из-за новой вспышки эпидемии чумы в Венгрии, Сербии и Валахии. Главной армией, собранной 19 (30) июня у Мировы, командовал генерал-фельдмаршал граф О. фон Валлис. В его войсках было 48 батальонов и 47 гренадерских рот (38,3 тыс. пехоты), 12 кавалерийских и 2 гусарских полка (13,6 тыс. конницы), не считая 20 батальонов гарнизона Белграда, при 76 полевых орудиях[384]. Корпус генерала от кавалерии князя Г. К. фон Лобковица в составе 11 батальонов, 4 гренадерских рот, 1 гусарского, 3 драгунских и 3 кирасирских полков занимал позиции в Трансильвании и Валахии у Порто Ферреи (Железные Ворота), Гачекерталя, Девы и на р. Стрела. Эти силы не только заперли горные проходы, но заставили турецкие отряды к 5 (16) июля отступить от Лугоша и Карансебеша в Мехадию[385]. Корпус генерал-фельдцойгмайстера графа В. Р. фон Найпперга (Нойберга) стоял в Банате и должен был прикрывать от турецкого нападения Темешвар, а также поддерживать операции главной армии Валлиса на Дунае. У Найпперга было 17 батальонов и 18 гренадерских рот, 1 гусарский, 2 драгунских и 6 кирасирских полков (16 тыс. чел.) при 16 пушках. 7 (18) июля корпус перешел р. Темеш и прибыл в Панчево для соединения со стоявшей в Визнце армией графа Валлиса[386].

---

[383] Там же. С. 242-247.
[384] АВПР. Ф. 32. Оп. 1. 1739 г. Д. 5а. Л. 58-59. Д. 10а. Л. 410об.
[385] Там же. Д 5а. Л. 52-53об.
[386] Там же. Л. 72, 78-78об.

Силы противника оценивались следующим образом: 40 тыс. янычар и 10 тыс. арнаутов – в Константинополе, 7 тыс. спаги, 30 тыс. кимаров, сарлы-колитов и другой пехоты – в Румелии, до 30 тыс. на Дунае под командованием великого визиря[387] (им стал в мае 1739 г. Ильяс-Мехмет-Ходжа-паша). Верные «традициям» 1737-1738 гг., австрийские генералы не извещали о своих планах даже союзников. Л. К. Ланчинский к 7 (18) июля мог только предполагать, что имперцы будут ждать действий визиря или атакуют Оршову и Видин[388].

Действительно, турецкие войска после неудачи в марте у Шабаца и в июле у Карансебеша держались пассивно. Однако 9 (20) июля у Семендрии гусары генерал-фельдвахтмайстера фон Беренклау обнаружили 8-тысячный отряд янычар. Это был авангард армии великого визиря. Не ожидая подхода корпуса Найпперга, Валлис пошел навстречу с 18 гренадерскими ротами, гусарами и 2 конными полками при 2 орудиях. Следом в двух колоннах следовала конница генерал-фельдмаршала барона Зеера (10 кирасирских и драгунских полков) и пехота принца фон Заксен-Хильдбургхаузена (в двух эшелонах – 49 батальонов и 51 гренадерская рота). На рассвете 11 (22) июля завязался бой.

Гусары авангарда, кирасиры Й. Пальфи и драгуны полка Принца Евгения атаковали османские посты и отбросили их в лагерь позади Гроцки. однако турки оправились и контратаковали всеми силами. Авангард, потеряв 364 убитыми и 103 ранеными, был отбит в теснину и привел в замешательства всю австрийскую кавалерию. Удар гренадерских рот имперцев и баварцев, поддержанных тремя кирасирскими полками, не был развит из-за гористой местности. Строй смешался; еще семь кирасирских и драгунских полков были брошены на турок, но они налетели на стоявшие у них на пути пять отступавших полков. Имперским полкам пришлось по одному проходить узкую дорогу и, строясь в каре, отбивать атаки крупных сил турок. Кавалерия была окружена янычарами, но прорвалась, смешав строй подходящей к полю боя пехоты.

[387] *Баиов А.* Русская армия в царствование Анны Иоанновны. Т. 2. С. 109-110.
[388] АВПР. Ф. 32 Оп. 1. 1739. г. Д. 5а. Л. 61об.-62: «О здешних военных операциях, когда начнутся и в которую сторону склонятся, что донести, более не ведаю, и министры здешния на все удобомышленныя представления только генеральными терминами себя экспликуют, говоря, что фельдмаршал Валлис имеет полной указ предпринять по обращениям турецким, что к пользе и ко изследованию без газарду возможное быть россудит. Между-де того турки из гор не выходили, а от Дуная-де отлучась, к ним итти и из укрепленных мест их выбивать хотеть - был бы прямой способ армею разорить. И тако-де, естли визирь выходом своим от Ниссы чрез Мораву далее медлить станет, то-де фелдмаршал Валлис по прибытии к себе генерала Нейберка с его корпусом кавалерии оказательно с армеею чрез Мораву, не отдаляясь от Дуная, пойдет в сторону Оршовы и, может-де быть, и далее к Виддину».

Тем не менее генерал-фельдцойгмайстер принц фон Заксен-Хильдбургхаузен привел пехоту в порядок и при помощи саперов занял ею две высоты (фланги генерал-фельдмаршал-лейтенантов принца Карла Лотарингского и князя Вальдека) вплоть до берега Дуная, откуда огнем их поддержали 5 кораблей. Кавалерия встала за пехотой на дороге в Винчу, фронтом на юг, во избежание турецкого обхода. Турки усилили свою позицию окопами на левом фланге и атаковали весь день. После полудня, когда австрийцы уже изнемогали от жары и кончились патроны, противник 15 раз попытался прорвать правый фланг имперцев, но был отбит 6 батальонами баварцев и кёльнцев. Янычары повторили атаку на правофланговую высоту и прорвали линию имперской пехоты. Князь Вальдек, несмотря на рану, лично возглавил штыковую контратаку двух батальонов и эскадрона кирасир, которые прогнали турок до их окопов. Затем со свежими полками атаковал принц фон Заксен-Хильдбургхаузен, и противник отступил в свой лагерь. Но удержание поля боя дорого стоило армии Валлиса: она потеряла более 2000 убитыми и 2500 ранеными, в том числе 10 генералов и 350 офицеров. Турки только убитыми потеряли 5000 человек (по другим данным, их общий урон оценивается от 8 тыс. до 20 тыс. человек)[389]. Позднее Зинцендорф и Бартенштайн так оценили действия под Гроцкой: «нападение таким образом учинено, которое отнюдь всем военным регулам противно, и от такого генерала, яко граф Валлис есть, никак вперед чаять было неможно»[390].

Тяжелые потери заставили генерал-фельдмаршала фон Валлиса оставить позицию у Гроцки и начать отступление к Белграду, несмотря на несогласие многих генералов – ведь следом подходил корпус Нейпперга. Отступавших имперцев преследовала турецкая конница. При этом попал в плен российский агент полковник Г. Браун (его выкупил сотрудник французского посольства и уполномоченное лицо России на переговорах с визирем Ш. Каньони)[391]. 16 (27) июля армия великого визиря появилась под стенами Белграда. Часть турецких войск перешла Дунай и стала лагерем при Панчево; ещё 30 тыс. воинов шли к Белграду из Мехадии и Уй-Паланки. На военном совете австрийский генералитет решил атаковать Панчево. 19 (30) июля в сражении у с. Ябука близ Панчево 20-тысячный

[389] Там же. Л. 32-83, 86об.-37, 122; РГВИА. Ф. 488. Оп. 1. Д. 239; РГАДА. Ф. 177. Оп. 1. 1739 г. Д. 148 Л. 148. По словам Зинцендорфа и Бартенштайна, Валлис «вдруг намерение принял не токмо такого корпуса не обождать, но и нападение с одною при себе имевшей конницею и 18 гранадерскими ротами учинить, да еще в таком месте, где ему великие трудности, чтоб конницею действовать, известны были» (АВПР. Ф. 32. Оп. 1. Д. 11. 1739 г. Л. 163об.-164).

[390] Там же. Л. 164об.

[391] РГАДА. Ф. 177. Оп. 1. 1739 г. Д. 38. Л. 10об.

турецкий корпус Тош-паши был разбит австрийским авангардом (18 батальонов и 4 кавалерийских полка). Австрийцы потеряли 30 убитыми, турки – до 300 убитыми и весь лагерь. Спастись от преследования им удалось только из-за продолжавшегося весь день ливня[392].

Армия великого визиря, осаждавшая Белград, 20 (31) июля была отбита от Шабацких ворот, потеряв 500 убитыми. После этой неудачи турки перешли к строительству батарей. 4 (15) августа Ланчинский отмечал, что войска противника «стреляют и бомбы бросают не по фортификациям, но по дворам и кровлям»[393]. В крепости под командою генерал-фельдмаршал-лейтенанта фон Зуко оборонялось 25 батальонов (15 тыс. солдат) и 5 тыс. добровольцев. На валах находилось свыше 300 орудий. Кроме того, можно было вооружить до 20 тыс. горожан. У визиря было до 130 тыс. воинов и 120 орудий, но действовали эти силы вяло: гарнизон к 11 (22) августа потерял всего 1 убитого и 4 раненых. Тем не менее, главная армия Валлиса (42 тыс. человек, из них 12 тыс. больных), не пытаясь деблокировать Белград, ушла за р. Саву к Шабацу и стала 15 августа лагерем при Сортоке. Заболевшего О. фон Валлиса сменил В. Р. фон Нейпперг[394].

7/18 августа генерал-фельдцойгмайстер фон Нейпперг выехал в турецкий лагерь для переговоров с великим визирем. Положение австрийцев было тяжелым, но не безнадежным. Гарнизон Белграда был пополнен, сменивший фон Зуко генерал-фельдмаршал-лейтенант фон Шметтау (Шметто) считал, что крепость может обороняться всю зиму[395]. Корпус генерала от кавалерии Лобковица успешно действовал в Валахии. Уже были получены известия о разгроме российской армией Миниха турецко-татарского войска и о взятии Хотина[396].

Однако 1 (12) сентября Ланчинский сообщил из Вены: «С неописанным прискорбием Вашему Императорскому Величеству принужден я донести, коим образом мирная негоциация, которая в турецком лагере отправлялась чрез генерала Нейберка и толь долгое время содержала была в крайнем секрете, наконец вскрылась зело гнило, неслыханно и такова, что добрая союзничья верность и здешняго двора честь повреждена, и репутация оружия ногами попрана»[397]. Хотя канцлер Зинцендорф и объявил, что Валлис плохо себя проявил, решив сдать Белград и поручив переговоры Нейппергу, который «принял на себя дело, которого не разу-

---

[392] АВПР. Ф. 32. Оп. 1. 1739 г. Д. 5а. Л. 92об.-93об., 125-128об.
[393] Та же. Л. 135об.-136.
[394] Там же. Л. 145об.-146, 153, 156-156об.
[395] РГАДА. Ф. 177. Оп. 1. 1739 г. Д. 38. Л. 6-7об.
[396] АВПР. Ф. 32. Оп. 1. 1739 г. Д. 5а. Л. 180-181. Реляция Л. Ланчинского от 29 августа.
[397] Там же. Л. 182.

меет»[398], 5 (16) сентября фон Шметтау рассказал российскому полковнику Г. Брауну, что комендант Белграда фон Зуко отправил в Вену панический рапорт, утверждая, что крепость не продержится более 4 дней. Это вызвало указ от 8 (19) августа к Нейппергу «дабы с Портою Оттоманскою под какою бы кондициею ни было, мир заключить»[399].

1 сентября (21 августа) в турецком лагере под Белградом генерал-фельдцойгмайстер В. Р. фон Нейпперг и маркиз Л. С. де Вильнёв подписали прелиминарный мир с великим визирем Ильяс-Мехмет-Ходжа-пашой:

1) крепость Белград переходит Турции после уничтожения всех укреплений, возведенных с 1717 г.;

2) крепость Шабац переходит Турции; все имущество из Шабаца и Белграда вывозится в Австрию;

3) Австрия передает Порте Сербию до рек Дунай и Сава;

4) Австрия уступает Порте Малую Валахию и крепость Перишан в разрушенном состоянии без права восстановления;

5) за Турцией остаются крепости Острова, Оршова и Санкт-Элизабет; Банат и разоренная крепость Мехадия остаются у Австрии; граница проходит по р. Черна (если турки в течение года отведут русло этой реки, они получают и Старую Оршову);

6) разорение крепостей должно быть начато через 5 дней после подписания прелиминарии, а переговоры о мирном договоре должны начаться через 10 дней; военные действия прекращаются, пленные возвращаются, а войска выводятся из захваченных земель сразу же после заключения этого акта[400].

22 августа (2 сентября) в Вену пришло письмо маркиза де Вильнёва, встревожившее Карла VI. Как позже сообщал Анне Ивановне император, «Нейперг, нимало наших указов не держась и, следовательно, с недозволенным преступлением поверенной ему от графа Валлиса по определению власти, тотчас по вступлении в негоциацию разорение Белграда туркам обещал, хотя маркиз де Вилленев им, туркам, о противном тому, точно выполняя объявленное ему наше соизволение, постоянно давал знать»[401]. В тот же день Карл приказал отстранить Нейперга от переговоров, но поздно: прелиминарии были уже подписаны, и 26 августа (6 сентября) началось срытие белградских бастионов. Императору пришлось апробовать условия мира, присланные в Вену 27 августа (7 сентября), несмотря на то, что «от графа Нейперга пристойного попечения о рос-

---

[398] Там же. Л. 183-183об.
[399] РГАДА. Ф. 177. Оп. 1. 1739 г. Д. 38. Л. 6-6об.
[400] АВПР. Ф. 32. Оп. 1. 1739 г. Д. 11. Л. 136-142.
[401] Там же. Л. 171-171об.

сийском интерессе, как бы то надлежало, не приложено, никакого срока для получения ратификации не положено, ни же время, сколь долго мир продолжаться имеет, постановлено»[402]. В тот же день 3000 янычар заняли ключевые позиции в Белграде.

Известия о подписании тяжелых прелиминарных условии произвели бурю возмущения как в Австрии, так и в России. «Все такого мнения суть, – писал из Землина 7 (18) сентября Г. Браун, – что война в сей кампании нашим толь победоносным оружием весьма иной вид получила б, ежели бы такого невыгодного мира единосторонно не заключили»[403]. Был разъярен сепаратным миром генерал-фельдмаршал Миних, отряды которого уже заняли Буджак и Фокшаны, когда 21 сентября (2 октября) пришло известие о выходе Австрии из войны. «Мы берем крепости, а вы их разрушаете, – писал он князю Лобковицу, – мы царства покоряем, а вы их уступаете, мы нашего исторического врага довели до крайности, а вы умножаете его гордыню, мы воюем, а вы миры заключаете. Где же этот священный неразрывный союз?!»[404] «Бог судья римско-цесарскому двору за таковой учиненной и стороне Вашего Величества нечаянной злой поступок и за стыд, который из того всему христианскому оружию последует, и я о том поныне в такой печали нахожусь, что не могу понять, как тесный союзник таковым образом поступить мог», – сетовал полководец Анне Ивановне[405].

Что же кроме военных неудач заставило венский двор пойти на тяжкие условия мира? Болезни и потери истощили силы армии, непрерывно воевавшей с 1733 г. На войну с Портой с 1736 г. было израсходовано 32,4 млн. флоринов[406], что стало невыносимым бременем для казны. В действующей армии только в пехоте до штатной численности нехватало 20508 человек[407]. Проекты военных операций, сообщаемые российскому двору, постоянно отвергались. Вспомогательный корпус, переговоры о котором шли более полугода, так и не был отправлен в Трансильванию. Кроме того, иператору не были известны новые виды Петербурга на мир с Турцией после захвата Молдавии, присягнувшей царице.

Велика была вероятность сепаратного мира России с Турцией в случае возникновения разногласий между союзниками на переговорах, как это уже было в Немирове. Все эти факторы заставили имперский двор пойти

---

[402] Там же. Л. 176-171об.

[403] РГАДА. Ф. 177. Оп. 1. 1739 г. Д. 38. Л. 6.

[404] *Кочубинский А.* Граф Андрей Иванович Остерман и раздел Турции. Одесса, 1899. С. 497.

[405] *Уляницкий В. А.* Дарданеллы, Босфор и Черное море в XVIII веке. М., 1883. С. 66.

[406] Osterreichische Erbfolge-Krieg 1740-1748. Wien, 1896. Bd. 1. T. 1. S. 295.

[407] Ibid. S. 559.

266

на частичную утрату завоеваний принца Евгения Савойского 1716-1718 гг. для обеспечения стабильности в отношениях с Турцией в условиях, когда ближайший союзни, буквально заставив ввязаться в войну, не проявлял понимания в вопросах ведения совместных боевых действий.

7 (18) сентября в турецком лагере под Белградом был заключен австро-турецкий мир. Ценой утраты Сербии с Белградом и Малой Валахии с Оршовой Австрия добивалась освобождения Мехадии и Уй-Паланки, восстановления коммерческих привилегий во владениях султана (право беспошлинной торговли и транзита) и равного положения с купцами Франции и морских держав. Провозглашались принципы нерушимости границ и мирного разрешения споров между двумя державами, гарантировалась амнистия перебежчикам, восстановление христианских святынь в Иерусалиме, принимались меры по возвращению всех пленников и по искоренению пиратства в странах Магриба: флоты эмиров и беев Алжира, Туниса, Ливии и Марокко уничтожались, все награбленное подлежало возвращению, морской разбой карался смертью. Стороны обязались выдавать друг другу «возмутителей, бунтовщиков и зложелателей»; из Турции высылались трансильванские сепаратисты во главе с князем М. Чаки, под страхом смерти запрещались татарские набеги. Договор заключался на 27 лет, и правительства обязались заблаговременно извещать жителей пограничных районов о возобновлении враждебных действии. Дунай и Сава были объявлены в общем свободном пользовании[408]. Можно без труда заметить, что мирный трактат не был столь невыгоден Австрии, как это часто представляют; особенно велико было значение договора в Белграде в свете открытия эпохи мирных отношений между Австрией и Портой (вплоть до 1787 г.) для истощенного войнами хозяйства имперских областей.

В тот же день был подписан и русско-турецкий мир. Россия получала Азов и Таганрог, но без укреплений и без права держать флот на Азовском море. Зато позволялось построить новую крепость на о. Черкасский, а границы несколько расширялись по обеим сторонам нижнего течения Днепра и Дона. Причерноморская степь становилась нейтральным «барьером» между владениями царицы и султана, как и получившие по договору независимость Большая и Малая Кабарда. Все пленники, когда бы они ни были захвачены, получали свободу без выкупа, а их укрывательство жестоко каралось. Подлежали выдаче беглые преступники, за исключением переменивших веру, провозглашалась свобода торговли (для русских на Черном море - только на турецких судах). Стороны обязались «предать вечному забвению» все конфликты и впредь решать споры

[408] АВПР. Ф. 32. Оп. 1. 1740 г. Д. 6. Л. 37об.-50.

мирным путем. Православным паломникам разрешалось посещать Иерусалим. По артикулу 5-му России гарантировалось возмещение убытков от татарских набегов: «А если каким ни есть случаем или убытком наносить или каким-нибудь сочинением обид подданным и вассалов Ея Императорского Величества обезпокаивать, или неприятельски с ними поступать дерзать будут, такие да защищаемы не будут, но по правам правды и по законам Божественным по тягости вин своих да накажутся, и что с обеих сторон пограблено, что бы ни было, сыскав, тем, чьи они были, возвращено да будет»[409]. Договор, подписанный великим визирем и Л. С. Де Вильнёвом, подлежал ратификации в течение трех месяцев.

В Петербурге долгое время ничего не знали об исходе мирных переговоров. Ш. Каньони получил полномочия на ведение переговоров от российского двора 10 (21) июня. 27 июля ему сообщили условия мира, в том числе главное – удержание Азова[410]. 11 (22) сентября Остерман, озабоченный тревожными слухами о турецко-австрийском мире и отсутствием точной информации о переговорах, направил письмо к Каньони. Ночью 12 (13) сентября в Петербурге получили письмо Вильнёва: он уведомил Кабинет Министров о заключении Нейппергом 20 августа (1 сентября) перемирия с турками. Именно это первое известие вызвало бурную негативную реакцию в российских верхах. Утром имперскому послу Ботте Д'Адорно был послан официальный запрос: сообщить текст мирного договора и меры, принимаемые для заключения русско-турецкого трактата, а также можно ли надеяться впредь на помощь императора по союзу[411]. После получения реляции Ланчинского, свидетельствующей о заключении императором сепаратного мира, канцлер Остерман 14 и 17 сентября посылает ноты в Вену, требуя объяснений от союзников[412].

Только 19 (30) сентября Ботта Д'Адорно сообщил о причинах заключения и условиях прелиминарного мира с Портой, изложенные в указе Карла VI от 28 августа (8 сентября), а через 10 дней информировал Остермана о заключенных 7 (18) сентября мирных трактатах обеих держав с Турцией. К договорам была присоединена декларация о неразрывном союзе России и Австрии как условии мира с султаном[413]. Анна ратифицировала договор в тот же день.

Военный историк А. Баиов считал, что заключить мир и завершить войну на невыгодных условиях (разорение Азова, отсутствие флота на

[409] Договоры России с Востоком политические и торговые. СПб., 1869. С. 15-23.
[410] АВПР. Ф. 32. Оп. 1. 1739 г. Д. 11. Л. 275об.-276об., 293-304об.
[411] Там же. Л. 51-54.
[412] Там же. Д. 3. Л. 29-31об.
[413] Там же. Д. 11. Л. 181-182.

Черном море, отказ от признания императорского титула) заставили финансовые трудности, разорение содержанием многочисленных войск южных областей, заговор князей Долгоруковых, угроза со стороны Швеции[414]. Советский исследователь Г. А. Некрасов полагает, что причиной соглашения о мире с Портой был также выход Австрии из войны, заключение шведско-французского союза 29 ноября (10 декабря) 1738 г. и попытки создания шведско-турецкого альянса (договор о союзе был подписан в Константинополе 11 (22) декабря 1739 г.), обострение отношений с шахом Ирана и вмешательство в конфликт французской дипломатии[415]. Многие историки второй половины XIX в. видели источник неудач в пресловутом «немецком засилии».

Следует заметить, что внутренняя стабильность Российской империи в 1739 г. не вызывала сомнений, но расстройство финансов, вызванное семилетними военными действиями, отрыв от сельских работ могочисленных рекрутов[416] значительно ослабили экономику южных губерний и, следовательно, возможности дальнейшего ведения войны. В этих условиях подготовка Швеции к войне после решения Секретного комитета об усилении флота и войск в Финляндни[417] не могла не вызвать серьезное беспокойство в Петербуге. Выход императора из войны теперь мог дать гарантию того, что многочисленные и лучшие войска Порты были бы брошены против России. Здесь взаимная связь союзников проявилась особенно остро. А. Кочубинский справедливо отмечал: «Раздельность и погубила австрийцев, все политические планы и их и, главное, наши. Держась, согласно указаниям Бонневаля, оборонительно против нас, Турция наступала всеми силами на одну Австрию и прикончила с ней как раз в тот момент, когда мы в первый раз появились на верхнем Днестре, у Хотина»[418].

В ноябре-декабре 1739 г. главная армия Миниха вернулась в Киев. 5 (16) декабря в Константинополе были разменяны австро-турецкие, а 28-го и русско-турецкие ратификации Белградского мира. При оценке значения войны 1735-1739 г г. для России не следует забывать ее результаты для Австрии: император лишился Сербии и Малой Валахии, Анна

---

[414] *Баиов А.* Русская армия в царствование Анны Иоанновны. Т. 2. С. 262.
[415] *Некрасов Г. А.* Роль России в европейской международной политике 1725-1739 гг. С. 303.
[416] В рекруты было мобилизовано 80698 человек во время войны за польское наследство и 156394 человека в 1736-1739 гг.; за 1732-1737 гг. погибло 47832 и отставлено за старостью 6824 солдата: РГАДА. Ф. 20. Оп. 1. Д. 91. Л. 23-23об.; Ф. 177. Оп. 1. 1739 г. Д. 55. Л. 58.
[417] *Некрасов Г. А.* Роль России в европейской международной политике 1725-1739 гг. С. 282, 300.
[418] *Кочубинский А.* Граф Андрей Иванович Остерман и раздел Турции. С. 185.

приобрела Азов, новые земли по Днепру, Дону, Бугу и Берде, закрепила за собою Запорожскую Сечь. Русские купцы получили в Турции равные права с негоциантами великих европейских держав. Большим завоеванием было создание буферных пограничных зон, урегулирование режима использования нейтральных земель, освобождение без выкупа всех пленников. Запрет работорговли и татарских набегов подрывал основу существования разбойничьего Крымского ханства. Пожалуй, вполне можно согласиться с выводами болгарского историка Р. Михневой о благоприятном для России исходе войны 1735-1739 г г.[419] Разорение в ходе войны Крымского ханства имело также большое значение как для России, так и для соседней Польши: татарские орды были уже не в состоянии беспокоить набегами украинские земли. Одним словом, война 1735-1739 г г. и Белградский мир обеспечили России переход к мирному сосуществованию с Турцией и османскими вассалами в Северном Причерноморье вплоть до 60-х г г. XVIII в. «Оборонительный» период русско-турецких отношений канул в прошлое. Если мы вспомним первоначальную цель войны, выдвинутую Остерманом (ликвидация Прутского договора и наказание татар за набеги), то она была полностью достигнута. Гарантия прочного мира и дружественные отношения куда важнее самых больших территориальных завоеваний.

Было бы неверно полагать, что ограничение успехов России в войне вызвало кризис союза. Сложности в отношениях союзников проявились раньше, еще в начале войны, и были связаны с выходом сторон в восточном вопросе за рамки оборонительного союза 26 июля (6 августа) 1726 г. Необходимо упомянуть о том, что после войны российский двор по достоинству оценил роль Австрии, отвлекшей на себя основные силы противника. В грамоте к Карлу VI от 1 февраля 1740 г. Анна Ивановна писала: «Вашему Цесарскому Величеству я уже при том за показанное во время сей минувшей войны мне союзническое вспоможение обязательную свою благодарность чрез сие засвидетельствовать возхотела, и яко я оное во всех случаях с истинною готовностию взаимно никогда не оставлю»[420].

Союзнические отношения двух держав в Восточном вопросе продолжались и в 40-е годы. Они приняли характер совместных выступлений послов России и Австрии в Константинополе с целью завершения всех споров, связанных с итогами войны против Порты, и укрепления мира между тремя державами. Первый этап таких выступлении совпал

---

[419] *Михнева Р.* Россия и Османская империя в международных отношениях в середине XVIII в. (1739-1756). М., 1985. С. 40.
[420] АВПР. Ф. 32. Оп. 1. 1740 г. Д. 1. Л. 1об.-2.

с работой комиссий по разграничению (со стороны России – генерал-аншеф А. И. Румянцев, генерал-лейтенант В. А. Репнин, действительный тайный советник И. И. Неплюев). В мае 1740 г. российская делегация была уполномочена помогать австрийцам при разногласиях с турками в вопросах разграничения по Дунаю и Саве[421]. В результате совместных действий эти споры были улажены в пользу Австрии. 7 ноября 1741 г. в Петербурге было получено известие о заключении и ратификации в Константинополе русско-турецкой конвенции о признании императорского титула российских монархов султаном, окончательном возвращении всех пленных и о разорении крепости Азов (укрепления не срывались до тех пор, пока не были установлены новые границы)[422]. Одновременно в Нише завершились переговоры по австро-турецкой границе, которая прошла по рекам Унна, Сава, Дунай, Черна и по Южным и Восточным Карпатам[423]. Несмотря на фактический односторонний разрыв союза со стороны России в 1742-1743 гг., австрийский резидент в Турции Пенцлер имел инструкции соблюдать интересы царицы. В 1745 г. после смерти русского резидента А. Вешнякова он взял на себя заботы о российских подданных в султанских владениях, и канцлер А. П. Бестужев-Рюмин просил имперский двор дать указ о продолжении таких действии до назначения в Константинополь нового посла[424]. Закономерным результатом сотрудничества российских и австрийских дипломатов в восточном вопросе стало заключение летом 1747 г. актов о бессрочности («вечности») мирного трактата 1739 г.

Союзное сотрудничество Австрии и России в «Восточном вопросе» и прежде всего в отношении потенциального противника обеих держав – Османской Турции – прошло в 20-40-е гг. XVIII в. несколько этапов. На первом этапе (конец 20-х – середина 30-х гг.) главной задачей союзников было избежать войны с Турцией, могущей серьезно осложнить и без того взрывоопасную обстановку в Европе, связанную с соперничеством Венского и Ганноверского блоков и войной за польское наследство. При этом использовались ирано-турецкие противоречия и борьба народов Персии против османской агрессии. Основной формой союзных действий были взаимные консультации, выработка общей позиции по конфликтным вопросам и совместные демарши представителей Австрии и России в Константинополе, направленные (в особенности со стороны императора) на предотвращение войны Порты против России. Эта цель была достигнута,

---

[421] Там же. Д. 4. Л. 120об. Реляция Л. Ланчинского от 21 мая 1740 г.
[422] Там же. 1741 г. Д. 5а. Л. 297-297об.
[423] Там же. Д. 10а. Л. 281-285.
[424] Там же. 1745 г. Д. 3. Л. 142-143. Рескрипт Л. Ланчинскому от 7 сентября 1745 г.

но обуздать и предотвратить татарские набеги на русские пограничные области не удалось.

Второй этап наступает с началом войны 1735-1739 гг. против Турции. Главной целью России в этой войне было уничтожение последствий Прутского договора 1711 г. и прекращение татарских набегов. Австрия в 1735-1736 гг., отягощенная войной с Бурбонским блоком, стремилась продлить срок действия Пожаревацкого трактата 1718 г. и уладить русско-турецкий конфликт из-за Крыма и Кабарды мирным путем. Однако нежелание Порты идти на компромисс, заключение прелиминарного мира с Францией и смерть принца Евгения Савойского усилили позиции венских сторонников войны за овладение Боснией, Валахией и Нишем. От взаимных консультаций после втягивания под давлением российского двора Австрии в войну с Турцией союзники перешли к выработке планов военных действий и проектов будущего мирного договора. В условиях превентивной войны, начатой Россией, эти действия выходили за рамки оборонительного союза 1726 г. и порождали сложности в совместных военных и политических акциях, скрытность и недоверие друг к другу. Обе стороны скрывали далеко идущие цели войны вплоть до Немировского конгресса летом 1737 г., а планирование операций за все три года совместной войны не пошло далее обмена проектами. Каждая сторона и в военной, и в дипломатической области действовала самостоятельно. Это стало причиной того, что уникальная возможность свержения османского ига на Балканах в ходе кампании 1737 г. была упущена, а в конфликте оказалась замешана французская сторона, стремившаяся спасти султана от поражения и ограничить успехи союзников в ходе войны. Австрийской армии пришлось принять на себя главный удар турецких войск. России была предоставлена свобода действий, но ее армия, недостаточно подготовленная к боям в обстановке безводных степей Причерноморья и Крыма, не смогла воспользоваться возможностью разгрома сил противника в Молдавии в 1737-1738 г. Просьбы австрийцев о военной помощи не были выполнены, что обусловило военное поражение их и скромность успехов российского оружия. Тем не менее главная задача российского двора была решена: Белградский мир отменил Прутский договор и обеспечил безопасность южных рубежей страны.

Третий этап союзного взаимодействия (40-е годы) характеризуется совместными действиями представителей Австрии и России в Константинополе, в результате которых державам удалось упрочить условия Белградского мира и свести к нулю действие направленных против них договоров Порты с Францией, Пруссией и Швецией.

272

Союз Австрии и России сыграл большую роль в истории отношений этих держав с Османской империей, продолжавшей в середине 20-х – 30-е годы агрессивные действия. Союз помог им избежать турецкой агрессии и укрепить безопасность южных границ, способствовал улучшению торговли с Востоком. Одновременно события войны 1735-1739 гг. показали неразработанность вопросов союзного взаимодействия в оборонительном Венском трактате 1726 г. Результатом этих недоработок, а также своекорыстия и неготовности к компромиссам ведущих политиков союзных держав (Ф. Л. К. фон Зинцендорфа, Й.К. фон Бартенштайна, А. И. Остермана и Б. К. фон Миниха) привели к тому, что французская дипломатия смогла вмешаться в конфликт союзников с Турцией. В следствие чего исторический шанс освобождения Балкан был упущен, а Австрии пришлось «заплатить» за безопасность границы с Турцией и за торговые преимущества утратой Сербии и Малой Валахии.

Глава пятая
Австро-русские союзные связи в 40-е годы XVIII века

1. Кризис русско-австрийского союза в 1740-1741 годах

> «...В то время, когда почти вся
> Европа и Азия во вредительных войнах
> находятся здешняя империя благопо-
> лучно для пользы своих народов глубо-
> ким миром и тишиною пользуется.
>
> А. П. Бестужев-Рюмин,
> 13 сентября 1745 г.

40-е годы XVIII в. в Европе были связаны прежде всего с новым обострением отношений между великими державами. Версальский двор вновь
попытался «переделить» континент и восстановить то влияние, которое
имели Бурбоны после Вестфальского мира 1648 г. Вопреки мнению
немецкого историка В. Медигера[1], в ходе австро-русско-турецкой войны
1735-1739 гг. южный фланг антирусского «восточного барьера» не был
укреплен: ценой территориальных потерь Австрии и собственных люд-
ских и финансовых издержек Россия обезопасила украинские границы и
положила начало почти 30-летнему периоду мирного сосуществования
с Турцией и Крымом. В этих условиях система оборонительных союзов
Порты с Францией и Швецией оказалась бессильной.

Однако появление новых тенденций в развитии политической системы Европы не прошли незамеченными для французской дипломатии.
Недовольство части генералитета России итогами войны с Портой (его
наиболее влиятельным выразителем был президент Военной коллегии
генерал-фельдмаршал Б. К. фон Миних), обострение русско-шведских
отношений после убийства в Силезии российскими драгунами тайного

---

[1] *Mediger W.* Moskaus Weg neach Europa. Braunschweig, 1951. S. 88.

шведского курьера к султану Синклера (1739 г.) создали почву для новых попыток разрушения Венского союза и вытеснения России из европейской политической сферы. Такое направление политики кардинала А. Э. Де Флёри, герцога де Фрежюс, подтверждает французский историк А. Вандаль (хотя и с оговоркой о непоследовательности его курса)[2].

Разыграть против России шведскую карту было заманчиво, но почти невозможно до тех пор, пока существовал Венский договор 1726 г. Когда осенью напряженность между Петербургом и Стокгольмом достигла, казалось, кризисной точки, император Карл VI направил 10 (21) октября циркулярный указ: «Как во Франции, так и в Швеции вышепоказанную декларацию о неразрушимости вечного союза наилутчим образом учинить и тамошних наших министров о том инструировать, дабы они не только не меньше, но ежели возможно, от часу сильняе прежняго о российском интересе попечение прилагать и в том согласием с князем Кантемиром и Бестужевым поступать не преминули»[3]. Король Фредрик, бывший как князь Померании вассалом императора Священной Римской Империи Германской Нации, был предупрежден Габсбургом, чтобы тот оставил попытки «под предлогом опасения с другой стороны беспокойств самому безпокойства в Севере возбуждать»[4]. Кардинал Флёри также отмечал возросшее в результате союза с Австрией влияние России в Северной Европе[5].

Улучшение русско-французских отношений в конце 30-х гг. могло бы, по мнению кардинала, создать основу для разрушения Венского союза и для создания русско-французского блока. Но Людовик XV не желал видеть на Балтике никакой иной великой державы, кроме Швеции. Абсолютно нереальная в условиях того времени идея воссоздания шведского могущества и исключения России из европейского сообщества была положена в основу инструкций новому послу Франции в России маркизу И. Ж. Т. Д. Т. де Ла Шетарди. Представитель Версаля должен был добиться разрыва русско-австрийского союза, узнать о состоянии армии и флота и финансов России, выяснить настроения в обществе и возможности для переворота[6]. Прибывший в Петербург весной 1740 г. Ла Шетарди, сетуя на трудности в вербовке информантов о состоянии вооруженных сил страны, отмечал: «Российский двор в стоянии крепко обороняться, и это может продолжаться с малыми издержками и легко

---

[2] *Вандаль А.* Императрица Елизавета и Людовик. XV. Пер. с франц. М., 1911. С. 5, 8.

[3] АВПР. Ф. 32. Оп. 1. 1739 г. Д. 11. Л. 188-188об.: А. Д. Кантемир – русский посол в Париже, М. П. Бестужев-Рюмин – в Стокгольме.

[4] Там же. Л. 374-375.

[5] Маркиз де Ла Шетарди в России 1740-1742. СПб., 1862. С. 37-38.

[6] Там же. С. 40-41.

до тех пор, пока войска не удалятся от границ. Напротив, Швеции это будет стоить дорого»[7]. Это известие несколько охладило пыл сторонников русско-шведской войны, убежденных ранее донесениями посольского секретаря в Петербурге Лалли в слабости гарнизонов прибалтийских провинций России[8].

1740 год принес Европе значительные потрясения, определившие развитие континента на многие годы. 20 (31) мая умер прусский король Фридрих-Вильгельм I. В последние годы его жизни наметились новые тенденции политики Берлина, направленные на увеличение роли королевства в жизни Германии и Европы. Система союзов Пруссии с Россией, Англией, Австрией и Данией укрепила позиции короля. Внутренняя политика Фридриха-Вильгельма, скромность двора и скупость которого вызывала насмешки всей Европы, создала из бедной и разоренной войнами страны сильное в военном и экономическом плане государство. На престол вступил Фридрих II, которому было суждено предъявить претензии на иное положение Пруссии в Европе.

В ночь на 9 (20) октября после семи лет болезни умер от заражения крови император Карл VI. Его смерть приобретала большое значение для Европы и Германии, так как мужских наследников дома Габсбургов больше не было. По акту Прагматической Санкции 1713 г. власть в наследных владениях австрийского монарха перешла его дочери, Марии Терезии, супруге великого герцога Тосканского Франца Штефана фон Лотринген. Министры Венского двора присягнули ей еще 7 (18) октября 1740 г.[9] Но вопрос о главе Священной Римской Империи должен был решаться на имперском сейме – Райхстаге. Прагматическая Санкция была гарантирована всеми государями как Германии, так и Европы. Но одного месяца хватило, чтобы надежды на нерушимость международно признанных границ в Европе исчезли, как призрак.

Напряженный узел отношений между великими державами дополнила смерть вечером 17 (28) октября российской императрицы Анны Ивановны; известие о ее кончине 18-го было направлено в Вену. По завещанию царицы власть передавалась младенцу Ивану Антоновичу, сыну принцессы Анны Леопольдовны Мекленбургской (дочь великой княжны Екатерины Ивановны Романовой и герцога Карла-Леопольда фон Мекленбург Цу Штрелиц), принявшей православие, и принца Антона-Ульриха фон Брауншвейг-Беверн, находящегося на русской службе. Регентом при новом государе был назначен курляндский герцог, также находящийся

[7] Там же. С,73, 96-97. Донесение от 10 (21) мая 1740 г.
[8] Там же. С. 15-16, 26-28.
[9] АВПР. Ф. 32. Оп. 1. 1740 г. Д. 4. Л. 430-431, 434об.

на русской службе, Эрнст-Йоханн фон Бирон (Бюрен)[10]. Такое завещание создало почву для внутренней нестабильности. Вся власть сосредоточилась в руках фаворита покойной царицы, не входившего ранее в правительство и лишившегося своего сторонника в Кабинете Министров после казни обвиненного в измене А. П. Волынского (27 июня 1740 г.). Вскоре Бирон ввел в состав Кабинета своего соратника по митавскому двору А. П. Бестужева-Рюмина. Регента поддерживали сенаторы генерал-прокурор кн. Ю. Ю. Трубецкой, кн. А. Б. Куракин, М. Г. Головкин[11]. В то же время ведущие государственные деятели России канцлер А. И. Остерман, генерал-фельдмаршал Б. К. фон Миних были недовольны правлением главы сопредельного государства и вассала польского короля (в качестве герцога Курляндии). Ночью 8 (19) ноября гвардия, возбужденная Минихом, арестовала регента и его братьев генерал-аншефа К. М. фон Бирона и генерал-лейтенанта Г. К. фон Бирона, а также генерал-майора Р. А. фон Бисмарка и кабинет-министра А. П. Бестужева-Рюмина. Они были сосланы в Сибирь, а регентом стала Анна Леопольдовна. Президент Военной коллегии после переворота вошел в состав Кабинета в качестве первого министра. Грамота, подписанная им и регентшей 11 (22) ноября, извещала Венский двор о неизменности российской внешней политики и продлении посольских полномочий Л. К. Ланчинского[12].

События в России оказали влияние и на развитие политической ситуации в Европе. Прусский король Фридрих II сразу же по смерти Карла VI стал предъявлять претензии на Силезию. По верному замечанию прусского историка Й.Г. Дройзена, «Австрия потеряла свою святость после войны 1733 г., война с Турцией углубила кризис, смерть императора поставила вопрос о ее существовании»[13]. Австрийская армия испытывала большую нужду в личном составе. В 52 пехотных, 18 кирасирских, 14 драгунских и 8 гусарских полках до штатной численности нехватало 34006 солдат и офицеров. В сопредельных с Пруссией провинциях (Богемии, Моравии и Силезии) находилось всего 10 пехотных полков[14]. Обороняться такими силами против хорошо укомплектованной и вооруженной, более многочисленной и вымуштрованной прусской армии было безнадежно. Только союз Австрии с Россией удерживал Пруссию от начала войны.

---

[10] Там же. Д. 1. Л. 13–13об.
[11] *Строев В. И.* Бироновщина и Кабинет Министров. СПб., 1910. Ч. 2. С. 3.
[12] АВПР. Ф. 32. Оп. 1. 1740 г. Д. 1. Л. 31-34.
[13] *Droysen I.G.* Geschichte der preussische Politik. T. 5. Friedrich der Grosse. Leipzig, 1874. Bd. 1. S. 132.
[14] Oesterreichische Erbfolgekrieg 1740-1748. Wien, 1896. Bd. 1. T. 1. S. 386, 372, 341-342. Всего в австрийской армии на 5 ноября 1740 г. служило 75653 пехотинца, 14594 кирасира, 11818 драгун, 5827 гусар, 1503 артиллериста и инженера.

Об опасностях конфликта с Россией Фридриха 27 октября (7 ноября) предупредил канцлер Х. А. фон Подевильс. И хотя король заявил, что сможет после выступления России 10 батальонами и 55 эскадронами «совершенно разорить Курляндию и Финляндию (?!) и выжечь все на 20 миль вперед»[15], вряд ли эти войска смогли бы сдержать наступление российского 30-тысячного вспомогательного корпуса. После смерти царицы положение изменилось. Долгожданное известие о кончине Анны Ивановны достигло Берлина 30 октября (10 ноября), хотя обычно эстафета из Петербурга шла три недели. В тот же день король приказал начать вторжение в Силезию «для освобождения бедных протестантов»[16].

Однако прусский посол в Вене 4 (15) ноября заявил о признании наследных прав Марии Терезии; на следующий день акт признания огласил посол Соединенных Штатов Голландии[17]. Главные надежды правительство Австрии возлагало на союз с Россией. «Здешния министры при мутных еще во времена жизни цесарской бывших, а ныне того еще более замешавшихся недоведомых конъюнктурах только на российскую усердную и дознанную дружбу и союз надеются, а иных союзов искать не могут и не желают»[18], – сообщал в Петербург Л. К. Ланчинский.

Только 3 (14) ноября австрийский резидент в России Н. С. фон Хоэнхольц получил рескрипт Марии Терезии от 10 (21) октября, извещавший о кончине Карла VI. 5-го он сообщил об этом российскому двору и наметил план действий союзников для соблюдения общих интересов: контакты послов в Константинополе для завершения разграничения с Турцией, склонение к поддержке Марии Терезии дворами Англии, Голландии, Дании, Ганновера, Речи Посполитой и Саксонии. Резидент также требовал декларации для великих держав о российской военной помощи «в таком случае, ежели б в наследствии Ея Королевиному Величеству препятствие и безпокойство чинено было»[19].

Опасность грозила Марии Терезии не только из Пруссии. Курфюрст Баварии Карл Альбрехт II фон Виттельсбах выдвинул необоснованные претензии на имперскую корону и наследные земли Габсбургов Австрию и Богемию. 10 (12) ноября Л. К. Ланчинский был приглашен канцлером Ф. Л. К. фон Зинцендорфом и статс-секретарем Й.К. фон Бартенштайном вместе с послами Англии, Ганновера, Голландии, Брауншвейга, Пруссии, Польши и Саксонии. Были оглашены и представлены подлинные тексты

---

[15] *Droysen. I.G.* Geschichte der preussische Politik. T. 5. Bd. 1. S. 149.
[16] Ibid. S. 154.
[17] АВПР. Ф. 32. Оп. 1. 1740 г. Д. 4а. Л. 3-3об.
[18] Там же. Л. 12. Реляция Л. Ланчинского от 8 ноября 1740 г.
[19] Там же. Д. 7. Л. 6-10об.

завещаний эрцгерцогов Фердинанда I и Фердинанда II, свидетельствующие о несостоятельности претензий Виттельсбахов на австрийское наследство[20]. На придворной конференции 28 ноября (9 декабря) было решено снова отправить в Петербург маркиза А. С. Ботта Д'Адорно с целью добиться голоса курфюрста Саксонии и короля Польши Августа III на выборах императора и российской «действительной и немедленной помощи по трактату» в случае вторжения баварцев или пруссаков в наследные австрийские земли[21].

Месяц промемория Хоэнхольца оставалась без ответа. Российский Кабинет Министров, обновивший после переворота 8 ноября половину состава, затруднялся сделать выбор в быстро меняющейся европейской обстановке. Только 2 (13) декабря канцлер Остерман предложил Анне Леопольдовне твердо следовать союзу с Австрией, дать необходимую декларацию об этом при чужеземных дворах, послать инструкции делегации в Константинополе о совместных действиях с австрийцами и приказать дипломатам выяснить позиции великих держав в назревающем конфликте. Опытный политик заключал: «Вышеозначенное ни к чему не обязует, а между тем однако ж надлежащее наблюдено и напрасное сумнительство отвращено будет»[22]. В этом духе 6 декабря был дан ответ Хоэнхольцу, а 10-го направлен рескрипт Ланчинскому[23].

Тогда же прусскому послу А. Мардефельду была передана нота с требованием объяснений, почему на силезских границах собирается прусская армия. Посол не смог дать удовлетворительного ответа: Остерман не принял «версию» о том, что войска Фридриха II защищают Австрию от нападения поляков, саксонцев и баварцев[24]. 10 (21) декабря на аудиенции у герцога Франца-Штефана Ланчинский узнал о вторжении 5 (16) декабря прусских войск в Силезию и о начале войны за австрийское наследство[25].

В Силезию были двинуты два прусских корпуса: 25 батальонов, 42 эскадрона и 42 орудия. Им противостояли слабые гарнизоны и небольшой корпус генерал-фельдмаршал-лейтенанта фон Брауна – 6061 человек[26]. 25-тысячная имперская армия (14 пехотных и 8 кавалерийских полков

[20] Там же. Д. 4а. Л. 14-16.

[21] Там же. Л. 62-62об.

[22] Там же. Д. 7. Л. 94-94об.

[23] Там же. Д. 3. Л. 147-148об.

[24] Там же. Л. 150-151.

[25] Там же. Д. 4а. Л. 75об.-76: Фридрих II, «заметав учтивыми и обязательными письмами, предъявляя дружбу и проект о сильной алианции, которая б с северной стороны между Россиии, здешним двором и их королем, да с западной с Англиею и Голандиею обще заключена быть могла, возхотел за то Шлезию, а между того, не объявя за время, чего требует, напролом войско в Шлезию отправил».

[26] Oesterreichische Erbfolgekrieg 1740-1748. Wien, 1896. Bd. 2. S. 3-4, 58.

при 16 орудиях) спешила в Богемию, но и она по численности уступала прусским войскам. Многие города Силезии вовсе не имели защиты. Эти обстоятельства вынудили магистрат силезской столицы Бреслау сдать 24 декабря 1740 г. (4 января 1741 г.) город без боя. Крепости также сдавались одна за другой[27]. Самая мощная из них, Глогау, осажденная 10 (21) декабря, капитулировала 26 февраля (9 марта) 1741 г.[28] Сопротивление продолжал лишь гарнизон Найссе.

Ланчинский доносил в Петербург, что Фридрих II «угрожает здешнему двору, что, если ему той земли (Силезии – *С. Н.*) добровольно не уступит и его аллианции противу других претендентов не примет, то ту провинцию насильно взяв, королю Польскому к отторгнутию Богемии и курфирсту Баварскому к завладению Аустриею и прочими немецкими провинциями допоможет»[29]. 26 декабря (6 января) резидент Хоэнхольц изложил требования австрийского двора о помощи, предлагая осуществить вторжение в Пруссию через Курляндию силами одних иррегулярных войск, «ибо король Пруской всю отверстую Пруссию войсками обнажил»[30].

Опасение за судьбу восточных провинций высказывал Фридриху и канцлер Подевильс, полагавший, что даже в случае войны со шведами русские смогут выставить против Пруссии до 60000 солдат.[31] Но в Петербурге австрийские требования вызвали споры: страна имела оборонительные союзы и с Австрией, и с Пруссией. Последний был возобновлен через А. Мардефельда 11 (22) января 1741 г. Венскому двору кабинет-министры так объясняли подписание этого акта: «Частопомянутой возобновительной трактат, будучи токмо оборонительной и такого состояния, что оной другие наши с протчими союзниками имеющие обязательства ничем нарушить не могут, ко исполнению оных в потребном нам весьма свободные руки оставляет»[31]. Возобновляя договор с Пруссией, российский двор желал мирным путем разрешить конфликт из-за Силезии и использовать войска Фридриха против Баварии и Франции, заявивших претензии на передел Германии. Однако сам король Пруссии добивался заключения нового союзного трактата безопасности Восточной Пруссии от возможного русского вторжения. Для этой цели его посол Мардефельд

---

[27] Ibid. S. 49, 62, 68.

[28] Ibid. S. 172.

[29] АВПР. Ф. 32. Оп. 1. 1740 г. Д. 4а. Л. 90. Реляция от 13 декабря 1740 года.

[30] Там же. Д. 7. Л. 165-167.

[31] *Droysen I.G.* Geschichte der preussische Politik. Т. 5. Bd. 1. S. 202: «Россия несомненно стоит на стороне Австрии и может сделать диверсию против Пруссии. Довольно ли будет 40 эскадронов для охраны страны?».

удачно использовал и симпатии к Фридриху Б. К. фон Миниха, и денежные субсидии[32].

Прибывший в Петербург А. С. Ботта Д'Адорно 15 и 20 января подал промемории о союзной помощи против Пруссии. Миних дал уклончивый ответ, связав предоставление войск с действиями других гарантов Прагматической Санкции[33]. Такая постановка вопроса не только не соответствовала статьям договора 1726 г., но и вызывала серьезное беспокойство в Вене. Стало известно, что Англия, Голландия и Саксония также не спешат с оказанием помощи. «Одна только сильная скорая диверзия от стороны Вашего Императорского Величества, маршем полков в Прусы чинимая, – писал ко двору Ланчинский, – оной земли льготу учинить может, о чем прилежно домогаются»[34]. Собранная для отвоевания Силезии армия генерал-фельдцойгмайстера графа В. Р. фон Нейпперга из 13 пехотных, 6 кирасирских, 4 драгунских и 5 гусарских полков (44840 человек) уступала но численности пруссакам[35]. Оставалось надеяться на то, что система коллективной безопасности Европы сможет противостоять агрессору.

Британские дипломаты после вторжения Фридриха II в Силезию начали активные действия по созданию блока против агрессора. 29 декабря 1740 г. (9 января 1741 г.) посол в Петербурге лорд Э. Финч прямо интересовался у правительницы Анны Леопольдовны, будет ли она защищать Прагматическую Санкцию согласно союзу. 17-го он присоединился к ноте австрийского посла. Усилиями лорда Харрингтона, Сент-Джеймса и министров Австрии и России в Лондоне X. К. фон Оштайна и М. Щербатова 24-25 января был составлен план войны против Фридриха II. 3 февраля содержание его было сообщено послу Георга II при российском дворе: Россия должна выставить 40-тысячный корпус и получить после войны часть Восточной Пруссии, Мария Терезия обязалась выставить 15 пехотных и 14 кавалерийских полков и 3200 солдат имперских князей, а английская сторона – призвать под свои знамена войска Ганновера, Гессен-Касселя и Дании. Предполагалось также выступление всех сил польского короля и саксонского курфюрста[36].

Вскоре в Петербурге было объявлено о приведении армии и флота в боевую готовность. Но ряд обстоятельств отложил принятие решения о походе вспомогательного корпуса. 7 (18) февраля Ботта Д'Адорно

---

[32] АВПР. Ф. 32. Оп. 1. 1740 г. Д. 3. Л. 156. Рескрипт Л. Ланчинскому от 18 декабря 1740 г.

[33] Там же. 1741 г. Д. 10. Л. 8-8об.

[34] Там же. Л. 9-9об., 14-14об.: «наше государство не в таком состоянии находится, чтоб в чюжие места помощь давать».

[35] Там же. Д. 5. Л. 5-5об., 31об.-32об.

[36] Там же. Л. 8-8об.

объявил, что Август III, не желая отягощаться военными операциями, запросил за помощь против Пруссии передачи ему трех округов Богемии и трети земель, которые будут завоеваны у Фридриха (или Магдебург, Лаузиц, Халле и Кроссен). Австрийский двор был готов на любые расходы, но не желал уступать наследные земли Габсбургов[37]. По сути польско-саксонский двор стал шантажировать Марию Терезию, надеясь на долю в австрийском наследстве для династии Веттинов. Препятствовал выполнению Россией союзнических обязательств и сторонник союза с Фридрихом II генерал-фельдмаршал Миних. Оправдывая промедление тем, что морские державы еще не выступили против агрессора, он 9 (20) февраля 1741 г. объявил Ботте, что считает несправедливым «соседа, жившего с Россиею в непрестанном добром согласии и дружбе, неприятельски атаковать и к погибели его способствовать»[38]. Фридрих считал первого российского министра своим другом, и не случайно: связанный свойственными узами со многими прусскими офицерами, он сообщил 24 февраля (7 марта). Мардефельду о готовящемся походе против Пруссии[39]. Его силезское имение Вартенберг было освобождено Фридрихом от уплаты контрибуции.

Действия, идущие вразрез с международными обязательствами России, заставили Миниха уйти в отставку со всех постов. 3 (14) марта о его отставке «за старостию и слабым здоровьем» было сообщено Ланчинскому[40]. Казалось бы, самое мощное препятствие на пути союзников было преодолено. Французский посол констатировал: «Ботта не может скрыть своей радости от происшедших здесь перемен. Он прав, потому что в Минихе всегда встретил бы мало сочувствия венскому двору. Ботта будет отныне трактовать с графом Остерманом, который по признанию барона Мардефельда перестал в этом случае быть другом Пруссии и сделался австрийцем на том основании, что следует быть осторожным с таким предприимчивым государем, как Его Величество Прусский, и что малейшее раздробление владений австрийского дома нанесет удар общественному спокойствию»[41].

Был достигнут компромисс и в переговорах о саксонской помощи, которым немало содействовал российский посол в Дрездене Г. К. фон Кейзерлинк. Стороны отказались от территориальных претензий и согласились с тем, что Мария Терезия возместит Августу III расходы, по

---

[37] Oesterreichische Erbfolgekrieg 1740-1748. Bd. 2. S. 266-267.

[38] АВПР. Ф. 32. Оп. 1. 1741 г. Д. 10. Л. 51-59.

[39] *Миних И. Э.* Записки графа Миниха, сына фельдмаршала, писанные им для детей своих. СПб., 1817. С. 226.

[40] *Droysen. I.G.* Geschichte der preussische Politik. T. 5. Bd. 1. S. 223.

[41] АВПР. Ф. 32. Оп. 1. 1741 г. Д. 5а. Л. 66. Указ получен в Вене 31 марта 1741 г.

освобождению Силезии и возьмет на свое содержание 6-тысячный саксонский корпус[42]. 18 (29) марта Бота Д'Адорно и Хоэхольц возобновили требования военной помощи. Получив сведения из Лондона о готовности морских держав вступить в союз с Россией для борьбы с прусской агрессией, Остерман обещал выставить 30.000 солдат, действия которых будут поддержаны Лондоном и Гаагой. 22 марта и Август III решил при помощи Ганновера предоставить Австрии 25-тыс. армию[43]. Российские полки на Украине получили приказ собраться у Смоленска. Остерман, еще надеясь избежать войны, заверил Мардефельда, что Россия желает только вывода прусских войск из Силезии, а не разгрома Пруссии[44].

Что заставляло колебаться гросс-адмирала Кабинета Министров Остермана, ставшего после падения Миниха, по словам Шетарди, «настоящим государем всея России»[45]? Как уже говорилось выше, усиление Пруссии меняло политическую ситуацию в Европе. Для России встал вопрос о выборе между двумя союзниками: молодым, набирающим силу, беспокойным и непредсказуемым соседом и уже известным, переживающим кризис, но всегда принимавшим на себя главный удар противников. Неожиданное поражение армии Нейпперга у Мольвица 30 марта (10 апреля) 1741 г. и сосредоточение баварских войск на границах Австрии и Богемии заставили многих политиков усомниться в жизнеспособности Дунайской монахии. Но российский двор сделал выбор в пользу соблюдения союза с Веной. 7 (18) апреля Мардефельд доносил в Берлин, что Остерман отправил запрос в Варшаву о проходе российских войск через Польшу[46].

16 (27) апреля Фридрих II в беседе с французским послом Бель-Илем высказал серьезные опасения о судьбе королевства и просил оказать помощь против Саксонии, Англии и, главное, России. Представитель Людовика XV обещал королю союз с Францией и вторжение 15-тысячной шведской армии в Ингерманландию, которая «станет надежным барьером для Пруссии»[47]. Действительно, военные приготовления Стокгольма, о которых сообщал в Петербург и австрийский резидент Т. Антивари, стали серьезно беспокоить Кабинет Министров.

---

[42] Маркиз де Ла Шетарди в России. С. 212. Депеша от 7 марта 1741 г.

[43] АВПР. Ф. 32. Оп. 1. 1741 г. Д. 10. Л. 188-194.

[44] Oesterreichische Erbfolgekrieg 1740-1748. Bd. 2. S. 272-273.

[45] *Droysen. I.G.* Geschichte der preussische Politik. T. 5. Bd. 1. S. 232.

[46] Маркиз де Ла Шетарди в России. С. 213.

[47] *Droysen I.G.* Geschichte der preussische Politik. T. 5. Bd. 1. S. 260. В битве при Мольвице у Фридриха было 21600 солдат и 53 орудия (31 батальон, 33 эскадрона), у Нейпперга 15788 солдат при 19 орудиях (16 батальонов, 8 гренадерских рот, 76 эскадронов, 2 конно-гренадерские роты). Пруссаки потеряли в бою 890 убитыми, 3030 ранеными и 693 пропавшими без вести, австрийцы потеряли 800 убитыми, 2157 ранеными, 144 пленными, 70 пропавшими без вести и 8 орудий.

1 (12) мая австрийским послам был дан официальный ответ на требования о военной помощи. Предполагалось занять Мемель и действовать вспомогательным корпусом против Кёнигсберга, а если блок союзников заключит какой-либо план операций, то действовать по такому единому плану[48]. Подчеркивалось, что Россия не сможет «нарочитым корпусом войск вспомоществовать» Австрии, если ее акции не будут поддержаны Саксонией и морскими державами, а англо-датская эскадра не блокирует Швецию[49]. На выбор направления удара (Кёнигсберг) повлияло мнение кабинет-министра М. Г. Головкина: «Такою диверзиею королю Прускому чювствительнейший ущерб учинить можно, осливо ежели при том корпусе несколько лехкого нерегулярного войска употреблено будет, следовательно сим способом королеве Венгерской самой вящая польза и вспоможение показана будет, нежели тем дальным отправлением войска в Шлезию»[50].

К концу мая уже был разработан план действий. 22 июля предполагалось высадить 12000 русских солдат в Померании и Пруссии, двинуть в Силезию австрийскую армию при поддержке 30-тысячного русского корпуса и начать поход на Берлин 68000 английских, датских ганноверских, гессенских и саксонских солдат[51]. Однако Антивари опасался, что прусский двор в союзе с Версалем сможет спровоцировать русско-шведскую войну и отвлечь этим Россию от оказания помощи Австрии, что он и довел до сведения Ботты 5 мая[52]. Такие опасения не были напрасными. 24 мая (4 июня) в силезской крепости Гроткау Фридрих II подписал союзный договор с Францией. Второй секретный артикул трактата касался России: Людовик XV обещал вооружить шведов и направить их против

[48] Oesterreichische Erbfolgekrieg 1740-1748. Bd. 2. S. 289-290: «Немилость к Миниху изменила положение, и маркизу Ботта удалось вытребовать у русской императрицы (правительницы – *С. Н.*) помощь для Австрии. 24 полка находятся в полном марше в Ливонию и Курляндию, а в течение месяца 30000 русских ворвутся в Пруссию, где нет войск. С другой стороны, английский король поднял против меня всю Германию, Дания поставила на английское содержание 6000 человек и хочет выставить еще 6000 как гарант Прагматической Санкции, Саксония собирает свои войска, чтоб соединиться с моими врагами. Я не могу держать фронт со всех сторон, если в кратчайший срок не получу мощной поддержки».

[49] АВПР. Ф. 32. Оп. 1. 1741 г. Д. 10а. Л. 70-73.

[50] Там же. Л.: 69об. : «Невозможность того сама собою ясно является, умалчивая, что кроме того там королеве никакого облехчения не причинится, но токмо здешняя империя крайнейшую опасность на себя навести может. Сие никакого вящщего изъяснения не требует, ибо само собою весьма понятно, что здешния силы всемерно недостаточны, чтоб одни повсюду опасность отвратить могли, но наипаче принуждены находятся при таких обстоятельствах и нечаянно войны с Швецией [ради] у здешних союзников о помощи по союзам наисильнейше требовать и домогаться».

[51] Там же. Л. 80об.

[52] *Droysen. I.G.* Geschichte der preussische Politik. T. 5. Bd. 1. S. 271.

Петербурга, а прусские войска должны были поддержать их вторжением в Лифляндию[53].

В России быстро получили информацию о плане нападения. 6 (17) июня Остерман и Черкасский направили рескрипт Ланчинскому, обязав его склонить Марию Терезию примириться с Фридрихом, так как иначе Россия будет атакована Францией, Пруссией и Швецией, и не сможет оказать ей помощь. Был отвергнут и план высадки в Померании: «К тому мы ни малейшей надежды не токмо не подали, но и того при нынешнем состоянии собственных наших дел так мало учинить в состоянии, как мало тамошнему двору от того пользы быть могло»[54]. В том же духе 22 июня ст. ст. был дан ответ и венгерским послам Ботте и Хоэнхольцу (10 (21) июня Мария Терезия была провозглашена королевой Венгрии): «Секрета в том нет, что настоящия щвецкия движении по францускому наущению для того чинятся и подкрепляются, что Франция индиферентно видеть не может, чтоб Россия в германския дела вступатьца похотела». Оправдываясь опасностью войны со стороны шведов, иранцев и турок, кабинет-министры советовали примириться с прусским королем, «которой скорее и больше вредить и паки помочь в состоянии есть; таким поступком может быть здешняя сторона толь наискорее в состояние придет Ея Королевину Величеству с вящшею силою вспомоществовать»[55].

Такая позиция в Австрии казалась странной: ведь помощи просили, именно против Пруссии, мир с Фридрихом и потеря Силезии вовсе исключали надобность в российской военной помощи. Именно этого и добивался, судя по всему, осторожный Остерман. Схожую позицию занял к середине июня и английский кабинет Р. Уолпола. Посол Георга II в Вене Т. Робинсон 20 июня (1 июля) также предложил канцлеру Ф. Л. К. фон Зинцендорфу уступить пруссакам часть Силезии. Последний сетовал Ланчинскому: «Мы де за российскую готовность и усердную охоту к даче помощи благодарны и признаваем, что один российской двор всю тягость на себя принять не может, но что ж, когда морские державы ничего действительно не начинают, а министры здешния аглинский и галанский не токмо от вопросов, но и от однех сандированиев, что в негоциации примирения с королем Пруским происходит, терминами генеральными отходят»[56].

23 июня (4 июля) в Пресбурге (туда была перенесена резиденция Марии Терезии; ныне Братислава) Зинцендорф объявил Ланчинскому, что Фридрих претендует на силезские княжества Глогау, Лигниц, Волау,

[53] АВПР. Ф. 32. Оп. 1. 1741 г. Д. 10а. Л. 135об.-136.
[54] Droysen. I.G. Geschichte der preussische Politik. T. 5. Bd. 1. S. 275.
[55] Там же. Д. 10. Л. 130-135.
[56] Там же. Д. 5. Л. 368-370.

Бриг, округ Швибург и требует провозглашения Бреслау вольным городом, явно надеясь на поддержку Франции[57]. Со стороны последней опасность увеличилась после подписания 17 (28) мая союза в Нюмфенберге между Людовиком XV, Испанией и Баварией. 1-я армия маршала Мельбуа должна была занять Дюссельдорф и сковать австрийцев в Нидерландах, а также блокировать Ганновер и Гессен. 2-я армия Бель-Иля выдвигалась к Амбергу для поддержки баварских войск. Главными целями 84 тысяч интервентов были Линц, Вена и Прага[58].

Опасность франко-баварского вторжения побудила венгерскую королеву начать поиски компромисса с Пруссией при английском посредничестве. 2 (13) июля на конференции с Зинцендорфом и Ф. фон Харрахом предложил пойти на уступки Фридриху и Ланчинский. Но канцлер «только плечьми пожимаясь упоминал: надобно-де смотреть, что после аглинской конвенции следовать будет, и ни о Франции, ни о Швеции, ни о турках не упоминал», а военный президент считал, что уступка Силезии откроет путь в Богемию[59]. Нападение новых противников не заставило ждать: 19-20 (30-31) июля французы перешли Рейн, а баварцы вторглись в Австрию.

22 июня (3 июля) австрийские послы в Петербурге возобновили требования помощи по союзному договору 1726 г. Они отрицали возможность войны со шведами, турками или иранцами: Стокгольм не сможет получить помощи от Франции и султана, а шах Надыр вновь столкнулся с Портой в Закавказье. Ботта Д'Адорно и Хоэнхольц утверждали, что отсрочка или отказ от оказания помощи приведут к опасностям для самой России, в то время как вспомогательный корпус мог бы способствовать заключению мира в ближайшем месяце. Они обещали поддержку российским войскам со стороны великих гетманов Литвы и Польши и помощь Дании и морских держав против шведских провокаций[60].

20 июля Анна Леопольдовна приказала кабинет-министрам подать мнения о возможности, как «по состоянию обстоятельств способы и возможности изыскивать, чтоб королеве Венгерской действительное вспоможение показать»[61]. Представленные сановниками проекты дают возможность рассмотреть позиции лиц, формирующих внешнюю политику России по отношению к Австрии.

---

[57] Там же. Л. 380-381.
[58] Oesterreichische Erbfolgekrieg 1740-1748. Wien, 1900. Bd. 4. S. 87-88.
[59] АВПР. Ф. 32. Оп. 1. 1741 г. Д. 6. Л. 17-18об.: «В протчем же-де надобно обождать от вашего двора отповедь, особливо же от саксонского, к чему, наконец, себя декляриурует, понеже король Аглинской начало учинил х концерту, а королева на действительную Вашего Императорскаго Величества помощь всеконечно надеется».
[60] Там же. Д. 10а. Л. 164-168.
[61] Там же. Л. 192-192об.

Подавший мнение 22 июля вице-канцлер граф М. Г. Головкин, считая Австрию незаменимым союзником в борьбе с Францией и Портой, предлагал объединить усилия Саксонии, Англии, Голландии и Дании с российскими действиями против агрессора[62]. При поддержке англо-датской эскадры, которая удерживала бы от нападения Швецию, он советовал собрать в Курляндии корпус из 20 тысяч пехоты, 5000 казаков и трех кирасирских полков и, двинув его на Мемель и Тильзит, вынудить Фридриха II заключить мир[63].

Великий канцлер князь А. М. Черкасский в мнении от 23 июля ограничился перечислением трудностей, с которыми может встретиться Россия при оказании союзнической помощи. Он отмечал, что двор Георга II до сих пор не оказал помощи Марии Терезии, а России необходимо держать наготове три армии на случай нападения Швеции, Турции и Ирана. Канцлер особо подчеркнул, что вывод сильного корпуса из остзейских провинций для диверсии против Пруссии может побудить шведов к войне против России[64].

Решающее значение имела позиция гросс-адмирала и первого министра Кабинета графа А. И. Остермана, высказанная им 25 июля. Считая для России необходимым сохранить целостность Австрии, он указывал: «Со интерессами российскими весьма сходно быть не может, чтоб король Прусской Шлезиею овладел, понеже не токмо чрез то у России с прочими державами коммуникация пресечется, но и без того приращение сил пруских к здешней и к польской стороне по многим причинам со времянем России весьма предосудительно быть может»[65]. В то же время Остерман полагал, что в условиях напряженных отношений со Швецией и нерешенных вопросов о разграничении с Ираном и Турцией, Россия одна не сумеет прекратить войну в Европе, а на помощь морских держав надежды мало. «И ежели ныне дватцать тысяч одного регулярного войска отсюда отправить, – заключал он, – то я неизвестен, что остальныя для предоставления такой безопасности могут ли быть достаточныя, или нет, и потому я також-де по чистой совести сие присоветовать опасен»[66]. Не был согласен гросс-адмирал и с военным планом Головкина, который

[62] Там же. Л. 194: «Для предупреждения же француских явных и наглых предприятей и злостных намереней с российской стороны необходимо и крайнейше нужна быть является Аустрийский дом всякими образы в прежней силе и достоинстве оного сохранить, до намереваемого раздробления не допускать и от такой гибели удобовымышленными способы выручить, а паче для того, что кроме оного дома у России никого не осталось, который бы против турок так сильно и полезно в предбудущие времена употреблен быть мог».

[63] Там же. Л. 195-196: «контрибуции збирать и лошадей в кирасирские и драгунские полки набирать, только отнюдь крепостей не брать, но уезды разорять и по удобным местам магазины заготавливать».

[64] Там же. Л. 230-231об.

[65] Там же. Л. 199об., 220.

предлагал не брать прусских крепостей, а только собирать контрибуцию с населения[67]. Предложения Остермана сводились к поиску единых действий всех противников прусской агрессии и к подготовке всех сил страны к отражению шведского нападения[68]. Так впервые появился взгляд на взаимную связь шведских провокаций и агрессии Фридриха II в Силезии. Первым пунктом российской политики стала борьба со шведскими реваншистами, которые «связали руки» для оказания союзной помощи Марии Терезии.

24 июля (4 августа) Швеция объявила войну России. Вторгнувшийся в Карелию во главе 17-тысячной армии генерал-аншеф К. Э. Левенхаупт рассылал манифесты, уверяя, что воюет за безопасность Швеции и за «освобождение русского народа от несносного ига и жестокостей министров-иноземцев»[69]. Французский посол Шетарди пытался разыграть «патриотическую карту» в Петербурге. В интересах Версаля было возвести на престол известную французскими симпатиями и популярную среди гвардейских офицеров цесаревну Елизавету Петровну. После получения от Шетарди 2000 червонных на подготовку переворота дочь Петра Великого заявила о готовности в случае прихода к власти разорвать отношения с Веной и Лондоном, заключить союз с Людовиком XV и вернуть шведам земли, завоеванные её отцом в Северной войне 1700-1721 г г.[70]

Начало русско-шведской войны ухудшило положение Австрии. 15 (26) августа Ланчинскому был направлен официальный ответ российского двора на промеморию австрийских послов: «В какое опасное состояние чрез сию швецкую войну и француские предприятии дела пришли, о том толковать не надобно, и потому надлежит тамошнему двору зрелое о том разсуждение иметь, и немалой способ к спасению был бы, ежели б с пруским двором к примирению приступил, яко вспоможением божеским впредь полезнейшие конъюнктуры случиться могут. Истинно желательно б было, ежели б тамошней [двор] сему совету следовать похотел, ибо и о других не без сумнения есть»[71]. После сокрушительного поражения шведов 20 (31) августа при Вильманстранде австрийские послы 31 августа (11 сентября) вновь подняли вопрос о помощи и требовали письменного

---

[66] Там же. Л. 221-222.

[67] Там же. Л. 203.: «Контрибуции и лошадей збирать, уезды разорять, а магазины заготавливать и крепости отнюдь не брать – дело не безтрудное будет, яко одное другому препятствовать может. Без крепости для пляса д'арма трудно войску себя содержать, и магазины в крепких и безопасных местах заготавливаются».

[68] Там же. Л. 220об., 222об.

[69] Маркиз де Ла Шетарди в России. С. 385.

[70] Там же. С. 298-294, 323.

[71] АВПР. Ф. 32. Оп. 1. 1741 г. Д. 5а. Л. 250.

ответа, но кабинет-министры 19 (30) сентября заявили, что до окончания войны со Швецией российский двор не сможет помочь Марии-Терезии[72].

После вторжения в Австрию баварцев, перехода Рейна французами и начала русско-шведской войны правительство Марии Терезии начало поиски мира с Фридрихом II при посредничестве английского посла Т. Робинсона. После того, как прусский король отверг предложенное ему княжество Гельдерн, 30 августа (10 сентября) в Пресбурге на конференции было решено бросить все полки из Венгрии против франко-баварских войск, объявить набор венгерского ополчения и заключить мир с Фридрихом II, отдав ему Силезию до р. Нейссе[73].

Вечером 4 (15) сентября Л. К. Ланчинский с грамотой от 18 августа был принят Марией Терезией. Российский посол долго беседовал с венгерской королевой (раньше такого не было: напрягая слух, Ланчинскому приходилось улавливать еле слышную речь Карла VI). На обещание действовать заодно с другими гарантами Прагматической Санкции королева отвечала: «Иныя-де гаранты ничего не делают, а о короле-де Польском какое мнение есть, не ведаю; шведы-де все силы ваши сухим путем засуетить не есть в состоянии, а морем действовать уже пора минула». Выяснилось также, что Фридрих II отклонил австрийские предложения о мире: «Уже-де Нижняя Шлезия ему предъявлена по реку Нейсу, но недоволен, требует и Верхной, а при том всем не только хочет быть нейтралом, но и говорит, что прежде совершенного примирения хочет полки свои по зимовым квартирам разложить, и потом посмотрить, которая партия ему конвентнее будет»[74].

Переговоры Т. Робинсона с прусским министром Х. А. фон Подевильсом продолжались, Фридрих выдвинул претензии на графство Глац. Велись и боевые действия. В августе-сентябре австрийцам удалось овладеть Бреслау, но в октябре была осаждена и 21 октября (1 ноября) сдалась пруссакам последняя силезская крепость Найссе[75]. Осложнилась обстановка и на границе с Баварией. 25-31 августа (5-11 сентября) французские войска вступили в Донауверт, баварцы 3 (14) сентября заняли Линц[76]. 8 (19) сентября саксонский курфюрст Август III заключил союз с Баварией. Курфюрст Карл-Альбрехт должен был получить Тироль, Верхнюю Австрию, Богемию и корону императора Священной Римской Империи.

[72] Там же. Д. 10а. Л. 264-266, 269-270об.
[73] Там же. Д. 6. Л. 139об.-140об.
[74] Там же. Л. 232-234об.
[75] Oesterreichische Erbfolgekrieg 1740-1748. Bd. 2. S. 425. 528.
[76] Ibid. Bd. 4. S. 117.

Саксонии в этом случае отходили Юлих-Берг, Верхняя Силезия, Моравияи Нижняя Австрия; в случае, если Пруссия завоевывала Силезию, Август III довольствовался титулом короля Моравии и герцога Верхней Силезии. 24 октября (4 ноября) были оформлены союзные отношения между Баварией и Пруссией[77]. Вскоре не только франко-баварские, но и саксонские войска вторглись в Богемию и 14-15 (25-26) ноября овладели Прагой[78]. Над Австрией нависла угроза гибели не только как великой державы, но и как самостоятельного государства.

Австрийские дипломаты в Санкт-Петербурге возобновили попытки добиться от России военной помощи. В промемории от 28 октября (8 ноября) Ботта и Хоэнхольц указывали, что после победы над шведами и нового договора с Турцией препятствия к отправке корпуса устранены. Они просили «по последней мере о добром корпусе российской пехоты, хотя не против Пруссии (как напред сего намерение имелось, точию же первое всегда найдут наилутчее было б), однако ж против Франции и Кур-Баварии»[79].

В документах РГАДА, РГВИА и АВПР нам не удалось найти ответа на эту промеморию. Но косвенные данные позволяют сделать вывод о том, что правительство Остермана было готово исполнить союзнический долг и планировало военную операцию против Прусии на зиму-весну 1742 г. Так, 4 сентября 1741 г. Кабинет Министров принял решение призвать в армию 50000 рекрутов 20-35 лет (по одному с 160 черносошных и 240 помещичьих и монастырских дворов). В остзейских городах, а также в Новгороде, Пскове и Великих Луках наполнялись провиантские и фуражные магазины. Зимние квартиры в Эстляндии и Лифляндии занимали 3 кирасирских, 17 драгунских и 34 пехотных полевых полка[80]. От четы герцогов Брауншвейгских Фридрих II в октябре 1741 г. получил информацию о том, что на весну планируется поход в Пруссию корпуса регулярных войск, казаков и калмыков под командованием генерал-фельдмаршал-лейтенанта А. О. Ботта Д'Адорно[81].

В роли «спасителя» Пруссии выступила цесаревна Елизавета Петровна. При помощи французских денег, интриг посла Франции маркиза Де Ла Шетарди, придворного медика Х. Лестока (Лешток) и гвардейцев 1-й роты Преображенского полка, используя недовольство столичного дворянства засильем иноземцев во властных структурах, она ночью

---

[77] Droysen I.G. Geschichte der preussische Politik. Т. 5. Bd. 1. S. 333-334.
[78] Oesterreichische Erbfolgekrieg 1740-1748. Bd. 2. S. 189.
[79] АВПР. Ф. 32. Оп. 1741 г. Д. 10а. Л. 277-278.
[80] РГАДА. Ф. 177. Оп. 1. Д. 176. Л. 75-76,90-91об., 157-158об. Таким образом, в Прибалтике было собрано 70% драгун и 65% пехоты.
[81] Droysen I.G. Geschichte der preussische Politik. Т. 5. Bd. 1. S. 355.

25 ноября (6 декабря) 1741 г. совершила государственный переворот[82]. Через три дня были арестованы семьи герцогов Брауншвейгских (включая императора Иоанна Антоновича), А. И. Остермана, М. Г. Головкина и Б. К. фон Миниха. 2 (13) декабря был упразднен Кабинет Министров, его дела перешли в компетенцию Сената. «Франция, – отмечал прусский историк Й.Г. Дройзен, – одержала на Неве блестящую дипломатическую победу»[83].

12 (23) декабря Л. Ланчинский получил рескрипт императрицы Елизаветы Петровны о восшествии ее на престол. Царица сообщала: «Мы пребывающую доныне с Ея Королевиным Величеством добрую дружбу с нашей стороны неотменно содержать и все то, еже к тому служить может, всяким образом поспешествовать весьма склонны и готовы»[84]. Мария-Терезия и австрийские министры, выслушав сообщение Ланчинского, были обрадованы подтверждением союза и вновь просили о присылке вспомогательного корпуса[85].

24 ноября (5 декабря) И. Ж. Т. де Ла Шетарди сообщал, что Ботта в Санкт-Петербурге возобновил требования помощи. Но французский дипломат имел исключительное влияние на Елизавету Петровну и сумел убедить ее в бесполезности союза с Австрией. В беседе с маркизом императрица изложила ответ Ботте: «Я велела ему сказать, что сама вынуждена вести войну, а первое правило думать прежде о себе, а не о других»[86]. Австрия была, таким образом, покинута всеми союзниками. Потеряв не только Силезию до р. Найссе, но также Богемию и часть собственно Австрии, это государство оказалось на грани краха. Армия принца Карла фон Лотрингена отходила под напором прусско-франко-баваро-саксонских войск в Моравию; некоторый успех имела только армия генерал-фельдмаршала Л. А. фон Кевенхюллера, отбившая 12 (23) января у французов Линц. Положение усугублялось тем, что в конце ноября началась переброска в Италию испанских войск, угрожавших владениям Марии-Терезии в Тоскане и Ломбардии. 13 (24) января был нанесен, казалось, последний удар по дому Габсбургов: германским императором был избран баварский курфюрст Карл-Альбрехт II фон Виттельсбах (под именем Карла VII).

Конец 1740 – начало 1741 года ознаменовались началом кризиса в русско-австрийских отношениях. Он был вызван прежде всего тем, что

[82] *Курукин И. В.* Эпоха «дворских бурь». С. 334-337.
[83] *Droysen I.G.* Geschichte der preussische Politik. T. 5. Bd. 1. S. 381.
[84] Ibid. S. 381.
[85] Там же. 1741 г. (с царствования Елизаветы). Д. 3. Л. 58об., 60. Реляция Л. Ланчинского от 17 декабря 1741 г.
[86] Маркиз де Ла Шетарди в России. С. 454.

Пруссия, бывший союзник и Австрии, и России, в лице короля Фридриха II фактически поставила вопрос о своей новой роли в Европе. Великодержавные амбиции выразились в агрессии против Австрии и захвате большей части Силезии. Нерешительность позиции не только России, но и Англии (сильнейших союзников Австрии) объяснялись необходимостью корректировки внешнеполитического курса при новой расстановке сил в Европе. Замешательством в правительстве России и расколом Германии в борьбе за «наследство» императора Карла VI воспользовалась Франция, подготовившая войну Швеции против России, а затем и инспирировавшая переворот в пользу находящейся под влиянием Версаля Елизаветы Петровны. Таким образом, бездействие не только России, но и всего европейского сообщества (Англии, Голландии, Дании, Речи Посполитой) фактически содействовало прусской агрессии и росту французского гегемонизма в 1741 г.

2. Между союзом и разрывом: 1742-1744 годы

Переворот и репрессии против почти всех членов Кабинета Министров имели существенное влияние на выбор нового внешнеполитического курса России. Версальский двор вскоре убедился, что субсидии, данные на организацию переворота Елизавете Петровне, пропали даром: о возвращении шведам Риги, Ревеля и Выборга не могло быть и речи. Оставался другой вариант: добиться нейтралитета северной империи в новой европейской войне или даже заключить военный союз Франции, России, Швеции, Дании и Речи Посполитой против Англии, Ганновера, а также против Пруссии, которая, по словам Й.Г. Дройзена, «стала более гордой и независимой, чем это предусматривали французские интересы»[87].

Внешней политикой после падения А. И. Остермана стал руководить великий канцлер князь А.М. Черкасский, известный своими изоляционистскими симпатиями. В то же время был возвращен из ссылки, награжден орденом Св. Андрея Первозванного и назначен вице-канцлером граф А. П. Бестужев-Рюмин, креатура Э. И. Бирона еще со времен курляндского двора Анны, сторонник курса Остермана на укрепление роли России в Европе. Вице-канцлер отличался симпатиями к Великобритании, а также и к Австрии.

Королеве Венгеро-Богемской Марии Терезии и ее правительству необходимо было не только отстоять независимость государства, но и сохранить значение, которое имела Австрия в европейской политике. К этому были

---

[87] *Droysen I.G.* Geschichte der preussische Politik. Leipzig, 1876. Т. 5. Bd. 2. S. 126.

определенные предпосылки. Зимой 1742 г активно шли сборы венгерского ополчения из дворян и свободных крестьян, на борьбу с захватчиками поднимались славянские народы: чехи, словаки, словенцы, хорваты, сербы. Сформированные из этих контингентов отряды гусар, пандуров, липканов и пограничной стражи, роты вольных стрелков успешно вели «малую войну»: атаковали коммуникации противника, уничтожали склады продовольствия, мелкие гарнизоны и отряды. Армия генерал-фельдвахтмайстера фон Беренклау, состоящая из немецкой и хорватской пехоты, нанесла поражение баварским войскам у Шердинга 6 (17) января 1742 г., а до конца месяца отбила Пассау, Линц, Браунау[88]. 3-4 (14-15) февраля после разгрома баварцев у Майнбурга австрийские полки без боя вступили в Мюнхен[89]. Саксонские, прусские и баваро-французские войска в Богемии и Моравии продолжали однако наступление, осадив 25 февраля (8 марта) Брюнн (Брно), столицу Моравии, и заняв 8 (19) марта Цнайм[90].

Но успехи австрийцев в «малой войне» заставили пруссаков и саксонцев в апреле отступить в Богемию. 6 (17) мая 1742 г. Фридрих нанес тяжелое поражение венгеро-богемской армии принца Карла фон Лотринген у Часлау (Хотузиц), но не воспользовался плодами этого успеха. Гусары и ополченцы смогли сковать неприятельские силы[91]. Силы австрийцев были восстановлены, и вскоре Фридрих II, покинутый саксонцами и баварцами, начал переговоры о мире. Не помогли королю и французы: их корпус в Праге почти вымер от дизентерии зимой 1741-1742 гг. (из 40 тыс. в живых осталось 17 тыс.)[92]. В Италии были отбиты от австрийских владений испанские и неаполитанские войска. Но к концу мая у границ Богемии показалась новая французская армия маршала Мельбуа, а император Карл VII набрал имперские полки из Кур-Гессена, Пфальца и Байройта[93]. Это заставило Марию-Терезию вновь искать союзников.

Задача создания нового союза, направленного против Пруссии и Франции, была возложена на нового канцлера графа А. К. фон Ульфельда, бывшего прежде послом в Гааге и Константинополе. Он сменил умер-

---

[88] Oesterreichische Erbfolgekrieg 1740-1748. Wien, 1900. Bd. 4. S. 255-256.

[89] Ibid. S. 298, 301.

[90] Op. cit. Bd. 3. S. 407.

[91] Ibid. S. 707. У принца Карла было 21050 чел. пехоты, 9066 всадников немецкой кавалерии, 3155 гусар и 2925 варасдинцев (36 батальонов, 92 эскадрона) и 40 пушек, у Фридриха II – 18400 пехоты, 9600 кавалерии и 82 пушки (33 батальона, 70 эскадронов). В бою австрийские гусары захватили прусский лагерь, но увлеклись грабежом, а пехота потерпела поражение. Потери австрийцев: 1033 убитых, 1943 раненых, 3356 пропавших без вести, 17 орудий. Пруссаки потеряли 2013 убитыми, 2036 ранеными, 729 пропавшими без вести, 1 знамя и 11 штандартов.

[92] АВПР. Ф. 32. Оп. 1. 1742 г. Д. 4. Л. 21-21об.

[93] Oesterreichische Erbfolgekrieg 1740-1748. Bd. 4. S. 328, 330.

шего 17 (28) января графа Л. Ф. К. фон Зинцендорфа[94]. Первым актом нового министерства было признание императорского титула Елизаветы Петровны. После настойчивых требований российского посла в Вене Л. К. Ланчинского императорский титул был внесен в нотификационную грамоту к послу в Санкт-Петербурге А. О. Ботте Д'Адорно[95].

Первые успехи в поисках военной помощи ожидали австрийских дипломатов в Лондоне. Благодаря настойчивости послов Х. К. фон Оштайна, известного по Петербургу, и И.Й. Васнера английское правительство согласилось предоставить Марии-Терезии субсидии и 12 тыс. солдат. В Голландию для согласования планов военных действий был направлен герцог Дархэм, а во Францию с целью в последний раз попытаться решить дело миром и вывести войска Людовика XV из Германии – лорд Честерфилд[96].

Переговоры в Москве (туда зимой 1742 г. переехал двор Елизаветы) начались после сообщения Ботты 21 марта о признании Австрией императорского титула российской монархини (правда, до избрания императором Франца Штефана фон Лотрингена)[97]. Одновременно 20 марта в Москву пришло письмо государственного министра Карла VII графа Терринга ко кн. А.М. Черкасскому о назначении имперских послов при российском дворе. 1 (12) апреля канцлер ответил, что в России рады установить отношения с новым германским императором, но нарекал на непринятие титула Елизаветы Петровны[98]. Этот факт заставил А. О. Ботту Д'Адорно 3 (14) апреля возобновить требования о сохранении союза 1726 г. и военной помощи. Как следует из приписки на промемории, Елизавета Петровна прочла этот документ только 9 ноября[99].

Не получив ответа, Ботта подал 13/24 июня в Коллегию иностранных дел грамоту Марии-Терезии от 23 января (3 февраля) с просьбой исполнить союзнические обязательства России перед Австрией[100]. К этому времени уже был заключен австро-прусский мир в Бреслау (31 мая (11 июня) 1742 г.), по которому королева Венгеро-Богемская уступала Фридриху II герцогство Силезию и графство Глац. Одновременно в австрийских Нидерландах собирались английские войска маршала Стэйра (4260 кавалерии и 12076 пехоты)[101]. Но ни в июне, ни во время аудиенции 12

[94] АВПР. Ф. 32. Оп. 1. 1742 г. Д. 4. Л. 60об., 93.

[95] Там же. Л. 119. Реляция Л. Ланчинского от 10 февраля 1742 г.

[96] Там же. Л. 186-187. Реляция Л. Ланчинского от 10 марта 1742 г.

[97] Там же. Д. 7. Л. 4-5.

[98] Там же. Д. 6. Л. 5, 7-8об.

[99] Там же. Д. 7. Л. 20-23об.

[100] Там же. Д. 2. Л. 9-10.

[101] Там же. Д. 4. Л. 366. Реляция Л. Ланчинского от 12 мая 1742 г.

(23) июля Ботта не получил ответа о предоставлении вспомогательных войск[102].

Казалось бы, изменить положение должны были победы в ходе русско-шведской войны. 28 июня армия генерал-фельдмаршала графа П. П. Ласи заняла Фридрихсгам, 7 августа овладела Нейшлотом, а 24 августа вынудила к сдаче окруженные в Гельсингфорсе (правильнее Хельсинкфорс) шведско-финские войска. Исход войны был практически решен. 27-28 августа (7-8 сентября) Ботта был у А. М. Черкасского и просил ответа на промеморию о корпусе. Ответ, датированный 28 октября, был дан послу только 10 (21) ноября: в помощи вновь было отказано из-за войны со Швецией и из-за французских происков в Константинополе и Берлине[103]. Последнюю попытку австрийский министр сделал 13 (24) ноября, обратившись к новому канцлеру А. П. Бестужеву-Рюмину (кн. А. М. Черкасский умер 4 (15) ноября). Через шесть дней, получив невразумительный ответ о верности России условиям союза 1726 г., генерал-фельдмаршал-лейтенант Ботта заявил о своем отзыве в действующую армию[104] (фактически он был направлен послом в Берлин).

В позиции российского двора в это время ясно просматривается нежелание вмешиваться в европейский конфликт. Лишь в ноябре императрица стала проявлять интерес к неоднократным запросам о помощи с австрийской стороны. Но совершенно безучастным к событиям войны за австрийское наследство российское правительство назвать нельзя. После заключения Бреславского мира Ботте была вручена нота (24 июля) о желательности для России примирения Марии-Терезии с Августом III[105]. Во время переговоров 27 (28) августа канцлер князь Черкасский заверил австрийского министра в том, что баварские послы не будут пропущены далее Риги, и начал обмен мнениями о переговорах с Саксонией, советуя возобновить союз 1733 г.[106] 23 сентября инструкция о помощи в ведении таких переговоров была отправлена Л. Ланчинскому[107]. Последний уже с середины августа узнавал у А. К. Ульфельда и статс-секретаря Й.К. Бартенштайна о ходе австро-саксонского диалога[108]. Мир между Саксонией и Австрией был заключен в Дрездене 31 августа (11 сентября): министрам Марии-Терезии удалось сохранить

[102] Там же. Д. 7. Л. 39-39об.
[103] Там же. Л. 132-134об., 141об.
[104] Там же. Л. 165-168, 200-202.
[105] Там же. Л. 65-66.
[106] Там же. Л. 103-104об.
[107] Там же. Д. 9. Л. 75-76.
[108] Там же. Д. 5. Л. 153-154.

г. Эгер с уездом, на который претендовал Август III[109]. 1 октября это известие достигло Москвы.

Таким образом, хотя в 1742 г. Россия и не выступала на стороне Австрии, положение последней улучшилось. В августе был осажден в Праге французский корпус маршала Бель-Иля. Ночью 5-6 (16-17) декабря маршал с полевыми войсками бежал в Эгер, а гарнизон сдался через 10 дней[110]. Пруссия и Саксония вышли из войны.

Для России шведская война оставалась единственным беспокойством. Шведские войска не могли рассчитывать на победу без прямой поддержки Франции, Пруссии и Турции. С другой стороны, ни одна из этих держав не собиралась вступать в войну с Россией, но если для Порты было важно сохранение мира, то Фридриху Великому и Людовику XV необходимо было продлить войну на Севере Европы и обеспечить таким образом нейтралитет Елизаветы Петровны в австрийском наследстве. Такая возможность представилась в период выборов престолонаследника в Швеции. Первый кандидат был русской креатурой. Карл Петер Ульрих, принц Гольштейн-Готторпский (фон Хольштайн-Готторф), последний отпрыск дома Ваза и родственник Романовых[111], жил в Санкт-Петербурге при дворе своей тетки, императрицы Елизаветы. Второй кандидат, принц Фридрих фон Хессен, внучатый племянник Карла XII и зять Георга II, отвечал интересам Великобритании. Выборы 5 ноября 1742 г. принесли победу голштинскому принцу[112]. Но это не стало почвой для прекращения англо-русских связей: 26 декабря державы заключили оборонительный союз.

На мирных переговорах, однако, сдвигов не было. В ответ на шведские притязания на часть завоеванных Петром I земель российская сторона потребовала части Финляндии. Карл-Петер-Ульрих после перехода в православие был провозглашен российским наследником престола под именем Петра Федоровича. Перспектива объединения под «шапкой Мономаха» России и Швеции не устраивала ни Версаль, ни шведов; мирные переговоры зашли в тупик.

Большую помощь России в этой ситуации оказал австрийский резидент в Стокгольме К. Т. Антивари. В письме к резиденту в Москве Н. С. фон Хоэнхольцу от 1 февраля 1743 г. (передано Бестужеву-Рюмину 26 февраля) он предупреждал, что датский посол в Швеции Беркентин

---

[109] Там же.

[110] Oesterreichische Erbfolgekrieg 1740-1748. Bd. 4. S. 657-658.

[111] Карл Петер Ульрих, принц Гольштейн-Готторпский, был сыном герцога Карла Фридриха и цесаревны Анны Петровны, родился в 1738 г. в Киле.

[112] *Droysen. I.G.* Geschichte der preussische Politik. T. 5. Bd. 2. S. 127.

предложил шведам союз, 30 тыс. солдат, 20 линейных кораблей и 2 млн. талеров для отвоевания Финляндии и Лифляндии в обмен на наследование шведского престола датским королем Кристианом VI фон Ольденбургом[113]. Антивари предлагал, как сообщал 1 (14) марта Хоэнхольц, разрушить датско-шведский альянс, оставив Финляндию и провозгласив наследником шведского престола администратора Голштинии, епископа Любекского Адольфа Фридриха фон Ойтина (двоюродный дядя цесаревича Петра из рода Ваза), который был популярен в Швеции[114]. 8 мая австрийский резидент известил российский двор о том, что правительство Оттоманской Порты (Диван) отказало шведскому королю Фредрику I в военной помощи, но обещало выступить против России, если она продолжит завоевания в Финляндии[115]. Проходила через К. Т. Антивари и разведывательная информация. Он полностью выполнял нормы 4-го артикула Венского трактата 1726 г. Австрийский канцлер А. фон. Ульфельд говорил Л. Ланчинскому, что «резидент Антиварий приемлется тамо за Вашего собственного министра, смотря по его к Вашему двору ревностным и доброжелательным поступкам, чего ради реляции его на пути сюда удерживаются»[116].

Эта помощь вместе с военными успехами российского флота (в мае отряд генерал-аншефа Дж. Кейта разбил шведскую флотилию и занял Аландские острова) приблизила завершение войны. 16 (27) июня в Або был заключен мир, а 23 мая (4 июля) наследником шведского престола был избран епископ Любекский. В рескрипте Л. Ланчинскому за подписями А. П. Бестужева-Рюмина и вице-канцлера К. Бреверна отмечалось: «Мы в молчании оставить не можем добрые и похвалы нашей достойные поступки обретающегося в Стокгольме венгерского резидента Антивария, которой как сообщением сюда чрез резидента Гохгольцера всяких о тамошних произхождениях нам нужных ведомостей и известий, також-де и имевшим обхождение своим с отправленным отсюда голстинским конференц-ратом Бухвальтом и протчим своим поведением такую по союзнической между обоими дворами дружбе доброжелательную ревность показывал, что оное не инако, как к особливому нашему милостивому удовольствию касаться могло»[117]. По условиям Абоского мира Россия расширила владения в Финляндии до р. Кюмене и добилась подтверждения условий Ништадтского мира 1721 г. Попытка шведского реванша сор-

[113] АВПР. Ф. 32. Оп. 1. 1743 г. Д. 5. Л. 10-11об.
[114] Там же. Л. 40. К. Т. Антивари – Н. С. Фон Хоэнхольцу 28 февраля 1743 г.
[115] Там же. Л. 93-94об.
[116] Там же. Д. 3. Л. 166. Реляция Л. Ланчинского от 19 марта 1743 г.
[117] Там же. Д. 7. Л. 31об.

валась; в августе был заключен русско-шведский союз. Отряд генерал-аншефа Кейта направился в Стокгольм для охраны столицы от мятежей и от возможного датского десанта.

Улучшилось и положение Австрии. К февралю 1743 г. сформировалась Прагматическая коалиция (окончательно оформлена договором в Вормсе 8 (19) сентября) – Австрия, Ганновер, Сардиния и морские державы. 28 января (8 февраля) армия генерал-фельдмаршала О. фон Трауна нанесла поражение испанским войскам у Кампо-Санто и заставила их отойти за р. Панаро[118]. Союзная австро-сардинская армия успешно обороняла от французов и испанцев Пьемонт. В Баварии вновь был взят Мюнхен, а 27 августа (7 сентября) капитулировал французский гарнизон Эгера – последний в Богемии[119]. На Майне союзные войска (австрийцы, англичане, ганноверцы) 15 (26) июня нанесли тяжелое поражение французской армии у Деттингена[120]. 28 июля (8 августа) австрийские авангарды форсировали Рейн и вступили в Эльзас.

Преемникам умершего 12 (23) января 1743 г. кардинала Де Флёри приходилось начинать все сначала. Ни уничтожить Австрию как самостоятельное государство, ни запереть Россию в Балтийском море французской дипломатии не удалось. В Вене и Пресбурге вновь заговорили о том, что российский двор даст 20-тысячный корпус для удержания от нападения Фридриха II[121]. Восстановлению былого влияния Дунайской монархии способствовали коронация Марии-Терезии в Праге как королевы Богемии и перемирие с Баварией в Ингольштадте 18 (29) июля, предусматривающее нейтралитет курфюрста и вывод из Германии французских войск.

Версаль вновь прибег к помощи интри г. Маркизу Де Ла Шетарди удалось использовать в интересах французского двора инспирированный лейб-медиком царицы Х. Лестоком «заговор»» Лопухиных. Арестованные Н. С. Лопухин, обер-штер-кригскомиссар Зыбин, поручик Мошков и

---

[118] Oesterreichische Erbfolgekrieg 1740-1748. Bd. 8. Wien, 1905. S. 159-160. В битве 28 января (8 февраля) 1743 г. австро-сардинские войска имели 14000 человек при 22 орудиях (27 батальонов, 20 гренадерских рот и 27 эскадронов), испанцы – 14000 солдат и 12 пушек генерал-лейтенанта Гагеса (35 батальонов, 13 эскадронов, 1 вольная рота). Испанцы потеряли 760 убитыми, 1386 ранеными, 754 пленными и 624 пропавшими без вести, 3 знамени; потери армии Трауна: 520 убитых, 962 раненых, 269 пропавших без вести, 8 штандартов.

[119] Ibid. Bd. 6. Wien, 1902. S. 50.

[120] Ibid. Bd. 5. Wien, 1901. S. 3I3-3I4. Прагматическая армия короля Георга II имела 27098 пехоты и 8004 кавалерии, 98 орудий (56 батальонов, 79 эскадронов). У маршала Ноаля было 65000 человек и 40 орудий (69 батальонов, 68 эскадронов). Потери союзников составили 491 убито, 751 раненого и 284 пропавших без вести, французы потеряли 927 убитыми, 1793 ранеными, 89 пленными («пленных от рядовых мало, ибо пощады не было», – отмечал Ланчинский), 4 орудия и 28 штандартов.

[121] АВПР. Ф. 32. Оп. 1. 1743 г. Д. 3. Л. 301.

капитан Путятин под пытками назвали имена «заговорщиков»: генерал-кригскомиссара флота С. В. Лопухина, его жены Н. Лопухиной, А. Бестужевой, Н. Бестужевой и С. Лилиенфельд. Они обвинялись в подготовке заговора с целью восстановления Анны Леопольдовны и возвращения из ссылки кабинет-министра М. Головкина, брата А. Бестужевой. Вскоре, от арестованных явно с подачи Лестока и Шетарди добились показаний против А. О. Ботта Д'Адорно, сделав его главарем «заговора», который собирал в своем доме «злоумышленников», советовал собирать деньги для освобождения ссыльных, оскорблял российский двор и выступал против расправы с А. И. Остерманом, да и в Берлин поехал затем, чтобы поднять Фридриха II на войну за права Анны Леопольдовны[122].

Причастность Шетарди и профранцузских кругов к «делу Ботты» не вызывает сомнений. Так, в рескрипте Ланчинскому от 3 августа сообщалось, что следствие по делу Лопухиных не нашло ничего, «но все упомянутое дело наиглавнейше токмо в продерзостных и безумных некоторых бездельных людей разговорах состоит»[123]. 13 августа российский посол уже извещался о причастности Ботты к заговору, а 3 сентября сообщалось, что австрийский министр продолжал «вредить» и в Берлине[124]. 6 августа А. Мардефельд писал в Берлин о раскрытом «заговоре», а 24 сентября Ланчинскому было сообщено о том, что Фридрих II якобы также требует сатисфакции за действия маркиза в Берлине. Между тем прусский двор только под давлением Елизаветы Петровны 15 (26) октября потребовал от Вены отзыва Ботты Д'Адорно[125]. Если в отпускной грамоте от 23 ноября 1742 г. царица отмечала, что австрийский посол «похвалу искусного министра с справедливостию заслужил»[126], то 30 октября 1743 г. она выговаривала Ланчинскому за «недостаточную настойчивость» в требовании наказания Ботты[127].

Российский посол в Вене был подавлен содержанием указа от 13 августа: «Первого содержание обняло меня неописанным ужасом! Кто б чаял от маркиза Ботты толь богомерзких и безчестных интриг и продерзостей противу своего характера и сугубой должности как к своей собственной государыне, так и следовательно к Вашему Императорскому Величеству, яко при дворе Вашем пребывающий чужестранный министр! И кто б было в нем искал под сладкими наружностьми толикой адской

[122] Там же. Д. 5. Л. 132-137.
[123] Там же. Д. 7. Л. 56об.
[124] Там же. Л. 60-63, 71-71об.
[125] Там же. Д. 5. Л. 157; Д. 7. Л. 85-85об.
[126] Там же. Д. 5. Л. 157.
[127] Там же. 1743 г. Д. 7. Л. 99-105об.

злости!»[128] 5 (16) сентября Ланчинский сообщил о «деле» Ботты канцлеру А. К. фон Ульфельду, чем немало его удивил. Канцлер хотел было показать ему все реляции маркиза, но встретил резкий отказ: «Не о реляциях жалоба, но о богомерских неоднократно в конфидентном обхождении имеющих дискурсах, о продерзостных словах, о ругательных экспрессиях и злостных в Берлине изследованными быть имеющих намерениях». Однако на требование доказательств Ланчинский мог только показать собственноручную подпись Елизаветы под указом. 17-го он получил ответ Марии Терезии: она не может наказать человека, не выслушав его оправданий[129]. 8-9 сентября в беседах с Ульфельдом и статс-секретарем Л. К. фон Бартенштайном послу было заявлено, что Ботту могли оклеветать, и потому королева велела требовать ответа от самого обвиняемого[130]. Такая твердость Венского двора вызвала у царицы и ее ближайшего окружения только возмущение. Между Веной и Петербургом назревал дипломатический конфликт.

Заинтересованность Версаля в раздувании такого конфликта проявилась в том, что сведения о «срамных разговорах» маркиза в Берлине были получены от французских послов в Пруссии и России Валори и Д'Альона[131]. На аудиенции 7 (18) октября Мария Терезия, упреждая Ланчинского, высказала мысль, что Ботту Д'Адорно оклеветали неприятели для разрушения русско-австрийского союза. «Что надлежит до доводов, то-де либо преступники, убоясь, на него, Ботту, что сказали, а иные нанесении от моих неприятелей учинены, и тако как мне его сакрифицировать без его очистки?» - спросила королева[132].

Генерал-фельдмаршал-лейтенант А. О. Ботта Д'Адорно прибыл в Вену 13 (24) октября. На следующий день Ланчинский узнал, что прусская сторона не подтверждает виновности маркиза, но 16 (27) октября прусский посол граф Цу Дона объявил королевский указ о требовании сатисфакции также и со стороны Фридриха II. 17 октября Ланчинский вновь требовал наказания Ботты от Ульфельда. Канцлер и на этот раз отговорился тем, что сперва надо расследовать дело. «Притом объявил он, граф Улефельд, – доносил в Петербург российский посол 19 октяб-

---

[128] Там же. Д. 3. Л. 430-430об. Реляция Л. Ланчинского от 3 сентября 1743 г.

[129] Там же. Л. 437-439об. Реляция Л. Ланчинского от 7 сентября.

[130] Там же. Л. 453-455: «Надобно-де ведать с подробностьми или правомерно, каким образом сие вскрылося и кто доводил; может-де быть, все произошло от простой персоны, которая либо от противника подущена, а иныя, побоясь и надеясь себе свободы, внушенно ж сказали и свидетельствовали, в котором случае сие на маркиза Ботту свалено быть не могло».

[131] Там же. Л. 490.

[132] Там же. Д. 3а. Л. 14-15об. Реляция Л. Ланчинского от 8 октября.

ря, – что в Париже вящше виктории почитают сию произшедшую противность и похваляются, что ныне уже дружбу и алианцию между обеими дворами разрушить могут»[133].

Елизавета Петровна, подстрекаемая маркизом де Ла Шетарди, вновь получившим вес при дворе, настаивала на наказании Ботты Д'Адорно. 26 октября Хоэнхольцу был сообщен экстракт по «делу» С. В. Лопухина, разосланный ко всем европейским дворам. 22 ноября резидент заявил А. П. Бестужеву-Рюмину, что Ботта покинул Берлин, но сведений о «сатисфакции» не сообщил[134]. Напряженность была усилена тем, что в грамоте Марии-Терезии вновь отсутствовал императорский титул, а обвинения в адрес посла назывались «бабьими сплетками и пустомолвством»[135].

3 (14) декабря канцлер А. К. фон Ульфельд объявил Ланчинскому, что Ботта Д'Адорно оправдался по присланным обвинениям. Действительно, было бы нелепо полагать, что посол Австрии искал защиты у Фридриха II, находящегося тогда в состоянии войны с Марией-Терезией. На следующий день Л. К. Ланчинский имел аудиенцию у королевы Венгеро-Богемской. Королева повторила, что было бы несправедливо наказывать Ботту, не выслушав его оправданий. Но российский посол продолжал повторять, что Елизавета Петровна не беспокоила бы Марию Терезию без серьезной причины[136].

Российский двор, прежде всего в лице императрицы Елизаветы, не был удовлетворен. Раздражение вызывал даже тот факт, что по делу Боты готовилось судебное разбирательство. Монархиня, привыкшая к безусловному исполнению любого каприза, имевшая богатый опыт в фабрикации фальшивых обвинений (именно на этом основании были осуждены 18 января 1742 г. М. Головкин, А. И. фон Остерман и Б. К. фон Миних), не могла понять необходимость соблюдения законности по отношению к «преступнику». В рескрипте к Ланчинскому от 21 января 1744 г. она требовала продолжения домогательств о «сатисфакции»[137]. Дипломатический конфликт зашел действительно слишком далеко. 14 февраля 1744 г. канцлер А. П. Бестужев-Рюмин писал Л. К. Ланчинскому: «Моя дружба к Вашему превосходительству обязует меня Вас о сем деле предупредить, да и еще уведомить, что ежели мы известия об отмене тамошняго поступка (то есть назначения судебного расследования по делу Ботты – С. Н.) в

[133] Там же Д. 46-49.
[134] Там же. Д. 5. Л. 146-147.
[135] Там же. Д. 3а. Л. 133-136.
[136] Там же. Л. 147, 149-151об.
[137] Там же. 1744 г. Д. 3. Л. 6-7об.

сем деле дачею требуемой сатисфакции вскоре не получим, то всеконечно Вы отзыв Ваш в скорых числах получите»[138].

10 (21) февраля 1744 г. Ланчинский был принят Ульфельдом. Канцлер объявил, что Мария Терезия назначила коллегию для суда над Боттой Д'Адорно, взятым уже под стражу, из лучших юристов Австрии, Венгрии и Богемии. На возражения посла против суда было замечено, что царица и сама может рассудить, «что в негоциациях дела в ту или другую сторону гнуть и поворачивать можно, но в суде по правам поступать надобно, которых переломить неможо»[139]. 7 (18) марта Ланчинский вновь требовал немедленного наказания Ботты. Ульфельд и другие австрийские министры отвечали, что не получили из Москвы указаний, какой именно сатисфакции желает императрица, поэтому и решили начать суд. Мария Терезия «правами и уложениями связана, по которым правление свое размеривает, но толикого искусства в тех правах не имеет, чтоб сама судить могла, а однако ж за всякой несправедливой суд Богу слово отдать должна», поэтому и собрала коллегию. Она намерена в случае расхождения в мере наказания утвердить наиболее суровый приговор[140]. Но Ланчинский продолжал требовать наказания бывшего посла в России без суда, пригрозив 14 (25) марта отзывом[141].

В Вене считали, что Москва еще не знает об аресте Ботты Д'Адорно. Но это было не так. 14 (25) марта резидент Хоэнхольц сообщил Бестужеву-Рюмину об аресте маркиза и суде над ним. Он желал знать, удовольствуется ли Елизавета Петровна приговором суда или потребует «маркиза Ботту вечно нещасливым учинить», и предлагал посредничество в конфликте саксонского двора[142]. Ответа не последовало, но 10 мая к Ланчинскому был послан императорский рескрипт. Елизавета была возмущена «оттягиванием времени» и началом суда, утверждала, что вина Ботты доказана, так как она сама присутствовала на допросах других «заговорщиков». Она велела послу, если Ботта не будет наказан, без аудиенции, подав только промеморию, выехать в Дрезден[143].

Ланчинский отказался присутствовать при допросах Ботты Д'Адорно и на суде над ним. 8 (19) июня он получил рескрипт от 29 апреля (10 мая), а через 4 дня канцлер Ульфельд объявил о решении суда и Марии Терезии. Судьи не признали вины за маркизом, но и не оправдали его, а

[138] Там же. Л. 29-29об.
[139] Там же. Д. 4. Л. 88.
[140] Там же. Л. 128-130об.
[141] Там же. Л. 163-164.
[142] Там же. Д. 6. Л. 13-14.
[143] Там же. Д. 3. Л. 47-49об.

подали мнение о необходимости заключения его на полгода в крепость Грац. Австрийское правительство интересовалось, устроит ли такая мера Елизавету, и в случае отрицательного ответа просило предоставить все следственные материалы. Российский посол заявил, что заключения Ботты недостаточно, и объявил о своем отзыве, хотя Ульфельд и просил не отъезжать до получения нового указа[144].

Для австрийского двора в это время было важно сохранить союз с Россией. Уже было известно о подготовке Фридриха II к новой войне. Хотя на стороне Марии Терезии выступила Голландия, Людовик XV 15 (26) апреля 1744 г. объявил войну и начал боевые действия, не прикрываясь союзом с Баварией. Был открыт новый фронт в Нидерландах, приковавший к себе основные силы Прагматической армии. До августа 1744 г. французским войскам удалось захватить крепости Ипр и Фурне, но вскоре они были отброшены за р. Лис[145]. В Италии весной 1744 г. австрийские войска вступили на территорию Неаполитанского королевства, но так и не смогли прорвать оборону испанцев у Веллетри во время июньских и августовских боев[146]. 19-22 марта (30 марта – 2 апреля) началось вторжение франко-испанских войск в Пьемонт. Им удалось к лету овладеть Ниццей и Виллафранкой, а в августе осадить крепость Кунео, запирающую дорогу на Турин (столица Сардинии, союзника Австрии)[147]. Правда, на Рейне австрийцам сопутствовала удача. 21 мая (1 июня) они перешли р. Неккар, а 19 (30) июня форсировали Рейн у Шрекка. 24 июня (5 июля) у Вайсенбурга были разбиты французские и имперские (баваро-гессенские) войска, а к началу августа французы отошли в Страсбург[148]. Изгнание Карла VII в Эльзас послужило поводом для нападения на Богемию 5 (16) августа прусских войск Фридриха II. Речь, конечно уже не шла о существовании Австрии. Вопрос был в том, сохранит ли это государство значение великой державы Европы.

---

[144] Там же. Д. 4. Л. 492-495.

[145] Oesterreichische Erbfolgekrieg 1740-1748. Bd. 6. S. 424, 432.

[146] Ibid. Bd. 8. S. 249, 277, 292-293. В боях за Веллетри испано-неаполитанские войска короля Обеих Сицилии Карлоса III (39 тыс. человек) потеряли 1673 убитыми, 1500 ранеными, 877 пленными, 12 знамен и 3 штандарта; австрийская армия генерал-фельдмашал-лейтенанта У. фон Брауна (28,5 тыс. солдат) потеряла 500 убитыми, 298 пленными и 1000 ранеными.

[147] Ibid. S. 438-441, 497-505.

[148] Ibid. Bd. 5. S. 415, 437, 454, 455, 472. В бою 24 июня (5 июля) войска генерал-фельдмаршал-лейтенанта Ф. Надашди (10 тыс. человек) потеряли 293 убитыми, 343 ранеными, 450 пленными; потери французов маршала Коаньи и баваро-гессенских войск: 5339 убитых и раненых, 9661 пленный, 2 знамени и 3 штандарта (всего против австрийцев действовало до 20000 солдат).

В такой напряженной обстановке приходилось ради сохранения союза жертвовать одним из искуснейших дипломатов. Казалось бы, обстоятельства благоприятствовали примирению. Интриги И. Ж. Т. Де Ла Шетарди обернулись против него самого. Перехваченные его письма свидетельствовали, что он не только «старался верность разных персон подкупать, партию себе при дворе зделать и низвергнуть Ея (Елизаветы Петровны – *С. Н.*) министерство, но и с толикою предерзостию, с толиким безстрашием Ея освященную персону самое в депешах описывать и с ложью поносить»[149]. 14 (25) июня маркиз Де Ла Шетарди был выслан из России. Однако облегчения для Австрии это не принесло. Новый вице-канцлер М.И Воронцов, активный участник ноябрьского переворота 1741 г., ориентировался на союз с Францией и Пруссией. Во внешней политике России восторжествовал курс на разрыв отношений как с Австрией, так и с Англией.

6 (17) июня резидент Хоэнхольц объявил российскому двору, что Ботта заключен в Грац на полгода и будет находиться там и далее, если Елизавета сочтет наказание недостаточным[150]. Официального ответа не последовало, но 16 (27) июня Ланчинскому был направлен рескрипт о немедленном выезде в Дрезден[151]. Указ был получен в Вене 13 августа, но из-за приступа горячки российский посол смог объявить о нем Ульфельду только через 12 дней. Канцлер рекомендовал Ланчинскому задержаться, так как в Россию был отправлен чрезвычайный посол Й. Урзинн фон Розенберг для улаживания «дела» Ботты, но безрезультатно[152]. 31 августа Ланчинский покинул Вену и 8 (19) сентября прибыл в Дрезден[153]. Дипломатические связи между Россией и Австрией были прерваны.

17 (28) августа в Москву прибыл граф Й. Урзинн фон Розенберг. Через пять дней он потребовал аудиенции и представил А. П. Бестужеву-Рюмину промеморию с изложением судебного решения об А. О. Ботте Д'Адорно: 11 (22) мая он заключен в Грац, «а время его ареста Ее Императорскаго Величества прославленной в свете щедроте и милости предано». В промемории, повторявшей указ Марии-Терезии, указывалось, что обвинениями в адрес Ботты воспользовались враги Австрии, знающие, как свято Елизавета Петровна соблюдает договоры и опасающиеся после окончания шведской войны, что она окажет помощь королеве Венгеро-Богемской[154].

---

[149] РГАДА. Ф. 15. Д. 76. Л. 7об. Объявление маркизу Де Ла Шетарди от 31 мая 1744 г.
[150] АВПР. Ф. 32. Оп. 1. 1744 г. Д. 6. Л. 44-44об.
[151] Там же. Д. 3. Л. 68-69об.
[152] Там же. Д. 4а. Л. 287-287об., 290.
[153] Там же. Л. 317-318.
[154] Там же. Д. 7. Л. 6-9об.

22 октября Урзинн фон Розенберг получил ответ: Елизавета требовала письменной декларации о Ботте, был дан и проект такого документа[155]. На следующий день австрийский посол подписал декларацию, переданную циркуляром 15 ноября всем министрам при иностранных дворах. 10 (21) ноября императрица объявила «дело» завершенным (Розенберг получил этот ответ 14 (25) ноября): «Помянутому Ботте никакого отмщения и зла всемилостивейше не желая, оного освобождение в единственное благоизобретение Ея Величества королевы оставлять изволит»[156]. 12 ноября Ланчинскому был направлен указ о возвращении в Вену[157]. Дипломатический конфликт был улажен.

Французскому двору не удалось окончательно прервать дипломатические отношения между Россией и Австрией. Но вопрос о сохранении союза и о предоставлении военной помощи Марии-Терезии оставался открытым. «Дело» Ботты показало, что при российском дворе есть немало желающих связать судьбу страны с Францией и Пруссией. Теперь многое зависело от действий австрийских войск и их союзников против агрессоров, поскольку России нужна была сильная Австрия, имеющая влияние в Европе.

В Нидерландах к осени наступило затишье. В средней Италии противники к ноябрю также начали занимать зимние квартиры. В Пьемонте после ничейной битвы 19 (30) сентября 1744 г. у Мадонна дель Ольмо австро-сардинские войска перешли к тактике «малой войны» и заставили франко-испанскую армию генерала от кавалерии Да Мина, потерявшую под стенами Кунео 10,5 тыс. солдат, снять осаду крепости[158]. В ноябре-декабре войска маршала принца Конти под ударами гусар и австрийских вольных рот оставили Пьемонт, бросив парк из 112 осадных орудий[159].

Самым серьезным противником Австрии продолжал оставаться Фридрих II. К сентябрю прусским войскам, дошедшим до Праги (50,6 тыс. пехоты и 21 тыс. кавалерии), противостояло только 15000 регулярной пехоты и ополченцев[160]. 7 (18) сентября после двухнедельной бомбардировки Прага капитулировала, и к октябрю пруссаки достигли Бехина и Табора.

---

[155] Там же. Л. 127-128об., 132-134об., 143-144.

[156] Там же. Л. 255-255об.

[157] Там же. Л. 86-87об.

[158] Oesterreichische Erbfolgekrieg 1740-1748. Bd. 8. S. 532-533. В бою 19 (30) сентября савойцы (39 батальонов, 35 эскадронов, 200 венгерских гусар и 2000 варасдинцев, 32 орудия) потеряли 1036 убитыми, 2495 ранеными, 854 пропавшими без вести и 3 пушки; франко-испанская армия генерала от кавалерии Де Мина (50 батальонов, 68 эскадронов и 23 орудия) потеряла 825 убитыми и 1873 ранеными. Потери австрийского гарнизона Кунео за время осады – 717 человек.

[159] Ibid. S. 542.

[160] Ibid. Wien, 1903. Bd. 7. S. 748-749, 775.

11 (22) августа на помощь войскам, обороняющим Богемию, из Эльзаса была отозвана армия принца Карла фон Лотрингена. На следующий день принц перевел полки через Рейн и форсированным маршем двинулся в Богемию, преследуемый авангардами французской армии маршала Коаньи. Они 24-25 августа (4-5 сентября) осадили и 17 (28) ноября взяли крупную крепость Фрайбург[161]. Большего маршалу сделать не удалось. Баварские войска, нарушив перемирие, при помощи французского корпуса Сегюра вновь вытеснили австрийцев из Баварии, но были остановлены в Обер-Пфальце и не смогли выйти к австрийской границе.

К 20 сентября (1 октября) австрийские армии в Богемии соединились. Под началом принца Карла было уже 53447 солдат. Выполняя условия союза 1743 г., на помощь Марии-Терезии пришла Саксония. Саксонский корпус герцога Йоханна Адольфа фон Заксен-Вайсенфельса в Богемии насчитывал до 13000 пехоты и до 3000 кавалерии[162]. Избегая решающего сражения, принц Карл использовал превосходство в кавалерии, особенно иррегулярной, действуя мелкими отрядами против коммуникаций и гарнизонов врага, охватывая его фланги. 21-22 октября австрийцы отбили Будвайс и Табор, а 14 ноября изгнали пруссаков за Эльбу. В ночь на 27 ноября из Праги, бросив артиллерию, бежал прусский гарнизон[163]. Продолжая наступление, австрийская армия зимой 1744-1745 гг. освободила Глац и Верхнюю Силезию. Всего в кампанию 1744 г. Фридрих потерял 30000 солдат и офицеров, в том числе 9000 дезертиров (потери в 1740-1742 гг. составили 20000 человек)[164].

С ноября 1744 г. австрийский двор возобновил попытки добиться вступления в войну России. 20 ноября (1 декабря) Урзинн фон Розенберг сообщил, что в Гродно завершились переговоры о новом союзе Австрии с Саксонией и Речью Посполитой. Посол в Варшаве граф А. Эстерхази получил полномочия пригласить к военному блоку и Россию[165]. Австрийские министры стали сообщать своим российским коллегам перехваченные шифрованные депеши прусских и французских представителей как при иностранных дворах, так и в Петербурге. 4 (15) декабря Урзинн вновь

---

[161] Ibid. Bd. 5. S. 590. По капитуляции из крепости вышло 457 солдат; гарнизон потерял 511 убитыми, 190 умершими от болезней, 729 дезертировавшими, 1455 ранеными и больными, 90 орудий. Армия Бель-Иля (66 батальонов, 117 эскадронов, 75 осадных орудий) потеряла 7350 убитыми, 9226 ранеными и 2000 умершими от болезней и захватила в Фрайбурге 250 орудий и 40 камнеметов.

[162] Ibid. Bd. 7. S. 169, 189. Всего 16 батальонов, 16 гренадерских рот, 20 эскадронов, 40 орудий саксонской армии.

[163] Ibid. S. 247-248.

[164] *Droysen I.G.* Geschichte der preussische Politik. T. 5. Bd. 2. S. 366.

[165] АВПР. Ф. 32. Оп. 1. 1744 г. Д. 7а. Л. 8-10.

обратил внимание Бестужева-Рюмина и Воронцова на усиление Пруссии и Франции и на их провокации против России в Швеции и Турции. Он подчеркнул необходимость примкнуть к коалиции европейских держав для защиты прав венгеро-богемской королевы[166].

Российской стороне вновь приходилось выбирать. 27 марта 1744 г. с Пруссией был возобновлен оборонительный союз, предусматривающий взаимную гарантию владений, кроме Силезии, и помощь войсками по 3000 пехоты и 2000 кавалерии[167]. Накануне вторжения в Богемию Фридрих даже поручил Мардефельду требовать от Москвы помощь против Австрии (поводом служили изгнание из Германии императора Карла VII и призвание английских войск). 18 (29) августа Бестужев-Рюмин дал невразумительный ответ, который удовлетворил прусского посла: российский нейтралитет во 2-й Силезской войне был гарантирован[168]. При дворе действовала сильная прусская партия: вице-канцлер (с 18 июля 1744 г.) М. И. Воронцов, получавший пенсию от Фридриха II, наследник престола великий князь Петр Федорович (принц Петер Ульрих Карл Голштинский), его невеста, а затем жена, дочь прусского фельдмаршала принцесса София Фредерика Августа фон Анхальт-Цербст (в православном крещении Екатерина Алексеевна), лейб-медик Елизаветы Х. Лесток. Под влиянием личности Фридриха II, награжденного в 1743 г. высшим российским орденом Св. Андрея Первозванного, находилась и сама императрица.

Тем не менее, английский посол лорд Тироулэй и голландский резидент Цварте 25 июня и 29 июля обратились к канцлеру А. П. Бестужеву-Рюмину с требованием подтверждения союза 1742 г. и оказания военной помощи воюющему с Францией Ганноверу[169]. Оборонительный русско-английский договор, заключенный в декабре 1742 г., обязывал царицу послать корпус из 10000 пехоты и 2000 драгун (с английской стороны – 12 линейных кораблей) и не попал под действие указа Елизаветы к послу в Париже А. Д. Кантемиру от 6 (17) февраля 1742 г., фактически отрицавшего все обязательства России по договорам, заключенным до переворота. И Воронцов, и Бестужев-Рюмин поддержали послов морских держав и запретили министрам в Берлине и Стокгольме Чернышову и Люберасу участвовать в переговорах о союзе с Пруссией, Швецией и Францией[170]. 1 (12) августа либо 31 июля (11 августа) ? 1744 г. за помощью обратился саксонский посол барон

---

[166] Там же. Л. 90-101об.

[167] *Щепкин Е. Н.* Русско-австрийский союз во время Семилетней войны. 1746-1758 гг. СПб., 1902. С. 8.

[168] *Karge P.* Die Russisch-oesterreichische Allianz von 1746 und ihre Vorgeschichte. Goettingen, 1887. S. 36-37.

[169] Ibid. S. 38.

[170] Ibid. S. 37.

Герсдорф, но Елизавета не захотела связывать себя обязательствами перед Августом III. Только в сентябре в Киеве начались переговоры с генерал-фельдцойгмайстером Флеммингом-младшим[171].

Елизавета не поддерживала предложения австрийских и британских дипломатов о создании «большого альянса» против Бурбонов и Пруссии. Еще 24 октября она заявила канцлеру: «Лучше всего было бы не принимать ничью сторону и не вмешиваться в чужие дела»[172]. Однако позиции изоляционистов были подорваны ростом агрессивности Пруссии. Фридриху II в декабре вновь было отказано в союзной помощи и он впервые был назван агрессором[173]. 26 декабря командующий войсками в Остзее генерал-фельдмаршал граф П. П. Ласи получил именной указ императрицы и ордер из Военной коллегии от 14 и 17 декабря соответственно о приведении вверенных ему сил в готовность к походу. В полки из отпусков возвращался личный состав, войска подлежали доукомплектованию лошадьми, вооружением, амуницией и другим снаряжением. Аналогичные указы получили генерал-аншефы В. Я. Левашов в Москве и Дж. Кейт в Петербурге и Ревеле, генерал-лейтенанты фон Штофельн и Де Бриньи[174]. Отход от изоляционизма был отмечен и переездом императорского двора из Москвы в Петербург 20 (31) декабря 1744 г.

28 декабря 1744 г. (8 января 1745 г.) в Варшаве был заключен союз Австрии, Саксонии, Англии и Голландии против Фридриха II. А 9 (20) января Пруссия лишилась опоры в Священной Римской империи: от подагры горла умер 48-летний император Карл VII. В качестве баварского курфюрста ему наследовал сын, Максимилиан Йозеф[175]. Фридрих сразу же обратился к российскому двору за посредничеством в переговорах о мире с Австрией. В рескрипте от 23 января Елизавета извещала Ланчинского о согласии стать медиатором прусско-австрийского мира[176], что свидетельствовало о конце самоизоляции. По указу от 12 февраля посол должен был объявить о «добрых официях» Петербурга в примирении Австрии, Пруссии и Баварии, выяснить позицию Августа III в деле императорских выборов, но в сами выборы не вмешиваться: «Хотя нам персона герцога Тосканского не противна, вмешиваться не хотим, а желаем скорейшаго всех воюющих держав примирения»[177].

---

[171] Ibid. S. 39-41.
[172] Ibid. S. 43.
[173] *Щепкин Е. Н.* Русско-австрийский союз во время Семилетней войны. С. 21.
[174] РГВИА. Ф. 144. Оп. 1. Д. 1. Л. 1-2: «так, чтоб по первому Ея Императорскаго Величества определению туда, куда возтребует, следовать могли».
[175] Oesterreichische Erbfolgekrieg 1740-1748. Bd. 6. S. 154.
[176] АВПР. Ф. 32. Оп. 1. 1745 г. Д. 3. Л. 10-12.
[177] Там же. Л. 15-18.

Ланчинский вернулся в Вену 2 (13) января 1745 г. Его ожидали известия о расширяющихся «аппетитах» прусского короля и слухи о направлении российских войск на помощь Георгу II[178]. Он застал и переговоры об общих военных операциях Австрии и Саксонии против Фридриха II. 9 (20) февраля в Дрезден выехали для заключения акта о плане операций английский генерал-лейтенант Бернелл и австрийский генерал-фельдцойгмайстер Ф. Эстерхази[179]. Новым подтверждением возросшей силы королевы Венгеро-Богемской стали действия против Баварии. Благодаря интригам Шавиньи, французского посла в Мюнхене, австро-баварские переговоры зашли в тупик. 14 (25) февраля молодой курфюрст возобновил войну и вскоре об этом пожалел. 11 (22) марта 1745 г. австрийцы перешли р. Инн и взяли две крепости, 18-го (29-го) штурмом овладели Вильсхофеном, а 29 марта (9 апреля) заняли Ландсхут[180]. Вспомогательный корпус Сегюра 4 (15) апреля был разбит у Пфаффенхофена и к маю бежал за р. Неккар. 11 (22) апреля было заключено перемирие на условиях отказа курфюрста от претензий на имперскую корону, Австрию и Богемию, поддержки на выборах Франца Штефана Тосканского (фон Лотринген) и введения в Баварию австрийских гарнизонов[181]. За время весенней операции «имперские», баварские и французские войска потеряли убитыми и пленными до 15000 человек. По заключенному 22 апреля (3 мая) миру в Зальцбурге Австрия выводила войска из Баварии, а курфюрст Макс-Йозеф и его наследники отрекались от «австрийского наследства», обязались разоружить имперские полки, вывести из Германии французов, вернуть пленных, обеспечить на выборах голоса курфюрстов Кёльна и Пфальца в пользу Франца-Штефана и дать войска за субсидии от морских держав в Прагматическую армию[182].

В 1742-1745 гг. Австрия отстояла свою независимость и положение великой державы практически без помощи союзников. Австрийские дипломаты безуспешно требовали от российского двора исполнения обязательств по союзному договору 1726 г., не считая союзные отношения прерванными. Их усилиями был предотвращен русско-датский конфликт летом-осенью 1743 г., по австрийским политическим каналам в Петербург и Москву шла информация о действиях шведов во время войны 1741-1743 гг. и об интригах Версаля и Берлина.

Однако российский двор после переворота, приведшего к власти императрицу Елизавету Петровну, прекратил союзнические отноше-

[178] Там же. Д. 4. Л. 71-72.
[179] Там же. Л. 110.
[180] Oesterreichische Erbfolgekrieg 1740-1748. Bd. 6. S. 197, 202-204, 211.
[181] Ibid. S. 228-229, 240, 242.
[182] АВПР. Ф. 32. Оп. 1. 1745 г. Д. 4. Л. 283-292об.

ния с Австрией, хотя официального объявления о разрыве не было. В изменившейся европейской ситуации отягощенная войной и расчленяемая соперниками Австрия не была нужна Российской империи. Этим воспользовалось французское правительство, сумевшее раздуть сфабрикованное «дело» бывшего австрийского посла в России А. О. Ботта Д'Адорно. Но развитие обстановки в Европе показало, что из великих держав только морские державы и Австрия заинтересованы в активной политике России в Европе. Военные успехи Марии-Терезии заставили российский двор, оставшийся в изоляции, вновь искать контакта со старым союзником перед лицом возрастающей агрессивности Пруссии и Франции.

3. Возобновление русско-австрийского союза: Весна 1745 г. – лето 1746 г.

3 (14) марта 1745 г. Л. К. Ланчинский привез канцлеру А. К. фон Ульфельду указ о прощении О. А. Ботта Д'Адорно[183]. Обе державы осознали гибельность взаимного отчуждения. О переменах при российском дворе свидетельствовал провал попытки раздуть новый кризис из отношений австрийского резидента и российского посла в Константинополе весной 1745 г. В указе от 26 февраля Ланчинскому сообщалось, что австрийский резидент в Турции Пенцлер якобы подстрекает визиря к войне с Россией, заявляя, что якобы Австрия «впредь никогда противу Порты действовать не будет и алианцию с нашею империею уничтожает, и Порта когда токмо заблагоразсудит, может противу нас воевать». А. П. Бестужев-Рюмин и М. И. Воронцов рекомендовали узнать подлинность этих высказываний, переданных А. А. Вешняковым, неофициально («под рукою»), чтобы австрийские министры не отреклись бы от действий Пенцлера и не потребовали вновь помощи по союзу[184]. Год назад такое событие привело бы к разрыву отношений, но когда 6 апреля Ланчинский пожаловался Ульфельду на действия австрийского резидента в Константинополе, выяснилось, что Вешняков оклеветал своего коллегу из-за того, что его не пригласили на переговоры о фарватерах, поскольку Россия не имела судов на Черном море[185]. К чести Пенцлера, он не принял навет близко к сердцу и оказал большую помощь семье Вешнякова после смерти последнего летом 1745 г.

---

[183] АВПР. Ф. 32. Оп. 1. 1745. г. Д. 4. Л. 134-135.
[184] Там же. Д. 3. Л. 26-30об.
[185] Там же. Д. 4. Л. 218-220.

Попытки российских дипломатов уйти от вопроса о позиции страны в европейском конфликте не увенчались успехом. 3 (14) марта австрийский посол Й. Урзинн фон Розенберг напомнил в соответствии с указом Марии Терезии от 6 (17) февраля канцлеру Бестужеву-Рюмину об обязательствах российского двора по союзу 1726 г., поскольку все препятствия для посылки вспомогательного корпуса устранены[186]. На аудиенции 14 (25) марта посол повторил требование помощи, упомянув, что ни Петр Великий, ни Екатерина I не снесли бы обид, наносимых их ближайшему союзнику[187]. Императрица Елизавета Петровна любила заявлять о продолжении политики Петра I, но на этот раз не сказала ничего по существу, рассыпав комплименты в адрес королевы Венгеро-Богемской[188]. Царица в то время не желала вступать в войну, но в то же время стремилась восстановить ведущую роль России в европейских делах, выступая как миротворец и посредник.

Задачей российского двора было заключение нового союзного договора с Австрией при сохранении нейтралитета в войне. Вице-канцлер Воронцов заявил что договор 1726 г. утратил силу после отмены в 1731 г. сепаратного артикула о возвращении Шлезвига герцогу Голштинскому. Такая казуистическая «находка» устроила Елизавету: ведь в 1744 г. голштинский принц Петр Федорович был объявлен наследником российского престола. 26 марта австрийский посол Урзинн фон Розенберг заявил протест канцлеру Бестужеву-Рюмину: пункт о Шлезвиге был отменен по желанию России, так же, как и внесен в договор, и такая отмена не может влиять на весь трактат; в крайнем случае посол предложил восстановить договор в прежнем виде[189]. Такого заявления как раз и ждали: теперь можно было объявить Венский договор недействующим и предложить новые условия союза.

30 мая (10 июня) 1745 г. послы Австрии, Англии, Голландии и Саксонии, потребовавшие 23 апреля вступления России в Варшавский союз против Пруссии, получили от Бестужева-Рюмина предложение нового союза с Австрией: «Постановляемой между Ея Императорским

---

[186] Там же. Д. 6. Л. 117об.-118: «Хотя доныне то, еже трактатом 1726 году постановлено, с российской стороны наблюдено не было, однако ж мы от оного отступить или при оказующем случае по оному не исполнить никако не намерены, ибо мы уверены находимся, что частию запаленная короною французскою финляндская война, частию же другие при вступлении в новое царствование неминуемо быть могущие разпоряжении императрице Всероссийской доныне в том препятствовали, но яко ныне все препятствии щастливо пресечены, тако мы тем сумневаться не хощем и не можем, чтоб она, императрица, о принятых от ея государыни матери обязательствах всемерно не усердствовала и оные не исполнила».

[187] Там же. Л. 146-147об.

[188] Там же. Л. 154.

[189] Там же. Л. 172-173об.

Величеством и королевою Венгеро-Богемскою союзной трактат хотя по поводу 1726-го года аллианции заключить, однако с выключением настоящей войны и с переменою разных артикулов и на основании имеющегося с Англией оборонительного обязательства». Утвержденные 28 мая Елизаветой условия предусматривали ограничение вспомогательного корпуса 12 тысячами солдат, замену статей о взаимных территориальных гарантиях, исключение из «случаев действия союза» Италии, Испании и азиатских государств и предоставление союзниками 30-тысячных корпусов для возвращения Шлезвига[190]. Эти условия, направленные 31 мая и Ланчинскому, не могли быть приняты Марией Терезией. Вместо военной помощи и гарантии Прагматической Санкции Австрия, ведущая тяжелую войну против Франции, Испании и Пруссии, провоцировалась на конфликт со своим союзником – Данией, обладающей Шлезвигом.

Такая позиция Петербурга вызвала возмущение как Розенберга, так и других послов. Канцлер Ульфельд заявил Ланчинскому, что российский двор ведет странную политику: «похоже было на тонущаго, которой о помощи вопит, приятель же ответствовал бы: подожди-де до завтра»[191]. Объяснения в Вене по поводу резких высказываний Розенберга на переговорах также носили напряженный характер: на замечание Ланчинского о большей заинтересованности Австрии в союзе, чем России, канцлер ответил, что в Петербурге забывают о непредсказуемости турецкой политики. Российский посол потребовал отступления Венского двора от требования военной помощи, угрожая разрывом переговоров, но в конце концов был вынужден обещать предоставление 30-тысячного корпуса для «успокоения Европы»[192]. Однако в Петербурге Розенберг 17 (28) июля вновь требовал у вице-канцлера Воронцова ответа, будет ли Елизавета Петровна исполнять обещание, данное ей при вступлении на престол[193].

Военная помощь против Пруссии и Франции могла бы быстро привести к восстановлению мира. Но в условиях русского нейтралитета летом 1745 г. положение союзников ухудшилось. 30 апреля (11 мая) при Фонтенуа Прагматическая армия потерпела поражение от возглавляемых талантливым полководцем маршалом графом Морицем Саксонским французских войск. 9 (20) июня ему сдалась крепость Турнэ, а до конца лета австрийцы потеряли в Нидерландах Гент, Брюгге, Ньюпорт и Остен-

---

[190] Там же. Л. 219-221об.
[191] Там же. Д. 4. Л. 423-425. Реляция. Л. Ланчинского от 26 июня 1745 г.
[192] Там же. Л. 459-462. Реляция Л. Ланчинского от 6 июля 1745 г.
[193] Там же. Д. 6. Л. 228-228об.

де[194]. 8 (19) июля в Шотландии высадился отряд принца Чарлза Эдуарда Стюарта, претендента на английский престол. Его поддержали кланы шотландских горцев. В тылу у Георга II появился новый фронт.

После поражений австрийской армии принца Карла Лотарингского от прусских войск 11 (22) мая у Ландесхута и 24 мая (4 июня) у Хоэнфрид-берга Фридрих II вновь вторгся в Богемию и заставил австроСаксонские войска очистить Силезию[195]. Неудачи преследовали ослабленные силы Марии Терезии и в Италии: франко-испанская армия приближалась к Турину и р. По. Вооруженная поддержка со стороны России могла бы позволить перебросить часть войск из Богемии против французов.

Почему же российский двор так противился выполнению союзни-ческого долга? Некоторые авторы, в частности А. фон Арнет и А. Ван-даль, полагали, что императрица Елизавета находилась под влиянием Людовика XV и Фридриха II. А. Вейдемейер, П. Карге и Е.Н. Щепкин искали причины в борьбе партий и в силе политиков франко-прусской ориентации в Петербурге. Действительно, партия, к которой принадле-жали лейб-медик императрицы Х. Лесток, вице-канцлер М. И. Воронцов, сенаторы князья Трубецкие, директор Артиллерийской конторы Военной коллегии генерал-фельдцейхмейстер ландграф Людвиг фон Хессен-Хомбург, почти все придворные великого князя Петра Федоровича и его жены Екатерины Алексеевны, генерал-аншеф А. И. Румянцев, обладала большой силой и влиянием[196]. Но после отъезда для лечения за границу Воронцова верх одержала, по мнению П. Карге, партия канцлера А. П. Бестужева-Рюмина, которого поддерживали генерал-фельдмаршал П. П. Ласи, послы в Варшаве барон Г. К. фон Кейзерлинк, в Берлине З. Г. Чер-нышов, в Лондоне С. Г. Нарышкин[197]. Однако вплоть до осени 1745 г. мер против прусской агрессии не принималось. Е. Н. Щепкин указывал также, что нейтралитет объяснялся стесненностью в финансах. На такую

---

[194] Oesterreichische Erbfolgekrieg 1740-1748. Bd. 9. Wien, 1914. S. 132, 142, 160, 168, 172. Союзная армия герцога Камберленда и генерал-фельдмаршала Л.Й.Д. фон Кёнигсэгга имела 46 батальонов, 90 эскадронов и 91 орудие (46800 человек), французская армия марша-ла графа Морица Саксонского – 55 батальонов, 114 эскадронов и 100 пушек (50200 человек). Потери союзников составили 2496 убитых, 4449 раненых, 709 пропавших без вести, 23 пушки и 1 знамя; французы потеряли 7345 убитыми и ранеными, 1 штандарт.

[195] Ibid. Bd. 7. Wien, 1903. S. 434, 478. В сражении при Хоэнфридберге 70-тысячная армия Фридриха II (69 батальонов, 151 эскадрон, 54 пушки) потеряла 905 убитыми, 3775 раненными и 1781 пропавшими без вести; австро-саксонская армия принца Карла Лотаринг-ского (63 батальона, 49 гренадерских рот, 25 кавалерийских полков – всего 58700 человек и 121 орудие) потеряла 3120 убитыми, 3750 раненными, 6865 пропавшими без вести и пленны-ми, 66 пушек, 76 знамен и 10 штандартов.

[196] *Вейдемейер А.* Царствование Елизаветы Петровны. СПб., 1834. Ч. 1. С. 93-94.

[197] *Karge P.* Die russisch-oesterreichische Allianz… S. 58.

нужду указывал в докладной записке о корпусе Воронцов, добавляя, что поход против Пруссии приведет к усвоению русскими солдатами «чуждых правил и начал» и будет способствовать перевороту в пользу заточенного в Шлиссельбург Ивана VI[198]. Французский резидент в Петербурге Д'Аржансон считал, что нужда в деньгах вообще исключает ведение войны Россией[199]. Камер-коллегия за 1742 г. имела убыток в 1 млн. рублей, а Штатс-контора, накопив к 1748 г. свыше 3 млн. рублей недоимок, «на все требования отвечала, что за совершенным недостатком государственных доходов уплатить ей неоткуда и не из чего»[200]. Безусловно, что и финансовые трудности страны и влияние сторонников ориентации на Пруссию и Францию были основными причинами пассивности внешнего курса Елизаветы Петровны. Однако следует учитывать и внешнеполитические факторы.

Действия «прагматических союзников» держались в секрете, российский двор видел лишь вершину айсберга дипломатии Вены и Лондона. 15 мая 1745 г. Бестужев-Рюмин сделал следующую пометку на реляции Ланчинского от 27 апреля, извещавшего о просьбе саксонского посла в Вене графа Зауля о помощи против Фридриха: «Немало дивиться надобно, что как здесь поныне, так в Дрездене и в Вене ни с которой стороны никакого откровения по сие время не учинили, и сей поступок недоверности не сходствен с обнадеживаниями дружбы обоих дворов»[201]. Канцлер опасался, что Россия, вступив в войну, будет одна нести ее тяготы. Кроме того, на наш взгляд, оказывало влияние разочарование в действенности силовой политики во время войны против Турции. После Белградского мира в обществе и при дворе все более склонялись к дипломатическим, мирным средствам решения внешнеполитических задач и международных конфликтов. Мир в Або 1743 г. и укрепление дружественных связей с Турцией в 40-е годы подтверждали верность такого курса. Усиление Пруссии вызвало стремление возобновить традиционный союз с Австрией, но не использовать армию против Фридриха II.

Однако после вторжения пруссаков в Богемию положение изменилось. 19 (30) сентября 1745 г. австроСаксонская армия была разбита у

<hr>

[198] *Щепкин Е. Н.* Русско-австрийский союз во время Семилетней войны 1746–1758. СПб., 1902. С. 19.

[199] РГАДА. Ф. 15. Оп. 1. Д. 83. Ч. 1. Л. 81об.-82об.: «...ибо одним словом сказать, что деньги суть душа всякия войны, а здешние не токмо оных не имеют, но паче самые нищие люди... Венской двор дать не может, чего он не имеет, лондонский двор сам на руках имеет затруднении довольно убыточные, ... а голанды столько благоразумия имеют и столь бережливы, что они в новые иждивении, да еще одни, обязаться не похотят».

[200] Ключевский В. О. Сочинения. Т. 4. М., 1958. С. 306.

[201] АВПР. Ф. 32. Оп. 1. 1745 г. Д. 4. Л. 269.

Зоора. Вернувшись к традиционной тактике «малой войны», принц Карл Лотарингский сумел к октябрю-ноябрю вытеснить пруссаков из Богемии. 2 (13) сентября на райхстаге во Франкфурте-на-Майне германским императором был избран муж Марии-Терезии великий герцог Тосканский Франц-Штефан III фон Лотринген (под именем Франца I). Австрия вновь приобрела статус великой державы, и с этим нельзя было не считаться. В Вене, впрочем, продолжались дебаты Ланчинского и Ульфельда по вопросу о союзе. Российский посол 28 августа (8 сентября) вновь требовал изменений в инструкциях послам союзников, грозя разрывом переговоров и объявлял подписанный им же 6 августа 1726 г. договор недействительным. Ульфельд предложил отозвать упорного Розенберга из Санкт-Петербурга, «чтобы далее не заходил». Объявил о возможности заключить конвенцию о вспомогательном корпусе и Ланчинский, но канцлер на это не ответил[202].

31 августа (11 сентября) послы стран Варшавского союза прибыли к Бестужеву-Рюмину и Воронцову. Они объявили о нападении Фридриха II на Саксонию и просили о помощи путем наступления («диверсии») в Восточной Пруссии согласно артикулу русско-саксонско-польского союза 10 (21) января 1744 г.[203] Ответа не последовало. 17 (28) сентября Й. Урзинн фон Розенберг заявил о своем отзыве и в октябре покинул Россию, продолжая добиваться помощи против Пруссии[204]. Новым послом Австрии в России был назначен барон Й.Ф. фон Претлак (Бретлах).

Прусское вторжение в Саксонию началось 14 (25) августа 1745 г. На следующий день было заключено секретное соглашение в Ганновере между лордом Харрингтоном и прусским резидентом Андриэ. Георг II становился посредником в конфликте с Австрией и гарантировал Силезию Фридриху II в обмен на его голос в райхстаге в пользу Франца-Штефана. Было постановлено, что английский двор в полтора месяца склонит к миру Марию Терезию, а в противном случае прекратит выплату субсидий. Такой шаг объяснялся неудачами на фронте против французов и стремлением к активизации австрийских войск на Рейне[205]. Когда факт сепаратного соглашения вскрылся, сомнения в искренности всех членов Варшавского союза подтвердились, и осторожность А. П. Бестужева-Рюмина оправдала себя. На райхстаге, однако, представитель Фридриха II проголосовал против Франца-Штефана, как и курфюрст Пфальца[206].

---

[202] АВПР. Ф. 32. Оп. 1. 1745 г. Д. 5. Л. 81-85об.
[203] Там же. Д. 6. Л. 229-230об.
[204] Там же. Л. 243-244об.
[205] Там же. Д. 5. Л. 203-203об. Реляция Л. Ланчинского от 24 октября 1745 г.
[206] Там же. Л. 125-125об.

Усиление Пруссии не устраивало русского канцлера. 13 (24) сентября он подал Елизавете мнение о положении в Европе. Это был второй после знаменитого мнения А. И. Остермана 1725 г. анализ роли России в современной ситуации в Европе. Канцлер развенчивал доводы сторонников изоляционизма, доказывая, что «ни одна держава без союзов себя содержать не может»[207]. Анализируя далее союзы с Англией, Пруссией, Саксонией и Польшей, он отмечал, что союз с Великобританией рожден общими интересами на Балтике и представляет гарантию невмешательства Лондона в конфликты со Швецией; альянс с Августом III дает возможность влиять на германские государства и создает барьер против Пруссии. Союз же с Фридрихом II «тако ж весьма полезен был бы, ежели бы мы при настоящих конъюнктурах искусством сведомы не были, коль мало сей государь свое слово и свои обязательства додерживает и коль мало потому на все его ласкательныя обнадеживании положиться можно»[208]. Канцлер предлагал императрице использовать ситуацию в Европе для укрепления международного престижа России, которая могла бы «течение злоключительной войны удержать и к окончанию привести». Он предупреждал, что дальнейшее бездействие приведет к потере доверия у союзников, к подчинению Речи Посполитой прусской политике и к усилению Фридриха. «В таком усилении короля Прусского, и что он хитрой, скрытной и конкейтной (склонный к завоеваниям, агрессивный – *С. Н.*) нрав имеет, кто порукою по нем есть, что он против России ничего не предпримет?» – замечал Бестужев-Рюмин. Он предлагал, однако, не прямо ввязываться в войну, а помочь вспомогательными войсками полякам, содержа их за счет Голландии[209].

Императрица слушала это мнение 20 сентября (1 октября) вместе с мнениями других дипломатов и военных, поданных в тот же день. Так, А. И. Неплюев (с декабря посол в Константинополе), отмечая запутанность прусско-саксонских дел, доказывал, что «Варшавского трактата содоговорителей весь претекст и притчина их привязывания в том состояли, дабы сие толь тяжкое бремя Ея Императорскому Величеству оставить, и следовательно искали в такие дальности завести, в каковых они сами находятся». Он предлагал сделать представления при прусском дворе для отвращения нападения на Саксонию, а летом предоставить на польское содержание 12 тыс. солдат[210]. Тайный советник И. Веселовский предлагал сочетать действия по примирению Берлина и Дрездена со вступлением

---

[207] РГАДА. Ф. 15. Оп. 1. Д. 81. Л. 3об.
[208] Там же. Л. 7, 10.
[209] Там же. Л. 14, 16.
[210] Там же. Д. 82. Л. 10об., 12, 14-16.

войск в Курляндию и Речь Посполитую (с ее согласия). С ним был солидарен И. Юрьев, который предлагал еще ввести несколько полков на саксонском содержании в Восточную Пруссию[211]. Тайный советник барон И. А. Черкасов предлагал ограничиться военной демонстрацией в Курляндии и сбором войск в Лифляндии на польских границах, не вмешиваясь в конфликт, «ибо оное малое число и сила саксонская несравненны с силою короля Прусского»[212].

Если сенаторы-дипломаты осторожничали, то военные и обер-шталмейстер князь А. Б. Куракин были настроены решительно. Генерал-аншеф А. И. Румянцев считал необходимым послать войска, несмотря на все трудности. Генерал-аншеф граф А. И. Ушаков и А. Б. Куракин предлагали не только послать в Саксонию 12 тыс. вспомогательных войск, но ввести в Курляндию еще 12000 солдат и 10000 казаков и калмыков. Генерал-фельдмаршал князь В. В. Долгоруков, президент Военной Коллегии считал, что надо ввести в Курляндию до 5 полков, а в Лифляндии собрать корпус из 20-30 полков, не считая артиллерии и казаков, и все эти силы использовать против Пруссии[213]. Наиболее четко выразил военную программу против Пруссии генерал-фельдмаршал райхсграф П. П. Ласи, командующий войсками в Остзейских провинциях. Он считал, что зимой поход через Речь Посполитую невозможен («ибо там зимою ни фуража, ни провианта сыскать невозможно, отчего как людям, так и лошадям очевидной урон причинился бы»), но необходимо расположить войска в Курляндии и бывших поместьях Э. И. фон Бирона и привести в боевую готовность полки по всей Прибалтике в сочетании с представлениями прусскому послу о широкой помощи Августу III в случае агрессии против него. Возражая против посылки корпуса, Ласи настаивал на вторжении в Пруссию («гораздо выгоднее для войск Вашего Императорского Величества было б по близости в прусския земли впадение учинить»)[214]. 8 октября он предложил также учредить магазины в Курляндии и высадить десант на галерах из 10 пехотных полков и 2000 казаков[215].

8 (19) октября 1745 г. в рескрипте к Ланчинскому сообщалось, что на помощь Саксонии будет двинут в Курляндию 12-тысячный корпус[216]. Через 4 дня к П. П. Ласи был отправлен указ Военной коллегии о под-

---

[211] Там же. Л. 18-19, 22-23.
[212] Там же. Л. 24-25об.
[213] Там же. Л. 26-30, 38-38об.
[214] Там же. Л. 34-36об.
[215] Там же. Л. 39-40.
[216] АВПР. Ф. 32. Оп. 1. 1745 г. Д. 3. Л. 151-151об.

готовке войск к широкомасштабной операции. В Курляндию велено было ввести 10 полков (пехотные Углицкий, Муромский, Белозерский, Ладожский, Азовский, Кексгольмский из Лифляндии, Апшеронский, Пермский, Тобольский и Сибирский из Эстляндии), пополненных из остзейских гарнизонов, под прикрытием отборных кирасир[217]. На квартирах в Остзее приводились в боевую готовность 20 полков[218], собиралось двойное число артиллерии[219]. Указ запрещал вывоз хлеба из Курляндии за границу. На генерал-провиантмейстера Волкова возлагалось создание провиантских и фуражных магазинов в Митаве, Виндаве (на 10 полков на полгода) и Либаве (на 20 полков). Поддерживать регулярные части должны были 4 гусарских полка, чугуевские калмыки и 6600 донских казаков[220].

Российский двор был настроен решительно. На конференции в Зимнем дворце 3 (14) октября Елизавета назвала Фридриха II агрессором и отказалась от союза с ним. Она рассчитывала предложить посредничество в мирном урегулировании, но министры единогласно высказались за военную помощь Саксонии. «Покой Российской империи и собственная безопасность требуют немедленного низвержения короля Прусского; для безопасности России надо захватить провинцию Пруссия; если мы не хотим сами ею владеть, то надо передать ее Польше, чтобы оттуда никогда не исходила опасность», - заявил П. Ласи[221]. Теперь он имел возможность осуществить свой план на деле. 19 (30) октября последовал указ о занятии Курляндии[222].

Были предприняты и политические шаги для предотвращения нападения на Саксонию. 24 октября (4 ноября) посол в Берлине граф Чернышев передал Фридриху II ноту: в случае нападения на Саксонию Россия считает себя в праве наказать агрессора. Прибывший в Дрезден М. И. Воронцов 27 октября (7 ноября) объявил о сборе 12-тысячного вспомогательного корпуса у Мезерича (хотя на деле такого формирования не было создано), о наборе 20 тыс. рекрутов и о вступлении 15-тысячного корпуса в Курляндию. Вице-канцлер рекомендовал представителям Фридриха II в Саксонии

---

[217] РГВИА. Ф. 114. Оп. 1. Д. 1. Л. 92-92об.

[218] Пехотные 2-й Московский, Черниговский, Низовский, Ростовский из Эстляндии, Казанский из Нарвы, Ингерманландский, Астраханский, Нижегородский из Санкт-Петербурга – в Лифляндии; Троицкий, Вологодский, Невский, Кабардинский, Псковский, Киевский и Архангелогородский из Санкт-Петербурга – в Эстляндии, три кирасирских полка, Каргопольский и Архангелогородский драгунские.

[219] Там же. Л. 93-94.

[220] Там же. Л. 94об.-95об.

[221] *Karge P.* Die russische-oesterreichische Allianz 1746... S. 61, 63.

[222] *Droysen I.G.* Geschichte der preussische Politik. Leipzig, 1876. T. 5. Bd. 2. S. 583, 585–586.

завершить конфликт миром. В тот же день прусский монарх объявил о согласии на посредничество России в завершении конфликта[223].

Решительные военные меры для обороны Саксонии предприняла Мария Терезия. 8 (19) ноября в Дрезден прибыл принц Карл. Его войска занимали без потерь важнейшие оборонительные узлы страны: горные проходы, крепости, почтовые дороги. В Лейпциге находился обсервационный саксонский корпус, в Обер-Лаузице (Лужицах) австрийский авангард фельдмаршал-лейтенанта Грюне, основные силы саксонской армии графа Рутовски обороняли Нидер-Лаузиц. 12 (23) ноября полки Фридриха II вторглись в Саксонию и нанесли поражение саксонцам у Католиш-Хеннерсдорфа, а 30 ноября заняли Бауцен[224]. Король Август III покинул Дрезден и бежал в Прагу. 19 (30) декабря эта весть достигла Санкт-Петербурга[225]. Посол в Саксонии М. П. Бестужев-Рюмин (брат канцлера) оправдывался тем, что позднее время года не дает возможности начать поход[226]. 4 (11) декабря 1745 г. у Кессельдорфа была разгромлена и отброшена в Богемию австро-саксонская армия принца Карла. Через два дня Фридрих II принял капитуляцию Дрездена[227].

Военный разгром Саксонии встревожил российский двор. Конечно, у Пруссии не было сил для агрессии против России, и Фридрих II никогда не преследовал такой цели. Но каковы могли быть его последующие действия? Разумеется, саксонский курфюрст не был бы лишен имперского лена, но за это он мог бы поплатиться не только частью наследных земель, но и польской короной. Возведение на польский престол прусского принца создало бы на западных границах России агрессивное государство, способное стать непроходимым барьером на пути в Европу. Именно нерадостная перспектива новой изоляции толкнула, наконец, императрцу Елизавету к форсированию военных приготовлений и русско-австрийских переговоров о возобновлении союза.

---

[223] Oesterreichische Erbfolgekrieg 1740–1748. Bd. 7. S. 664, 696. 30 сентября армия принца Карла Лотарингского (47 батальонов, 37 гренадерских рот, 96 эскадронов, 15 конногренадерских и карабинерных рот, всего 25837 пехоты, 12706 кавалерии и 9000 иррегулярных войск) потерпела поражение у Зоора в Богемии от армии Фридриха II (31 батальон, 51 эскадрон – 22562 человека). Австро-саксонские войска потеряли 1082 убитыми, 3249 ранеными, 3102 пленными, 8 знамен и 19 орудий, пруссаки — 886 убитыми, 2721 ранеными, 304 пропавшими без вести. 12 (23) ноября в бою у Католиш Хеннерсдорфа саксонцы потеряли только пленными 911 человек, 3 знамени, 2 штандарта и 4 пушки.

[224] Там же.

[225] АВПР. Ф. 32. Оп. 1. 1745 г. Д. 5. Л. 285. Реляция Л. Ланчинского от 27 ноября 1745 г.

[226] *Karge P.* Die russisch-oesterreichische Allianz 1746… S. 67.

[227] Oesterreichische Erbfolgekrieg 1740–1748. Bd. 7. S. 719-720, 727. 30-тысячная армия Фридриха II (35 батальонов, 95 эскадронов, 33 пушки) потеряла 5036 убитых и раненых, а австро-саксонские войска (31 тыс. солдат и 73 орудия) – 4010 убитых и раненых, 6.658 пленных, 48 орудий, 6 знамен, 3 штандарта.

20 (31) декабря 1745 г. императрица подписала указ о собрании военного совета для обсуждения мер помощи Августу III (28 ноября (9 декабря) он направил грамоту Елизавете), ссылаясь на необходимость обуздать агрессию Фридриха II: «уважая несправедливое и богу весьма неугодное начатие войны королем Прусским, впадение его в Саксонию, недодержательство всех его трактатов и обещаний, конкерантной его нрав, умножающуюся его силу, ближнее его с нами соседство, конексию его в Швеции и происходящие от него в Польше вредительные интриги». Императрица оправдывала свою медлительность в посылке корпуса тем, что стремилась к мирному урегулированию конфликта[228].

21 декабря в Зимнем дворце собралась конференция в составе канцлера графа А. П. Бестужева-Рюмина, обер-шталмейстера князя А. Б. Куракина, генерал-аншефов А.И. Ушакова, графа А. И. Румянцева, князя В. А. Репнина и А. Б. Бутурлина, генерал-прокурора Сената князя И. Ю. Трубецкого, тайных советников барона И. А. Черкасова, И. Юрьева и И. Веселовского, генерал-кригс-комиссара С. Ф. Апраксина. Черкасов зачитал указ от 20 декабря; затем были заслушаны мнения, поданные в конференции. 20 сентября. Через день сенаторы слушали грамоту польского короля в присутствии Елизаветы. Заседания продолжались до 26 декабря, когда было сформулировано решение:

1) собрать и держать в готовности к походу в Лифляндии и Эстляндии 30 пехотных полков с артиллерией;

2) подготовить к походу три гусарских полка (кроме Молдавского), 6000 донских, слободских, чугуевских и малороссийских казаков;

3) подготовку и сборы войск возложить на генерал-фельдмаршала П. Ласи;

4) все остальные войска привести в боевую готовность; объявить рекрутский набор в 50 тысяч человек;

6) войска из Москвы перевести в Санкт-Петербург;

7) отменить все отпуска солдатам и офицерам;

8) вооружить парусные корабли и галеры, организовать постоянные учения флота;

9) в случае необходимости вступить в Речь Посполитую, содержать войска за счет польского короля, вступить в Пруссию и «усмирить в одну кампанию» Фридриха II , не дав ему объединиться с Францией и Швецией[229].

28 декабря П. П. Ласи получил письмо А. П. Бестужева-Рюмина с предложением разработать план операции против Пруссии с использова-

---

[228] РГВИА. Ф. 114. Оп. 1. Д. 2. Л. 15-16.
[229] РГАДА. Ф. 15. Оп. 1. Д. 82. Л. 1-2об., 4, 57-62об.

нием галерного флота для высадки десантов[230]. Все эти действия показывают решимость российского правительства идти до конца.

Правда, до войны дело не дошло. 18 (29) декабря посол в Вене Л. Ланчинский получил точное известие о заключении 14 (25) декабря 1745 г. мира в Дрездене между Пруссией, Саксонией и Австрией. Фридрих II очищал Саксонию и признавал Марию Терезию императрицей. Последняя гарантировала включение Силезии и Глаца в состав Пруссии и отказывалась от претензий на эти области. 8 января это стало известно российскому двору[231]. Можно смело сказать, что основной причиной внезапного «миролюбия» Фридриха были военные приготовления России в Прибалтике. Занятие русскими полками Курляндии было воспринято в Потсдаме как поход на Пруссию. 4 (15) ноября 1745 г. Фридрих II писал Людовику XV «Между тем российская императрица отправляет саксонцам помощной корпус двенадцати тысяч человек, кои действительно к прусским границам приближаются. Я от дружбы, благосклонности и мудрости Вашего Величества ожидаю советов в толь сумнительном случае, и можете ли Вы резолюцию принять в сей опасности оставить последняго Вашего в Германии остающегося союзника?»[232] Прусского короля и его правительство пугала перспектива борьбы с военным союзом Речи Посполитой, Саксонии, Австрии, Англии и России. Так военно-политическое давление на агрессора привело (без применения российских войск) к выводу из войны опаснейшего противника Марии Терезии.

В то же время внезапное подписание мира со стороны Австрии и Саксонии усилило опасения в искренности союзников России. Австрийские дипломаты опасались усиления партии Лестока, а российский двор старался подготовиться к возможному нападению Фридриха на Курляндию и Лифляндию в отместку за поддержку Австрии и Саксонии[233].

Прибывший в Петербург австрийский посол камергер и генерал-фельдвахтмайстер барон Й.Ф. фон Претлак 17 (28) декабря имел аудиенцию у Елизаветы и через неделю подал промеморию о восстановлении союза на основе трактата 1726 г. Одним из новых условий было предоставление 40-тысячного корпуса для борьбы с Пруссией и Францией за 2 млн. гульденов в год[234]. На этот раз императрица одобрила идею возобновления союзов с Данией и Австрией, о чем 4 января 1746 г. и был извещен Бесту-

---

[230] РГВИА. Ф. 114. Оп. 1. Д. 2. Л. 13–14об.

[231] АВПР. Ф. 32. Оп. 1. 1745 г. Д. 5. Л. 330об.

[232] Там же. Д. 8. Л. 63–63об. Сообщение Й.Ф. фон Претлака от 27 декабря 1745 г.

[233] *Щепкин Е. Н.* Русско-австрийский союз во время Семилетней войны 1746–4758. С. 38, 44.

[234] Там же. С. 36; АВПР. Ф. 32. Оп. 1. 1745 г. Д. 8. Л. 30–33об.

жев-Рюмин[235]. 7 (18) января на придворной конференции был утвержден план операций, разработанный генерал-фельдмаршалом Ласи. В составе Остзейского корпуса (в Эстляндии, Лифляндии и Курляндии) решено было собрать 44 регулярных полка и несколько тысяч казаков, расположенных от Курляндии до Смоленска (из Курляндии после подписания Дрезденского мира полки были выведены, но базы и склады остались); одновременно было приказано вывести войска Украинского корпуса в летние лагеря, а в Петербурге собрать десантный отряд из 11 полков пехоты[236].

Активные военные приготовления в России подтверждал депешей от 17 (28) января французский резидент в Петербурге Д'Альон. Он уведомлял Версаль, что весной в поход от Риги может двинуться 60-тысячная армия, поддерживаемая 12 линейными кораблями и 80 галерами из Кронштадта[237].

22 января 1746 г. Претлак интересовался ответом Бестужева-Рюмина на предложение о союзе. Через три дня канцлер дал ему проект союзного договора «с некоторыми по нынешним европейским обстоятельствам малыми отменами». Претлак, прочтя проект, «с немалым сожалением отозвался, что нынешняя с Франциею война во оном выключена», но канцлер объяснил это тем, что вступление в войну с Людовиком XV было бы тягостно для императрицы[238]. Действительно, хотя в преамбуле и говорилось о восстановлении трактата от 6 августа 1726 г., в статьях проекта исключался casus foederis для войны с Францией и конфликтов в Испании и Италии, а также в Персии. Сторона, предоставившая помощь, могла в случае нападения на нее в течение двух месяцев отозвать войска или задержать их отправку до тех пор, «пока реченная нужда продолжится»[239]. Большинство из 18 пунктов касались содержания вспомогательных войск. Помогающая сторона должна была включаться в общий мирный договор, «чтоб она никакого вреда понесть не могла за те сукурсы, кото-

---

[235] *Щепкин Е. Н.* Русско-австрийский союз во время Семилетней войны 1746–1758. С. 44.

[236] РГАДА. Ф. 15. Оп. 1. Д. 82. Л. 75-81об.

[237] Там же. Д. 83. Ч. 1. Л. 80–81: «великое число большой артиллерии в Ригу послано. Все регулярные войска, которые не весьма от здешних места удалены, кроме полков гвардии, да Ингермоландского и Астраханского, указ получили о немедленном походе в Лифляндию. Знатной корпус казаков и калмыков собирают; денно и ночно работают при вооружении галер; все карабли, кои служить в состоянии, такожде вооружаются. По таким разпоряжениям я чаю, что будущей весны в Лифляндии и Курляндии находиться будет армеа от 50 до 60 тысяч человек, сверх нерегулярных войск, и что по прошествии льда, то есть в начале июня, из Кронштадта выдут, может быть, около 80 галер, да и много что 12 линейных караблей».

[238] АВПР. Ф. 32. Оп. 1. 1746 г. Д. 5. Л. 3-4.

[239] Там же. Д. 8. Л. 25–27, 28об.-29.

рые она своему союзнику дала бы». К союзу приглашались Август III как король Польши и курфюрст Саксонии и Речь Посполитая[240]. 13 (24) февраля проект был получен в Вене. С первого взгляда было ясно, что он отражает более русские, нежели австрийские интересы. Но выбора у Марии Терезии не было. Французские войска вели успешные действия в Нидерландах, франко-испанская армия в Италии блокировала в декабре 1745 г. Милан. Непрерывно шли сведения о сепаратных переговорах Сардинии с Версалем и Мадридом. 13 (24) февраля Мария-Терезия подтвердила полномочия Претлака на заключение союза[241].

8 (19) марта 1746 г. австрийский министр в СанктПетербурге объявил о контрпроекте Марии Терезии и о полномочиях заключить договор. На следующий день он сообщил перехваченное письмо А. К. Бонневаля (Ахмед-паши) к прусскому канцлеру Х. А. фон Подевильсу с предложением проекта прусско-турецкого альянса против России[242]. Эта информация, видимо, повлияла на большую склонность российского двора к переговорам о возобновлении союза. Стремясь продолжать диалог с имевшим влияние на императрицу Претлаком, Бестужев-Рюмин 27 марта в рескрипте к Ланчинскому требовал от последнего добиться в Вене оставления барона в России (его собирались отозвать к армии как генерал-фельдмаршал-лейтенанта)[243].

Австрийские предложения сводились к тому, чтобы Россия приняла участие в войне с Францией. Для этого Претлак 6 апреля предложил выделить для помощи Австрии 6–8 тысяч солдат. Этот корпус дополнил бы 24-тысячную армию, выставляемую Россией за субсидии морских держав. С российской стороны выдвигалось требование гарантии германских владений Петра Федоровича императором Францем I[244]. Проекты договора отличались от трактата 1726 г. еще и обилием секретных, «секретнейших» и сепаратных пунктов. По сути дела, в них и заключался главный смысл соглашения. Переговоры об этих пунктах начались 14 (28) марта. Затрагивались вопросы о гарантии Шлезвига герцогу Голштинскому (причем Австрия отказывалась от положений договора

---

[240] Там же. Л. 35, 36–37.

[241] *Droysen I.G.* Geschichte der preussische Politik. T. 5. Bd. 3. Leipzig, 1881. S. 74.

[242] АВПР. Ф. 32. Оп. 1. 1746 г. Д. 5–6, 19–22.

[243] Там же. Д. 3. Л. 16: «Сей барон Бретлах своими похвальными и искусными поступками и поведением нашу всемилостивейшую, да и генерально у всех апробацию себе таким образом приобретает, что мы, тем его поведением весьма довольны будучи, не инако, но признавать хотим, что едва ли кто другой к желаемому между обоими дворами доброй дружбы содержанию и к наивящшему доброго же согласия узлов сопряжению способнейшим быть может».

[244] Там же. Д. 5. Л. 57-59, 60-61об.

15 (26) мая 1732 г. с Данией, так как последняя не оказала помощи в войне против Пруссии и Франции)[245], о невмешательстве России в войну с Францией, о введении 3-месячного срока для оказания военной помощи (российский двор требовал также, чтобы в этот срок не включались «4 зимних месяца» – с декабря по март)[246], о признании Фридриха II агрессором и о действиях в случае возобновления им войны, а также о совместной войне против Турции при нарушении ею Белградского мира 1739 г. (австрийцы настаивали на возобновлении войны и при отказе Порты продлить срок мирного договора)[247]. Австрийская сторона также предлагала ограничить срок действия нового договора о союзе 25 годами и привлечь к нему английского короля Георга II. Претлак указывал и на необходимость приведения в боевую готовность 30-тысячных вспомогательных корпусов сторон при нападении на итальянские владения Австрии и на кавказские владения России, граничащие с Персией по реке Терек[248].

16 (27) апреля Елизавета Петровна в целом одобрила сводный проект договора, отразивший стремление не вмешиваться в войну с Францией. 18 (29) апреля Претлак при встрече с Бестужевым требовал внесения пункта о помощи для отвоевания Силезии и Глаца (при возобновлении войны Фридрихом II) в размере более чем 60 тыс. человек (за 2 млн гульденов). Канцлер отказывался, повторяя, что Елизавета сверх денег «ни на пядень земли себе не требует». Австрийский министр настаивал на прибавлении хотя бы 10000 казаков на условии, «чтобы здешняя империя хотя Курляндию и всю Пруссию себе присвоила, дабы тем короля Прусского для общей безопасности в слабость привесть». Канцлер согласился только на предоставление 60–70 галер для десанта. Предложения о совместной защите Саксонии и Речи Посполитой были отвергнуты Бестужевым-Рюминым[249].

На следующий день Претлаку был сообщен утвержденный императрицей проект. Больше всего австрийского посла не устраивал пункт об исключении «зимних месяцев». Прибывший к Бестужеву-Рюмину резидент Н. С. фон Хоэнхольц 3 (14) мая настаивал на изъятии этого положения, чтобы Фридрих не мог бы воспользоваться им для нападения именно зимой[250]. Подписание договора несколько задержала болезнь

---

[245] Там же. Д. 8. Л. 40-43.
[246] Там же. Л. 56об.-57об.
[247] Там же. Л. 38-39об.
[248] Там же. Л. 89, 97об., 186об.-187.
[249] Там же. Д. 5. Л. 114-116.
[250] Там же. Д. 6. Л. 27-28.

Претлака. Только 8 мая он вручил императрице верительные грамоты и 12-го объявил о согласии с проектом, прося канцлера «подписанием инструментов союз на сей неделе в совершенство привесть»[251]. Вечером 22 мая (2 июня 1746 г. в доме канцлера Бестужев-Рюмин, Й.Ф. фон Претлак и Н. С. фон Хоэнхольц подписали союзный договор. Он предусматривал следующее:

1) восстановление «истинной, вечной и постоянной дружбы» между Елизаветой Петровной, Марией Терезией и их наследниками;

2) оказание военной помощи при нападении «от кого бы то ни было» на кого-либо из союзников;

3) установление размера вспомогательного корпуса (20 тыс. пехоты и 10 тыс. кавалерии) и срока оказания помощи (3 месяца), исключение из «случаев союза» (casus foederis) идущей в Европе войны, нападений Испании в Италии и Персии на Кавказе; но приготовление 30-тысячных корпусов в двух последних случаях;

4) если сторона, направившая корпус, подверглась нападению, то вспомогательные войска отзываются в течение двух месяцев; при нападении до предоставления войск отправка корпуса задерживается «на то время, пока реченная нужда продолжится»;

5) вспомогательные войска получают артиллерию (по две 3-фунтовых пушки на батальон), амуницию, жалованье и рекрутов из своей страны, а провиант и фураж (фунт мяса, 2 фунта хлеба, 1/30 фунта соли и 1/7 фунта крупы на человека в день), не считая взятого у неприятеля, — от союзника;

6) сторона, просящая помощи, обязана обеспечить проход союзных войск через нейтральные земли (в частности, через Речь Посполитую);

7) командующий вспомогательным корпусом присутствует в военном совете и подчиняется назначаемому просящей стороной генералу;

8) ранги командующих основными войсками и вспомогательным корпусом должны быть равными «для предупреждения всякого несходства и какой-либо ошибки»;

9) вспомогательным войскам гарантируются свободы в отправлении культа, в содержании переписки и юрисдикции; обоюдные конфликты разрешаются комиссарами по законам каждой из сторон;

10) вспомогательные войска пользуются всем, чем пользуются войска союзника, включая и трофеи, содержатся по возможности вместе и употребляются наравне с прочими, чтобы «помощные войска трудностям паче других подвержены не были»;

---

[251] Там же. Д. 5. Л. 173-174.

11) если союзники сочтут недостаточными силы, выделяемые по п. 3, или «иногда по воинскому резону случиться может, что… полезнее будет общаго неприятеля из собственных каждой высочайшей стороны провинций атаковать», то они держат общий совет о совместных действиях;

12) союзники заключают мир или перемирие только вместе;

13) послы союзников при иностранных дворах имеют общие советы и помогают друг другу;

14) стороны не дают убежища бунтовщикам;

15) к союзу приглашаются король Польский и Речь Посполитая, а также король Англии как курфюрст Брауншвейга и Люнебурга;

16) при отказе Речи Посполитой присоединиться к союзу приглашается курфюрст Саксонии;

17) договор заключается на 25 лет;

18) ратификация договора осуществляется в течение двух месяцев.

Секретнейший пункт предполагал ведение совместной войны при нарушении Османской Портой Белградского мирного договора. Он был заключен сроком на 20 лет, то есть вплоть до истечения срока мира 1739 г., но мог быть возобновлен и ранее, если какая-либо из сторон заключит новый трактат с турками. Секретные пункты предусматривали:

1) гарантию наследственных земель в Германии цесаревича Петра Федоровича и заключение «особливого договора о другом способе к совершенному доставлению» Шлезвига, если российско-датские переговоры не увенчаются успехом;

2) «в разсуждение теперешних обстоятельств повод сего союза на имеющуюся теперь между Ея Римским Цесарско-Королевским Величеством и Его Величеством королем Французским войну нимало простираться не должен, а напротив того, упомянутая война сим нарочно исключается»; но при новой войне с Францией Россия выставляет корпус в 12 тыс. пехоты и 3 тыс. кавалерии, или дает полмиллиона рублей; помощь таким же количеством войск или денег окажет Австрия при новой русско-шведской войне;

3) приведение в готовность 30-тысячных корпусов при войне в Италии или России против Персии; эти войска будут использованы, если в эти конфликты вмешаются Франция (против Австрии) или Швеция (против России); помощь в этом случае подается в три месяца, не считая времени с декабря по март;

4) гарантию соблюдения Австрией Дрезденского мира 14 (25) декабря 1745 г. и соглашение сторон о действиях при нарушении мира Пруссией: против нее в таком случае союзники выставят по 30 тыс. человек в Богемии, Моравии и Венгрии, а также в Лифляндии, Эстляндии «и других

пограничных землях», через 2–3 месяца соберут еще по 30 тыс. человек, а если нужно – и более, и будут действовать до разгрома агрессора армией и флотом с целью отобрать Силезию и Глац;

5) нынешняя война не должна влиять на выполнение 4-го секретного артикула. Сепаратный артикул обязывал Марию-Терезию привлечь к подтверждению договора и к секретному пункту о Шлезвиге своего мужа — германского императора. Тогда же была подписана декларация о присоединении к союзу Франца I[252]. 16 (27) июня Мария-Терезия, а 2 (13) июля Елизавета Петровна ратифицировали договор.

Этот трактат можно считать одним из первых тайных договоров России: его смысл раскрывался именно в секретных артикулах, в отличие от оборонительного альянса 1726 г. Австрийской дипломатии удалось, хотя и ценой немалых жертв, восстановить союзные отношения. Однако издержки были велики: страна не получала столь горячо ожидаемой военной помощи, основное острие нового трактата было направлено против Пруссии, вышедшей из войны, и против «традиционного» врага — Турции, которая также не собиралась воевать против Австрии и России. Российские дипломаты во главе с канцлером А. П. Бестужевым-Рюминым сумели заключить наиболее выгодный для страны договор: трактат 1746 г. почти ни к чему в современной европейской обстановке не обязывал, но в то же время гарантировал помощь в возможных конфликтах с ближайшими «беспокойными соседями» — Швецией, Пруссией и Турцией. Обращает на себя внимание то, что этим договором Россия поворачивала свою военную мощь против Пруссии.

Положение Австрии в итальянских землях в 1746 г. улучшилось. Весной войска под командованием генерал-фельдмаршала У. фон Брауна и вышедшего из тюрьмы и произведенного в генерал-фельдцойгмайстеры Ботты Д'Адорно начали наступление против франко-испанской армии. 16 (27) марта испанцы были разбиты у Гуасталлы, 11 (22) апреля сдалась Парма. В мае — августе франко-испанская армия герцога Мельбуа потерпела еще несколько поражений от австро-сардинских войск (29 апреля (10 мая) у Кодоньо, 6 (17) июня у Пьяченцы, 18 (29) июля и 30 июля (10 августа) на реках Требья и Тидоне — у Роттофредо) и отступила во Францию. Победители вывели из войны Геную (27 августа (7 сентября) она сдалась на капитуляцию) и достигли реки Вар в Провансе.

Но обстановка в Нидерландах продолжала ухудшаться. Из-за отказа имперских округов выставить войска фронт на Рейне не был открыт[253].

[252] *Мартенс Ф.* Собрание трактатов и конвенций, заключенных Россиею с иностранными державами. СПб., 1874. Т. 1. С. 145-177.

Давление французов во Фландрии увеличивалось. Правда, якобитское движение в Шотландии к апрелю было подавлено, но оно отвлекло на себя часть английских полков. 22 мая (2 июня) французы овладели Антверпеном, 30 июня (11 июля) взяли Монс, 23 сентября (4 октября) — Намюр. Союзная армия, потерпев поражение от маршала Морица Саксонского 30 сентября (11 октября) 1746 г. у Року, отступила за реку Маас и смирилась с потерей Брабанта[253]. Почти все австрийские владения в Нидерландах были захвачены французскими войсками. У Марии Терезии оставалась последняя надежда: добиться вступления России в войну, используя ее союз с Великобританией.

Переговоры в Санкт-Петербурге привели в мае 1746 г. к возобновлению русско-австрийского оборонительного союза. К этому решению российское правительство пришло после агрессии Фридриха II против Саксонии. Партия вице-канцлера М. И. Воронцова и лейб-медика Х. Лестока не могла более сдерживать стремление группы канцлера А. П. Бестужева-Рюмина и высшего генералитета обуздать территориальный и военный рост Пруссии. Российский двор и сама Елизавета стали более опасаться Фридриха, нежели симпатизировать ему. Первым актом нового курса стал сбор войск для помощи Саксонии и для защиты собственных границ с Речью Посполитой. Это действие заставило берлинский двор пойти на заключение 14 (25) декабря 1745 г. мира в Дрездене. Опасаясь агрессии Пруссии против прибалтийских провинций, правительство России активизировало переговоры о союзе с Австрией. Трактат 22 мая (2 июня) 1746 г. ясно обозначил антипрусское направление внешней политики А. П. Бестужева-Рюмина, но в то же время дал гарантии безопасности северных и южных границ России, не ввязывая ее в европейскую войну. Венскому двору не удалось добиться военной помощи от России, но союз, предусматривающий широкомасштабные операции против Пруссии с целью освобождения Силезии, был наконец заключен. Это было соглашение, к которому шли обе державы. Обязательства же Австрии в отношении Голштинии, предусмотренные договором, вскоре были лишены силы: 9 (20) июня

---

[253] АВПР. Ф. 32. Оп. 1. 1746 г. Д. 4. Л. 174об. Реляция Л. Ланчинского от 23 апреля. Всего за март–август в Италии франко-испанские войска потеряли убитыми, ранеными и пленными 38054 человека, а также 176 орудий. Австро-сардинские войска потеряли не более 4500 человек.

[254] Oesterreichische Erbfolgekrieg 1740–1748. Bd. 9. S. 280, 286, 385, 444. В сражении при Року армия маршала Морица Саксонского (97 батальонов, 80 эскадронов, 120 орудий — всего 111000 человек) потеряла 1138 убитыми и 2629 ранеными; 70-тысячная союзная армия принца Карла Лотарингского (91 батальон, 201 эскадрон) лишилась 1694 убитыми, 1172 ранеными, 1700 пропавшими без вести, 39 орудий, 10 знамен и 1 штандарта.

Елизавета возобновила союз с Данией, отказавшись за помощь в 12 тыс. солдат и 12 кораблей от гарантии Шлезвига для своего племянника и наследника[255].

§ 4. Выбор противника. Лето 1746 г. – Зима 1748 г.

Реализация условий возобновленного союза между Австрией и Россией была неодинаковой для обеих держав. Если для правительства Марии Терезии было важно добиться военной помощи против Франции, то для Елизаветы Петровны и ее двора по-прежнему стоял вопрос о нейтрализации Пруссии как возможного агрессора в восточном направлении. Вряд ли, конечно, Пруссия могла бы развязать войну против России и добиться в ней победы. Такую задачу Фридрих II никогда не ставил. Но тревога российских политиков основывалась на возможности Берлина организовать альянс со Швецией и Турцией: такой блок мог бы в условиях австро-французской войны привести к фактической изоляции России и к потере ею завоеваний в Прибалтике и на южных границах. Правда, вооруженные силы Швеции были разгромлены в войне 1741—1743 гг. и не успели оправиться от потерь. Однако союз с мощной в военном отношении Пруссией, способной выставить в поле до 150 тыс. солдат (то есть число, равное российской регулярной армии мирного времени), мог разжечь реваншистские настроения. В условиях, когда российский двор пытался навязать голштинских принцев не только Стокгольму, но и Копенгагену, союз с Данией был бы для Елизаветы неэффективен. Особенно опасной была возможность прусско-турецкого союза. Турецкий двор не желал в 40-е годы войны с Россией, его устраивал Белградский договор 1739 г., провозглашенный «вечным миром» в 1747 г. Но всем известна была нестабильность внешнего курса Порты, доступность верховной власти в Константинополе для различного рода проходимцев и авантюристов. Так, долгое время в чести у Порты были такие враги Австрии и России, как А. К. Бонневаль, «украинский гетман» Ф. Орлик, «князь Трансильвании» Й. Ракоци. Пока Австрия воевала в Нидерландах и Италии, надежда на ее помощь в возможной войне с Турцией была призрачной. Хотя до сих пор Вена была в целом верна союзу с Россией, окружение Елизаветы Петровны не могло не помнить, как оно само в 1741-1746 гг. уклонялось от выполнения союзнического долга. Теперь можно было ожидать того же и от Австрии, тем более что

---

[255] *Karge P.* Die russisch-oesterreichische Allianz… S. 86.

тяжесть войны с Францией и Испанией не шла ни в какое сравнение с русско-шведской войной 1741-1743 гг. Итак, безопасность России требовала не только союза с Марией-Терезией. Союз с Австрией имел смысл лишь при условии сохранения ее как великой державы, сильной в военном отношении, а также при условии мира в Европе. На этом пути были две сложные проблемы: нежелание ввязываться в европейскую войну, могущую вызвать разного рода политические осложнения, и стремление избежать финансового краха из-за вынужденных военных приготовлений в Прибалтике.

Российские военные приготовления весной 1746 г. сильно испугали Фридриха II. По его расчетам, против 120 тыс. прусских солдат могла выступить такая же армия союзников (40 тыс. русских, 60 тыс. австрийцев, 20 тыс. саксонцев), а второй эшелон и резервы не поддавались исчислению. 8 (19) апреля 1746 г. он писал канцлеру Подевильсу: «Я не боюсь регулярной русской армии, но я боюсь куда больше казаков, татар и всех этих бандитов, которые могут в течение 8 дней выжечь и опустошить всю страну без малейшей возможности помешать им. Если вероятно объявление войны со стороны России, то я не вижу иного способа [защиты], кроме покупки мира у тщеславного министра (имелся в виду А. П. Бестужев-Рюмин. – С. Н.) за 100—200 тыс. талеров»[256]. 19 (30) апреля прусский король направил в Санкт-Петербург ноту протеста по поводу концентрации войск на границах с Пруссией и Речью Посполитой, а также 100 тыс. талеров (более 100 тыс. рублей серебром) для канцлера Бестужева-Рюмина. Деньги были вручены во время переговоров с А. Мардефельдом о российской гарантии Дрезденского мира. Но Бестужев-Рюмин заявил, что о гарантии Силезии не может быть и речи, а концентрацию войск оправдал интересами обороны в условиях европейской войны[257]. Новые опасения для Пруссии возникли в связи с подписанием и ратификацией русско-австрийского союза и сбором австрийских войск (34 батальона, 40 эскадронов) в Богемии[258].

Сложилась парадоксальная ситуация: боясь нападения друг друга, Россия и Пруссия наращивали войска и вооружения на границах, и эта эскалация военной напряженности вызывала новые приступы обоюдного страха и недоверия. 17 мая 1746 г. был подтвержден указ Елизаветы о запрете вывоза хлеба из Курляндии (выяснилось, что хлеб продавался Пруссии); затем последовали указ Военной коллегии от 31 мая и письмо Бестужева-Рюмина к фельдмаршалу П. Ласи в Лифляндию о необходи-

[256] *Droysen I.G.* Geschichte der preussische Politik. Leipzig, 1881. T. 5. Bd. 3. S. 46.
[257] Ibid. S. 126–127, 129.
[258] Ibid. S. 175, 187.

мости усиления мер против проникающих в Ригу через Польшу прусских шпионов[259]. 11-12 (22-23) августа в Петергофе проходила сенатская конференция по вопросам безопасности Лифляндии и Эстляндии. Генерал-прокурор Сената кн. И. Ю. Трубецкой, генерал-лейтенант П. Шувалов и генерал-аншеф А. И. Румянцев выступили против наращивания войск на границах, за сокращение расходов на армию и за отвод полков из Остзейской провинции вглубь страны[260]. Но под давлением группировки канцлера А. П. Бестужева-Рюмина и военных (генерал-аншефы А. Б. Бутурлин, кн. В. А. Репнин, С. Ф. Апраксин – президент Военной коллегии) Елизавета Петровна согласилась оставить на зимних квартирах в Лифляндии и Эстляндии, включая Нарву, 25 пехотных, 2 ландмилицких гренадерских, 2 кирасирских полка, во Пскове и Великих Луках держать еще 3 драгунских и 3 гусарских полка, в Ревеле расположить десантный корпус из 4 пехотных полков, а также реквизировать хлеб в помещичьих и монастырских владениях Псковской и Остзейской провинций и свезти его в магазины для содержания войск[261].

Перехваченная переписка французских дипломатов подтверждала опасения. Более того, она свидетельствовала о заинтересованности Франции в продолжении прусской агрессии, в направлении ее против России. Французский резидент в Берлине писал своему коллеге в Санкт-Петербурге Д'Альону 6 (17) августа: «Страхи и безпокойства здесь продолжаются; обнадеживают, что в трактате между российским и венским дворами особливо постановлено, что в случае, когда б прусской король намерениям венгерской королевы в Империи некоторым образом препятствовал, тогда императрица повелит войскам своим вступить в Пруссию. Разсудите же, сколько сие мнение Его Величество Прусское удерживает, которого мы по великим резонам желаем быть освобожденна от подобных опасений»[262]. Правда, в Версале полагали, что не стоит опасаться вмешательства России в войну: этому будут препятствовать «непреоборимые препоны»: «недостаток в деньгах и трудность в получении прохода для корпуса российских войск некоторой знатности чрез области короля Прусского партикулярно, а чрез все области Империи – генерально». Причинами «лифляндского вооружения» считали готовящийся в Польше сейм[263].

[259] РГВИА. Ф. 114. Оп. 1. Д. 1. Л. 47-47об., 51, 56.
[260] *Щепкин Е. Н.* Русско-австрийский союз во время Семилетней войны. 1746–1758 гг. СПб., 1902. С. 58.
[261] РГАДА. Ф. 15. Оп. 1. Д. 82. Л. 97-102.
[262] Там же. Д. 83. Ч. 2. Л. 152об.-153.
[263] Там же. Д. 83. Ч. 1. Л. 319об.-321. Французский посол в Стокгольме Ланмари — Д'Альону от 15 (26) августа 1746 г.

В условиях, когда российский двор стремился обеспечить безопасность страны от возможной прусской агрессии, австрийские дипломаты начали борьбу за вступление России в войну с Францией. Для этого использовался союз как России, так и Австрии с Англией. 19 (30) сентября 1746 г. посол барон Й.Ф. фон Претлак подал промеморию о приглашении Великобритании к трактату от 11 (22) мая. Предлагалось действовать как через Лондон, так и через Ганновер (английский король, обладавший Ганновером, был вассалом императора Священной Римской империи Германской Нации Франца I). А. П. Бестужев-Рюмин записал на полях этого документа: «Понеже содержащееся в сей промемории барона Бретлаха представлении о призывании короля Великобританского к заключенному с императрицею королевою Венгеробогемскою оборонительному союзу с высочайшими Ея Императорскаго Величества интересами сходствует, того ради канцлер слабейше думает барону Бретлаху как наискоряе удовольствительной ответ учинить и о призывании короля Аглинского купно с римско-императорским двором общее старание приложить»[264]. 17/28 октября Претлаку сообщили о запросе английскому послу в Петербурге Дж. Хиндфорду и об отправке инструкции о заключении такого договора послу в Лондоне графу Чернышову[265].

Сообщаемые российскому двору указы Марии Терезии и канцлера А. К. фон Ульфельда раскрывают замысел венских политиков: убедить царицу в том, что Пруссия сильна не сама по себе, а союзными связями с Францией, Турцией и Швецией. Австрийский посол в Берлине генерал Й. фон Бернес отмечал: «Короля Прусского не страх от наказания божескаго, но опасение от собранной российской армии от какого-либо неприятельского превосприятия удерживает, а может быть, он также наружные оказательства с согласия Франции для устрашения Его Величества Польского чинит, дабы его таким образом от всероссийско- и римско-императорских интересов отвлещи»[266]. Вскоре послы Австрии и Англии в Петербурге наладили единство действий. К поданной промемории Хиндфорда от 29 ноября (10 декабря) о найме вспомогательного корпуса 16 (27) декабря присоединился Претлак, заявивший о полномочиях содействовать такой конвенции. «Для отвращения происскиваемых к произведению тамо в действо противных замыслов» послу в Стокгольме Т. Антивари было велено оказывать содействие в переговорах о присоединении Швеции к русско-австрийскому договору 1746 г., если это одобрит

[264] АВПР. Ф. 32. Оп. 1. 1746 г. Л. 165-166об.
[265] Там же. Л. 231-233.
[266] Там же. Л. 279об. Сообщение Й.Ф. фон Претлака от 28 ноября 1746 г.

Елизавета[267]. Таким путем венский кабинет стремился лишить Фридриха союзника на северном фланге.

Однако перехватываемая в Петербурге и Вене дипломатическая почта не оставляла сомнений в том, что вдохновителем прусской агрессии был Версаль. Вопрос об оказании военной помощи Великобритании и Голландским Штатам решался на конференциях в Зимнем дворце 29, 31 декабря 1746 и 10 января 1747 г., на которых присутствовали как сама Елизавета, так и канцлер граф А. П. Бестужев-Рюмин, вице-канцлер М. И. Воронцов, генерал-фельдмаршал райхсграф П. П. фон Ласи, президент Военной коллегии генерал-кригс-комиссар С. Ф. Апраксин, генерал-аншефы А. Б. Бутурлин и В. А. Репнин, действительный тайный советник И. Веселовский и тайный советник И. Юрьев. Перевес сторонников канцлера был налицо. Воронцов не мог более поддерживать Пруссию и Францию. Как отмечал французский посол в России Д'Альон, приверженцы прусско-французской ориентации ждали возвращения в Россию Воронцова, «как евреи Мессию, однако теперь потеряли всякую надежду и не находят средств поднять его влияние»[268]. Тон на конференциях задавал Ласи, имевший опыт заграничного похода 1735-1736 гг. Он предлагал открыть новый фронт против Франции на Рейне, отправив туда корпус через Курляндию, Литву, Польшу и Моравию. Проход через польские земли должен был занять три месяца и обойтись в 145.525 рублей 83 копейки, и поэтому Ласи требовал, чтобы англичане выплатили заранее наличными 150000 талеров и на три месяца заготовили провиант и фураж по пути корпуса. В Германии обеспечить питание должны были также англичане или австрийцы (по 2 фунта хлеба, фунту мяса, полфунта крупы на человека в день и по 7 фунтов овса, 12 фунтов сена на лошадь). Срок найма войск ограничивался двумя годами, на обратном пути также требовалась предварительная выплата полугодового жалованья. 46 полковых пушек корпуса должны были снабжаться боеприпасами через союзников[269]. 10 (21) января весь текст конвенции был согласован и утвержден Елизаветой Петровной[270].

3 (14) января 1747 г. Претлак и Хиндфорд получили ответ канцлера на промеморию о вспомогательном корпусе: 30000 солдат будут предоставлены за полтора миллиона талеров, а за полмиллиона будут набраны еще 50000 рекрутов. Претлак предложил за корпус 300 тыс. фунтов

---

[267] Там же. Л. 293-293об., 300-301. Сообщения Й.Ф. фон Претлака от 16 и 23 декабря 1746 г.

[268] *Щепкин Е. Н.* Русско-австрийский союз во время Семилетней войны. С. 59.

[269] РГАДА. Ф. 15. Оп. 1. Д. 82. Л. 105-112.

[270] Там же. Л. 114-117об.

стерлингов, а за рекрутов – 100 тыс.[271] 13 января был дан окончательный ответ. Кроме условий предоставления войск, изложенных Бестужевым-Рюминым 3 января, предполагалось, что корпус начнет марш сразу же после размена ратификациями конвенции, будет содержаться Георгом II, при нападении на Россию Турции или Ирана Англия выплачивает 0,5 млн талеров, а при нападении европейской страны – посылает 12 кораблей. Компромиссный вариант состоял в том, что вместо корпуса Россия выставляла в Курляндии и у Риги 90-тысячную армию и 50 галер за ежегодную субсидию в полмиллиона талеров[272]. В тот же день Претлаку было объявлено о согласии российского двора на переговоры со шведами о присоединении к союзу 1746 г.[273]

Находившийся в Петербурге Д'Альон, хотя и помнил о просчетах французских политиков, предрекавших в 1733 г., что Россия неспособна к войне, тем не менее в депеше от 16 (27) января отрицал возможность вооруженного выступления Елизаветы[274]. Первые же меры Военной коллегии показали ошибочность его оценок. 6 января Ласи и Апраксин предложили императрице ввести несколько полков в Курляндию с неполным штатом артиллерии, пополнить остальные войска лошадьми за счет артиллерийского ведомства, принять меры по заготовке провианта и фуража в Речи Посполитой, создав магазины в Ковне, Гродне, Мудрице, Зволене и Кракове. Во вспомогательный корпус назначались генерал-лейтенанты П. Салтыков, Г. фон Ливен, генерал-майоры Дж. Браун, П. Стюарт, В. Лопухин, кн. В. Долгоруков, бригадиры Чернышов и М. Ливен[275]. По указу коллегии от 17 января началось формирование отряда генерал-лейтенанта Салтыкова в Курляндии[276]. Из Тулы для него 22 января было отправлено 2000 пар пистолетов и 6000 ружей со штыками[277]. По предложению Ласи в Кокенгаузене, Бауске и Ашероде создавались провиантские магазины, наполняемые хлебом от курляндских дворян и купцов Вязьмы и Смоленска. На 4-8 января в Либаве, Виндаве и Митаве было заготовлено 44458 четвертей муки и ржи, 628 четвертей сухарей и 6177 четвертей круп[278].

6 февраля командующим вспомогательным корпусом был назначен фаворит Елизаветы Петровны генерал-фельдцейхмейстер и генерал-

---

[271] *Щепкин Е. Н.* Русско-австрийский союз во время Семилетней войны. С. 64.
[272] АВПР. Ф. 32. Оп. 1. 1747 г. Д. 4. Л. 9-11.
[273] Там же. Д. 6. Л. 5-6об.
[274] РГАДА. Ф. 15. Оп. 1. Д. 83. Ч. 3. Л. 80об.
[275] РГВИА. Ф. 20. Оп. 1. Д. 331. Ч. 1. Л. 1-8.
[276] Там же. Л. 15-18.
[277] Там же. Л. 28-28об.
[278] Там же. Л. 52-54об. (1 четверть = 2,1 гектолитра).

адъютант князь В. А. Репнин[279]. 11 февраля в состав корпуса вошли: Ростовский, Ладожский, Азовский, Муромский, Сибирский, Казанский, Белозерский, Нижегородский, Тобольский, Нарвский, Апшеронский, Кексгольмский, 2-й Московский, Углицкий, Черниговский, Пермский, Киевский, Вологодский, Невский, Кабардинский, Псковский, Архангелогородский и Троицкий пехотные полки из Лифляндии и Эстляндии, а из Новгорода, Великих Лук и Старой Руссы конногренадерские роты Киевского, Казанского, Каргопольского и Архангелогородского драгунских полков и команда чугуевских калмыков[280]. Треть назначенных в корпус пехотных полков была на Рейне в 1735 г. 18 марта коллегия приказала вернуть в корпус лошадей, находящихся на кормах в южных провинциях[281].

25 апреля Ростовский, Ладожский и Муромский пехотные полки из дивизии генерал-аншефа Дж. Кейта вошли в Курляндию, а их места были заняты Тобольским, Нарвским и Апшеронским полками[282]. Но через четыре дня Елизавета Петровна приказала остановить движение войск «за ныне наступившим распутием и разлитием вод». Войска в остзейских провинциях было велено реорганизовать в две дивизии[283]. Одновременно готовилась крупная акция на море, которую следует связывать с начавшимися 2 (13) мая в Стокгольме прусско-шведскими переговорами о союзе. По именному указу от 5 мая было приказано перевезти на галерах из Петербурга, Кронштадта, Петергофа и Царского Села на о. Эзель и в Динамюнде 1-й Московский, Бутырский, Вятский, Рязанский и Выборгский полки, а группировку в Лифляндии усилить четырьмя драгунскими полками бригадира Прозоровского из Москвы[284]. Десантный отряд генерал-лейтенанта А. Де Бриллия на 40 галерах и 10 кончебасах должен был, таким образом, провести не столько передислокацию войск, сколько демонстрацию силы российской армии, в районе Финского залива. Подготовка этой акции даже ввела в заблуждение французских дипломатов, считавших, что это начало отправки войск в Нидерланды через Любек[285].

В Прибалтике продолжался процесс концентрации войск. 11 (22) мая было приказано: генерал-фельдмаршалу Ласи принять общее командование над всеми полками в Остзейских провинциях; всю регулярную и иррегулярную конницу (3 киросирских, 2 гусарских, 6 драгунских

---

[279] Там же. Ф. 114. Оп. 1. Д. 3. Л. 24.
[280] Там же. Ф. 20. Оп. 1. Д. 331. Ч. 1. Л. 147.
[281] Там же. Ф. 114. Оп. 1. Д. 3. Л. 53.
[282] Там же. Ф. 20. Оп. 1. Д. 331. Ч. 2. Л. 34.
[283] Там же. Л. 20.
[284] Там же. Л. 59.
[285] РГАДА. Ф. 15. Оп. 1. Д. 83. Ч. 3. Л. 133, 159об.

полков, 1000 донских казаков и Чугуевская команда) подчинить генерал-лейтенанту Г. Г. фон Ливену и подготовить к немедленному походу еще 2.000 донских казаков[286]. Однако движение войск в Курляндию не возобновлялось.

Изменение задачи не было декларировано, но из неподанного доклада о дислокации войск от 14 (25) мая 1747 г. видно, что вместо разделения на корпус, отправляемый на английскую службу, и корпус, остающийся в России, Военная коллегия (С. Апраксин, С. Игнатьев, И. Козлов) предлагала разделить войска в Прибалтике на пехотную и кавалерийскую дивизии. Первая подчинялась генерал-фельдцейхмейстеру Репнину и состояла из бригад: генерал-лейтенантов Де Бриллия и П. Салтыкова (8 полков в Курляндии на р. Бельцер), генерал-майоров фон Браткена, В. Лопухина и Стюарта, бригадиров Х. фон Зальца и М. Ливена (4 полка за Двиной, 9 — у Риги, 1 пехотный и 2 ландмилицких гренадерских – в Кирхгольме, и 2 пехотных – в Икскюле). 5 полков галерного отряда были вручены генерал-майору царевичу Георгию Грузинскому. Кавалерийская дивизия генерал-лейтенанта Г. фон Ливена разделялась на кирасирскую бригаду под его же командованием (р. Гавье), две драгунские бригады генерал-майора Брауна и бригадира Прозоровского и гусарскую бригаду бригадира Витковича (2 гусарских полка, 1000 казаков, Чугуевская команда) в Гросс-Юнг-Фернгофе, Ашероде и Кокенгаузене. Польскую границу прикрывал Нарвский драгунский полк[287]. Новая дислокация войск была проведена в жизнь самим Ласи после совещания генералитета в Риге того же 14 мая, и через два дня полки стали располагаться в лагерях у Риги и в Курляндии. Кроме того, в Эстляндии к галерному отряду должны были присоединиться еще два пехотных полка — Вологодский и Низовский[288].

Вышеизложенный материал показывает, что главные силы российской армии собирались не в Курляндии, а около Риги, следовательно, поход был отложен. Что могло повлиять на такое решение? Главной задачей в 40-е годы Военная коллегия и придворные круги считали обеспечение безопасности российских границ. Поход 23 полков, естественно, ослабил бы группировку в Прибалтике, а 50-тысячный рекрутский набор еще не был осуществлен. Поэтому на места дислокации частей, вошедших во вспомогательный корпус, перемещались полки из внутренних областей России (из Москвы, Владимира, Казани) и с Украины. Такой длительный процесс не мог быть завершен к лету 1747 г. В мае из 23 выделенных для

---

[286] РГВИА. Ф. 114. Оп. 1. Д. 3. Л. 78-79.
[287] Там же. Ф. 20. Оп. 1. Д. 331. Ч. 2. Л. 31-32.
[288] Там же. Л. 181-182.

похода полков 4 не имели подъемных лошадей, 2 имели по 2-3 лошади. Только один полк (Нарвский) имел штатное число лошадей, а 10 полков имели их от 75 до 80 % штатного состава[289]. Необходимо было большое пополнение конского состава. Трудности встретились и при отправке корпуса на галерах. Команда царевича Георгия, выступив из Кронштадта 7 июня, через три дня попала в шторм и только 6 июля достигла Ревеля[290]. Медлили с продолжением переговоров о корпусе и представители Англии. Только 12 (23) июня была наконец подписана конвенция о содержании войск на границах за субсидии из Лондона (деньги должны были выплачиваться с января 1747 г.[291] Серьезно затрудняла концентрацию войск новая кампания против иностранных офицеров, прежде всего пруссаков и шотландцев. Россию вынужден был покинуть командующий войсками в Эстляндии генерал-аншеф Дж. Кейт.

На обстановку в Прибалтике повлияло и заключение 18 (29) мая в Стокгольме прусско-шведского союза, к которому было предложено присоединиться России и Франции. По условиям этого договора шведы помогали пруссакам в случае войны 6-тысячным отрядом, а при нападении на Швецию Фридрих II посылал туда 9-тысячный корпус. 20 июня российский посол в Стокгольме Й.А. Корф сообщил, что для формирования 200-тысячной армии и строительства укрепленного лагеря у Мемеля Пруссия получила из Франции 6 млн ливров. Прусские, шведские и французские представители в Константинополе начали действия по провоцированию новой русско-турецкой войны[292].

На северном и южном флангах России назревала угроза. Но вскоре «южный» вопрос отпал: 22 мая 1747 г. был провозглашен австро-турецкий «вечный мир» на условиях трактатов 1739 и 1741 гг.[293] Вскоре такой же договор был заключен и российским послом в Константинополе А. И. Неплюевым. Порта не собиралась рисковать: ее министры помнили, что во время войны 1735-1739 г г. Швеция не оказала помощи султану, несмотря на серьезное дипломатическое давление. Договоры о вечном мире летом 1747 г. дали возможность российскому правительству использовать для усиления группировки в Остзее часть войск с Украины. В июле – августе 1747 г. полки заняли предназначенные им лагеря в Лифляндии, Курляндии и Эстляндии. В лагере у Гросс-Юнгфернгофа было собрано 2 гусарских, 2 драгунских, 1 кирасирский и 3 пехотных полка, у

[289] Там же. Л. 130.
[290] Там же. Ч. 3. Л. 19, 61.
[291] *Щепкин Е. Н.* Русско-австрийский союз во время Семилетней войны. С. 61.
[292] *Droysen I.G.* Geschichte der preussische Politik. Т. 5. Bd. 3. S. 310, 312.
[293] Ibid. S. 320.

Икскюля – 1 кирасирский и 3 пехотных полка, близ Ашероде – 3 драгунских полка, у Кокенгаузена – 1 драгунский полк, чугуевские калмыки и донские казаки, в Митаве – 3 пехотных полка, у оз. Штинце – 4 пехотных полка, на р. Гавье – 3 пехотных полка, близ Риги – 5 пехотных полков и 20 гренадерских рот ландмилиции. В Эстляндии находились: у Пернова – 2, в Ревеле – 5 пехотных полков, в Вольмаре и Валках – кирасирский полк[294]. Всего под командой генерал-фельдмаршала Ласи на 10 августа было: 3 кирасирских, 7 драгунских, 2 гусарских, 2 ландмилицких гренадерских, 30 пехотных полков, полевая артиллерия, фурштат (обозы), инженерный корпус с минерной ротой, донская команда и чугуевские калмыки – всего 55618 солдат, офицеров и казаков[295]. Осуществить в полном объеме планы по сбору войск на лифляндской границе не удалось. Военная коллегия требовала 28 июля и 11 августа перевезти на галерах из Ревеля 7 полков в Ригу или в Аренсбург; но Ласи, знавший о раннем начале осенних бурь на Балтике, советовал оставить полки в Ревеле, «дабы в следовании далее не могло от штурмов вреда приключитьца»[296]. После шторма 22 августа, сорвавшего выход галер из порта, императрица указом от 9 сентября отменила поход десантного корпуса[297]. Морская операция показала, что перевозка войск на большое расстояние при отсутствии удобных гаваней может дорого обойтись. Единственным средством доставки вспомогательного корпуса на театр военных действий остался проход через Речь Посполитую, австрийские владения и Германию. В то же время военная демонстрация в мае–июле 1747 г. удержала прусского короля Фридриха II от возобновления вмешательства в войну за австрийское наследство и от нападения в союзе со Швецией на Речь Посполитую.

Если к осени 1747 г. военные приготовления России стали приостанавливаться, то дипломатическая деятельность в Санкт-Петербурге активизировалась. Теперь наибольшее рвение проявляли представители морских держав: английский посол Дж. Хиндфорд и голландский резидент Цварте. Это не случайно. В Италии французам, перебросившим туда из Фландрии 40 батальонов, так и не удалось достичь большого успеха. В январе в результате восстания возобновила войну Генуя, сразу же осажденная австрийцами; французы маршала Бель-Иля отбросили к р. По сардинские войска, но, потерпев поражение от австрийской армии, вновь отошли в Прованс за р. Вар и были блокированы в Ницце. Но в Нидерландах французская армия маршала графа Морица Саксонского 21 июня

[294] РГВИА. Ф. 20. Оп. 1. Д. 331. Ч. 3. Л. 79-83об.
[295] Там же. Л. 132-133.
[296] Там же. Л. 94-94об., 134, 149об.
[297] Там же. Л. 210.

(2 июля) нанесла поражение союзникам под Лаффельтом. 1 (12) сентября французские войска штурмом взяли крепость Берген-оп-Цоом[298]. Теперь Франция не только оккупировала все австрийские Нидерланды за исключением Льежа и Люксембурга, но угрожала и Голландии. Было захвачено устье Шельды. Против 112 батальонов, 142 эскадронов союзников (95 тыс. человек при 242 орудиях) французы имели в Нидерландах 163 пехотных полевых, 4 артиллерийских и 59 гарнизонных батальонов и 284 эскадрона[299]. Сил для эффективной обороны Голландии не было. Английским войскам удалось в 1746-1747 гг. ликвидировать шотландское восстание в пользу Стюартов и захватить часть Бретонского полуострова, но колонии в Индии были оккупированы французами, и спасти их могли только победы в Нидерландах. Единственной надеждой морских держав была Россия.

25 августа (5 сентября) Дж. Хиндфорд заявил, что отныне он будет вести переговоры о корпусе вместе с М. Цварте и Й. Ф. фон Претлаком. Последний предложил внести в проект пункт об ответственности одной морской державы за долги другой. Стараясь выполнить союзнический долг и не подорвать безопасность страны, А. П. Бестужев-Рюмин предложил следующий проект присоединения Англии к трактату от 11 (22) мая 1746 г.: если Россия подвергнется нападению христианской державы, то Великобритания дает годовую субсидию в 300 тыс. фунтов стерлингов или посылает в Балтийское море эскадру из 20 линейных кораблей, 10 фрегатов и 1 галеона; если такому нападению подвергается Австрия, то ей на помощь выступает 30 тыс. англо-ганноверских солдат или предоставляется субсидия (300 тыс. фунтов стерлингов в год); если же жертвой агрессора становится Англия или ее владения в Германии, то ей помогают австрийский и российский вспомогательные корпуса по 30 тыс. человек; «случай союза» не включает войну в Испании, Италии и Португалии[300].

Ведущие переговоры о корпусе (а именно такой характер с конца августа приобрел диалог о союзе с морскими державами) А. П. Бестужев-Рюмин и М. И. Воронцов наконец убедили Елизавету 8 (19) сентября согласиться на предоставление Георгу II 30-тысячного корпуса за 300 тыс. фунтов стерлингов в год. Через месяц окончательный проект был вручен

---

[298] Oesterreichische Erbfolgekrieg 1740–1748. Wien, 1914. Bd. 9. S. 627–629, 700. В битве при Лаффельте 68-тысячная союзная армия потеряла 1088 убитыми, 3516 ранеными, 1220 пропавшими без вести, 23 пушки, 1 знамя и 5 штандартов (всего было 88 батальонов, 132 эскадрона, 9 конных элитарных и 7 вольных рот); французская армия (118 батальонов, 194 эскадрона и 22 гусарские роты, всего 79 тыс. солдат) потеряла 3644 убитыми, 6209 ранеными, 738 пленными, 3 пушки, 9 знамен, 8 штандартов.

[299] Ibid. S. 495–497.

[300] *Щепкин Е. Н.* Русско-австрийский союз во время Семилетней войны. С. 69.

послам союзников[301], и 19 (30) ноября конвенция о перенятии российских войск в службу морских держав была подписана. 9 декабря Хиндфорд и Бестужев-Рюмин возобновили субсидную конвенцию о содержании войск на лифляндских и курляндских границах. Как говорилось в преамбуле трактата, корпус направлялся морским державам «для поспешествования такого зело вожделенного возстановления и получения общаго покоя и равновесия в Европе, следовательно же и для достижения такого своего полезного вида, чтоб безпокойства в Европе прекратить вообще»[302]. Эти слова не были только официозной формулировкой: прекращение войны и обуздание гегемонизма Бурбонов полностью соответствовали интересам российского двора, давали гарантию безопасности России и способствовали укреплению ее международного авторитета.

По конвенции российские вспомогательные войска в составе 30 000 пехоты, 400 конных гренадер и 400 казаков поступали на службу Англии и Голландии на два года «с того времени, когда они от российских границ выступят». Субсидии — по 300 тыс. фунтов стерлингов в год — должны были выплачиваться «всегда за четыре месяца вперед в Амстердаме наличными деньгами сполна», первая выплата следовала в Риге после размены ратификаций. Корпус выступал в поход через польские, австрийские и германские земли на Рейн, Мозель или в Нидерланды сразу после ратификации конвенции. Право прохода через Речь Посполитую обеспечивали дворы морских держав[303].

Через Речь Посполитую корпус должен был идти, используя собственные запасы провианта и фуража, за которые морские державы уплачивали до начала похода 150 тыс. талеров. В австрийских землях и в Германии вспомогательные войска снабжались комиссарами Англии и Голландии; каждому солдату полагалось 2 фунта хлеба, фунт мяса (или рыбы во время поста), четверть фунта крупы в день и 2 фунта соли на месяц, а на лошадь — 6 2/3 фунта овса, 16 2/3 фунта сена и сечка. На зимних квартирах солдаты получали дрова, постели и свечи. При отсутствии в магазинах союзников какого-либо продукта надлежало выплачивать корпусу стоимость наличными деньгами. Обратный путь обеспечивался таким же образом, с предварительной оплатой прохода через Польшу в Билице[304].

Войска на театре военных действий не должны были разделяться на отряды и действовать могли только всем корпусом, командующий которого имел голос в военном совете и подчинялся только верховному

---

[301] Там же. С. 70.
[302] РГВИА. Ф. 20. Оп. 2. Д. 24. Л. 84об.
[303] Там же. Л. 86-88.
[304] Там же. Л. 88-90. (1 голландский фунт = 0,5 кг).

главнокомандующему армией союзников. Вспомогательный корпус имел своих священников, солдаты и офицеры могли вести частную переписку и судились по российским законам. Российские войска обладали равными правами с другими вспомогательными контингентами, в том числе и на использование трофеев. Снабжение оружием производилось из России, но перевозку его оплачивали морские державы, обеспечение порохом и свинцом лежало на союзниках[305]. Англо-голландская сторона обязалась содержать и лечить в госпиталях раненых и больных русских солдат, разыскивать и возвращать в полки дезертиров и выкупать пленных[306].

Продление срока службы и прекращение контракта определялись за 4 месяца до истечения второго года, а войска отпускались на родину в удобное для похода время, то есть с марта по сентябрь. В случае нападения на Россию Англия оказывала ей военную помощь в соответствии с союзным трактатом 1742 г. Российский представитель должен был иметь голос на мирных переговорах. Морские державы обязались гарантировать обязательства друг друга и разменять ратификации в Петербурге в течение двух месяцев[307].

Необходимо заметить, что к осени 1747 г. обстановка на прусских границах несколько прояснилась. После перехода Дж. Кейта на прусскую службу[308] при условии не воевать против России Фридрих II узнал истинную причину российской гонки вооружений. «После того, как я поговорил с Кейтом, — писал король послу в России Финкельштайну, – я поверил заявлениям Воронцова, что я могу не беспокоиться насчет русских демонстраций. Теперь я знаю, что меня русский двор боится больше, чем я его, и поэтому, если он не собирается меня атаковать, я остаюсь один на один с королевой Венгрии, и причина только в том, что не отважутся в одиночку со мной сцепиться»[309]. Е. Н. Щепкин считал одной из причин повышения значения союза с Россией для Георга II именно прусскую угрозу Ганноверу после того, как выяснилось, что российская армия не войдет в Восточную Пруссию[310]. Однако ослабление напряженности в Прибалтике прежде всего развязывало руки Елизавете для акции в поддержку союзников.

В то же время в России началось увольнение из армии офицеров прусского происхождения. Таких в полках, расквартированных в Прибалтике, было 26 человек[311]. К ноябрю пехотные полки вспомогательного корпуса

[305] Там же. Л. 90-93.
[306] Там же. Л. 93-96.
[307] Там же. Л. 95об.-98об.
[308] Вскоре Дж. Кейт был произведен в генерал-фельдмаршалы.
[309] *Droysen I.G.* Geschichte der preussische Politik. Т. 5. Bd. 3. S. 412.
[310] *Щепкин Е. Н.* Русско-австрийский союз во время Семилетней войны. С. 72.
[311] Подсчитано по: РГВИА. Ф. 20. Оп. 1. Д. 325. Л. 7-8, 10, 12-13.

были пополнены подъемными и артиллерийскими лошадьми. Только в 8 полках из 23 нехватало лошадей, но к концу года было собрано еще 635 голов, которыми войска корпуса укомплектовывались полностью[312].

4 декабря 1747 г. в Военную коллегию был направлен секретный указ императрицы Елизаветы Петровны об отправлении в конце января в поход войск вспомогательного корпуса[313]. С начала ноября части корпуса находились на зимних квартирах: 6 полков — в Курляндии, 8 — в Лифляндии, Дерптском и Перновском уездах, 2 — в Эстляндии, 1 — в Нарве, 6 — в Петербурге, конногренадерские роты — в Новгороде. По штату от 9 ноября в корпусе состояло: 37631 солдат и офицеров и 5074 лошади[314]. 8 декабря последовал указ Военной коллегии, определивший как срок отправки корпуса, так и меры по обороне границ на 1748 г. Указ требовал вывода из зимних квартир и концентрации в Лифляндии и Курляндии в рандеву, назначенном П. Ласи, всех полков и драгунских рот. Руководители коллегии (генерал-кригскомиссар С. Ф. Апраксин, генерал-майоры Й. Гампф (Хамф), И. Козлов, обер-секретарь А. Навроцкой и секретарь С. Попов) заботились и о внешнем виде «лица государства» за границей: было приказано изготовить единообразные красные мундиры для калмыков Чугуевской команды, а в драгунских гренадерских ротах подобрать одномастных лошадей «поротно или по крайней невозможности хотя уже и по капральствам». Руководство конницей в корпусе поручалось секунд-майору Пермского драгунского полка Лесли-младшему. Главному комиссариату, Артиллерийской, Оружейной и Провиантской канцеляриям было приказано снабдить корпус всем необходимым под страхом строжайшей ответственности[315]. Указ повелевал начать массовые заготовки хлеба, муки и фуража в Курляндии и Речи Посполитой обер-кригс-комиссару Зыбину, для чего выделялось английской стороной 62 тыс. талеров. Офицерам и солдатам корпуса было положено двойное жалованье[316]. Для укрепления обороны на северо-западных границах остающиеся в России полки, расквартированные в Прибалтике, переводились на трехбатальонный штат. В пределах страны оставались и вновь формируемые третьи батальоны полков, вошедших во вспомогательный корпус. В Курляндию вводилось 4 пехотных и 2 ландмилицких полка, в Лифляндию — 6, в Эстляндию — 4 полка и 2 батальона. Всего в остзейских провинциях оставалось 22 полка и 8 батальонов пехоты и 12 полков кавалерии. Из Москвы

---

[312] Там же. Д. 331. Ч. 3. Л. 263об.-264об.
[313] Там же. Д. 332. Л. 24-25.
[314] Там же. Л. 3-5 об.
[315] Там же. Л. 30-32об.
[316] Там же. Л. 33об.-36.

в Лифляндию должны были идти еще 2 пехотных полка, а иррегулярные силы пополнялись 5000 казаков. Под страхом наказания было приказано вернуться к полкам всем офицерам, находящимся в отпусках[317]. Таким образом, отправление самого мощного в истории России корпуса за границу не должно было сказаться на обороноспособности страны, особенно на рубежах, смежных с Пруссией и Швецией.

Главнокомандующий войсками в Остзее генерал-фельдмаршал П. Ласи в условиях зимы не стал назначать рандеву (место сбора) полкам корпуса, а распорядился о постепенном выступлении полков из зимних квартир[318], что значительно сократило расходы на провиант и фураж и облегчило содержание войск.

22 и 26 декабря Военная коллегия отдала последние распоряжения по вспомогательному корпусу. Был введен штат для управления полковой артиллерией и инженерами, офицерам были пожалованы гвардейские черно-желтые шарфы; больные солдаты оставались в Риге и заменялись здоровыми, учреждались госпитали в Гродне, Кракове и в австрийских владениях. Наконец, было велено прислать в войска маршруты и расписания колонн корпуса[319].

Прусский посол в Санкт-Петербурге еще 10 (21) октября 1747 г. доносил Фридриху II, что сомневается в возможности похода вспомогательного корпуса[320]. Но к исходу года стало ясно, что поход состоится. В конце декабря столицу России покинул французский посол Д'Альон. Это означало фактический разрыв дипломатических отношений.

Еще до получения известия о размене ратификаций конвенции 13 (24) января 1748 г. генеральный консул Англии в Санкт-Петербурге дал ассигнацию на получение в Риге 150 тыс. талеров (62 тыс. талеров были переданы Военной коллегии 9 (20) января на устройство магазинов в Речи Посполитой)[321].

Окончательное распоряжение о походе было дано Елизаветой Петровной в инструкции от 28 января (8 февраля) 1748 г. генерал-фельдцейхмейстеру князю В. А. Репнину. Ему в помощь назначались генерал-лейтенанты барон Г. Г. фон Ливен и В. В. Лопухин, генерал-майоры Дж. Браун, П. Стюарт, граф Ф. Н. Головин, И. С. Салтыков, Ф. Л. Воейков и грузинский царевич Георгий. Войскам велено было следовать через Литву и Польшу, Верхнюю Силезию и Богемию, «не захватывая нигде владений

---

[317] Там же. Л. 38-40, 45-46.
[318] Там же. Л. 246-246об. Рапорт П. П. Ласи в Военную коллегию от 19 декабря 1747 г.
[319] Там же. Л. 227-230об., 247-248об.
[320] РГАДА. Ф. 15. Оп. 1. Д. 88. Ч. 3. Л. 229-229об.
[321] РГВИА. Ф. 20. Оп. 1. Д. 339. Ч. 1. Л. 3-3об., 19.

Его Величества короля Прусского», и далее через Германию «до Рейна или впрочем до которого места, то есть на Мозель или в Нидерлянды, от стороны морских держав назначено будет следовать». Императрица предупреждала Репнина, что его корпус идет только с целью помощи морским державам, и поэтому в Польше и Литве необходимо содержать строгую дисциплину, не чинить обиды населению Речи Посполитой, все спорные вопросы улаживать с российскими резидентами в Варшаве и в Дрездене[322]. На командующего корпусом возлагалась заготовка провианта и фуража, разведка намерений прусской стороны. Если прусские войска вступят в Польшу, корпус надлежало собрать в одном месте, не нападать на пруссаков, «но маршировать прямо в повеленной поход», а в случае атаки с их стороны – «такой проход силою себе доставлять», взаимодействуя с войсками Марии Терезии[323]. Репнину вменялось в обязанность бороться с дезертирством, следить за тем, чтобы в походе и во время боевых действий российские войска не были бы отягощены и изнурены больше других контингентов, вести журнал о всех происшествиях, производить достойных в офицеры и повышать чином. В случае тяжелой болезни или ранения он должен был передать командование старшему из генералов[324].

Таким образом, вопрос о походе был практически решен. Инструкция от 28 января 1748 г. показывала, что войска, посылаемые морским державам, служили более интересам Австрии: если с комиссарами Англии и Голландии решались вопросы содержания войск, то вопросы боевого применения как на марше, так и на театре военных действий согласовывались с австрийским руководством. Для сопровождения войск Мария-Терезия выделила 4 кавалерийских полка генерал-фельдвахтмайстеров И. фон Бехинье и Э. фон Коловрата[325]. 23 января 1748 г. Л. Ланчинский писал из Вены: «Полки здешние, которые Вашего Императорскаго Величества ауксилиарное войско при границах Верхней Шлезии встретят, есть уже назначены, а именно: три кирасирския, один фелд-маршала графа Гогенемса, другой генерала от кавалерии графа Карла Пальфия, третий генерал-лейтенанта графа Люкезия, да четвертой драгунской генерала Филиберта, которые все из Унгарии выйдут, и не только войско Вашего Императорскаго Величества чрез все здешние земли, но и чрез

[322] Там же. Л. 101, 102-102об.
[323] Там же. Л. 103-105об.
[324] Там же. Л. 106об.-113об. Таким был произведенный в генерал-лейтенанты 9 марта 1746 г. Георг-Райнхард (Юрий) фон Ливен.
[325] Oesterreichische Erbfolgekrieg 1740–1748. Bd. 9. S. 832. Кирасирские полки Хоэнэмс, К. Пальффи, Лучези, драгунский полк Филиберт.

Германию проводя, при оном и компанию отправить имеют»[326]. Слухи о выступлении русских войск в поход вызвали воодушевление в австрийской столице. «Здешняя публика, – сообщал Л. Ланчинский, – между того веселится имеющими из Парижа ведомостьми, что французский двор на ауксилиарное Вашего Императорскаго Величества войско гораздо внимает, но при том о воспринятом оного походе алчно известия ожидает»[327]. Канцлер А. К. фон Ульфельд, благодаря через Ланчинского российский двор за заключение конвенции о корпусе, «радовался, что ныне-де все пожеланно между обоими дворами происходит, и прибавил к тому, что сия-де повторная конвенция приводит в безопасность от всяких-либо предприятей»[328].

В то же время вопрос об использовании российских войск еще не был решен союзниками. Если морские державы осенью 1747 г. желали видеть корпус в Нидерландах, то австрийская сторона настаивала на открытии фронта на Рейне[329]. Даже после прибытия эстафеты от Й.Ф. фон Претлака с извещением о размене ратификаций конвенции некоторые лица в Вене надеялись, что поход заставит ряд германских князей начать войну с Францией на Рейне и Мозеле. Кроме того, надежды возлагались и на то, что Версаль перед фактом вступления в войну России пойдет на «резонабельные мирные кондиции» или в крайнем случае с помощью российского корпуса удастся разгромить французов в генеральном сражении и освободить Нидерланды[330]. Действительно, по конвенции использование войск отдавалось на усмотрение главнокомандующему союзными войсками, которым был австрийский генерал-фельдмаршал Бочянь.

Летом 1746-1748 гг. российское руководство окончательно выбрало направление главного удара по прусско-французскому блоку. Стало ясно, что именно Версаль образует главное звено новой цепи, отделяющей Россию от Европы. Такое решение отвечало как интересам Австрии, с 1740 г. добивавшейся российской помощи в войне за австрийское наследство, так и морских держав, находящихся в затруднительном положении. К концу 1747 г. российский двор принял решение о вмешательстве в европейскую войну с целью ее прекращения. Он добился в то же время надежной безопасности границ с Турцией, Швецией и Пруссией и перенес тяжесть финансовых расходов в оборонных мероприятиях на морские

---

[326] Там же. 1748 г. Д. 5. Л. 46-46об. Реляция Л. Ланчинского от 17 февраля 1748 г.

[327] АВПР. Ф. 32. Оп. 1. 1748 г. Д. 5. Л. 20-20об.

[328] Там же. Л. 9.

[329] Там же. Л. 5.

[330] Там же. 1747 г. Д. 5. Л. 300-300об.

державы, прежде всего на Англию. Инициатором и проводником таких мер явилась австрийская дипломатия в лице посла в Санкт-Петербурге Й.Ф. фон Претлака.

§ 5. ВоенноПолитические акции России против Франции, Пруссии и Швеции и позиция Австрии в 1748–1750 гг.

5–6 февраля 1748 г. первые полки российского вспомогательного корпуса начали марш из Курляндии и Лифляндии. Войска были разделены на три колонны (дивизии), выступавшие одна за другой. 1-я колонна генерал-лейтенанта Г. Р. фон Ливена начала поход из Курляндии в составе бригад генерал-майоров П. Стюарта (Ладожский, Ростовский, Муромский, Казанский пехотный полки) и И. С. Салтыкова (Азовский, Белозерский, Апшеронский и Сибирский полки), 200 конных гренадер и 100 казаков. 2-я колонна, которую вел командующий корпусом генерал-фельдцейхмейстер кн. В. А. Репнин, состояла из бригад генерал-майоров Дж. Брауна (2-й Московский, Суздальский, Вологодский, Нижегородский полки) и Ф. Н. Головина (Тобольский, Пермский, Троицкий, Киевский полки), 100 конных гренадер и 100 казаков и вышла из Риги 24 февраля. 6 марта из Задвинской Лифляндии начала поход 3-я колонна генерал-лейтенанта В. В. Лопухина, состоящая из бригад генерал-майоров царевича Георгия Грузинского (Нарвский, Черниговский, Низовский, Бутырский полки) и Ф. Л. Воейкова (Выборгский, Вятский, Рязанский полки), 100 конных гренадер и 200 казаков[331]. Снабжением войск корпуса ведали генерал-майор и обер-штер-кригскомиссар Орлов и генерал-квартирмейстер бригадир Де Бодан[332]. Командование корпуса не отличалось молодостью и здоровьем: четырем генералам было за 50 лет, трое страдали от тяжелых болезней. Зато боевого опыта им было не занимать: Лопухин, Браун и Стюарт участвовали в рейнском походе 1735 г., отличились в войне против Турции, а Ливен в кампании против Лещинского покорил Литву без единого выстрела. Репнин более отличился на дипломатическом поприще, участвуя в переговорах о границах с турками и шведами[333].

Известия о начале похода российского корпуса всколыхнули Европу. В Австрии с нетерпением ждали прибытия войск. Даже 8-летний эрцгерцог Йозеф (будущий император Йозеф II) спрашивал у посла в Вене

---

[331] РГВИА. Ф. 20. Оп. 1. Д. 338. Ч. 3. Л. 172.

[332] РГАДА. Ф. 15. Оп. 1. Д. 88. Ч. 2. Л. 45-46. Фридрих II – Х. А. Подевильсу от 20 февраля 1748 г.

[333] Oesterreichische Erbfolgekrieg 1740-1748. Wien, 1914. Bd. 9. S. 964-966.

Л. К. Ланчинского, «имеет ли ведомость, коль далеко Вашего Императорскаго Величества войски дошли»[334]. 23 марта командующим конным австрийским корпусом сопровождения был назначен генерал-фельдмаршал-лейтенант Й.Ф. фон Претлак. В Петербурге его сменил австрийский министр в Берлине Й. фон Бернес[335].

В Версале также сделали выводы из нового шага России. 4 (15) марта в Аахен съехались представители воюющих держав для переговоров о мире, и 7-го (18-го) начались первые консультации. Французский двор настаивал на удержании Дюнкерка и выделении земель в Италии для испанского инфанта дона Филиппа, австрийские Нидерланды могли быть освобождены только в обмен на вывод английских войск с Бретонских островов[336]. Однако боевые действия продолжались, и вопрос о сроке прибытия русского корпуса для союзников имел значение не только в военном отношении, но и при ведении мирных переговоров.

В период с 19 февраля по 23 марта все полки вспомогательного корпуса прошли через Курляндию и Литву и собрались в Гродне[337]. Движение 36214 пехотинцев, 507 конных гренадер, 452 казаков и 275 артиллеристов при 46 3-фунтовых пушках[338], без сомнения, произвело впечатление на Фридриха II, тем более что в феврале–марте марш проходил близ прусских границ. Король, потрясавший Европу неожиданными нападениями, на сей раз не рискнул поддерживать войсками Францию и опасался за судьбу Силезии. 20 марта Репнин сообщал: «Король Прусской содержит себя тихо ж, только, как слышно, собирает свои войска к шленской границе, опасаясь, дабы следующия войска Вашего Императорскаго Величества, соединяясь с войсками ж Ея Цесарскаго Величества, какого нападения не учинили в Шлезию, а в Прусах оставляет только одни гусарские полки»[339]. Тем не менее 4 апреля, когда российские войска подходили к Западному Бугу, а авангарды колонны Ливена переправлялись через Вислу, английский посол в Петербурге Дж. Хиндфорд и голландский резидент М. Цварте предложили канцлеру А. П. Бестужеву-Рюмину собрать на лифляндских границах за субсидию в 100 тыс. фунтов стерлингов еще один 30-тысячный корпус, чтобы «мирным в Акене конференциям больше силы придать»[340]. Такой проект

---

[334] АВПР. Ф. 32. Оп. 1. 1748 г. Д. 5. Л. 60об. Реляция Л. Ланчинского от 9 марта 1748 г.
[335] Там же. Л. 68об.
[336] Там же. Л. 72.
[337] РГВИА. Ф. 20. Оп. 1. Д. 338. Ч. 1. Л. 85об., 86-88.
[338] АВПР. Ф. 32. Оп. 1. 1748 г. Д. 8. Л. 22-23, 48.
[339] Там же. Л. 27.
[340] РГАДА. Ф. 15. Оп. 1. Д. 91. Л. 68-68об.

не только не противоречил интересам российского двора, но и облегчал проведение оборонных мероприятий на границах, предусмотренных указом Военной коллегии от 12 марта о размещении в Лифляндии новых полков[341].

К середине мая операция по сосредоточению войск в Курляндии, Эстляндии и Лифляндии завершилась. В Курляндию вступил отряд генерал-лейтенанта П. Салтыкова из 1 кирасирского, 2 гренадерских ландмилицких и 4 пехотных полков; в Риге и на Двине расположились 3 пехотных полка и 21 отдельный пехотный батальон, в Дерптском, Перновском и Валкском уездах стоял отряд генерал-лейтенанта А. Де Брильи (2 кирасирских, 2 гусарских, 7 драгунских полков и 4000 казаков). В Эстляндии при 40 галерах и 10 кончебасах находился отряд генерал-лейтенанта М. Хрущова из 4 пехотных полков и 2 батальонов. Кроме того, в Лифляндию с Украины двигались 10 драгунских полков генерал-майора Кейзерлинка. Общее командование войсками в Остзее было поручено генерал-фельдмаршалу П. П. фон Ласи и генерал-аншефу А. Б. Бутурлину[342]. Под их началом от Ревеля до прусской границы состояло 61196 солдат и офицеров регулярной и иррегулярной армии[343].

Движение вспомогательного корпуса в марте–апреле замедлилось из-за таяния снега и разливов рек. Дороги, забитые грязью, стали непроходимыми. Только колонне Ливена, маршировавшей через Высоко-Литовске, удалось по льду перейти Буг[344]. В войсках увеличивалось число больных и дезертиров. В некоторых селах польские помещики укрывали беглых и даже похищали отставших или заблудившихся русских солдат[345]. Только представления правительству Речи Посполитой со стороны секретаря российского министра в Варшаве Ржичевского заставили воевод объявить о запрете принимать дезертиров, укрывать их и подстрекать солдат к побегам. Со стороны же Марии Терезии было объявлено, что все дезертиры со времен похода 1735 г. будут разысканы в австрийских владениях и возвращены в Россию. Венский двор установил и твердые цены на провиант и фураж для российского вспомогательного корпуса[346].

Большой трудностью стала для российских войск переправа через разлившуюся Вислу. Первые полки перешли реку 11 апреля, а колонна Лопухина только 24-го подошла к водной преграде. Перевозка войск на лодках и паромах у Пулавы и Гура-Кальварии завершилась к началу

[341] РГВИА. Ф. 20. Оп. 2. Д. 49. Л. 273-277.
[342] Там же. Оп. 1. Д. 338. Л. 3. Л. 79-32об.
[343] РГАДА. Ф. 20. Оп. 1. Д. 177. Ч. 4. Л. 11об.
[344] РГВИА. Ф. 20. Оп. 1. Д. 338. Ч. 2. Л. 127.
[345] Там же. Л. 129об.-130.
[346] Там же. Л. 136-136об.

мая[347]. 4 (15) мая чугуевские калмыки и бригада Стюарта вступили в Краков. 8-го туда во главе 8 полков прибыл генерал-фельдцейхмейстер Репнин[348]. Вплоть до 14 мая в Кракове собирались войска корпуса. Здесь же был устроен госпиталь для тяжелобольных солдат. За время похода из полков бежало 417 дезертиров, из которых только 28 было поймано[349]. На 1 мая в корпусе было 36835 человек, из них 2160 больных. От болезней, истощения сил и при переправах погибло 228 солдат и офицеров[350]. На вооружении корпуса, кроме пушек, находилось 31630 фузей со штыками, 1504 пары пистолетов, 33174 шпаги, 10722 гранаты, 737825 картечных зарядов, более 1,577 млн патронов к ружьям и пистолетам[351].

В Краков прибыли делегации союзников: комиссары морских держав генералы Мордаунт и Ван Тульт Ван Сероскерке и депутаты Богемии, Моравии и Верхней Силезии К. Ф. фон Гацфельд-Гленхен, Х. Де Манежен, Й. М. и Й. Б. фон Вильчеки. Они передали Репнину подписанный 16 апреля протокол о проходе и содержании российского корпуса в германских землях. Под расписки комиссаров морских держав население должно было выдавать войскам продукты и предоставлять квартиры; на марше полки имели каждый четвертый день дневку (расттаг) и обязывались содержать строгую дисциплину, не наносить ущерба крестьянскому хозяйству. Следование через наследственные австрийские земли должно было проходить тремя колоннами по трем разным дорогам, чтобы полки не перемешивались[352]. Всего через польскую границу у Биллица перешло 29 мая – 1 июня 30780 пехотинцев, 255 артиллеристов, 481 конный гренадер и 441 калмык, не считая 59 арестантов и 2596 больных[353].

Боевые действия в Нидерландах к этому времени завершились. Собрав 183 батальона и 284 эскадрона против 65 батальонов и 107 эскадронов союзников, маршал Мориц Саксонский блокировал и 26 апреля (7 мая) вынудил капитулировать Маастрихт - единственную крепость, запиравшую путь в Голландию. 11 (22) мая в Брюсселе было заключено перемирие на основе прелиминарного мирного трактата, подписанного в Аахене представителями Франции и морских держав. Людовик XV освобождал Нидерланды и всё, что было захвачено французами в Италии; испанскому инфанту дону Филиппу выделялись Гуасталла, Парма и Пьяченца, восстанавливался суверенитет оккупированных австрийца-

[347] Там же. Л. 131об., 133-134об. 139.
[348] Там же. Ч. 3. Л. 147.
[349] Там же. Л. 166-171об.
[350] Там же. Л. 215; Д. 340. Ч. 4. Л. 263-265.
[351] Там же. Ф. 12. Оп. 1. Св. 95. 1748 г. Д. 1207. Л. 143-149.
[352] Там же. Ф. 20. Оп. 1. Д. 338. Ч. 3. Л. 173-177.
[353] АВПР. Ф. 32. Оп. 1. 1748 г. Д. 8. Л. 353-356.

ми Генуи и Модены, Англия возвращала Франции Бретонские острова, Фридриху II гарантировалась Силезия. Австрийский делегат в Аахене В. А. фон Кауниц выступил против этих условий, но после отказа Англии и Голландии продолжать войну Мария Терезия была вынуждена приказать ему подписать мир, «понеже инако быть нельзя при толь мутном дел состоянии»[354].

Безусловно, на поспешное заключение мира при условии освобождения Нидерландов Версаль пошел в результате вмешательства в войну России. Но правительства морских держав, не ожидая прибытия вспомогательного корпуса Репнина, также поспешили «пойти навстречу» французскому двору, сдав по условиям перемирия Маастрихт. После окончания боевых действий они стремились использовать русский корпус как средство давления на мирных переговорах. Прежде всего, нельзя было допустить присутствия на переговорах прусских дипломатов. Кроме того, прибытие русских войск в Германию могло заставить подписать прелиминарии испанского короля Фердинанда VI. По настоянию Претлака Бестужев-Рюмин 11 (22) мая направил в Гаагу и Лондон декларацию о недопустимости участия в мирном конгрессе прусского двора и обсуждения вопроса о гарантии Силезии в пользу Фридриха II[355]. «Можно ли подумать, — говорилось в ноте, — и есть ли хотя малой к тому вид, чтоб Его Величество Прусское такие мысли ныне вдруг принял, когда он с гораздо меньшими, нежели ныне, силами, да и во время тишины почти всей Европы, но видя токмо Ея Величество Римскую императрицу-королеву от турецкой войны утомленну, а нашу империю в новую с шведами войну обязану, первым возмутителем зделался. Кто ж теперь ручаться может, что король Прусской чинимое ему таким образом призыванием ласкательство за слабость общаго дела не почтет и тем пользоваться не похощет?!»[356]

Но куда сильнее ноты было присутствие 30-тысячного российского корпуса в Богемии и 62000 солдат П. Ласи в Курляндии и Лифляндии. Эти силы стали надежной гарантией от новых шагов Фридриха II в пользу Версаля. Вмешаться в войну даже ради европейского признания захватов 1741-1742 гг. прусский король не мог без риска потерять либо Силезию, либо открытую для вторжения Восточную Пруссию. Обеспечить безопасность страны он мог только строгим соблюдением нейтралитета. Франко-прусский союз дал серьезную трещину.

---

[354] Там же. Д. 5. Л. 113-114об.

[355] *Щепкин Е. Н.* Русско-австрийский союз во время Семилетней войны. 1746-1758 гг. СПб., 1902. С. 80.

[356] РГАДА. Ф. 15. Оп. 1. Д. 91. Л. 5.

Российский двор стремился развить успех, направив в Аахен своего представителя. 28 июня на ведение мирных переговоров был уполномочен посол в Гааге граф А. Г. Головкин, которому было поручено содействовать дипломатам Австрии[357]. Политический блок союзных держав мог бы изменить ход переговоров в пользу Марии Терезии. Подавший отзывные грамоты канцлеру 14 мая посол в Петербурге Претлак надеялся, что его «уповательно не для одной каманды над войсками, но паче для того отсюда отзывают, дабы на мирном конгрессе интересы двора моего наблюдать и в заключении генерального трактата содействовать»[358]. 20 мая императрице был представлен новый австрийский посол граф Й. фон Бернес.

Требования австрийского двора о приглашении к мирным переговорам России были поддержаны английским дипломатом лордом Дж. Сэндвичем. Но глава французской делегации А. М. Л. Де Сен-Савери нашел аргументы против блока Вена–Лондон–Петербург, потребовав участия в конгрессе союзников Людовика XV - Швеции, Пфальца и Пруссии. В конце концов все государства, не находящиеся в состоянии войны, не допускались к участию в мирном конгрессе. Однако 6 (17) июля Бестужев-Рюмин вновь заверил Бернеса, что российский двор будет поддерживать требования Марии Терезии об условиях мира. Наконец «прусский вопрос» был разрешен в Аахене компромиссом: признание Фридрихом II Прагматической Санкции в обмен на гарантию Силезии и Глаца[359].

Между тем англо-голландское командование не отдавало приказа о возвращении вспомогательного корпуса. Российские полки прошли Тешен и Фридек-Мистек и вступили, разделившись на три дивизии, в Богемию и Моравию. 1-я дивизия генерал-лейтенанта Ливена 6 (17) июня прошла Брюнн, где ей был устроен смотр Марией Терезией, императором Францем I и принцем Карлом Лотарингским. Пройдя затем через Нойхаус, Клотау и Амберг (в Обер-Пфальце), полки Ливена 19 (30) июля остановились в Фюрте (западнее Нюрнберга). 2-я дивизия генерал-фельдцейхмейстера Репнина имела высочайший смотр 7 (18) июня в Ольмюце, а затем следовала по Богемии через Дойч Брод, Коуржим, Краловиц и Эгер. В середине июля 2-я дивизия следовала через княжества Кульмбах, Бамберг и Байройт до деревни Эбельсфельд за р. Регниц. 3-я дивизия генерал-лейтенанта Лопухина после смотра 8 (19) июня в Хвалковице прошла через Ландскрону, Пардубиц, Нимбург, Зац и Аш и 12 июля всту-

[357] АВПР. Ф. 32. Оп. 1. 1748 г. Д. 11. Л. 1.

[358] Там же. Д. 7. Л. 66-67об.

[359] *Щепкин Е. Н.* Русско-австрийский союз во время Семилетней войны 1746-1758 гг. С. 83-85.

пила в Саксонию (княжества Кобург и Гота). 17 (28) июля она завершила поход в деревне Билиц округа Ройсс[360].

Российский корпус занимал удобную позицию на Регнице и Майне, угрожая как Пруссии в случае нового нападения Фридриха II, так и Франции открытием нового фронта на Рейне или мощным подкреплением сил союзников на Маасе. В такой ситуации даже Мориц Саксонский был бы вынужден, избегая генерального сражения, очистить австрийские Нидерланды. Почему же союзники не возобновили боевые действия после прибытия российских войск?

Война истощила финансовые и экономические ресурсы как стран Бурбонского блока, так и Вормского союза. Открытие нового фронта на Рейне, которого желал австрийский двор, чтобы возвратить утраченную по Венскому миру 1738 г. Лотарингию, не могло бы привести к окончанию войны в течение одной кампании. Для морских держав главным фронтом оставались Нидерланды, но затягивание войны не устраивало английский двор: успехи в Бретани не могли возместить захваченного французами Мадраса и владений Георга II в Канаде и Вест-Индии. В конечном счете именно колониальный и экономический вопросы побудили короля Георга II и штатгальтера принца Вильгельма IV Оранского искать мира. Бросив на произвол судьбы Марию Терезию, представители морских держав в Аахене Т. Робинсон, Дж. Сэндвич и В. Бентинк были готовы обеспечить статус-кво для своих стран за счет Австрии. Несогласованность между союзниками перерастала в конфликт.

28 июля В. А. Репнин получил указ Георга II о возвращении вспомогательного корпуса в Россию. Однако отвод войск замедлился из-за того, что командующий корпусом генерал-фельдцейхмейстер В. А. Репнин умер в Кульмбахе 30 июля (10 августа). Противники Бестужева-Рюмина полагали, что корпус погибнет, и ждали падения канцлера. Комиссары морских держав отказались исполнять свои обязанности[361]. Войска, вступившие 15–16 августа в Богемию[362], должны были встретиться с большими трудностями, не получая субсидий, определенных конвенцией 1747 г. Остро встали вопросы снабжения и размещения полков; в Ольмюцском госпитале находилось 1503 тяжелобольных солдата[363]. 2 (13) августа Елизавета Петровна подписала указ о возвращении корпуса в Россию. Указы Военной коллегии от 4 и 23 августа предоставляли командующему (с 19 августа — генерал-лейтенант Г. Р. фон Ливен) выбрать удобное время для

[360] РГВИА. Ф. 846. Оп. 16. Д. 1654. Л. 1-2. Карта маршрутов вспомогательного корпуса.

[361] *Щепкин Е. Н.* Русско-австрийский союз во время Семилетней войны. С. 88.

[362] АВПР. Ф. 32. Оп. 1. 1748 г. Д. 9. Л. 3-4об. Рапорт Г. Р. фон Ливена от 16 августа 1748 г.

возвращения осенью, возложив на него и на генерал-фельдмаршала П. П. Ласи заготовку провианта и фуража в Польше, Литве и Курляндии[364]. Однако 5 (16) августа Хиндфорд настоял перед Бестужевым-Рюминым и Воронцовым на немедленном выводе российских войск на родину[365]. Выполнение такого требования было невозможно, поскольку выплаты субсидий прекратились, а без денег нельзя было ни заготовить припасы в Речи Посполитой, ни содержать войска в австрийских владениях.

В этот критический момент большую помощь российским войскам оказала Мария Терезия. 10 (21) августа она подписала указ об устройстве госпиталя в Эгере и о снабжении вспомогательного корпуса из австрийских магазинов по казенной цене[366]. Посол в Петербурге Бернес 11 (22) августа объявил о позволении российским войскам оставаться на зимних квартирах в Богемии и Моравии. Российскому двору предлагалось склонить Лондон и Гаагу выплатить австрийцам недостающие субсидии в размере 100 тыс. фунтов стерлингов, которые пошли бы на возмещение затрат по снабжению и размещению корпуса Ливена на зимних квартирах[367], и канцлер Бестужев-Рюмин расценил такое предложение как «весьма дружественное»[368]. 20 (31) августа российский посол в Вене Ланчинский получил известие о том, что Англия возобновляет выплату субсидий и продлевает срок найма корпуса на два месяца[369]. Это решение предупредило ответ Елизаветы Петровны на предложение австрийского двора о зимних квартирах: императрица 18 (29) августа заявила о готовности содержать полки в Богемии и Моравии за собственный счет[370].

---

[363] Там же. Д. 8. Л. 407.

[364] РГВИА. Ф. 114. Оп. 1. Д. 9. Л. 1-6.

[365] РГАДА. Ф. 15. Оп. 1. Д. 87. Л. 41.

[366] АВПР. Ф. 32. Оп. 1. 1748 г. Д. 5. Л. 229-230: фунт хлеба по 2 крейцера, центнер крупы по 4 гульдена 30 крейцеров, дневная порция соли по 3 и 3/8 крейцера, фуража на месяц по 9 гульденов, сажень дров по 2 гульдена.

[367] РГАДА. Ф. 15. Оп. 1. Д. 87. Л. 42-43об.: «Касательно до помещения российского помощного корпуса в наших наследных землях имеешь ты паче всего Ее Величество Российскую императрицу нашим имянем наисильнейше обнадежить, что сии преизрядныя и добре обученныя войска по многим важным само собою оказующимся рассуждениям нам весьма милыми и дорогими гостьми были б, и мы, ежели до того дошло, наиотличнейше попечение оных имели б. Но Ея Величество Российская императрица ту справедливость признать изволит, что мы того на себя принять не можем, еже обоим морским державам надлежит часто реченным войскам давать, следовательно же, мы для обезубытчивания нашего с стороны обоих морских держав не токмо в исправном, но и в благовремянном удовольствовании за все то, еже оным войскам от наших и без того крайня утеснении претерпенных земель постановлено было б, совершенно обнадежены быть имели б» – Из указа Марии Терезии Й. фон Бернесу 23 июля (3 августа) 1748 г.

[368] Там же. Л. 41. Ремарки А. П. Бестужева на переводе промемории Й. фон Бернеса.

[369] АВПР. Ф. 32. Оп. 1. 1748 г. Д. 5. Л. 241-242.

Что заставило правительства морских держав вернуться к выполнению взятых в 1747 г. обязательств? Пользуясь разногласиями среди союзников, французская делегация подготовила неприемлемый проект мирного договора и предприняла шаги для заключения сепаратного мира с Марией Терезией, опасаясь, что российские войска будут приняты на австрийскую службу. Корпус вновь стал средством борьбы на Ахенском конгрессе. Австрийский двор также был заинтересован в присутствии русских солдат у границ Пруссии. Французские генералы надеялись зимовать в Нидерландах и полностью разорить эту провинцию. У населения изымалась серебряная монета, вытаптывались луга, вырубались и вывозились во Францию целые леса[371]. Мария Терезия желала как можно скорее освободиться от присутствия французских войск, чтобы укрепить финансы, подорванные 8-летней войной, усилить армию и военные поселения, выплатить огромные внешние долги[372]. Наличие российского корпуса в Германии могло заставить Версаль учитывать возможность возобновления войны, особенно после отказа австрийцев подписать проект. И вот вопрос о выводе французских войск из Нидерландов был «увязан» с присутствием в австрийских владениях корпуса Ливена. Он мог быть выведен в Россию только при условии отвода из Нидерландов такого же числа французов[373]. Кроме того, в проект мирного договора, присланного в Петербург 31 августа (11 сентября), была внесена особая статья о России:

«…А дабы по причине данных от Ея Величества пресветлейшей императрицы Всероссийской помощных войск семя какого-либо несогласия или вражды не осталось, того ради по Ея согласию договоренось, дабы она в генеральной мир включена была, и равномерно таким же образом, как бы оные войски и не посылаемы были, дружба между высокопомянутым Ея Императорским Всероссийским Величеством и Его Католическим Величеством христианнейшим (Людовиком XV. – С. Н.) пребывать имеет»[374].

6 (17) сентября на придворной конференции в Вене обер-комиссаром российского вспомогательного корпуса был назначен Й.Ф. фон Претлак. Он отвечал за снабжение этих войск и за размещение их на зимних квартирах. Канцлер А. К. фон Ульфельд говорил Ланчинскому, что Претлак, «яко он российскому генералитету и офицерству знаком, то дело сие управить может изрядно, которую комиссию он, Бретлах, охотно на себя

[370] Там же. Д. 7. Л. 153-154.

[371] Там же. Д. 5. Л. 139. Реляция Л. Ланчинского от 13 июля 1748 г.

[372] *Щепкин Е. Н.* Русско-австрийский союз во время Семилетней войны 1746-1758 гг. С. 92.

[373] *Droysen I.G.* Geschichte der preussische Politik. Leipzig, 1881. T. 5. Bd. 3. S. 489.

принял»[375]. В конце сентября российские полки начали занимать зимние квартиры. Претлак предупредил Ливена, что если морские державы опять откажутся платить субсидии, то корпус все равно будет получать все необходимое из австрийских магазинов по твердым и низким ценам[376]. Всего на 14 сентября под началом Ливена состояло 34727 солдат и офицеров и 444 калмыка (в том числе 1689 больных)[377]. Лондонский двор принес извинения за необдуманные действия в августе 1748 г. На запрос австрийского посла в Лондоне И. Васнера премьер-министр лорд Ньюкасл отвечал, что забыл о русских войсках, и это не политическое дело, а его «партикулярная в том вина»[378].

7 (18) октября в Аахене был подписан мирный договор между Францией и морскими державами. 31 октября к нему присоединилась и Мария Терезия. Как объяснял Ланчинскому имперский канцлер Ульфельд, императрица-королева была вынуждена подписать невыгодный мир, так как «когда дело испорчено, то оное поправливать трудно»[379]. 12 (23) ноября копия договора была сообщена российскому канцлеру. Трактат о мире предусматривал восстановление «вечной тишины и дружбы» в Европе, возвращение пленных, имущества и доходов, полученных за время оккупации чужих владений, освобождение всех захваченных территорий. Сардиния расширяла владения на основании Вормского договора 1743 г., Парма, Пьяченца и Гуасталла до р. По отходили как имперский лен испанскому инфанту дону Филиппу, который лишался прав на престолы Мадрида и Неаполя. Георг II получил гарантии владений в Германии и продление договора асьенто от 15 (26) марта 1713 г. Франция обязывалась уничтожить сухопутные укрепления Дюнкерка. Фридриху II гарантировались Силезия и Глац, а Марии Терезии – нераздельность наследственных владений (Прагматическая Санкция) и титул императрицы Священной Римской империи Германской Нации. Мирный договор, к которому 9 (20) октября присоединился испанский король Фердинанд VI, 12 (23) октября – Елизавета Петровна и 9 (20) ноября – король Сардинии Карло Эммануэле III, подлежал ратификации в месячный срок[380].

Заключение мира с Францией и Испанией высвободило армию и финансы Австрии. Россия обретала союзника, способного теперь оказать помощь в случае прусской, шведской или турецкой агрессии. Австрия вышла из

[374] АВПР. Ф. 32. Оп. 1. 1748 г. Д. 7. Л. 204.
[375] Там же. Д. 5. Л. 265-265об. Реляция Л. Ланчинского от 10 сентября 1748 г.
[376] Там же. Д. 9. Л. 58-58об. Доношение Г. Р. фон Ливена от 24 сентября 1748 г.
[377] Там же. Л. 36-39об.
[378] Там же. Д. 5. Л. 282. Реляция Л. Ланчинского от 17 сентября 1748 г.
[379] Там же. Л. 308, 312. Реляции Л. Ланчинского от 19 и 23 октября 1748 г.

войны, сохранив не только политическое единство и самостоятельность, но и статус великой державы, и определенный авторитет в Европе, поколебленный было в результате польской и турецкой войн. Французской и прусской дипломатии не удалось разрушить и русско-английский союз 1742 г. Успехи внешнего курса Бестужева-Рюмина привели к развалу франко-прусской партии при российском дворе. Лейб-медик Х. Лесток был арестован как платный агент Фридриха II; изобличенный в шпионаже в пользу Пруссии фаворит Елизаветы вице-канцлер Воронцов был вынужден подать в отставку[381]. Круг лиц, бывших душой переворота 25 ноября 1741 г., сошел с российской политической сцены. После отправки в Германию вспомогательного корпуса Россия вновь выступала на международной арене как арбитр Европы и важный фактор системы стратегического равновесия.

31 октября Бестужев-Рюмин известил Военную коллегию о получении Ланчинским от морских держав субсидий за май–август (537,5 тыс. гульденов)[382]. 20 декабря П. Ласи получил 30 тыс. талеров для учреждения провиантских магазинов в Литве и отправил команды (по 3 офицера и 30 солдат) в Гродну, Ковну, Вильну и Шадов, подчинив их походному комиссариату вспомогательного корпуса[383]. Началась подготовка к возвращению вспомогательных войск в Россию.

На 30 ноября в корпусе Ливена находилось 30948 солдат и офицеров и 431 чугуевский калмык в строю и 3091 больной на излечении при полках или в Ольмюцком госпитале[384]. Штаб командующего размещался в Проснице. В Моравии на зимних квартирах стояли полки генерал-майоров Брауна (у Нойтечина — Муромский, Казанский, Ростовский) и Стюарта (у Нойштадта — 2-й Московский, Пермский, Нижегородский, Суздальский, Вологодский), штаб генерал-лейтенанта Лопухина был в Лейтомышле. В Богемии находились бригады генерал-майоров царевича Грузинского (у Пардубице – Черниговский, Киевский, Вятский, Низовский), Головина (у Ландскроны — Бутырский, Рязанский, Нарвский), Воейкова (у Польны — Троицкий, Тобольский, Выборгский). В Верхней Силезии стояла бригада генерал-майора Салтыкова (в Троппау и Тешене — Апшеронский, Белозерский, во Фридек-Мистеке — Азовский и Сибирский). Калмыки и конногренадерские роты несли патрульную службу близ прусских границ[385].

---

[380] АВПР. Ф. 32. Оп. 1. 1748 г. Д. 7. Л. 358-380.

[381] *Щепкин Е. Н.* Русско-австрийский союз во время Семилетней войны. 1746-1758 гг. С. 97.

[382] РГВИА. Ф. 20. Оп. 1. Д. 339. Ч. 2. Л. 8-8об.

[383] Там же. Л. 19-22.

[384] АВПР. Ф. 32. Оп. 1. 1748 г. Д. 9. Л. 133-140.

[385] РГВИА. Ф. 846. Оп. 16. Д. 1644. Карта расположения полков вспомогательного корпуса на зимних квартирах.

В декабре–январе от морских держав поступили деньги за сентябрьскую треть 1748 г.[386] г. фон Ливен полагал, что теперь сможет начать поход, если ударят морозы: «пребезмерно несостоятельная и неспособная погода и весьма худой путь великим для нас есть в выступлении отсюда в поход препятствием»[387]. Командующий произвел хорошее впечатление на австрийских министров и императорскую чету во время визита в Вену 6–11 января 1749 г[388]. Встреча с Марией Терезией позволила Ливену решить важный вопрос: морские державы не выплатили денег на марш через Польшу и за содержание полков на зимних квартирах, а также отказались содержать больных в Ольмюцком госпитале. Австрийский двор вновь оказал важную услугу корпусу. «Их Цесарские Величества, – писал Ливен из Вены 14 января, – соизволили склонность показать для высочайшей Вашего Императорскаго Величества угодности, дабы наилучше нам деньги на кредит даны были, приказать изыскивать таких охочих людей, представляя Их Величествы самих к тому в поруки, что принимаемые нами деньги тем банкирам возвратятся»[389]. Поручительство Марии Терезии и Франца I, узнавших от Претлака о нуждах российских войск, дало возможность получить 200 тыс. дукатов и начать заготовку провиантских и фуражных магазинов от Биллиц до Кракова. Ольмюцкий госпиталь решено было сохранить до выздоровления всех больных, а затем эвакуировать по Висле до Данцига и морем до российских портов[390].

В условиях теплой бесснежной зимы российские полки 5 (16) февраля начали поход в Россию. Ливен указывал в рапорте от 2 (13) марта, что не мог выступить в марш до получения субсидий, поскольку «удовольствие и збережение салдатства главнейшее и неусыпное есть его попечение», теперь же он смог выплатить администрации Богемии, Моравии и Силезии 300 тыс. гульденов, одолженных для корпуса Марией Терезией у банкира Д. Де Акилы[391]. На 2 марта, когда вспомогательные войска вступили в Речь Посполитую, в строю находилось 33056 человек, в том числе 974 больных[392]. В австрийских владениях было оставлено большое количество негодного вооружения, обмундирования и амуниции, в том числе 2440 фузей, 2284 штыка, 17 пистолетов, 15 тесаков, 1934 шпаги, 5382 картечных заряда и 17809 патронов[393].

[386] Там же. Ф. 20. Оп. 1. Д. 339. Ч. 2. Л. 27-28.
[387] Там же. Д. 352. Ч. 1. Л. 28-31. Рапорт Г. Р. фон Ливена от 10 декабря 1748 г.
[388] АВПР. Ф. 32. Оп. 1. 1749 г. Д. 4. Л. 3-3об., 7об.-8.
[389] РГВИА. Ф. 20. Оп. 1. Д. 352. Ч. 1Л. 162-162об.
[390] Там же. Л. 177-179. Рапорт Г. Р. фон Ливена от 5 февраля 1749 г.
[391] Там же. Л. 249об.-250.
[392] Там же. Л. 266.
[393] Там же. Ч. 2. Л. 213-223об.

В соответствии с Аахенским трактатом французские войска очистили 2 (13) февраля 1749 г. австрийские Нидерланды и 7 (18) февраля — принадлежащую Сардинии Ниццу[394]. Австрийский двор, высоко ценивший роль русского корпуса в быстром выводе французской армии из владений Марии Терезии, стремился максимально облегчить поход вспомогательных войск на родину. Вена отказалась от платы за размещение на зимних квартирах[395]. Генерал-лейтенант Ливен учел опыт весеннего марша в условиях распутицы. На обратном пути он, избегая переправ через Вислу, обошел Краков с востока и повел войска через Люблин, Брест-Литовский и Венгрув. Неожиданные весенние морозы в Речи Посполитой благоприятствовали походу, так что 2 (13) апреля вспомогательный корпус прибыл в Гродну[396].

Поход через польские владения осуществлялся тремя колоннами. 1-я колонна генерал-лейтенанта Лопухина состояла из 8 пехотных полков генерал-майоров царевича Георгия Грузинского и Головина, Киевской конногренадерской роты и 100 чугуевских калмыков. Во 2-ю колонну, возглавляемую генерал-лейтенантом Ливеном, входили 8 полков генерал-майоров Стюарта и Воейкова, 200 калмыков, Казанская и Рижская конногренадерские роты. В 3-й колонне генерал-майоров Брауна и Салтыкова находились 7 полков, Каргопольская конногренадерская рота и 100 калмыков[397]. К 13 апреля корпус прибыл в Ковну, оставив тяжелобольных в госпиталях Гродны и Рожанки. Ливен просил Военную коллегию учесть труды солдат – дать им по возвращении необходимый отдых и выплатить за время марша двойное жалованье[398]. Он также просил эвакуировать госпиталь в Ольмюце, поскольку отказавшиеся лечить и содержать больных комиссары Англии и Голландии 13 марта покинули Австрию[399]. Указ коллегии от 5 апреля предусматривал увеличение расттагов на марше до Риги, учреждение нового госпиталя в Курляндии и отправку больных из Ольмюца в Россию через Данциг[400].

17–24 мая все три колонны корпуса вернулись в российские пределы. В строю находилось 31828 человек, из них 408 больных и 1648 ослабев-

---

[394] АВПР. Ф. 32. Оп. 1. 1749 г. Д. 4. Л. 33, 48.

[395] Там же. Л. 56-56об.

[396] РГВИА. Ф. 20. Оп. 1. Д. 352. Ч. 2. Л. 81-81об. – «Хотя по выступлении ис Кракова время продолжалось неспособное, и путь был трудной, однако ж потом по воли и благословению всемогущего бога началась и продолжается и поныне благополучная погода и морозы, и дорога способная состоит, по которой полки довольно успешно следовали, как по исчислению времени видеть можно, что с малыми днями в месяц полки от Кракова сюда дошли».

[397] Там же. Л. 93-93об.

[398] Там жеЛ. 89-91об.

[399] Там же. Л. 100об.-101.

[400] Там же. Л. 116об.

ших[401]. 17 июня возвратилась команда выздоравливающих секунд-майора Писарева из Гродны и Рожанки (598 человек). 20 мая из Ольмюца выступила и команда полковника Мейендорфа. 556 солдат и офицеров бывшего генерального госпиталя прибыли на судах в Ревель 15 июля[402]. Грандиозный поход, не имевший до тех пор аналогов в военной истории России, был успешно завершен. Потери вспомогательного корпуса составили 633 погибшими и умершими от болезней, 1168 дезертировавшими, из которых 312 было поймано или вернулось[403].

Поход вспомогательного корпуса заставил двор Людовика XV пойти на мир и до весны 1749 г. очистить все захваченные земли. От возобновления войны была удержана Пруссия. Однако разногласия между союзниками не дали в полной мере использовать военную помощь России и добиться более выгодных для Австрии условий Аахенского мира 7 (18) октября 1748 г. Австрия в полной мере показала способность оказывать помощь союзникам, даже если это и не предусмотрено трактатами. Верность выбора курса на союз с Веной была доказана на практике. Российские войска получили опыт дальних походов. Укрепился международный авторитет страны, способствовавшей установлению мира в Европе. Была выработана система действий против агрессора, когда одна из союзных держав финансировала военные операции другой. Финансы России не понесли потерь от похода: поход обошелся в 1,5 млн рублей, но когда в 1751 г. морские державы выплатили все свои долги по субсидным трактатам, российская казна получила 1,122 млн рублей чистой прибыли[404].

Войска вспомогательного корпуса были размещены в Прибалтике. Генерал-фельдмаршал Ласи оставил 12 пехотных полков и Чугуевскую команду на р. Двине, 3 полка отправил в Эстляндию, а 8 расположил в Курляндии[405]. Такое решение отвечало новым внешнеполитическим задачам страны. Избегая прямого столкновения с Россией, французский двор не оставил попыток создать блок пограничных государств, направленных против нее. Еще в мае 1748 г. польский воевода Бельский предложил проект конфедерации для захвата власти в Варшаве принцем дома Бурбонов. Конфедераты, в основном из рода Потоцких, хотели собрать 10-тысячную армию для борьбы со вспомогательным корпусом кн. В. А. Репнина,

---

[401] АВПР. Оп. 1. 1748 г. Д. 9. Л. 263-268об. Доношение Г. Р. фон Ливена от 24 мая 1749 г.

[402] РГВИА. Ф. 20. Оп. 1. Д. 352. Ч. 2. Л. 295об., 298; Ч. 3. Л. 39об., 59-60об.

[403] Подсчитано по: РГВИА. Ф. 20. Оп. 1. Д. 338. Ч. 3. Л. 215-215об.; Д. 339. Ч. 2. Л. 126-128об.; Д. 352. Ч. 1. Л. 9. 14-15, 79об., 89, 176, 266-266об.; Ч. 2. Л. 28об., 114, 115, 170об., 276-277об., 280-281об., 300; Ч. 3. Л. 25-26об., 59-60об.

[404] РГВИА. Ф. 20. Оп. 1. Д. 339. Ч. 2. Л. 133.

[405] Там же. Д. 352. Ч. 2. Л. 245-246.

заключить союз с Фридрихом II и Людовиком XV и начать войну против России, полагаясь на помощь 20000 французов, а также турок и татар. К Речи Посполитой должны были отойти Смоленск, Украина, Прибалтика[406]. Версаль одобрил проект и стремился к реализации его на ближайшем Сейме[407].

Однако замыслы французского двора были вскрыты австрийскими дипломатами и сообщены А. П. Бестужеву-Рюмину. Меры, принятые союзниками в Дрездене и Варшаве, изменили характер заседаний Сейма. Как писал Фридрих II прусскому послу в Вене Подевильсу 15 (26) ноября 1748 г., польские депутаты обсуждали вопросы о нейтралитете Порты в польских делах, о вечном союзе с Австрией и Россией и о перечислении части курляндских доходов на нужды такого союза[408]. Присутствие российских войск в Курляндии и Лифляндии, возвращение на родину вспомогательного корпуса привели к окончательному развалу планируемой конфедерации. Население Речи Посполитой не поддержало призывы заговорщиков к союзу с Пруссией, поскольку только русские войска удерживали Фридриха II от вторжения в страну.

Потерпев неудачу в Речи Посполитой, французский двор стремился спровоцировать новую русско-шведскую войну. Шведский кризис 1749–1750 гг. стал новым испытанием для союзников. С лета 1748 г. французские дипломаты стали распространять слухи о готовящемся восстановлении абсолютизма в Швеции. В окрестностях Петербурга и в русской Финляндии была собрана третья по численности (после Прибалтики и Украины) группировка войск – до 33 тыс. солдат и офицеров. Обеспокоенный последствиями усиления власти шведского короля, российский двор объявил набор 33210 рекрутов[409]. 31 января 1749 г. посол в Стокгольме Н. И. Панин вручил шведскому канцлеру графу К. Г. Тессину ноту, в которой изменение шведской конституции, гарантированной Ништадтским и Абоским трактатами, расценивалось как нарушение мира с Россией[410]. Нота осталась без ответа, и Военная коллегия распорядилась продолжить военные приготовления. 16 февраля в указе к Ланчинскому сообщалось о 32-тысячном рекрутском наборе, переброске в Карелию 30-тысячного корпуса, приведении в боевую готовность гребного флота, 42 линейных кораблей и 4 фрегатов и о заготовке провианта и фуража (80000 центнеров муки, 30000 центнеров

[406] АВПР. Ф. 32. Оп. 6. Д. 1. Л. 28-35.
[407] Там же. Л. 159-163.
[408] Там же. Л. 75об.
[409] РГАДА. Ф. 20. Оп. 1. Д. 97. Л. 23-23об.; Д. 177. Ч. 4. Л. 30-32об.
[410] *Droysen I.G.* Geschichte der preussische Politik. T. 5. Bd. 4. S. 51.

овса и 50000 центнеров сена; 1 центнер = 50 кг) для предотвращения «северных беспокойств»[411].

В Лондоне министр П. Г. Чернышов начал действия по привлечению к мерам против Швеции английского двора. 3 (14) января британская эскадра (8 вымпелов), упредив французский флот, отправилась для учений в Балтийское море. Однако большего Георг делать не хотел, затягивая переговоры о присоединении к австро-русскому союзу ссылками на необходимость консультаций с Голландскими Штатами[412]. 14 (25) марта Бестужев-Рюмин обратился к послам Австрии, Саксонии и Англии с требованием признать восстановление абсолютизма в Швеции нарушением мира и предоставить в таком случае России военную помощь — 30000 австрийских, 8000 польско-саксонских войск и 12 английских кораблей[413]. Согласно секретному рескрипту от 24 марта Ланчинский должен был узнать, поможет ли Австрия Елизавете Петровне в случае конфликта со шведским королем[414].

Информация о русских вооружениях, полученная в Вене в середине марта, насторожила австрийский двор. Помимо того что Австрия, не оправившаяся от войны, могла быть втянута в новый конфликт (а сомнений в том, что шведов поддержат Франция и Пруссия, не было), претензии канцлера России к шведскому двору оттягивали присоединение Георга II к союзу 1746 г. Канцлер Ульфельд 21 марта (1 апреля) заявил Ланчинскому, что в Лондоне «на здешней двор пеняют, будто бы оной Ваше Императорское Величество к начатию некакого дела в Севере поднимал»[415]. Военная тревога в Финляндии заставила и Фридриха II 5 (16) апреля привести войска в боевую готовность. В ответ Мария Терезия велела собрать в Богемии, Моравии и Венгрии 135-тысячную армию[416]. Европе вновь грозила война. 29 апреля (10 мая) Ланчинскому был передан ответ на промеморию о помощи против шведов. Мария Терезия разделяла позицию Елизаветы Петровны в вопросе об изменении формы правления в Швеции, но заверяла, «что все разсеянные слухи, якобы в Швеции намерение было суверенство ввести, суть весьма безосновательны, и принц, коронной наследник, есть толь благоверной, что отнюдь

---

[411] АВПР. Ф. 32. Оп. 1. 1759 г. Д. 8. Л. 14-14об.: «Такое вооружение наших флотов и усиление нашей армеи не в ином каком виде чинится, как токмо дабы во всяком нужном случае в толь наилутчем состоянии быть потребным действам и к отвращению всего того, еже бы к новым безпокойствам в Севере с которой-либо стороны клонилось».

[412] Там же. Л. 17. Рескрипт Л. Ланчинскому от 23 февраля 1749 г.

[413] Там же. Д. 6. Л. 17-17об.

[414] Там же. Д. 8. Л. 36.

[415] Там же. Д. 4. Л. 64-65об.

[416] *Droysen I.G.* Geschichte der preussische Politik. T. 5. Bd. 4. S. 62.

торжественной своей присяги не повредит, нация же своих вольностей лишиться не похочет». Австрийский двор был готов оказать и военную помощь, но только в случае агрессии шведов против России[417].

Когда 4 июня этот ответ был вручен Бестужеву-Рюмину, тот пришел в ярость и долго отказывался принять документ[418]. 5-го он передал Бернесу новую промеморию, объясняя, что от шведского двора и сената требуется декларация о неизменности формы правления для собственной их безопасности, поскольку ответам не выполняющего своих обязательств Тессина нельзя доверять. «Не Франция ли и Пруссия были, которые Прагматическую Санкцию аустрийского архидома наиторжественнейше гарантировали? Но не были ль они ж первыми, которые оную гарантию нарушить, да и всю Прагматическую Санкцию уничтожить старались?» - напоминал канцлер. Он также требовал поддержать российские войска, если они вступят в шведскую Финляндию для «сохранения нынешней швецкой формы правительства и защищения утесняемой иногда вольности нации, от чего и тишина в Севере зависит»[419]. Возмущение Бестужева-Рюмина было объяснимо: только саксонский двор объявил 27 мая о поддержке русских акций против Швеции[420].

В Вене собирались уже отозвать Бернеса, когда находящийся во Франкфурте-на-Майне Й. Ф. Претлак прислал 23 июня (4 июля) мнение, в котором представлял, что вся антишведская кампания связана с борьбой канцлера с оппозицией, придерживающейся франко-прусской ориентации, и поэтому следует, сохраняя спокойствие, внушать ему, что в случае войны Россия сможет одна завоевать всю Швецию, и тянуть время, ожидая реакции Англии и Дании. При упорстве Бестужева-Рюмина Претлак предлагал потребовать от него план операций против шведов и пруссаков для согласования и добиваться аудиенции у Елизаветы Петровны[421].

31 июля (11 августа) Й. фон Бернес вручил Бестужеву-Рюмину ответ на новые требования российского двора. В промемории подтверждалась верность Марии Терезии статьям союза 1746 г. и выражалось беспокойство тем, что Версаль и Лондон втягивают Россию в войну со Швецией. Австрийский двор предлагал уладить конфликт мирными средствами[422].

---

[417] АВПР. Ф. 32. Оп. 1. 1749 г. Д. 4. Л. 107-108об.

[418] *Щепкин. Е. Н.* Русско-австрийский союз во время Семилетней войны 1746-1758 гг. С. 101.

[419] АВПР. Ф. 32. Оп. 1. 1749 г. Д. 6. Л. 52-62об.

[420] *Щепкин Е. Н.* Русско-австрийский союз во время Семилетней войны 1746-1758 гг. С. 104.

[421] Там же. Л. 101, 103.

[422] АВПР. Ф. 32. Оп. 1. 1749 г. Д. 6. Л. 84-87об.

В Вене 8 (19) июля Ульфельд, способствуя урегулированию «шведского вопроса», потребовал от английского посла Джорджа Кейта (брат Джеймса Кейта, российского и прусского полководца) совместной декларации в Париже и Потсдаме о том, что Россия не стремится к завоеванию Швеции, а лишь хочет убедиться в неизменности шведской конституции[423]. 21 июля (1 августа) Ульфельд сообщил Ланчинскому и находящемуся с мая в Вене чрезвычайному послу М. П. Бестужеву-Рюмину о возможности получить акт шведского двора о неизменности формы правления при посредничестве Франции. Как заявил канцлер, отказ от такого акта будет означать стремление Версаля и Стокгольма к войне[424]. Такая устная декларация была дана имперскому канцлеру шведским послом 28 июля (8 сентября)[425].

Почему же в Петербурге так упорно проводили политические и военные демонстрации против Швеции? Почему воды Финского залива бороздил флот из 168 вымпелов? Немецкий историк Й.Г. Дройзен считал, что российский двор желал подчинить Швецию своим интересам, ликвидировать самостоятельность политики этого государства и спровоцировать войну с Пруссией. Но военные приготовления шли на финской границе, а группировка в Лифляндии была уменьшена, не был оборудован театр военных действий в Литве и Польше (непосредственно с Пруссией Россия не граничила). Более справедливым кажется мнение австрийского исследователя А. Беера: А. Бестужев-Рюмин поддался на провокацию английских дипломатов, которые муссировали слухи о возрождении абсолютизма в Швеции и о концентрации войск на русских границах; кроме того, российский канцлер хотел создать союз против Швеции, заручившись поддержкой Саксонии, Дании, Англии, Ганновера и Гессен-Касселя, и зондировал позиции этих дворов[426]. Такая трактовка событий отражает беспокойство Георга II сотрудничеством Швеции и Пруссии в модернизации портов на Балтике и претензиями шведского короля Фредрика I на Бремен и Ферден[427]. Тогда объясняется и быстрая отправка к балтийским берегам эскадры в январе 1749 г., после чего британский кабинет устранился от участия в «шведском деле». Кроме того, военная тревога в Финляндии заставила Россию сохранить довольно мощную группировку войск в остзейских провинциях и содержать там 74357 солдат и офицеров уже не на анг-

[423] Там же. Л. 96-101об.
[424] Там же. Д. 5. Л. 41-42.
[425] Там же. Л. 90-91.
[426] *Bentinck W.* Aufzeichnungen des Grafen William Bentinck ueber Maria Theresia / Herausgegeben von A. Beer. Wien, 1871. S. CIICIII, CVII, CXII.
[427] АВПР. Ф. 32. Оп. 1. 1748 г. Д. 5. Л. 392об.-393.

лийские субсидии, а на собственные средства[428]. Эти войска могли удержать Фридриха II от нападения на Ганновер и от поддержки шведских притязаний. Русское давление на Швецию могло оказываться и в династических интересах Елизаветы Петровны, которая еще в 1743 г. хотела упрочить положение наследника шведского престола, принадлежащего к голштинской династии, и одновременно отвлечь Швецию от союза с Францией и Пруссией, связав ее каким-либо договором, гарантированным великими державами Европы.

На деле же угрозы в адрес Стокгольма привели к обратному результату. 7 (18) мая шведский двор заключил союзную конвенцию с Пруссией, по которой наследником объявлялся принц Голштинский Адольф Фридрих, а стороны обязались оказывать друг другу военную помощь в случае нападения или бунта. 24 июня (5 июля) в Берлине к шведско-прусскому союзу присоединилась Франция[429]. Силовая политика А. П. Бестужева-Рюмина в отношении Швеции привела к созданию антирусского блока на севере Европы. 27 июля (7 августа) шведский наследник был признан Копенгагеном, а через 10 дней Дания подписала субсидный договор с Францией и обязалась соблюдать нейтралитет в «шведском деле»[430]. По заключенному в Константинополе 7 (18) августа шведско-турецкому договору о дружбе и коммерции Порта признала права Адольфа Фридриха и обещала защищать от пиратов шведских купцов, но отказалась выступать против России в случае ее вмешательства в дела Швеции[431]. Располагая поддержкой Потсдама и Версаля, шведский канцлер К. Г. Тессин заявил 30 августа (10 сентября), что введение русских войск в шведскую Финляндию будет рассматриваться как нарушение мира и норм международного права[432].

Теперь все зависело от позиции российского двора, где было немало политиков, понимавших, что опасна не Швеция сама по себе, а ее союз с Пруссией и Францией. Эту идею внушал А. П. Бестужеву-Рюмину и Бернес, предлагая «добрые официи» австрийского двора для примирения со Стокгольмом. Он доказывал, что в случае войны выиграет только вечно ищущий повода для агрессии Фридрих II, и потому не следует провоцировать его вводом войск в Финляндию. Прусский король, который был не меньше обеспокоен сбором австрийских и русских войск близ своих границ и сомневался в военной помощи французов, настойчиво советовал

[428] РГАДА. Ф. 20. Оп. 1. Д. 77. Ч. 2. Л. 30-32об.
[429] АВПР. Ф. 32. Оп. 1. 1749 г. Д. 9. Л. 82-85,89об.
[430] *Droysen I.G.* Geschichte der preussische Politik. Т. 5. Bd. 4. S. 115.
[431] АВПР. Ф. 32. Оп. 1. 1749 г. Д. 6. Л. 188-197об.
[432] *Droysen I.G.* Geschichte der preussische Politik. Т. 5. Bd. 4. S. 118.

своей сестре, супруге шведского наследника, воздержаться от попыток усилить королевскую власть после смерти Фредрика I[433].

Неприятие Венским двором планов похода против Швеции наконец было осознано в Петербурге. Коллегия иностранных дел не одобрила действия канцлера. В рескрипте М. П. Бестужеву-Рюмину от 4 (15) сентября позиция уже была скорректирована: Елизавета требовала помощи в случае вмешательства в русско-шведский конфликт Пруссии и указывала, что такая помощь может предотвратить усиление Фридриха II в результате союза с «самодержавным» шведским королем[434]. Так акцент в «шведском деле» сместился в сторону мер против Пруссии. Имперский канцлер, уловив смысл изменений, заверил 6 (17) октября обоих российских послов, что помощь России против агрессора будет оказана. Он предложил послать в Петербург для составления плана операций против Пруссии барона Претлака, но в то же время советовал избегать войны, тем более что в Польше и Турции шведам не удалось найти союзников против России[435].

Казалось, что конфликт близок к завершению. Однако 26 октября посол в Стокгольме Н. И. Панин потребовал от короля и сената тожественной декларации о неизменности формы правления[436]. Почти одновременно в Вене (25 октября) Ланчинский вновь попытался связать вопрос о союзной помощи с возможной оккупацией российской армией всей Финляндии «для защищения шведской вольности». Ульфельду не оставалось ничего, кроме как затягивать ответ[437]. Вплоть до конца года австрийским министрам в Версале и при других дворах приходилось опровергать слухи, распространяемые из Пруссии, о союзе России с Марией Терезией и Георгом II, направленном на завоевание Швеции и Пруссии. От этих действий, как говорил 23 декабря Ульфельд Ланчинскому, «польза следовала немалая, что кредит прусским вымышлениям, тамо подаваемой, ослабел, а Пруской-де [король] не только о том лживом трактате внушал, но и, сам неко-

---

[433] *Щепкин Е. Н.* Русско-австрийский союз во время Семилетней войны 1746-1758 гг. С. 106-108.

[434] АВПР. Ф. 32. Оп. 1. 1749 г. Д. 9. Л. 7: «Учиненное с нашей стороны требование помощи к тому только клонится, чтоб нам знать, можем ли мы на их помощь полагаться в случае, чтоб мы от короля Прусского по причине нашего вступления за вольность швецкой нации атакованы были, хотя мы и без того не сумневаемся, что в таком случае существительной аустрийскаго дому интерес сам от них того востребовал бы, ибо печальное искуство уже научило, коль опасно допускать усиление короля Пруского; а весьма понятно есть, коль сила его умножится, когда руководствуемой его сестрою в Швеции король самодержавным зделается».

[435] Там же. Д. 5. Л. 105-107об.

[436] *Щепкин Е. Н.* Русско-австрийский союз во время Семилетней войны. С. 109.

[437] АВПР. Ф. 32. Оп. 1. 1749 г. Д. 5. Л. 135-136об.

торые артикулы оного составя, двору францускому сообщил»[438]. Таким образом, попытки Фридриха II осенью 1749 г. подтолкнуть Францию к активной поддержке Пруссии и Швеции потерпели неудачу. Версалю Пруссия была нужна только как противовес Австрии и России; Фридрих же без союза с Францией оставался один против трех великих держав — Австрии, России и Англии[439]. Поэтому и он был вынужден стремиться к мирному урегулированию русско-шведского конфликта.

Консультации российских и австрийских дипломатов по «шведскому делу» продолжались в Петербурге и Вене. На встрече российских послов с Ульфельдом 1 января 1750 г. выяснилось, что шведский двор готов дать декларацию о неизменности формы правления, но выступает против гарантии ее Россией. Кроме того, Дания объявила, что окажет военную помощь России, но только в случае нападения на нее[440]. Появилась надежда на присоединение короля Георга II к союзному договору 1746 г. 17 января Ланчинский получил от Ульфельда ответ на промеморию о помощи в случае войны со Швецией и о перенесении переговоров с англичанами в Петербург. Нота была принята Ланчинским неохотно, так как «тот ответ, яко бы удаляяся от прямого изъяснения, наполнен многословием и еже к существенному делу не принадлежит»[441].

Получение ответа в Петербурге вновь вызвало неприязнь канцлера. 13 февраля он заявил Й. Бернесу, что промемория австрийского двора о «шведском деле» туманна. Рескриптом от 22 февраля М. П. Бестужеву-Рюмину рекомендовалось вернуть ответ австрийцам: «Мы таких ответов на наши наидружебнейшия представлении, как прежния от того двора были и как и нынешняя промемория есть, не ожидали. Оныя токмо многословиями наполнены, а ни одного удовольствительного пассажа на наши домогательства не находится». Канцлер подчеркивал, что речь идет не о союзе, а о введении в Швеции «самодержавия», и открыто требовал от Австрии поддержки военной операции в Финляндии[442].

Складывалась ситуация, похожая на осень 1733 г., когда Франция напала на Австрию под предлогом «защиты Польши от России». Теперь Австрия могла подвергнуться агрессии таких «защитников» Швеции от России, как Людовик XV и Фридрих II. Не были нужны Марии-Терезии и размолвки с российским двором. Оставалось добиваться от шведов компромисса с Россией и продвигать вперед перего-

---

[438] Там же. Л. 209-210.
[439] *Droysen I.G.* Geschichte der preussische Politik. Т. 5. Bd. 4. S. 101-102.
[440] АВПР. Ф. 32. Оп. 1 1750 г. Д. 3. Л. 4-6, 7об.
[441] Там же. Л. 16-16об.
[442] Там же. Д. 4. Л. 2-3; Д. 7. Л. 8-9.

воры о вступлении в союз 1746 г. Англии (о согласии подписать договор без секретных статей заявил 10 (21) января 1750 г. новый посол в России М. Гидекенс).

21 апреля (2 марта) в Стокгольме австрийский посол Верлет пытался выяснить позицию шведского правительства у К. Г. Тессина. Шведский канцлер предельно ясно заявил, что король и сенат готовы подписать конвенцию о сохранении конституции, но считают какие-либо гарантии России в этом вопросе вмешательством во внутренние дела суверенного государства. Он заверил посла, что опасности для «шведской вольности» нет, а введение русских войск будет противоречить Ништадтскому договору 1721 г., на который так часто ссылается русский двор. Тессин просил, чтобы Австрия рассеяла подозрения Елизаветы Петровны и склонила ее к отводу войск от финляндской границы[443].

27 февраля Ульфельд сообщил Ланчинскому о заявлении французского посла Блонделя: Франция и Пруссия грозили России войной в случае ввода ее войск в шведскую Финляндию[444]. Упорство российского двора в вопросе «шведской вольности» приобрело характер политической авантюры, грозившей вновь ввергнуть Европу в войну. На случай прусского нападения было принято решение собрать в мае–июле войска в учебных лагерях в Штирии, у Куттенберга, Колина и Цнайма (Богемия и Моравия)[445]. Теперь Мария Терезия должна была спасать Европу от войны.

24 марта Ланчинскому был дан повторный ответ на представление от 31 декабря 1749 г. Мария-Терезия извинялась за «смешение материй» в ноте 2 (13) января 1750 г. и указывала Бернесу на необходимость избегать впредь «темных мест» в объяснениях с российским канцлером. Послам в Стокгольме и Константинополе давались полномочия вступать в переговоры о «шведском деле», убеждая, что дело мира на севере Европы зависит от действий Швеции. Российскому двору также напоминалось, что до сих пор не получен ответ на предложение о присылке генерала Претлака для выработки плана операций. Нота была передана А. П. Бестужеву-Рюмину 18 апреля[446].

Российская армия в 1750 г. была способна вести успешные боевые действия. 10000 гвардейцев, 148765 солдат и офицеров полевых полков (3 кирасирских, 29 драгунских, 4 гусарских, 46 пехотных) и 74601 человек гарнизонных войск (48 пехотных и 7 драгунских полков, 7 батальонов), 10961 инженер и артиллерист, 10000 морской пехоты и 118224 казака и

---

[443] Там же. Д. 4. Л. 34-41об.
[444] Там же. Д. 3. Л. 82-83.
[445] Там же. Л. 93об.-94.
[446] Там же. Л. 116-119; Д. 4. Л. 69-73об.

калмыка иррегулярных войск[447] могли оказать мощное сопротивление даже блоку Швеции, Пруссии и Франции. Но возможность присоединения к такому «содружеству» Речи Посполитой и Османской империи открывала сплошной фронт от Кюмене до Терека, что при слабости российских финансов могло иметь непредсказуемые последствия. К лету 1750 г. выяснилось, что ни Англия, ни Австрия не поддерживают авантюру с «защитой шведской вольности». В мае и в Копенгагене было заявлено, что датский двор, отрицательно относясь к усилению власти короля в Швеции, считает достаточной декларацию кронпринца Адольфа Фридриха для разрешения конфликта мирным путем[448]. Особенно отрезвляюще на Елизавету Петровну и канцлера подействовало заявление министров Порты о желании примирить Россию со Швецией, «яко с такой державою, коя с давнего времени под ея протекциею находится, объявляя при том за резонабельной швецкой ответ» (то есть декларацию о неизменности формы правления без гарантии какой-либо иностранной державы – *С. Н.*). А. П. Бестужев-Рюмин просил Й. Бернеса, чтобы австрийский резидент в Константинополе Пенцлер информировал визиря о том, что Россия не желает войны со шведами[449].

Австрийские представления в Версале, Стокгольме и Константинополе достигли цели. Дипломатам Марии Терезии удалось убедить общественное мнение Европы, что Австрия будет соблюдать нейтралитет в «шведском деле». Это отвечало интересам России, так как Франция лишалась повода для нападения на главного русского союзника[450]. Последним шагом к предотвращению конфликта стало присоединение Георга II к австро-русскому союзному договору 1746 г. Такое соглашение было заключено А. П. Бестужевым-Рюминым, М. И. Воронцовым, Й. Бернесом и М. Гидекенсом 30 октября (10 ноября) 1750 г. после того, как российский канцлер согласился на уменьшение размера субсидий за содержание на границах 30-тысячного корпуса до 100 тыс. фунтов стерлингов[451]. После объявления об акте присоединения практически прекратились попытки французских дипломатов спровоцировать войну России со Швецией. Российский двор также оставил попытки добиться каких-либо новых актов о неизменности шведской формы правления, убедившись, что главным противником его в Европе является Пруссия,

---

[447] *Щепкин Е. Н.* Русско-австрийский союз во время Семилетней войны 1746-1758 гг. С. 114.

[448] АВПР. Ф. 32. Оп. 1. 1750 г. Д. 5. Л. 124об.

[449] Там же. Д. 4. Л. 102-104.

[450] *Bentinck W.* Aufzeichnungen des Grafen William Bentinck ueber Maria Theresia. S. CXII.

[451] Там же.

способная поддержать шведскую армию в войне с Россией. В феврале 1751 г. последовал отзыв прусского посла из России, а российского из Пруссии. 13 сентября 1751 г. был обновлен субсидный договор России и Англии, направленный против возможного вторжения Фридриха II в Саксонию. Смерть шведского короля Фредрика I и воцарение Адольфа Фредрика Голштинского зимой 1751 г. действительно не привели к введению в Швеции абсолютизма. Позиция Марии Терезии в русско-шведском конфликте оказалась верной.

В 1748–1750 гг. правительство канцлера А. П. Бестужева-Рюмина провело серию военноПолитических акций, направленных против Франции, Пруссии и Швеции. Поход вспомогательного корпуса В. А. Репнина привел к заключению Аахенского мира и завершению войны за австрийское наследство. Правительство Австрии в это время оказало большую помощь в снабжении российских войск и размещении их на зимних квартирах в Богемии, Моравии и Верхней Силезии. Присутствие российских войск в Прибалтике и близ силезских границ удержало Пруссию от возобновления враждебных действий.

Шведский кризис 1749-1750г г., спровоцированный французской дипломатией, не привел к войне между Россией и Швецией. Австрийским дипломатам, прежде всего канцлеру А. К. фон Ульфельду, послам Г. фон Бернесу и Й. фон Претлаку (он вновь прибыл в Россию 20 января 1751 г.) удалось противостоять авантюрным требованиям российского двора и направить последний на путь компромисса со Швецией и решительного разрыва с Пруссией.

40-е годы XVIII века стали эпохой испытаний для союзных отношений России и Австрии. Причинами для пересмотра договора 1726 г. с российской стороны стало недовольство результатами совместной войны против Турции 1735-1739 гг., складывание новой ситуации в Европе, когда агрессивная Пруссия заявила о себе как великая держава, ослабление Австрии после начала войны за австрийское наследство в 1740 г. и переворот, инспирированный французской дипломатией, приведший к физическому устранению в декабре 1741 г. лиц, стоявших у истоков русско-австрийского союза, прежде всего канцлера А. И. Остермана.

Однако период изоляционизма, осложненный фальсифицированным Версалем и франко-прусской партией при дворе Елизаветы Петровны «заговором» Ботты, бывшего австрийского посла в Петербурге, быстро миновал. Разгром Фридрихом II Саксонии в 1745 г. и восстановление статуса Австрии как великой европейской державы заставили российский двор вновь искать союза с Марией Терезией. Союзный договор 1746 г. был рожден общностью интересов Австрии и России, их стремлением поддержать мир с Турцией, обуздать агрессивность Пруссии и гегемонизм Франции. Особенностью союзных отношений двух держав во второй половине 40х годов стало подключение к союзным структурам в соответствии с внешнеполитическим курсом канцлера А. П. Бестужева-Рюмина Великобритании и Соединенных Штатов Нидерландов (Голландии). Морские державы финансировали военные приготовления России против Пруссии и Франции. «Шведское дело» 1749-1750 г г. окончательно изменило направление оборонительного союза Австрии и России. Если для 20-30-х годов главными противниками их были Франция и Турция, то к концу 40-х годов место Порты занимает Пруссия. Попытки Версаля изолировать Россию от Европы, заставить ее отказаться от активной внешней политики потерпели неудачу. Россия вновь заняла законное место в системе коллективной безопасности континента, способствуя завершению летом 1748 г. войны за австрийское наследство. Основной формой взаимодействия союзников в 40-е годы были совместные политические консультации и обмен нотами (промемориями, грамотами) по важнейшим вопросам внешней политики Австрии и России. С 1745 г. одной из форм союзных акций стало содержание в летних лагерях на курляндской границе крупных сил российской армии, которые заставили Фридриха II остановить боевые действия против Австрии и Саксонии. Поход вспомогательного корпуса, находящегося на службе морских держав в 1748-1749 г г., помог прийти к примирению враждующих сторон и выводу французских войск из австрийских владений. С осени 1748 г. австрийский двор взял на себя заботу о русских войсках за границей, разместив их на зимних квартирах и снабдив деньгами для обратного марша через Польшу, хотя таких обязательств в союзном трактате от 11 (22) мая 1746 г. не было. В 40-е годы появилась и такая оригинальная форма союзных связей, как защита интересов одной державы дипломатами ее партнера, например, действия в пользу России австрийского посла в Швеции Т. Антивари и в Турции – резидента Пенцлера. Демарши австрийского двора в 1749-1750 г г. не позволили втянуть Россию в авантюру, связанную с надуманным вопросом о мнимом восстановлении шведского абсолютизма.

Заключение

Союз России и Австрии 26 июля (6 августа) 1726 г. был вызван необходимостью координации внешней политики двух держав, объединения их усилий в борьбе против османской угрозы и гегемонистских тенденций Франции, Великобритании и Соединенных Штатов Нидерландов. Российское правительство через Венский трактат вводило страну в политическую систему Европы и надеялось с помощью Австрии решить три задачи: добиться международного признания петровских завоевании в Прибалтике, нейтрализовать враждебное влияние в Речи Посполитой и обеспечить безопасность земель, граничащих с татарскими ордами Северного Причерноморья вассалами Османской Турции. Таким образом, в союзе с императором Карлом VI выразился весь комплекс идей внешнеполитического курса, предложенного в 1725 г. вице-канцлером А. И. Остерманом. Австрийский двор стремился, опираясь на помощь России, не допустить пересмотра международных соглашений о судьбах Европы 1713-1718 гг., создавших систему политического равновесия на континенте обезопасить Священную Римскую Империю Германской Нации от внутренних раздоров и посягательств Франции и Турции. В этом проявился курс генералиссимуса Империи принца Евгения Савойского, и вице-канцлера Ф. К. фон Шёнборна.

Сотрудничество Австрии и России в 1727-1732 гг. было подчинено главной цели – предотвращению войны в Европе и построению системы коллективной безопасности на основе международной гарантии владений всех держав. Совместные действия проявлялись в форме военных приготовлений (формирование российского вспомогательного корпуса), политических консультаций и общих выступлений послов союзников при иностранных дворах. Политическое вмешательство российского двора в конфликт между Карлом VI и державами Ганноверского (с осени 1729 г. Севильского) блока, в который входили морские державы, Франция, а позднее Дания, Швеция, Испания, привело к предотвращению европейской войны, поддержке германскими князьями Венского союза и распаду антиавстрийского альянса. При помощи Австрии Россия добилась международного признания решений Ништадтского конгресса 1721 г., избежала тяжелых последствий авантюр, связанных с поддержкой свойственников династии Романовых в Гольштейне и Мекленбурге, восстановила отношения с Англией и Данией. В это время окончательно оформляется внешний курс А. И. Остермана: опора на Австрию, Пруссию и морских держав для нейтрализации Речи Посполитой, Швеции и Франции и борьба с Турцией и Крымом. Военные тревоги 1727 и 1730 годов показали необходимость продолжения реформ в российской армии, которые осуществились в 1731-1736 гг.

Перенос центра тяжести союза на взаимоотношения Австрии и России с Речью Посполитой было связано с возможностью установления в этой стране власти французской креатуры – Станислава Лещинского – после смерти короля Августа II. Союзники были заинтересованы, прежде всего, в сохранении мирных отношений с Речью Посполитой и соблюдении ее правительством международных норм права в отношении населения некатолической конфессии. Союзники на первом этапе стремились не допустить усиления влияния в Речи Посполитой представителей иностранных государств, однако затем поддержали единственную кандидатуру, способную противостоять проискам Версаля саксонского курфюрста Фридриха Августа II (Августа III). Выбор военных методов решения «польского вопроса» Россией был обусловлен проблемами обеспечения безопасности западных границ и продолжающимися претензиями польских магнатов на Лифляндию, Смоленск и Киев. Этим был дан повод к франко-испанской агрессии против Австрии. Особенностью союзных связей Вены и Санкт-Петербурга в период войны за польское наследство было то, что сопротивление австрийских войск на Рейне и в Италии отвлекло все силы Бурбонской коалиции и не дало возможности Франции оказать действенную военную помощь польским сторонникам Лещинского. Победы российских войск привели к власти в Речи Посполитой Августа III Веттина и обеспечили сохранение независимости самостоятельной политической роли в Европе и территориальной целостности этой страны. Поход российского корпуса на Рейн заставил Версаль прекратить войну. Однако запоздалая помощь не смогла уберечь Австрию от территориальных потерь (Лотарингия, Сицилия, Неаполь). Российское руководство в данном случае не выполнило в полном объеме обязательств по союзу 1726 г., пытаясь увязать вопрос о военной помощи с проблемами турецкой и шведской угрозы и «умиротворения» Речи Посполитой. Война за польское наследство в целом усилила влияние России в Европе, укрепила ее международный: престиж в качестве «арбитра» континента.

Решение проблемы защиты населения Украины и юга России от постоянных грабительских набегов крымских и ногайских татар и ликвидации последствий Прутского мира 1711 г. выступает на первый план в русской внешней политике с середины 30-х годов. Но в период напряженности в Европе и в годы войны за польское наследство Россия была заинтересована в оттягивании конфликта, что и было обеспечено действиями австрийских дипломатов в Константинополе в 1730-1736 гг. Продолжения набегов заставили российское правительство начать войну. Австрия, истощенная войной против Франции и Испании, начала боевые действия против Порты только под давлением России. Союзные отношения держав в войне против Турции не были доведены до уровня стратегического взаимодействия. Причины этого лежат в самом характере договора 1726 г., преследовавшего только оборонительные цели, недостаточное доверие союзников друг к другу в вопросах судьбы османских владений, неготовность к компромиссам для достижения главной цели – разгрома врага. Результатом стали: упущенная в 1737 г. возможность совместного освобождения Балкан от османского ига, отсутствие единства в военных операциях, поражение Австрии и скромные плоды побед российской армии. В то время, как австрийская армия вновь оттянула на себя главные и лучшие силы турок, обеспечив России свободу действий, правительство последней осталось глухо к просьбам Вены о военной помощи. В то же время необходимо подчеркнуть, что российская сторона добилась поставленной в начале войны задачи: южная граница империи была расширена и надежно защищена от татарских набегов, османская угроза была ликвидирована, возвращен Азов, отношения с Турцией получили мирный характер вплоть до конца 60-х годов. Австрия также добилась перехода к мирному сосуществованию с Портой и расширения торговых льгот на Востоке, но ценой потери Сербии и части Валахии. Видимая скромность результатов войны для России (по сравнению с замыслами военных кругов) вызвала определенное недовольство союзом с Австрией, особенно среди военных, и разочарование в силовых средствах внешней политики, определив переход к мирному периоду 40-х годов XVIII века.

Кризис и односторонний разрыв союзных отношений между Австрией и Россией в начале 40-х годов был вызван недовольством части военных кругов союзом 1726 г., усилиями французской дипломатии, стремившейся к исключению России из сферы европейских международных отношений (ей удалось инспирировать переворот 25 ноября 1741 г. и сфальсифицировать т. н. «дело Ботты»), приходом к власти сторонников изоляционизма (кн. А.М. Черкасский, М. И. Воронцов). Главной же причиной стала временная утрата Австрией ведущих позиций среди европейских держав в начальный период войны за австрийское наследство 1740-1748 г г. и необходимость в связи с этим пересмотреть курс внешней политики страны. Большое влияние на кризис союза оказали также становление Пруссии в качестве великой державы и крах системы европейской коллективной безопасности, одним из главных звеньев которой был Венский союз 1726 г. Однако факт того, что Австрия отстояла независимость и восстановила свое значение в европейских делах, а также рост прусской агрессии, угрожающей уже интересам России, заставили кабинет А. П. Бестужева-Рюмина вновь вернуться к традиционному союзу с Австрией и морскими державами. Место Турции как наиболее опасного врага для Вены и Санкт-Петербурга занимает Пруссия. Связи союзников в конце 40-х годов характеризуются тем, что австрийская сторона добивается вмешательства России в войну за австрийское наследство и ликвидирует угрозу русско-шведского конфликта, провоцируемого как Берлином и Версалем, так и Петербургом. Поход вспомогательного корпуса в Германию вновь приводит к окончанию Европейской войны и обеспечивает ведущую роль России в вопросе европейской безопасности.

Союзные связи России и Австрии возникли как настоятельная потребность народов двух держав и были исторически обусловлены их развитием. Союзники не имели территориальных претензий друг к другу и каких-либо неразрешимых противоречий, их связывала общность внешнеполитических интересов. Блок двух держав носил оборонительный характер и не предусматривал вмешательство во внутренние дела других стран. Взаимоотношения союзников выражались в форме взаимных консультаций, совместных дипломатических акций, военной помощи и боевых действий против общего противника, Для России результатами такого союза стали: международная гарантия результатов Великой Северной войны 1700-1721 г г., органическое вхождение страны в политическую систему Европы, укрепление авторитета и роли ее в качестве великой державы. При помощи союза с Австрией были решены польская и восточная проблемы: была обеспечена безопасность южных и западных границ России, установлены и упрочены мирные и дружественные отношения с Речью Посполитой, Турцией и Ираном, дана возможность мирного развития страны в течение 15 лет.

Австрии, вступившей в конце 20-х годов в период частичного кризиса (он наиболее обострился и был разрешен во время войны за австрийское наследство), поддержка России позволила избежать больших потерь во время войны с Испанией, Францией и Пруссией и добиться замирения с Портой, успешно противостоять гегемонизму Версаля. В целом же союз принес гораздо больше политических выгод именно России, но одновре-

менно явился важным фактором европейской стабильности и безопасности.

Привлечение документов из зарубежных архивов, прежде всего австрийских, а также использование материалов о сотрудничестве посольств союзников при иностранных дворах (в Лондоне, Париже, Гааге, Стокгольме, Берлине, Константинополе) позволит в дальнейшем расширить рамки исследования темы, затрагивающей важные вопросы исторических судеб народов Европы и России.

Источники и литература

Источники

I. Неопубликованные
Архив внешней политики России Историко-дипломатического управления Министерства иностранных дел Российской Федерации (АВПР)

Ф. 32. Сношения России с Австрией.

Российский государственный архив древних актов (РГАДА)

Ф. 15. Дипломатический отдел.

Ф. 20. Дела военные.

Ф. 176. Верховный Тайный Совет.

Ф. 177. Кабинет Министров.

Российский государственный военно-исторический архив (РГВИА)

Ф. 5. Артиллерийская экспедиция Военной коллегии.

Ф. 12. Комиссариатская экспедиция Военной коллегии.

Ф. 20. Воинская (секретная) экспедиция Военной коллегии.

Ф. 47. Генерал-фельдмаршал граф Б. Х. А. фон Миних.

Ф. 114. Генерал-фельдмаршал граф П. П. фон Лессий.

Ф. 432. Германия.

Ф. 488. Иностранные воины.

Ф. 489. Коллекция послужных списков XVIII-XIX вв.

Ф. 846. Военно-ученый архив.

Ф. 2577. Лейб-Гвардии Измайловский полк.

II. Опубликованные
Кантемир А. Д. Реляции князя А. Д. Кантемира из Лондона 1732-1735. Т. 1-2. М., 1892-1903.

Манштейн К. Записки о России 1727-1744 гг. Изд. 4-е. СПб., 1875.

Маркиз Де Ла Шетарди в России 1740-1742 гг. Перевод рукописных депеш французского посольства в Петербурге. СПб., 1862.

Мартенс Ф. Собрание трактатов и конвенций, заключенных Россией с иностранными державами. Т. 1. СПб., 1874; Т. 5. СПб., 1880.

Миних Б.Х.А. фон. Записки фельдмаршала графа Миниха. Пер. с франц. /Под ред. С. Н. Шубинского. СПб., 1874.

Миних И. Э. фон. Записки графа Миниха, сына фельдмаршала, писанные им для детей своих. СПб., 1817.

Нащокин В. А. Записки Василия Александрова сына Нащокина / Под ред. Д. Языкова. СПб., 1842

Осмнадцатый век. Письма о России в царствование Петра II-го в Испанию дука де Лириа, бывшего первым испанским посланником при нашем дворе. М., 1869. Кн. 2. С. 1-214; Кн. 3. С. 28-81.

Соловьев С. М. Из подлинных бумаг Елизаветинского царствования. Выписки из перлюстрации. // Осмнадцатый век. Кн. 4. С. 87-89. М., 1869.

Указы блаженныя и вечнодостойныя памяти великой государыни императрицы Екатерины Алексеевны и государя императора Петра II. СПб., 1743.

Юзефович Т. Договоры России с Востоком политические и торговые. СПб., 1869.

Литература

Арсеньев К. И. Царствование Екатерины I. СПб., 1855.

Баиов А. К. Русская армия в царствование императрицы Анны Иоанновны. Война России с Турцией в 1736-1739 гг. Т. 1-2. СПб., 1905-1906.

Байков Л. М. Русско-австро-турецкая война 1736-1739 // Энциклопедия военных и морских наук / Под ред. Г. А. Леера. Т. VII. СПб., 1895.

Бантыш-Каменский Д. Н. Биографии российских генералиссимусов и генерал-фельдмариалов. Ч. 1. СПб., 1840.

Бантыш-Каменский Н. Н. Деяния знаменитых полководцев и министров, служивших в царствование государя императора Петра Великого. Изд. 2-е. Ч. 2. М., 1821.

Его же. Обзор внешних сношении России (по 1801 год). Ч. 1-2. М., 1894-1896.

Бескровный Л. Г. Русская армия и флот в XVIII веке. М., 1958.

Бестужев К. Н. Императрица Елизавета. М., 1912.

Бутурлин Д. М. Военная история походов россиян в XVIII столетии. Часть III, заключающая в себе описание польской войны с 1733 по 1735 год. СПб., 1823.

Вандаль А. Императрица Елизавета Петровна и Людовик XV. Пер. с франц. М., 1911.

Вейдемейер А. Царствование Елисаветы Петровны. Ч. 1. СПб., 1834.

Веретьев Н. Ю. Анна Иоанновна: ее личность, интимная жизнь и правление. Берлин, 1912.

Галем Г. А. Жизнь графа Миниха, императорско-российского генерал-фельдмаршала. Пер. с нем. М., 1806.

Герье В. И. Борьба за польский престол в 1733 году. М., 1864.

Голомбиевский А. А. Сотрудники Петра Великого. М., 1903.

Дельбрюк Г. История военного искусства в рамках политической истории. Пер. с нем. Т. 4. М., 1938.

Кафенгауз Б. Внешняя политика России при Петре I. М., 1942.

Кочубинский А. А. Граф Андрей Иванович Остерман и раздел Турции. Война пяти лет 1735-1739. Одесса, 1899.

Ключевский. В. О. Сочинения. Т. IV. М., 1958.

Лонгинов М. Н. Русский генералитет в начале 1730 года. // Осмнадцатый век. Кн. 3. С. 161-177. М., 1869.

Ленин В. И. Доклад на II Всероссийском съезде профсоюзов 20 января 1919 г. // Полн. собр. соч. Т. 37. С. 443.

Его же. Как социалисты-революционеры подводят итоги революции и как революция подвела итоги социалистам-революционерам // Там же. Т. 17. С. 339-353.

Его же. Третья Дума. Там же. Т. 16. С. 139-149.

Маркс К. Божественное право Гогенцоллернов. // Маркс К. и Энгельс Ф. Сочинения. Т. 12. С. 98-104.

51. Его же. Материалы к. полемике с Питером Фоксом // Архив К. Маркса и Ф. Энгельса. Т. XIV. М., 1973. С. 358-461.

Его же. Миссия графа Орлова. Военные финансы России // Маркс К., Энгельс Ф. Сочинения. Т. 10. С. 50-54.

Его же. Набросок речи об отношении Франции к Польше // Архив К. Маркса и Ф. Энгельса. Т. XIV. С. 322-357.

Его же. Польша. Там же. С. 4-167.

Его же. Польша, Пруссия и Россия. Материалы к брошюре «Германия и Польша» // Там же.

Его же. Пруссаки (Канальи) // Там же. С. 168-293.

Его же. Россия использует Австрию // Маркс К. Энгельс Ф. Сочинения. Т. 15. С. 183-186.

Михнева Р. Россия и Османская империя в международных отношениях в середине XVIII века. М., 1985.

Молчанов Н. Н. Дипломатия Петра Первого. М., 1986.

Некрасов Г. А. Международное признание российского великодержавия в XVIII в. // Феодальная Россия во всемирно-историческом процессе. М., 1972.

Его же. Роль России в европейской международной политике 1725-1739 гг. М., 1976.

Его же. Русско-шведские отношения и политика великих держав в 1721-1726 гг. М., 1964.

Нелипович С. Г. Дезертирство из российской армии, находившейся в Западной европе в 30-40-х годах XVIII века // Отечественные архивы. 1992. №6. С. 77-85.

Его же. Позиция Б. Х. фон Мюнниха в дискуссии 1725 года о сокращении армии и военного бюджета России. // Военно-исторический журнал. 1990. №8. С. 3-7.

Никифоров Л. А. Внешняя Политика России в последние годы Северной войны. М., 1959.

Его же. Русско-австрийские отношения в. конце Северной войны. // Институт международных отношений. Ученые записки. Вып. I. М., 1958.

Павленко Н. И. Александр Данилович Меншиков. М., 1983.

Покровский М. Н. Русская. история с древнейших времен. Т. 3 // Избранные произведения. Кн. 2. М., 1965.

Полиевктов М. А. Балтийский вопрос в русской политике после Ништадтского мира. СПб., 1907.

Порозовская Б. Д. А. Д. Меншиков: его жизнь и государственная деятельность. СПб., 1895.

Семевский М. И. Граф Бестужев-Рюмин. // Военный сборник. 1862.

Соловьев С. М. История России с древнейших времен. Т. 19-23 М., 1963-1964.

Сталин И. В. Беседа с немецким писателем Эмилем Людвигом 13 декабря 1931 г. Сочинения. Т. 13. С. 104-123.

Строев В. Н. Бироновщина и кабинет министров. Т. 1-2. СПб.-М., 1909-1910.

Степанов А. В. Елизавета Петровна: ее происхождение, интимная жизнь и правление. Лондон, 1895.

Тарле Е. В. Гегемония Франции на континенте. // Тарле Е. В. Сочинения. Т. XI. М., 1961. С. 523-584.

Его же. Коалиционные войны. // Там же. Т. XII. М., 1962. С. 69-73.

Его же. Русский флот и внешняя политика России при Петре I. // Там же. С. 115-201.

Уляницкий В. А. Дарданеллы, Босфор и Черное море в XVIII веке. М., 1883.

Фейгина С. А. Аландский конгресс. Внешняя политика России в конце Северной войны. М., 1959.

Филиппов А. Н. К вопросу о Верховном Тайном Совете. М., 1896.

Флоровский А. В. От Полтавы до Прута. Из истории русекорусско-австрийских отношений 1709-1711 гг. Прага, 1971.

Его же. Русско-австрийские отношения в эпоху Петра Великого. Прага. 1955.

Его же. Страница истории русско-австрийских дипломатических отношений XVIII века. // Феодальная Россия во всемирно-историческом процессе. М., 1972.

Хмыров М. Д. Густав Бирен, брат регента. // Осмнадцатый век. Кн. 2. М., 1869. С. 235-295.

Шубинский С. Н. Граф Андрей Иванович Остерман. СПб., 1863.

Щепкин Е. Н. Русско-австрийский союз во время Семилетнее войны. 1746-1758 гг. СПб., 1902.

Энгельс Ф. Внешняя политика русского царизма. // Маркс К. и Энгельс Ф. Сочинения. Т. 22. С. 13-52.

Его же. Какое дело рабочему классу до Польши? // Там же. Т. 16. С. 156-164.

Его же. Эмигрантская литература. // Там же. Т. 18. С. 501-509.

Arneth A. von. Maria Theresia's erste Regierungsjahren. Bd. 3. Wien, 1865.

Bentinck W. Aufzerchnungen des Grafen William Bentinck ueber Maria Theresia. / Herausgegeben von A. Beer. Wien, 1871.

Braubach M. Geheimdiplomatie des Prinzen Eugen von Savoyen. Koeln-Opladen, 1962.

Brouček P., Hillbrand E., Vesely F. Prinz Eugen: Feldzuege und Heereswesen. Wien, 1986.

Czibulka A. von. Das Volksbuch von Prinzen Eugen. Muenchen, 1936

Derselbe. Der Ingenieur Muennich // Dasselbe. 1991. № 11. S. 67-69.

Derselbe. Geschichte und Abenteuer. Gestalten an den Prinzen Eugen. Muenchen, 1950.

Derselbe. Prinz Eugen von Savoyen. Bd. 1-3. Wien, 1864.

Derselbe. Prinz Eugen von Savoyen. Bd. 4-5. Muenchen, 1965.

Droysen I.G. Geschichte der preussische Politik. T. 4. Abt. 2/3. Friedrich Wilhelm I., Koenig von Preussen. Bd. 1-2. Leipzig, 1869. T. 5. Friedrich der Grosse. Bd. 1-4. Leipzig, 1874-1886.

Durchhardt H. Gleichgewicht der Kraefte, Convenance, europaeisches Konzert. Darmstadt, 1976.

Elze W. Der Prinz Eugen: Sein Weg, sein Werk und Englands Verrat. B., 1940.

Feldzuege des Prinzen Eugen von Savoyen. Bd. 19-20. Von R Gerba. Wien, 1891.

Foerster F. W. Lebensbeschreibung der Durchlauchtigsen Catharina Alexiewna, Czarin und Kayserin von Russland. Frankfurt, 1728.

Frischauer P. Prinz Eugen von Savoyen: Ein Mensch und Hundert Jahre Geschichte. B., 1933.

Fussenegger G. Maria Theresia. Wien, 1980.

Karge P. Die russisch-oesterreichische Allianz von 1746 und ihre Vorgeschichte. Goettingen, 1887.

Kausler F. von. Das Leben des Prinzen Eugen von Savoyen. Bd. 1-2. Freiburg im Breisgau, 1839.

Koester M. Russische Truppen fuer Prinz Eugen: Politik mit militaerischen Mitteln im fruehen 18. Jahrhundert. Wien, 1986.

Leitich A.-T. Maria Theresia: Biographie. Bergisch Gladbach, 1976.

Longworth P. The three Empress: Catherine I, Anne and Elisabeth of Russia. NY., 1973.

Maria Theresia und ihre Zeit. Wien – Salzburg, 1980.

McKay D., Scott H.M. The rise of the great powers 1648-1815. L., 1983.

Mediger W. Moskaus Weg nach Europa. Braunschweig, 1952.

Nelipowitsch S.G. Diplomaten «toeten» den Krieg. // Sowijetischer Soldat. 1991. № 8. S. 38-39.

Nisbet Bain R. The Daughter of Peter the Great. NY., 1900.

Oppenheimer M. Prirnz Eugen von Savoyen. Muenchen, 1979.

Oesterreich und die Osmanen. Prinz Eugen und seine Zeit. Wien, 1988.

Oesterreichische Erbfolgekrieg 1740-1748. Bd. 1-9. Wien, 1896-1914.

Pretsch H.I. Graf Manteuffels Beitrag zur oesterreichische Geheimdiplomatie von 1728 bis 1736. Bonn, 1970.

Rauchensteiner M. Prinz Eugen und Kriegsdenken // Oesterreichische militaerische Zeitschrift. 1986. № 4. S. 305-311.

Ritter E. Politik und Kriegsfuerung. Ihre Beherrschung durch Prinzen von Savoyen. 1704. B., 1934.

Schmidt T. Eugen von Savoyen. Zum. 250. Todestag. // Militaergeschichte. 1986. № 2. S. 160-162.

Sybel H. von. Prinz Eugen von Savoyen. Muenchen, 1861.

Vischer M. Muennich: Ingenieur, Feldherr, Hochverrraeter. Frankfurt a. M., 1938.

Weiss I.B. Maria Theresia und der oesterreichische Erbfolgekrieg 1740-1748. Wien, 1863.

Zimmermann W. Prinz Eugen von Savoyen, der edle Ritter, und seine Zeit. Stuttgart, 1838.

Zwiedineck-Suedenhorst H. von. Maria Theresia. Leipzig, 1905.

Именной указатель

А

Аббас III 183, 184

Абдул-паша, визирь 219

Абендсберг фон Траун О. фон 138, 298

Аваз-Мехмет-паша, визирь 257

Август II Сильный, король Польский (Фридрих Август I Веттин, курфюрст Саксонии) 11, 35, 47, 55, 73, 90–94, 96, 99–102, 108, 110, 112, 116, 19, 372

Август III, король Польский (Фридрих Август II Веттин, курфюрст Саксонии) 92, 94, 99, 110, 112, 114–117, 119, 121, 123, 124, 126–129, 132, 134–136, 140, 142, 146–149, 151, 165, 167, 169, 172, 173, 187, 245, 279, 282, 283, 289, 290, 295, 296, 308, 316, 317, 319, 320, 323, 372

Август Вильгельм, принц Прусский 100

Адольф, герцог фон Заксен-Вайсенфельс. См. Йоханн Адольф, герцог фон Заксен-Вайсенфельс

Адольф Фредрик Голштинский, король Швеции. См. Адольф Фридрих фон Ойтин

Адольф Фридрих фон Ойтин, герцог Гольштейн-Готторпский 297, 364, 368, 369

Алексей, царевич. См. Алексей Петрович, царевич

Алексей Петрович, царевич 6, 9, 50

Али-паша Боснийский, сераскир 233

Альберони, кардинал 9

Амелот, статс-секретарь 242, 258

Андрей Иванович. См. Остерман А. И.

Андриэ, резидент 315

Анна, См. Анна Ивановна

Анна Ивановна 46, 55, 67, 68, 70, 77, 79–84, 89, 94, 95, 97, 99, 102, 106, 107, 112, 113, 115, 117, 127–129, 135, 142, 145, 150, 151, 153, 154, 158, 165, 167, 169, 173, 181, 185, 187–189, 191–195, 197, 199–202, 207, 211, 213–216, 219–222, 230, 233, 234, 237, 245, 251, 252, 254–258, 262, 265, 266, 268–270, 276, 278, 292, 377–378

Анна (Елизавета) Леопольдовна 86, 276, 277, 279, 281, 286, 290, 291, 299

Анна Петровна 46, 296

Антивари К. Т. 283, 284, 296, 297, 332, 370

Антиварий. См. Антивари

Антон-Ульрих, герцог фон Брауншвайг-Беверн 276, 290, 291
Антонио Фарнезе, герцог Тосканский 66, 76, 78, 165, 169
Апраксин С. Ф. 320, 331, 332, 334, 336, 342
Апраксин Ф. М. 26, 48, 50, 92
Аракчеев В. С. 147, 211
Арнет А. фон, историк 313
Арслан-бек 177
Ахмед III 9, 17
Ахмед-паша. См. Бонневаль
Ахмед-хан. См. Ахмед III

Б

Баиов А. историк 187, 268
Балк Ф. Н. 123
Бантыш-Каменский Н. Н., историк 94
Бартенштайн Й. К. фон 57, 72, 74–77, 81, 141, 153, 168, 169, 203, 206, 207, 214, 216, 217, 219, 225, 247, 252, 253, 256, 263, 273, 278, 295, 300
Барятинский И. Ф. 113, 122, 128, 146, 230
Барятинский С. И. 158
Бассевиц Х. Ф. фон 47, 49, 50, 58, 60, 61
Бахметев И. И. 132, 146, 152, 156, 164, 168, 171, 251, 254
Бегли-Гирей, крымский хан 211, 223
Беер А., историк 363
Бель-Иль, маршал 163, 283, 286, 296, 306, 338
Бенденридер 60
Бентинк В. 352
Бервик Дж. Ф. 121, 133
Беренклау фон 208, 212, 262, 293
Беркентин 296
Бернелл, генерал 309
Бернес Й. фон 332, 347, 351, 353, 362, 364, 366–369
Бестужев-Рюмин А. П. 271, 274, 275, 277, 292, 295–297, 301, 302, 304, 307, 310, 311, 313–316, 320, 322–325, 327, 328, 330–334, 339, 340, 347, 350–353, 356, 360–364, 367–370, 374, 379
Бестужев-Рюмин М. П. 238, 275, 319, 363, 365, 366
Бестужева А. 299
Бестужева Н. 299
Бехинье И. фон 344
Бида Д'Эфель К. Ф. 124, 133

В

Ваза, династия 296, 297
Валес. См. Валлис
Вакербарт 108
Валленродт 22, 36
Валлис О. фон 200, 217, 218, 223, 261–265
Валлис У. фон 71
Валлис Ф. П. 200
Валори 300
Вальдек, князь 263
Вандаль А. историк 275, 313
Ван Тульт Ван Сероскерке 349
Василий III, великий князь Московский 9
Васнер И. Й. 294, 355
Вахтанг IV, царь Грузинский 182, 185
Вейдемейер А., историк 313
Вейзбах (Вейсбах) Й. Б. фон 11, 12, 162, 184
Вели-паша, сераскир 259
Верлет 367
Веселовский А. 10
Веселовский И. 316, 320, 333
Вестафален Х. Г. фон 50
Веттины, династия 91, 92, 95, 101, 113, 116, 282
Вешняков А. А. 140, 188, 192, 194, 197, 200, 211, 271, 310
Виденбауэр 157
Виллар Л. 121
Вилчек. См. Вильчек Х. В. фон
Вильгельм IV, герцог Оранский (ван Ораньен), граф фон Геннегау, штатхальтер Нидерландов 352
Вильчек Й. Б. фон 349
Вильчек Й. М. фон 349
Вильчек Х. В. фон 94, 95, 99, 101, 104, 111, 112, 115, 116, 119, 156, 158–160
Виндишгрец Э. Ф. фон 23, 24, 27
Виткович 336
Виттельсбахи, династия 95, 279
Виттен 123, 146
Воейков Ф. Л. 343, 346, 356, 358
Волков А. Я. 39, 43
Волков, провиантмейстер 318

Карл Хоэнцоллерн, маркграф Прусский (Новой Марки), 94

Карл VI Габсбург, император 5–9, 11–16, 18, 19, 21, 22, 27–29, 31, 33–38, 41, 44, 46, 49, 50, 52–54, 59, 60, 63, 64, 66, 68, 69, 73, 75–77, 81–85, 91–93, 95–97, 99, 102, 103, 107, 111, 112, 114, 115, 117, 121, 125–127, 135–137, 139, 145, 148, 150, 151, 154, 156, 161, 163, 165–168, 178, 179, 182–185, 194–199, 204, 205, 207, 208, 212, 219, 225, 227–229, 244, 245, 247, 253–256, 258, 265, 268, 270, 275–278, 289, 292, 371

Карл VII, император 291, 293, 294, 303, 307, 308. См. также Карл Альбрехт II фон Виттельсбах

Карл XII Ваза, король Швеции 6, 9, 88, 113, 296

Карл Лотарингский. См. Карл, принц Лотарингский

Карл Петер Ульрих, принц фон Хольштайн-Готторф, См. Пётр, принц Голштинский

Карл II Бурбон, король Испанский 76

Карл V Габсбург, император 22

Карл Александр, герцог Вюртембергский 160, 164, 165, 167

Карл Александр, герцог фон Вюртемберг. См. Карл Александр, герцог Вюртембергский

Карл Альбрехт II фон Виттельсбах, курфюрст Баварский 136, 153, 159, 278, 289, 291

Карл, принц Лотарингский 218, 263, 291, 306, 313, 315, 319, 328, 351

Карл фон Лотринген. См. Карл, принц Лотарингский

Карл Эммануэл Сардинский. См. Карло Эммануэле

Карл-Леопольд, герцог Мекленбургский 9, 10, 14, 16, 20, 35, 40, 46, 47, 55, 60, 82, 83, 85, 106, 276

Карло Эммануэле, герцог Савойский, король Сардинии 74, 102, 120, 136, 166, 355

Карл Фридрих, герцог Голштейн-Готторпский 14, 17, 20, 23, 26–29, 32, 35, 36, 46–48, 50, 55, 57–59, 61–63, 72, 76, 81, 83, 84, 92, 296, 311, 323

Карлссон Э. 249

Кауниц В. А. фон 350

Кевенхюллер Л. А. фон 211, 218, 223, 224

Кейзерлинк фон, генерал-майор 348

Кейзерлинг К. Г. фон 152, 254, 256, 282, 313

Кейт Джеймс 154, 156–158, 164, 168, 170, 171, 197, 199, 200, 202, 204, 297, 298, 308, 335, 337, 341, 363

Кейт Джордж 363

Кёнигсэгг-Ротенфельс Л. Й. Д. фон 29, 64, 125, 137, 140, 162, 169, 202, 207, 210, 211, 214, 235, 236, 239–241, 243, 253, 313

Кёнигсэгг Л. Й. Д. фон. См. Кёнигсэгг-Ротенфельс Л. Й. Д. фон

Кёнигсэгг Л. См. Кёнигсэгг-Ротенфельс Л. Й. Д. фон

Керман, полковник 130

Кернберг, полковник 236

Кеттенбург 58

Кёнигсмарк, графиня фон 47

Кёстер М., историк 149, 172

Кински Ш. фон 13

Кински Ф. Й. фон 67, 84, 120, 135, 163

Кирхнер фон, комиссар 160

Кисловский 107

Кнюпхаузен 35

Коаньи, маршал, См. Де Коньи

Козлов В. 39

Козлов И. 336, 342

Коловрат Э. фон 344

Константин Маврокордато, господарь Валахии 189, 218, 261

Конти, принц 305

Коньи, См. Де Коньи

королева Венгеробогемская. См. Мария Терезия

Корф Й.А. 337

Кочубинский А. А, историк 222, 269

Крефт, подполковник 123

Кристиан VI, фон Ольденбург, король Дании 81, 84, 297

Кристиан-Людвиг, герцог Мекленбург-Стрелицкий 59

кронпринц Фридрих. См. Фридрих II

Куракин А. Б. 277, 317, 320

Куракин Б. И. 13, 16, 49

Л

Лаврецкий И. 42

Ланчинский Л. К. 13, 16, 18, 19, 21–31, 39–41, 49, 50, 52–4, 56–77, 81, 82, 85, 92–96, 99, 101–103, 108–112, 114, 115, 124–126, 133, 134, 139–141, 148, 149, 151, 153, 155, 159, 165, 167–170, 174, 177–181, 183, 197, 203–206, 210, 211, 214, 216–218, 221, 225, 227, 228, 231, 232, 235–237, 241, 243, 246–248, 251–253, 258, 262, 268, 271, 277–289, 291, 294, 295, 297–302, 304, 305, 308–310, 312, 314, 315, 317, 319, 321, 323, 328, 344, 345, 347, 353–356, 360, 361, 363, 365–367

Лалли, секретарь 276

Ламотт-Перуз, бригадир 131

Ламсдорф 110

Людвиг фон Хессен-Хомбург, См. Людвиг, ландграф Гессен-Гомбургский

Лапорт Дю Тэль 168–170

Ласи (Лейси, Лесий) П. П. 39, 42, 44, 45, 55, 65, 69, 70, 106, 113, 116–120, 122, 123, 127, 128, 130, 132, 146, 152–160, 163–170, 173, 194, 195, 197, 199, 202, 209, 216, 222, 225, 228–231, 235, 238, 250, 255, 258, 259, 295, 308, 313, 317, 318, 320, 322, 330, 333–336, 338, 342, 343, 348, 350, 353, 356, 359

Левашов В. Я. 181, 182, 193, 258, 259, 308

Лёвенвольде К. Г. фон 94, 95, 100, 111, 112, 115, 116

Лёвенвольде Р. фон 105

Лёвенвольде Ф. К. фон 82, 83, 95, 99, 104, 105, 107, 111, 112, 115, 116, 119, 128, 142, 158, 182

Левендаль фон 251, 259

Левенхаупт К. Э. 288

Лейси. См. Ласи

Лемрат фон 165

Леонтьев М. И. 191, 192, 198, 199, 202

Лесли Ю. 130, 146, 155, 155, 211

Лесли-младший, секунд-майор 342

Лесток (Лешток) X. 290, 298, 299, 307, 313, 321, 328, 356

Лефорт П. Б. 39, 42, 44, 69

Лефорт, саксонский посланник 109

Лешток. См. Лесток

Лещинский (Лещиньски) Станислав 92–94, 96–105, 107, 109–114, 116–125, 128–130, 132–136, 139–142, 145, 147–149, 165, 166, 168–170, 173, 174, 187, 245, 257, 346, 372

Ливен Г. Р. (Юрий) фон 110, 147, 334, 336, 343, 344, 346–348, 351–359

Ливен М. 334, 336

Лилиенфельд С. 299

Лириа Я. де, маркиз 65, 68, 69, 77, 79, 138

Лобковиц Г. К. фон 138, 159, 236, 240, 241, 247, 248, 256, 261, 264, 266

Логдман фон Ауэн В. 157, 158

Лопухины, род 298, 299

Лопухин В. В. 334, 336, 343, 346, 348, 351, 356, 358

Лопухин Н. С. 298

Лопухин С. В. 299, 301

Лопухина Н. 299

Лотарингский дом (династия), 165

Луппул П., сердар 233

Пётр Голштинский. См. Петер Ульрих Карл Голштинский

Петр Федорович, цесаревич, он же Петер Ульрих Карл Голштинский 296, 297, 307, 311, 313, 323, 326

Писарев, секунд-майор 359

Плейер О. фон 9, 10

Подевильс Х.А. фон 35, 278, 280, 289, 323, 330, 346, 360

Полянский, воевода 119

Понятовский Станислав 104, 107, 131

Попов С. 342

Потоцкие, род 104, 359

Потоцкий Антоний 104, 359

Потоцкий Иов 104, 122, 146, 253

Потоцкий Феодор, примас Польский 104, 112, 114, 116–118, 131, 173, 253

Поцей 122, 123

Поченски фон Тенчин 157

Претлак Й. Ф. фон (Бретлах), 315, 321–325, 332–334, 339, 345–347, 350, 351, 354, 355, 357, 362, 365, 367, 369

принц Карл. См. Карл Лотарингский, См. Карл фон Лотринген

принц Евгений. См. Евгений Савойский

Прозоровский, бригадир 335, 336

Путятин, капитан 299

Пясты, династия 92, 93, 100, 111

Р

Рабутин А. См. Рабутин-Бусси А. фон

Рабутин-Бусси А. фон 29–31, 38, 40, 44, 45, 49, 50, 53, 54, 62, 92

Радзивилл Михаил-Казимир 104, 121, 125

Райски фон, полковник (псевдоним Парадиз), 230, 238, 244, 249, 251

Раупах, полковник 218

Рачевский 131

Реднич фон, генерал 211

Резе, агент 10

Репнин В. А. 8, 122, 132, 162, 251, 271, 320, 331, 333, 335, 336, 343, 344, 346, 347, 349–352, 359, 369

Репнин Ю. А. 8

Ржичевский, секретарь 348

Римский цесарь 17–20, 26, 22, 23, 26, 27, 30–32, 38, 45, 59–61, 64, 67, 68, 77, 82–85, 97, 98, 101, 103, 107, 111, 115, 120, 125, 126, 133, 136, 139, 141–144, 150–152, 155, 156, 162, 167, 175, 179, 182, 191, 196, 197,

Уляницкий В. А., историк 208, 222

Унковский И. 42

Уоджер Ч. 48

Уолгрейв 66

Уолпол Р. 55, 148

Уолпол Х. 73, 136, 150, 163, 285

Уолпоул Г. 61

Урбих 11

Урзинн. См. Урзинн фон Розенберг

Урзинн фон Розенберг Й. 304–306, 311, 312, 315

Урусов Г. А. 106, 113, 128, 131, 146, 155, 160, 162

Ушаков А. И. 105, 317, 320

Ф

Фарнезе, династия 8, 63

Фердинанд VI Бурбон, король Испании 350, 355

Фердинанд I Габсбург, эрцгерцог Австрийский 279

Фердинанд II Габсбург, эрцгерцог Австрийский 279

Фердинанд Альбрехт, герцог фон Брауншвайг-Беверн 115, 12104

Фердинанд Кетлер, герцог Курляндии 100

Ференц II Ракоци, князь Трансильванский 2337

Фермор В. В. 259

Фет-Гирей-Султан, крымский хан 184

Филипп V, Бурбон, король Испании 18, 19, 61, 63, 74, 75

Филиппи В. фон 211, 223

Философов М. 233

Финкельштайн 341

Финч Э. 83, 281

Фишер М., историк 107

Флеминг, фельдмаршал 10, 92

Флемминг-младший 308

Фоломелиев Ф. 236

Фольх де Кардона П. А. Р. 16

Фонсека 54, 60

Форбес 103

Фоукнер А. 197, 209, 241, 242

Фрайтаг Б. Ф. фон 48

Франц I, император 315, 323, 327, 332, 351, 357. См. также Франц-Штефан III фон Лотринген

Франц Штефан. См. Франц-Штефан III фон Лотринген

Содержание